近世仏教論

西村玲

法藏館

近世仏教論＊目次

第Ⅰ部　近世仏教の展開

第Ⅱ部　明末仏教と江戸仏教

第Ⅴ部　伝統から近代へ

第Ⅵ部　方法と実践

近世仏教論

第Ⅰ部

近世仏教の展開

近世仏教論

一　近世仏教の思想史的意義

第二次世界大戦後の近世思想史は、丸山眞男の政治思想史から始まった（丸山眞男『日本政治思想史研究』）。その結果として今、いわゆる狭義の近世思想として思い浮かぶものは、まずは世俗の社会と政治を支えた儒教であろう。次には日本文化の独自性を発見すると同時に、近代の日本帝国にもつながっていった国学があげられるだろう。加えて言えば、西洋科学を輸入した蘭学などが、よく知られたものだろうか（田尻祐一郎『江戸の思想史』）。これらは大きく言えば、戦後の日本が必要とした近代主義と政治主義の視点から発見された思想という一面を持っていよう。そこにおいて仏教の思想は、前近代の封建制度と迷妄の源泉とみなされ、戦後知識人の恃《たの》むべき思想とはなり得ないとされて、ほとんど研究されてこなかった。

二十世紀末から始まった近代主義の見直しが本格的に進むにつれて、江戸の思想史は、私たちの想像を超える豊かさを持っていることがわかってきた。近代の成熟のためには、近代性の視点からだけではなく、近世という時代全体を見直すことが必要であると言われるようにもなった（中野三敏『十八世紀の江戸文芸』）。まずは近世の思想全体を俯瞰するために、これまでほとんど目を向けられてこなかった近世思想史のミッシングリンクである仏教思想について、現段階の研究に即してその歴史と意義を明らかにしたい。

江戸時代の仏教は、当時の主教養であった漢文脈である雅《が》の伝統文化（近世以前からの仏教や儒教など）の核心を担った思想の一つである（中野三敏『江戸文化再考』）。同じく雅の文化を担った儒教に対して、仏教が決定的に異なる点は、十七世紀につくられた全国的なシステムである寺檀制度といわゆる葬式仏教の形態が、近代の要請に応じた質的な変容を経ることによって、今なお国民的なレベルで生きていることだろう（末木文美士「近代日本の国家と仏教」）。近代以後の仏教は、近世仏教の機構と思想を基盤として受け継いできた。

すなわち近世の仏教は、思想的にも制度的にも近代以後の日本仏教の土台であると同時に、現代の私たちの宗教と倫理の基礎を形づくった思想の一つである。その光と影は、今も続く寺檀制と葬式のありかたが、鮮やかに映し出す。このことは、私たちが生まれてこのかた葬式に参列した経験や、観光であれ何であれ寺社へ入った回数を思い起こせば、自ずと腑に落ちることではなかろうか。古代からの蓄積の上に築かれた近世の仏教は、今も私たちの日常に生きている。

そして近世当時において、さまざまな思想が魅力的に展開していた中で、これから見ていくように、仏教思想もまた豊かに変容していた。これまで儒学と国学を中心として語られてきた近世思想史の研究を進めるために、さらには近代思想史を考えるにあたって、近世の仏教は欠かすことのできない歴史的位置にある。

これまでの通説では、戦国期に強大な力を誇った一向一揆や法華一揆が鎮圧されて、近世に仏教は世俗権力に従属するようになったとされてきた。しかし近年、戦国時代の研究が飛躍的に進むにつれ、そのような支配と被支配という図式的な関係だけでは理解できないことがわかってきた。たとえば本願寺教団は、織田信長（一五三四～一五八二）との石山合戦（一五七〇～一五八〇）によって初めて体制内部に公然たる地位を得て、近世的変容を開始している（神田千里『信長と石山合戦』）。

徳川家康（一五四二～一六一六）は、長い戦乱に終止符を打ち、江戸幕府をひらいて天下泰平をもたらした（渡辺京二『日本近世の起源』）。戦国の武力の世から、江戸の文治へと転換していく基礎がつくられたのは、幕藩体制が形成されていく十七世紀である。日本の仏教は寺檀制と本末制の土台を獲得して、すべての日本人は生まれながらに仏教徒となった。同時代の中国と朝鮮半島では、思想的にも宗教的にも儒教が中心となっていたから、仏教を中心とする日本の宗教政策は、近世東アジアにおいて独自のものである。

その天下泰平のもととなった思想とは、どのようなものだったか。さまざまな議論があるが、ここでは家康の側近として「黒衣の宰相」と呼ばれた金地院崇伝《こんちいんすうでん》（一五六九～一六三三）の象徴的な言葉を紹介しておきたい。

宋代禅が輸入された中世以来、禅僧たちは本場中国での修行のために日中間を往来しており、中国語が堪能だった。中でも臨済宗の五山禅僧は、室町時代より幕府外交に関わって、外交文書の作成を担っていた。近世初頭の南禅寺金地院の禅僧であった崇伝もその一人であるが、次第にその有能さが評価されて、江戸幕府の外交と行政の中枢に関わるようになった。崇伝は、武家諸法度《はっと》・禁中並公家諸法度・寺院諸法度を起草して、後の文治政治の礎を築いた一人である。

キリスト教の禁止が始まった慶長十八年（一六一三）、幕府から突然の命を承けた崇伝は、宣教師を追放する「排吉利支丹文」を一夜で書し、将軍徳川秀忠（一五七九～一六三二）に献上した。崇伝はそこで、「日本は神国、仏国にして、神を尊び仏を敬い、仁義の道（儒教）を専らにし、善悪の法を匡《ただ》す」と、日本における神道・仏教・儒教の意義を述べる。さらに続けて、「外には五常の至徳（儒教の教えである仁・義・礼・智・信）を顕わし、内には一大の蔵教《ぞうきょう》（仏教のすべての教え）に帰す。この故に、国豊かに民安んず」と、日本一国の正義と平和の拠り所は、神道・仏教・儒教の三教であることを宣言した。これを秀忠は、「日本国中の諸人、この旨を存ずべき」と言い、キリシタン禁教の宣言文として、南蛮をはじめとする海外諸国に日本の宗教と思想の主体を知らしめた。

こうして天下泰平を担う思想の一つとなった仏教は、江戸時代の二六〇年間を通して人々の魂と生活に深く浸透し、いわゆる徳川の平和《パックス・トクガワーナ》を支えた。江戸の仏教思想はどのように始まって、いかに展開していったのか。まずは、近世当初の東アジアにおける日本仏教とキリスト教の関わりについて見ていこう。

二　十七世紀東アジアにおける日本仏教

1　禅仏教とキリシタン

十六世紀から十七世紀の東アジアにおける大きなトピックの一つは、カトリック・キリスト教の伝来である。日本禅からのキリスト教批判は、同時代の中国の王朝であった明（一三六八〜一六四四）の禅僧のそれと密接に関わっている。この時代の日中における仏教者のキリスト教批判の考察は、日本思想史のみならず、東アジアにおける宗教思想史を考えるうえでも重要と思われる。

日本の戦国末期から江戸初頭には、キリスト教は新しい教えとして、一般社会に知られていた。幕府によるキリシタン禁教令の翌年、大坂冬の陣が起こった慶長十九年（一六一四）には、日本国のキリシタンは三十七万人いたとされる（五野井隆史『日本キリシタン史の研究』）。ここでは、正保四年（一六四七）の長崎で、キリシタン排撃の説法を行った臨済宗妙心寺派の禅僧、雪窓宗崔《せっそうそうさい》（一五八九〜一六四九）の思想を見ておきたい。

長崎は、二十六聖人のキリシタン殉教（慶長二年〈一五九七〉）の地であり、キリシタンを海外へ追放する港として禁教政策の要地となった。宗崔が説法をした正保四年は、二十六聖人殉教の五十年後にあたる。清朝が北京に入った年であり、島原の乱（一六三七～一六三八）の十年後、黄檗《おうばく》宗開祖の隠元隆琦《いんげんりゅうき》（一五九二～一六七三）が来日（承応三年〈一六五四〉）する七年前である。その前年には、将軍徳川家光（一六〇四～一六五一）に明の遺臣である鄭芝龍《ていしりゅう》（一六〇四～一六六一）から来援書翰が届き、宗崔の説法直後には通商を求めるポルトガル船の長崎来航と、それに対する九州諸大名の出兵が続いた。

隣国の明朝崩壊と清朝建国の激動の中で、徳川幕府は南蛮貿易の禁止とキリシタン禁制を厳しく進めていた。幕府はキリシタンを、徒党を組んで国を奪うものとして捉えており、その意向を担って長崎に赴いた宗崔に、失敗は許されなかった。長崎奉行を後ろ盾とする説法は二十三日間にわたり、彼が五戒（仏教徒が守るべき基本的な五種の禁戒。殺生・盗み・邪淫・虚言・飲酒を禁ずる）を授けた者は二万一三〇〇人とされるから、その説法はひとまず成功したと言えよう。なぜ戒を授けることが、キリシタン排撃になったのだろうか。

戦国乱世は、十五世紀半ばから十六世紀末までの約一五〇年間続いた。一世紀以上も続く戦争と飢饉は日常となって、死ぬまでこの状況は変わるまいと人が思うのに、十分な長さであったろう。戦乱と飢餓の現世を生きた人々は、仏教の極楽往生であれキリシタンの天国であれ、死後に善き処へ行くことを心底から求めていた。当時の宗教者が応えるべきは、まずは何よりも後生の助けであった。

来日したイエズス会の宣教師フランシスコ・ザビエル（一五〇六～一五五二。一五四九～一五五一年に滞日）によれば、当時の仏僧は、地獄から死者を救い出せると自認し、一般にもそう信じられていたという。仏僧は、浄土教の念仏や禅宗における授戒など、各宗の教えにもとづくそれぞれの方法で、後生を助ける存在として、人々に信じられた。

一方、キリシタンにおける後生の保証は、洗礼だった。キリシタンは仏教を批判して、「仏法と申すは、……皆、後生をばなき物にして置くなり。……後生の助《たすか》り、後の世の沙汰と申すは、貴理師端《きりしたん》の外《ほか》にはなしと心得《こころえ》給うべし」（『妙貞問答』慶長十年〈一六〇五〉）と言う。さらに「仏教では、賞罰を与える絶対的な神《でうす》がいないから、人は私利私欲のままに生きることになって、現世の倫理もありえない」（同書）と批判している。

宗崔は、この批判にどのように応えたか。彼は長崎の説法で、「後生である来世の苦楽は、現世の行為の善悪によってのみ決まる。来世は今の自身の行いのみが決めることであり、人の善き行為は五戒から始まる」（『興福寺筆記』）として、人々に五戒を授けている。宗崔が五戒を授けるのは、受戒に促されて行う自身の善業のみが、人々の求める現世安穏と後生善処への道だからである。これこそが、仏教とキリシタンがぶつかる最前線であった長崎で、宗崔が人々に提出した後生の助けだった。

彼はキリシタンに対して、「彼らは、現世の行為のみが来世を決めることを知らないから、いたずらに自分の外界に神《でうす》などの虚しい拠り所を求め、自分自身の心と行為を見失う」（同書）と批判する。さらに理論的な著作である『対治邪執論《たいじじゃしゅうろん》』においては、明末・臨済禅僧である費隠通容《ひいんつうよう》（一五九三～一六六一）が、一六三六年に書いたキリシタン排撃書『原道闢邪説《げんどうへきじゃせつ》』の一部を引用して、理論的な基礎とした。通容は、明末仏教を復興した禅僧の一人であり、日本の黄檗禅をひらいた隠元隆琦の師であった。

宗崔の引用は、「キリシタンの根源的な誤りは、神《でうす》がすべてに君臨する絶対的な存在であると執着することである」という言葉から始まる。それでは、禅僧である宗崔らの考える絶対的な真理とは、何だったのか。宗崔は、通容の言葉を借りて、「絶対的な根源である真理とは、世界万物にあまねくいきわたると同時に、我々一人一人の心にある悟りの源、いわゆる虚空の大道である」と主張する。仏教において、虚空は物を妨げることも、物に妨げられることもないことから、永遠普遍の真理の性質に最も近いとされる。その伝統に立って、彼らは「普遍の真理である大道は、虚空の性質を持っている」と言う。

キリスト教の神《でうす》に対して、東アジアの禅仏教は、自己と世界万象を包みながら内在する真理、虚空の大道を提示した。同時代の明末仏教から即座にキリシタン排撃の理論を学んだ宗崔の思想は、近世初頭の日本僧が持っていた知的な緊迫感と、戦国期の人々の希求に応えてきた禅の宗教性を示している。中国僧が発見した虚空の大道は、日本において戦乱の世を生きた人々の現世安穏と後生善処の祈りに応え、宗崔によって授戒という形となってあらわれたと言えるだろう。

2　黄檗禅の渡来と展開

十七世紀に流入した中国文化は、江戸人の心を熱烈にとらえて、新しい時代の文化をつくり出す大きな原動力の一つとなった。隠元隆琦をはじめとする来日した明末知識人は、仏教や儒教といった学問から、絵画・文学・書道などの芸術、煎茶や料理などの生活文化全般に至るまで、広く大陸の文化をもたらした。隠元らが伝えた仏教は、仏教・儒教・道教の三教が融合した明代のそれであり、活発で清新な空気にあふれていた。

明末に仏教を復活させた僧侶の一人が、臨済禅僧である密雲円悟《みつうんえんご》（一五六六～一六四二）であり、円悟から先述の費隠通容が法を嗣ぎ、通容が隠元の師となった。隠元は、自ら正統な臨済禅であるという誇りを持って「臨済正宗」と名のっているが、日本に来てからは、日本の臨済宗と生活や風儀が非常に異なるために、新たに黄檗宗として開宗することになった（木村得玄『黄檗宗の歴史・人物・文化』）。黄檗とは、中国福建省の古刹である黄檗山萬福寺からとった名前であり、来日前の隠元はそこの住職だった。

隠元は、承応三年（一六五四）に、滞日三年の約束で弟子ら二十余名を引き連れて長崎に到着し、その年の冬から本格的な修行（冬安居）を行った。その場には、日本人と中国人の一〇〇人以上が参加している。日本の臨済僧はその様子を、「隠元和尚のところでは、一日に六、七回も食事をすることがあり、朝夕に南無阿弥陀仏を唱えて練り歩き、木魚などの鳴り物を鳴らす」と、手紙に書いている。

隠元は、来日から五年の万治二年（一六五九）、ついに日本に留まることを決めた。第四代将軍徳川家綱（一六四一～一六八〇）から、京都の宇治に土地（約九万坪）を賜り、黄檗山萬福寺をひらいた。隠元はその決意を、「新たに黄檗を開いて禅規を壮《さかん》にす。正脈流伝は正にこの時」と、弟子たちに示している。萬福寺の伽藍は、当時最新の中国様式の建物で統一されており、その境内は中国の寺そのままであった。来日してから二十年、「仏法は黄檗隠元」とまで言われた隠元は、八十二歳になる年に亡くなった。

黄檗宗は爆発的にひろまった。元禄五年（一六九二）の書籍目録では、それまでの臨済宗・曹洞宗に加えて、禅宗として黄檗宗の部門が立てられており、社会にひろがって認知されたことがわかる。十八世紀半ばまでの萬福寺住職は、来日した中国人僧侶が務めており、延享二年（一七四五）までに、全国で八九七カ寺もの黄檗宗寺院が建立された。

近世前期における日本人の黄檗僧は、大規模な社会事業や大蔵経出版などを行っており、その社会的役割は大きかった。ここでは、社会事業を行った了翁道覚《りょうおうどうかく》（一六三〇～一七〇七）を見ておきたい。了翁は、二十五歳で長崎の隠元に出会い、修行を重ねた。三十三歳（寛文二年〈一六六二〉）の時に、悟るためには「欲の源を断除せんにはしかず」として、自ら男根を断つ。翌年、そうした苦行による傷の痛みで苦しんでいたところ、夢の中で薬のつくり方を感得した。了翁はこの薬を錦袋円《きんたいえん》と名づけ、上野の不忍池《しのばずのいけ》の店舗で売り出した。飛ぶように売れて、開店六年後には三〇〇〇両が貯まったという。錦袋円の莫大な売り上げを資金として、了翁は黄檗宗寺院や高野山などの天台・真言・禅宗の諸寺院四十七カ寺に黄檗版大蔵経を寄進して、二十一経蔵（寺院の書庫）を建立した（渡辺麻里子「了翁の一切経寄進について」）。さらに、大飢饉で数多く棄てられた嬰児・幼児の養育施設をつくり、江戸の大火や関西の飢饉でも被災者を大規模に救済して「如来さま」と仰がれた。京都や伊勢に施薬館をひらき、黄檗僧の鉄牛《てつぎゅう》道機《どうき》（一六二八〜一七〇〇）が行った印旛沼《いんばぬま》の干拓や、京都宇治の灌漑も援助している。

学僧として注目すべき黄檗僧には、潮音《ちょうおん》道海《どうかい》（一六二八〜一六九五）がいる。潮音は、仏教はもとより神道と儒教にも通じて、当時の著名な儒者である林羅山や熊沢蕃山《くまざわばんざん》に対する反論を書いている。また、根強い人気を博した『旧事本紀大成経《くじほんぎたいせいきょう》』は、聖徳太子に仮託して仏教・神道・儒教・道教の一致を説く全七十二巻の書物であるが、潮音は幕府から著者の一人と目され、もう一人の著者とされた志摩伊雑宮《しまいざわのみや》の祀官《しかん》永野《ながの》采女《うねめ》とともに、五十日間の閉門処分を受けた。しかし諸教一致を説く『大成経』は、江戸知識人の好みに合うものであり、その後も長く奇書として密かに伝えられ、近代にまで影響を及ぼしている。黄檗宗は、このように近世初頭から前期にかけてさまざまな新しい活動を行っているが、時代が下るにつれて徐々に沈滞していった。

三　教団・檀林と仏書出版

1　近世教団の開始

幕藩体制が形成されていく近世前期には、仏教が中世の戦乱による打撃と混乱から立ち上がり、新しい社会に即した思想を、さまざまな形で形成し始める。その時期に徳川幕府が行った宗教政策は、全国津々浦々に浸透した寺檀制度と本末制度に代表されよう。近世社会と民衆に深く根を張った寺檀制と本末制は、近世仏教の社会的・経済的基盤になるとともに、そこにおける思想を根底から規定する性格も持っていた。

まず寺檀制度とは、寺院と一般人（檀家）の関係であり、その者がキリシタンではないことを寺院が証明する寺《てら》請《うけ》制度を基本としている。十七世紀後半には、全国規模で檀那寺による宗旨人別帳（現在の戸籍にあたる）が庶民の「家」単位でつくられて、原則的にすべての日本人が登録されるようになった。寺檀関係の真の基盤は、従来からあった祖先信仰を葬祭と供養によって仏教化することにより、先祖を祀って永続する「家」を欲する民衆の希求に応えたことにある。近代に入って幕藩体制が消滅した後も、寺檀関係が続いている最大の理由は、それが「家」を陰から支える機能を果たしているからである（竹田聴洲「近世社会と仏教」）。

一方の本末制度は、寺院社会の秩序を形成するものである。幕府は、寺社管理と行政裁判をはじめとする宗教統制のために、寛永十二年（一六三五）に将軍直属の寺社奉行を設置した。また各宗の大寺院に寺院法度を下して、寺院の守るべき規則を定めた。その内容は、教団秩序と僧侶の生活規律に関するものが中心となっている。まず真宗を除く諸宗に対する女犯《にょぼん》の禁止をはじめとして、各宗における職制、寺院住職の資格、紫衣《しえ》などの袈裟や授戒の制限、本寺と末寺の関係をも定めている。教団外部での活動については、新寺の建立を制限し、邪教や新しい教えを説くことの禁止、一般人への法談の制限、勧進募財の取り締まりなどが定められた。

もとより本山と末寺の関係は、平安時代から部分的には存在していた。しかしよりはっきりとしてくるのは、戦国時代から近世初期にかけて、浄土真宗や日蓮宗を中心に、本山を頂点とする強固な宗派組織が徐々に整ってくる時期である。徳川幕府は、すでに存在しつつあったそれらの本末関係を利用して全国的な立場で法制化し、各宗の本山から本寺、中本寺、直末寺《じきまつじ》、孫末寺という重層的な関係をつくり上げて、すべての寺院を一寺も残さずに中央集権的な本末関係にはめこんでいった。各地で軋轢を生じつつも決定された本末関係は、その後の変更が許されず、幕藩体制における宗教行政の基礎単位として機能した。

こうして、幕府の定めた寺院法度と本末制度によって、仏教各宗は諸本山による末寺までの僧侶支配権を掌握した。教団体制が確立されていくにつれ、それまであいまいなところもあった宗派間の境界は明確化され、兼学・兼行が不可能な近世的な宗派が形成されていった。その際に求められたのは、各宗各派による特徴的な固有の教学であり、それを知らしめるべく諸宗における典籍の出版も推進されていった。近世において仏教の専門的な研究が盛んになったのは、住職になるための修学条件が定められ、それによって諸宗が檀林《だんりん》や学林などと呼ばれる学問所を整備したことが、大きな理由である。

2　檀林とは何か

幕府は寺院法度によって、仏教教団の活動に厳しい制約を加えると同時に、学問を大いに奨励した。檀林における学問・修行の期間が、そのまま住職や教導職の資格となり、僧侶の位階昇進に反映された。諸大寺には、学問奨励のために寺領や金子が支給されて、各宗にそれぞれ僧侶の教育と研究のための学問所である檀林や学寮が設けられ、教学研究が盛んになった。幕府成立以前から、各宗に檀林の前身となる教育機関はあったが、各宗の主たる檀林は、ほぼ十六世紀半ばから十七世紀前半につくられている。

檀林とは、どのようなものであったのか。近世には、浄土宗・天台宗・真言宗・浄土真宗二派（西本願寺と東本願寺）・曹洞宗・日蓮宗の各宗に檀林が設けられており、やや遅れて融通念仏宗でもつくられている。ここでは、浄土宗の檀林を例として見ておきたい。浄土宗は将軍家の帰依を受け、檀林筆頭の増上寺《ぞうじょうじ》は将軍家の菩提寺でもあった。そのためもあって、浄土宗の檀林制度は、諸宗の中で最も整備されたものとなっている（圭室文雄編『図説 日本仏教の歴史――江戸時代』）。

まず浄土宗檀林の成り立ちであるが、浄土宗の一派である白旗流《しらはたりゅう》から源誉《げんよ》存応《ぞんおう》（一五四四～一六二〇）が出て、増上寺の第十二代住職となり、家康の信任を得た。存応の活躍によって、増上寺は現在の芝に移転し、伽藍を整備して、徳川家の菩提所に取り立てられた。存応は、増上寺の中興と仰がれ、観智《かんち》国師の号を賜っている。家康の後ろ盾を得た存応は、関東の十八寺院を選定し、それらを浄土宗の学問所である「関東十八檀林」とした。その内訳は、芝の増上寺を筆頭として小石川の伝通院《でんづういん》などの江戸にある五檀林と、鎌倉の光明寺《こうみょうじ》などの田舎《いなか》檀林と言われる十三カ寺である。

一宗の行政を司る役所を総録所《そうろくしょ》というが、浄土宗の総録所は檀林筆頭の増上寺に置かれた。その主たる任務は江戸触頭《ふれがしら》として、幕府の命令を諸国触頭寺院に伝えると同時に、諸国から幕府への請願や届の周旋を行うものだった。毎年正月に、十八檀林の住職が江戸城に参賀することになっており、その折には増上寺で檀林会議がひらかれた。この会議では、檀林の新しい住職や宗規の追加が行われており、十八檀林は教育機関であるとともに、宗門行政を支える重要な機構であった。

檀林での授業方法は、時期を定めた問答形式と日常の講義の二種類があり、浄土宗の教義が学ばれた。具体的には、浄土宗の開祖である法然の『選択《せんちゃく》本願念仏集《ほんがんねんぶつしゅう》』を中心に、浄土三部経や浄土宗教学の大成者である了誉《りょうよ》聖《しょう》冏《げい》（一三四一～一四二〇）の著作などを研究する。また仏教の基礎学にあたる倶舎《くしゃ》・唯識《ゆいしき》・三論《さんろん》・華厳《けごん》・天台などの諸学も研究され、仏教以外の諸子百家も外学《げがく》として講義されていた。

檀林の教育課程は、名目部・頌義・選択などの九部にわかれており、一部の修学に三年かかったから、規程どおりの修学であれば、定まった学課でない無部を除いて、課程修了には二十四年かかることになる。元和元年（一六一五）の浄土宗法度によれば、一寺の住職になるためには、修学十五年が必要であったが、時代が下るにつれて軽減されて、近世中期には八年となっていた。

檀林の学問体制は、宗内の僧侶位階である僧階と寺格を得るための基礎的な条件を与える行政的な機能を持っており、教団を支える基礎構造の一つであった。檀林における教学研究のシステムは、中央の有力な檀林によって統括されるものであり、祖師や聖典に対する批判的な研究が生まれる余地は少なかった。そういった自由な研究は、むしろ教団秩序から離れて檀林の外で活動した学僧や、仏教外部の世俗的知識人に見ることができる。

3　大蔵経と仏書出版

平安中期から室町末期まで、仏書一般の出版は寺院を中心として行われてきた。中世の出版はあくまでも少数の専門家のためのものであったが、近世に入ると民間の書肆による製版本が広く流通した。ことに仏書の出版は、檀林における教科書として仏典が必要とされたことによって、近世前期から盛んになった。

それと同時に、膨大な仏教書の全集である大蔵経（一切経ともいう）を出版しようとする動きが、近世初頭から高まった。家康は、仏教諸宗に法度を出し始めていた慶長十五年（一六一〇）頃に、一五〇〇石程度の土地と交換に、高麗版と宋版と元版の三種類の大蔵経を入手して、浄土宗増上寺に寄進している。彼は、将来的にはこれらを用いて、東アジアの標準となりうる大蔵経の編纂と出版を目指していたと考えられている。

家康が元和二年（一六一六）に没した後に、天台宗の天海《てんかい》（一五三六？～一六四三）が幕府の支援を得て、六千三百余巻の大蔵経を刊行した。この天海版大蔵経は一字一字の木活字をつくり、これを集めて経典の文を組んで印刷する方法をとった。ある程度の刊行が終われば、その際に使用した活字を解体するから、必然的に刊行部数は限られて、広く普及するには至らなかったが、日本で大蔵経が完成されたのは、これが初めてであった。

天海版に比して広く普及した大蔵経は、黄檗宗の鉄眼道光《てつげんどうこう》（一六三〇～一六八二）によって出版された黄檗版（鉄眼版）大蔵経と言われるものである。鉄眼は、寛文三年（一六六三）に、中国から大蔵経を買うことを決意し、隠元から明の万暦版《まんれきばん》大蔵経を譲り受けて、宇治の萬福寺境内に、大蔵経の版木収納庫とする宝蔵院《ほうぞういん》の建立を開始した。寛文九年（一六六九）から大蔵経出版のための寄付を募って、江戸をはじめとして全国を東奔西走した。延宝六年（一六七八）ついに完成して、初刷の大蔵経を後水尾《ごみずのお》法皇に納めるに至った。その直後から起こった大飢饉に際して、すぐに大規模な窮民救済を行った鉄眼は、「たとひ寺を売り指をきざみて施」すとも施しは止めないと決意を述べつつ、五十三歳で亡くなった。救世大士《ぐぜだいし》と称される。

黄檗版大蔵経の版木は、宇治の黄檗宗宝蔵院に収蔵されて、現在もその一部が刷られている。その六七七一巻にのぼる大蔵経は、時代の要請に応える基礎的な仏典として供給され、近世から近代に至るまで仏教研究の基礎となった。鉄眼と次代の宝洲《ほうしゅう》の期間に、すでに四〇五セットが流布している。明治五年（一八七二）には、岩倉遣欧使節団が黄檗版大蔵経をイギリスへ贈って、ヨーロッパにおける中国仏教研究の基礎ともなった。国の事業ではなく、民間からの寄付によってなされた黄檗版大蔵経は、泰平の御代に華ひらいた文化の質の高さと、それを支えた民衆の信仰のひろがり、経済的な豊かさの象徴と言えよう。

近世前期から中期には、一般向けの仏書の出版も盛んとなった。仏書の出版は元禄期（一六八八～一七〇四）に頂点を迎えるが、すでに寛文十年（一六七〇）には隆盛になっており、その部数は儒書の三倍にあたる。近世中期以後の仏書出版は徐々に停滞していくが、それでも儒書や実用書が仏書の出版部数を凌駕するのは、近世後期の安永元年（一七七二）であった（引野亨輔「近世日本の書物知と仏教諸宗」）。

浄土真宗の仏書である談義本《だんぎぼん》を例にとって見てみよう。真宗の談義本とは、もともとは中世において僧侶が説法を行うためのテキストであり、庶民のためのわかりやすい譬喩や因縁談をその特徴としている。近世においては、僧侶のみならず一般庶民も談義本を読むようになった（引野亨輔「真宗談義本の近世的展開」）。民間の書肆によって出版された談義本では、真宗一般では行われないとされる神祇信仰や呪術の功徳が説かれたり、親鸞や蓮如の著作であるとされた偽書が数多く流通していった。近世中期にはそうした談義本が大量に出回るようになり、危機感を覚えた西本願寺は、教団自ら明和二年（一七六五）に『真宗法要』を出版する。これは談義本を含む三十九部六十七巻の真宗書を集めて、誤字や脱落を訂正したものであり、親鸞の五百回忌記念事業として、七年の歳月をかけて出版された。出版にあたって幕府へ届け出た西本願寺の願書には、民間書肆から出される粗悪な談義本に対して、正統な談義本を出版したい旨と、西本願寺の末寺にのみ配布することが述べられた。『真宗法要』の出版と、近世を通じて行われた談義本の真偽判定は、本山が正統な教えを定義して、権威を独占することを意味している。浄土宗や曹洞宗でも、すでに一六〇〇年代から、各祖師の著作を中心とする各宗の重要な典籍が校訂され、出版されていた。

各宗における典籍の整備は、本山と檀林の権威を支える役割を果たし、その後の宗学研究を大きく発展させた。各宗各派において教学が精緻に研究されていく中で、それぞれの思想が体系化されて固定化し、兼学・兼行が不可能な近世的な宗派意識が形成されていった（引野亨輔『近世宗教世界における普遍と特殊』）。近世檀林における教学研究は、近代以後に各宗が設立した大学へ引き継がれて、ヨーロッパから輸入された文献学とともに、近代仏教学の基礎となった。

四　戒律運動とその展開

1　律僧とは何か

近世には、教団の本末制度と檀林体制から離脱して、自由に活動する僧侶たちが多数おり、彼らを捨世《しゃせ》僧、あるいは遁世《とんぜ》僧と呼ぶ。彼らは諸国を遍歴して戒律や坐禅などの実践修行を行い、中には時代思潮に敏感で、新しい思想を積極的に取り入れようとする学僧も多かった。その思想と学問は、教団維持が主たる任務である檀林の学問とは異なり、より自由で独創的な傾向を持っている。

たとえば、近世初頭に仏教的な職業倫理を説いた鈴木《すずき》正三《しょうさん》（一五七九～一六五五）は、道元禅の復興を目指して、山林修行をしていた禅僧グループの一人であった。近世後期には、詩僧として著名な良寛《りょうかん》（一七五八～一八三一）があげられよう。修行寺で保障されていた地位を捨てて郷里の越後に帰り、世を捨てた僧として七十四歳で亡くなった。彼は、行灯の下で本を読む自画像に、「世の中に　まじらぬとにはあらねども　ひとりあそびぞ　われはまされる」という歌を付けている。

このような捨世僧の中には、近世最初期から近代初頭に至るまで、戒律を実行する僧侶である律僧が常に存在していた。彼らは、インドの釈迦仏直伝とされる小乗戒（具足戒）を自ら誓って受けて守った。彼らの思想はさまざまであるが、全般的な傾向としては、仏教全体の基礎として戒律を重視するために、宗派的な傾向が比較的に薄い。日本の仏教教団では、最澄（七六七～八二二）以来、大乗戒を受けて正式の僧侶となるのが通例であるが、律僧は精神的な大乗戒のみならず、日常的な具体的細則である小乗戒を守っているために、近世社会ではいわゆる良心的な僧侶とみなされることも多かった。近世律僧は、慶長七年（一六〇二）に、中世南都で戒律復興を行った叡尊《えいぞん》（一二〇一～一二九〇）を範として、自ら小乗戒を受けた真言僧の明忍《みょうにん》（一五七六～一六一〇）に始まる。明忍は、さらに正しい受戒を求めて中国へ渡ろうとして、対馬で亡くなった。

近世の戒律運動は、近世中期には三宗付属の律宗（真言律宗・浄土律宗・天台安楽律《あんらくりつ》）として認められ、その他の宗にも影響を及ぼした。戒律運動の最盛期は、十七世紀末頃から十八世紀半ばであり、享保期（一七一六～一七三六）には、律宗寺院が七〇〇〇カ寺あったという。十八世紀後半からは、勢力を増してきた原理主義的な律僧に対して、組織的な危機感を募らせた各教団において律僧排除の傾向が目立つようになる。律僧らは各教団の周縁部の存在として、全体的に位置づけられていった。

明治時代になってからも、廃仏毀釈に抗した浄土律僧の福田《ふくだ》行誡《ぎょうかい》（一八〇九？～一八八八）がおり、真言律僧の釈雲照《しゃくうんしょう》（一八二七～一九〇九）は、僧侶のみならず、一般人にも戒律を呼びかける十善戒《じゅうぜんかい》運動を繰り広げたが、これを残照として戒律運動は退潮していった。近世から近代にわたる戒律思想は、この時期の日本思想史における倫理の源泉の一つとしても、重要な要素であると思われる。

近世後期の真言律からは、慈雲尊者飲光《じうんそんじゃおんこう》（一七一八～一八〇四）が出て、「釈尊復古」を掲げて正法律《しょうぼうりつ》を唱えた。正法律とは宗派の区別を離れて、釈迦仏の直説である正法に従って修行する、という意味である。弟子に対しては、いったん出家入道したならば「すべからく仏知見を具し、仏戒を持ち、仏服を服し、仏行を行じ、仏位にのぼるべし。切に末世人師の行う所に倣《なら》うことなかれ」と、常に誡めたという。

慈雲は、中年時には生駒山《いこまさん》に隠棲して梵語研究に没頭し、梵語大辞典である『梵学津梁《ぼんがくしんりょう》』一〇〇〇巻を著し、インドの釈迦仏当時の袈裟《けさ》を再現して一〇〇〇枚を縫う運動も行っている。慈雲が俗人に対して提唱した十善戒は、釈雲照をはじめとする近代仏教につながった。また真言宗における伝統的な神道《しんとう》である両部神道とは別に、雲伝神《うんでん》道を創設した。僧侶のみならず一般人にも弟子が多く、一万余人いたという。慈雲の最大の特徴は、特定の宗派を超えて釈迦仏を尊崇し、釈迦仏の直説と考えられていた戒律を実行することにあった。

インド伝来の戒律の正しい理解と実践によって、釈迦仏の教えと教団を再現しようとする志向は、慈雲に限ったことではない。仏教における釈迦仏への崇敬は通時代的なものであるが、近世中期からの律僧においては文献学的な学問にもとづいて、釈尊当時の教団を実現しようとする志向が目立ってくる。この方法は、近世の思想状況と密接に関わっているものである。近世の思想家は、それぞれの古代像に理想を託す形で、独自の思想を展開しており、いわゆる文献学的な実証性によって、自らの古代像を明らかにしようとした（日野龍夫『江戸人とユートピア』）。儒者は、中国古代を模範として先王《せんおう》の道を説いた。国学者は、儒教と仏教が輸入される以前の日本を理想像として、古代への回帰を説いた。そして仏者は、インドの釈迦仏や各宗の祖師を目標として、それぞれの立場から理想の仏法を追求した。釈迦仏を憧憬する律僧らの精神は、近代仏教学へ形を変えて引き継がれ、新しい時代の仏教を生み出していく原動力の一つとなった。

2　戒律運動の展開

真言律に学んで、浄土宗でも浄土律が提唱された。もともと浄土宗では、天台宗の戒律観を土台として発展してきており、念仏と戒の間で多様な立場が認められる。大蔵経の校訂を行った忍澂《にんちょう》（一六四五〜一七一一）は、黄檗禅僧とも親交があり、最新の明末仏教を取り入れている。戒律を重んじて、京都に法然院を興して念仏三昧道場とし、多くの弟子を育成した。

敬首《きょうじゅ》（一六八三～一七四八）は、武蔵に律院の正受院《しょうじゅいん》をひらき、釈迦仏を師と仰ぎ、インドの龍樹《りゅうじゅ》と天親《てんじん》の二人のみを尊崇して、天台・華厳・真言・法相・三論宗の各祖師を批判した。敬首の主張はあまりに通説と違うために、彼を直接に嗣ぐ弟子はいなかったとされる。敬首は、近世後期に問題となる大乗非仏説の問題についても先駆けて論じており、自由な思想を特徴とする律僧の一人であった。同時代の関通《かんつう》（一六九六～一七七〇）は、近世浄土宗最大の民衆布教家であり、縁を結んだ者は一〇〇〇万人と伝えられる。檀林のエリートであったが隠棲して、尾張に律院・円成律寺《えんじょうりつじ》をつくった。彼の周りの捨世僧や律僧たちは、熱心に社会事業を行っており、近代仏教における社会福祉事業の淵源の一つとなった。

次に、浄土真宗から転宗した普寂《ふじゃく》（一七〇七～一七八一）がいる。律僧として生涯にわたって釈迦仏復古を実行し、近代仏教学へつながるインド主義の潮流を生み出した一人である。諸国を遍歴修行した後、江戸の律院長泉《ちょうせん》院《いん》に住職として入り、檀林筆頭の増上寺において長年の間、講師を務めた。その思想は、華厳学を基盤として釈尊復古を掲げ、中国の律宗祖師である南山道宣《なんざんどうせん》（五九六～六六七）を仰ぐ。律僧としての実践と思想にもとづいて、当時の排仏論に対して独自の護法論を述べ、近世中期の時代的要求に応えて、学僧たちから熱烈に支持された。

天台宗においては、近世屈指の紛争である安楽律論争が起こっている。天台宗の勢力は天海によって、信長の焼き討ちに遭った比叡山から江戸の寛永寺《かんえいじ》へと移った。この論争は禅宗から天台宗へと転じた慈山妙立《じざんみょうりゅう》（一六三七～一六九〇）が、昔日の繁栄を失った比叡山において、小乗戒の実行を主張したことから始まる。妙立は、中国における趙宋天台の四明知礼《しめいちれい》（九六〇～一〇二八）の教学を重視して、大乗戒のみを実践する最澄以来の戒律観を批判し、小乗戒をも実践すべきことを主張した。さらに中世天台で重視された口伝法門《くでんほうもん》や、淫祠《いんし》的傾向が強くなっていた玄旨帰命壇《げんしきみょうだん》の儀式も排そうとした。玄旨帰命壇とは、摩多羅《またら》神を本尊とする秘法であったが、密教の灌頂《かんじょう》や禅の公案の要素に加えて、真言立川流《たちかわりゅう》と対比されるような性的要素も入り込むに至っていた。妙立は、これらの運動を行ったために比叡山から追放されて没したが、弟子の霊空光謙《れいくうこうけん》（一六五二～一七三九）が跡を継いで、小乗戒の実行を提唱し続けた。ついに元禄六年（一六九三）、霊空は比叡山の安楽院を律院として与えられ、江戸と日光にも律院をつくった。

しかし小乗戒実行の性急な主張は、真流（生没年不詳）をはじめとする宗内の反発を招いて激しい論争となり、安楽律院の建立から約五十年後の宝暦八年（一七五八）に、安楽律は禁止された。しかし、さらに約十五年後の安永元年（一七七二）、天台宗のトップに安楽律に理解のあった法親王《ほっしんのう》が就いたことで再び勢力は逆転して、安楽律禁止が解かれた。これ以後の比叡山では慧澄《えちょう》（一七八〇～一八六二）が出て、多くの弟子を育て、四明教学と安楽律の重視が主流となった。

天台宗における安楽律論争は、戒律をめぐる問題というだけではなく、中世からの口伝や秘事法門を重視するいわば中世以来の旧守派と、中国大陸の教学を重視する近世的な革新派との相克という面を持っている。こうした対立は、浄土宗では中世後半から流布した法然の偽作を根拠とする布薩戒《ふさつかい》を墨守する旧守派と、戒律を重視する革新派に見られる。曹洞宗でも、教団内の中世的な要素を排除しようとする近世的な革新運動（宗統《しゅうとう》復古運動）が起こっている。

親鸞以来、非僧非俗《ひそうひぞく》を掲げて肉食妻帯《にくじきさいたい》を行う浄土真宗でも、この時期には戒律運動の影響が見られる。他宗や排仏論者から肉食妻帯の非難を浴びた真宗では、妻帯を弁明すると同時に、真宗僧侶に自省自戒を呼びかける書物が書かれた（西吟《さいぎん》『客照問答《きゃくしょうもんどう》』、円澄《えんちょう》『真宗妻帯食肉弁』など）。浄土真宗高田派の真淳《しんじゅん》（一七三六～一八〇七）は、比叡山で天台を学び、浄土律の普寂から華厳や唯識を学んだ。国に帰ってからは、戒を護って念仏を唱えることを説き、六十一歳で浄土真宗高田派の学頭《がくとう》となり、戒律に関する著作を著して影響を及ぼした。近世教団は、こうしたせめぎあいを通して、徐々に近世化を進めていった。

五　近世から近代へ

1　須弥山論争

近世を通じて、儒教や国学などの他思想からの仏教批判が常に存在しており、これらは排仏論と呼ばれる。その批判は多種多様であるが、近世前期においては主として儒学者が、仏教の超俗性を非難し、仏教は世間世俗の倫理を拒否して、人倫社会を否定する反社会的な教えである、と批判した。後期には、幕藩体制の衰退による変動を背景として、経世論家が社会的・経済的な立場から、仏教は民費や国費を浪費し、僧侶という形で人材を浪費する有害な教えである、と非難するのが目立つ。

これらに対する仏教からの擁護論は、護法論と呼ばれる。社会政治的な排仏論に対しては、仏教は人倫を否定するものではないことを説いて、他思想との共存を図るものが多い。加えて近世後期においては、十八世紀半ばからの西洋科学の流入ともあいまって、科学的・合理的な立場に立つ排仏論が始まった。この排仏論に対しては、仏教は近代に至るまで正面から反論した。代表的な論争としては、仏教の宇宙像である須弥山《しゅみせん》世界をめぐる須弥山論争と、「大乗仏教はインドの釈迦が説いたものではない」という大乗非仏説論争の二つがあげられる。

まずは、須弥山論争から見ていこう。須弥山とは、古代インドの宇宙像に端を発する仏教の世界像であり、平らな大地の上に想像を絶する高山である須弥山がそびえ立ち、その周りの大陸に生物が住むとされる。我々が住むのは、南の大陸である南贍部洲《なんせんぶしゅう》である。日本近世においては、須弥山世界の平らな大地説と、西洋天文学を根拠とする地球説との論争になった。

須弥山論争の発端は、十六世紀のキリシタン布教とともに持ち込まれた西洋地球説からの批判による。十六世紀半ばにやってきたフランシスコ・ザビエルは、日本人が日蝕などの天体論に強い興味を示したことを述べている。当時、イエズス会士だった不干斎《ふかんさい》ハビアン（一五六五～一六二一）は、月の満ち欠けと日蝕・月蝕を説明した後に、「〔仏者が言うように、太陽や月星が〕風に乗じて廻るなどと申す事は、沙汰の限りの事」として、「〔仏教の須弥山世界は〕何《いず》れも皆、〔此の〕類《たぐ》いばかりなり」（『妙貞問答』）と結論する。神秘的な須弥山世界への批判は、排仏の格好の手段であった。その後のキリシタン禁止と鎖国にともなって、寛永七年（一六三〇）にキリシタン書籍は輸入が禁止され、西洋天文学の流入はいったん中断する。

その後の学僧は、須弥山世界と西洋地球説との融合を試みた。その口火を切った真言律僧の宗覚《そうかく》（一六三九～一七二〇）は、須弥山を合体した地球儀（直径二〇センチメートル。元禄十五年〈一七〇二〉）を作成した。北極部分に須弥山を模した水晶の柱をはめこみ、インドを中心とする地球面上に、ヨーロッパ・アフリカ・アメリカなどを形を変えて配置している。さらに彼は、西洋世界地図と須弥山世界の南贍部洲を一体化した大型の平面地図「南贍部洲図」をつくった。これをもとに、学僧の鳳潭《ほうたん》（一六五四～一七三八）が、インドを中心とする世界地図「南贍部洲万国掌菓《しょうか》之図」を出版して、世の人気を博した。十八世紀半ばには、この通俗版も出されて、世界地図として幕末まで版を重ねている。

享保五年（一七二〇）の洋書禁書令緩和を受けて、享保十五年（一七三〇）に清の游藝《ゆうげい》による西洋天文学についての『天経或問《てんけいわくもん》』の訓点本が出版され、地球説が広く知られるようになった。近世後半に高まっていく排仏と国学勃興の潮流の中で、須弥山批判は誰にでもわかる有効な排仏論となっていくが、その一人が、大坂の懐徳堂《かいとくどう》で学んだ富永仲基《とみながなかもと》（一七一五～一七四六）である。

仲基は延享二年（一七四五）に出版した『出定後語《しゅつじょうごご》』において、「須弥山説は古来梵志（古代インドのバラモン）の説であって、地球を説く渾天《こんてん》説が正しい。釈迦の本意は民の救済にあり、須弥山説は民を導く仮の手だてである」と言う。さらに「須弥山世界から大乗仏教の蓮華蔵世界まで、すべて幻を好むインドの梵志の心理にすぎない」として、「（須弥山説は）所謂る方便なり」と、須弥山方便説を提示した。

仏教側で、最初に須弥山護法論を唱えたのは、浄土宗学僧であった無相文雄《もんのう》（一七〇〇～一七六三）である。宝暦四年（一七五四）に『非天経或問』と『九山八海解嘲論《くせんはっかいげちょうろん》』を著して、地球説に反論した。文雄は、「須弥山世界は釈尊が見た真理であって、凡人には見ることができない」としながら、日常の経験知によって須弥山説を実証しようとした。

浄土律僧の普寂は、仏僧の立場から須弥山方便説を言う。彼は、安永五年（一七七六）に、初学者のための護法書『天文弁惑《てんもんべんわく》』を著し、「現実の事象はいわば原子の集合離散であり、本質的に空である」として、現世を解体する仏教の基本的立場を示す。そのうえで「須弥山世界は、インド聖者の瞑想中の影像である」と述べて、「天文学は極めて精巧な学問であるけれども、悟りを開くという仏教の目標から見れば、地球説も須弥山説も無意味である」と結論した。仲基と普寂は、「須弥山世界は瞑想中の影像であり、仏の真意とは無縁の方便である」と位置づけて、いわゆる近代的な意味での宗教と科学を峻別した。近世中期、聖界と俗界の知識人において、仏教の内なる近代化が誕生しつつあったと言えるだろう。

十九世紀には、天台宗の安楽律僧であった普門円通《ふもんえんつう》（一七五四～一八三四）による梵暦《ぼんれき》運動がひろまった。梵暦とは、円通が仏典を根拠に、須弥山世界と一体化したインドの暦として提唱したものである。天文学的な計算や地球儀に対抗する須弥山儀の作成など、疑似科学的な方法を特徴としており、須弥山世界の知識を一般社会にひろめた。円通は、文化七年（一八一〇）に、独自の梵暦総説書『仏国暦象編《ぶっこくれきしょうへん》』を出版して諸国を講説し、文政元年（一八一八）には、幕府から門人らへ梵暦を授与することを認められた。「梵暦開祖」と仰がれて、僧侶と俗人にわたる門人は一〇〇〇人を超えていたという。彼は、仏教を包含するインドを原理とし、「須弥山世界は、釈迦仏以前の太古からインドに伝わった瞑想によって得た神通力（天眼《てんげん》）によって見られた世界である」から、「凡人の肉眼で見える現実世界は、聖者の天眼だけに見える須弥山世界の一部にすぎない」（『仏国暦象編』）と主張した。

円通の弟子である環中（一七九〇～一八五九）は、当時「からくり儀右衛門《ぎえもん》」と言われた田中儀右衛門久重《ひさしげ》（一七九九～一八八一。東芝の創業者）に依頼して、須弥山世界の模型を、嘉永三年（一八五〇）前後につくらせた（現在は龍谷大学大宮図書館所蔵）。その須弥山儀は、螺鈿の猫足を持つ黒火鉢状の円い台上に須弥山と海がつくられており、田中久重の商品「須弥山時計」として売り出された。幕末には、浄土真宗の両本願寺で梵暦の講座が設けられるに至り、梵暦運動は浄土真宗の信者を中心にひろがったことが推測される。

近世後期から維新期にかけて、欧米列強の植民地化などに対する危機意識が醸成されていく中で、人々は独自の原理と価値観を必死に模索した。梵暦運動は、そうした状況から生まれてきた国学や後期水戸学と同じく、伝統社会の危機意識のあらわれである（井上智勝「幕末維新期の仏教天文学と社会・地域」）。律僧であった円通は、釈迦仏への憧憬を中心とするインド主義に学んで、インド（梵）という原理を示した。梵暦運動は、仏教におけるインド主義が庶民化した一形態であり、仏教思想近代化の一局面である。後にキリスト教に対抗する排耶論ともなり、さらには攘夷論とも結びついて、明治時代の佐田介石《さたかいせき》（一八一八～一八八二）による舶来品排斥運動にまでつながっていった。

2　大乗非仏説論争

科学的な排仏論のもう一つは、大乗非仏説論争である。大乗非仏説とは、大乗仏教は歴史的に実在した釈迦の説ではないとするものである。日本の仏教はその当初から、いわゆる大乗仏教として輸入され、仏教者たちは大乗仏教者であることを誇りとしてきた。その歴史と風土の中においては、近世後期になって主張され始めた大乗非仏説論は、仏教者の正統性と存在意義を根本的に否定する意味を持つことになり、彼らの精神的基盤を脅かす問題として、明治後期に至るまでの大論争となった。

まず大乗非仏説に関する最初の論者は、十八世紀半ばの浄土律僧であった敬首である。天竺の釈迦仏を師と仰いだ敬首は、元文二年（一七三七）以前の著書『真如秘稿《しんにょひこう》』において仏教経典の歴史的発展をたどり、大乗仏教は釈迦仏が直接に説いた教えかどうか、という疑問を呈したとされる。

また富永仲基は『出定後語』において、加上《かじょう》説（釈迦の説に対して、教説を順次付け加える形で新しい経典が作成され、仏教として歴史的に展開していったとする説）を提出した。仲基は、そうした歴史的発展における条件や法則を、三物（類・世・人）五類（張・泛・磯・反・転）という概念で普遍化しようとしている。仏教で説く地獄や極楽などの神秘的な説は、行者が瞑想（禅定）中に見た幻をもととする、インドにおける民衆教化の方法にすぎないとした。さらに仲基は、自らを聖なる仏と完全に対等な俗なる人として、釈迦以来の誤謬から目覚めた人である「出定如来《しゅつじょうにょらい》」（禅定・瞑想から出た如来）と名のった。彼は、釈迦や孔子の真意は善を勧める世俗倫理にある、と主張する。仲基は世俗倫理を説く立場から、仏教の宗教性や超越性を否定して、歴史的な合理性に依る加上説によって仏教を世俗化し、経典の聖性を剝奪した。

仲基と同時代の律僧であった普寂は、若年時から大乗仏説についての疑問を抱いて、瞑想と戒律をはじめとする実践行を行った。最晩年の七十三歳に完成した主著『顕揚正法復古集《けんようしょうぼうふっこしゅう》』（安永八年〈一七七九〉）は普寂の仏教概論であるが、その中で釈迦以来の仏教史を記述しながら、大乗非仏説に対する結論を述べている。普寂は、大乗仏教は釈迦仏が凡夫のために説いた教えではなく、瞑想の中で釈迦仏から大菩薩だけに伝えられた教えであるとする。すなわち、「この世の凡夫は釈迦仏の正しい教えである小乗仏教を行うべきであり、大乗仏教は来世の浄土でこそ実行可能な教えである」と主張した。普寂は、釈迦仏在世時を理想とする律僧として、生涯にわたっていわゆる小乗仏教を実践している。彼にとっての釈迦仏復古の実践行は、インドの原始仏教に回帰するというだけではなく、その後発展した大乗仏教の完成をも、生を超えて目指すことであった。普寂における大乗非仏説論の意義は、自らの実践によって大乗仏説を内面的に証明する契機になったことにある。

この後の大乗非仏説論争は、仲基の論が平田篤胤《ひらたあつたね》（一七七六～一八四三）の排仏論に利用されたことも手伝って、排仏論側も護法論側も、感情的に激しい応酬を繰り返すことになっていく。本居宣長《もとおりのりなが》（一七三〇～一八〇一）が、仏教側について批判的に述べたように、「ひたぶるに大声を出して、ののしりたるのみ」という状況が、近代に至るまで続いていった。

しかし、論争の最初期における普寂と仲基の思想は、日本仏教が近代的変容を遂げるにあたって、思想的な解決を指し示す羅針盤となった。彼らから約一五〇年後、近代仏教学を立ち上げた一人である村上専精《せんしょう》（一八五一～一九二九）は、その主張する大乗非仏説論を理由の一つとして、所属する真宗大谷派から僧籍を離脱させられている。村上は、その二年後の明治三十六年（一九〇三）に『大乗仏説論批判』を著して、大乗仏教を擁護する立場を鮮明にする。その内容は、富永仲基を高く評価するとともに、普寂の主張をそのまま引用して、「大乗仏教は歴史的には非仏説であるが、歴史を超越した真理という点において大乗は仏説である」と結論した。村上は仏教における信仰と学問を分離して、客観的・歴史的な仏教史の研究を可能にし、近代仏教学への道を内面からひらくことに成功したと言えよう。

3　近世仏教の概観

最後に、近世仏教の思想を振り返ってみよう。戦国時代を生き抜いた仏教は、江戸時代には天下泰平を担う思想の一つとなった。長い戦乱が続いた日本に、ようやく平和が訪れようとしていたその時、ヨーロッパからはキリスト教が持ち込まれ、中国では明朝から清朝へ交代しつつあった。その中で、日本の禅僧は隣国の明末仏教から学びつつ、キリシタンを排撃している。

近世前期の仏教は、キリシタン禁教をきっかけとして全国に布《し》かれた寺檀制度と、教団体制をつくり出した本末制度に支えられて、社会的地位と経済的安定を獲得していった。幕府を後ろ盾として各宗で檀林が整備され、組織的に僧侶が育成されるとともに、教団を思想的に支える専門的な研究が始まった。この時期には、黄檗宗に代表される大陸の仏教が本格的に入り、最新の中国文化が社会的流行となっている。

すでに十七世紀から、大蔵経をはじめとする仏書が出版されて広く流通するが、そのことは各宗の檀林における研究を進展させただけではなく、社会全般においても仏教思想が普及する契機の一つになった。檀林と宗典が整備され、各宗の思想が確立されていく過程で、それまでの中世的要素の排除が開始され、仏教思想は一般化し普遍化して、近世の思想となっていく。

近世中期には、仏教は最盛期を迎えたと思われる。十八世紀初頭より、仏教文献の研究によって、古代インドの釈迦仏が直接に説いたとされる戒律（小乗戒）を実践し、釈迦仏当時の教団を再現しようとする、復古主義的な志向が生まれた。儒学や国学などの他思想がユートピアである古代への復古という形で独創的な思想を生んだように、仏教のインド主義も古代への憧憬とその再現を目指す。この原点にさかのぼろうとする心性は、近代仏教学に引き継がれていった。

近世後期には、仏教思想は知識人の支持を失い、長い退潮の時代に入っていく。その中で科学的な排仏論である須弥山説否定論と大乗非仏説論は、近代まで続く大きな論争となった。それらの論争の最初期において、律僧の普寂と世俗的知識人の富永仲基は、それぞれの立場からすぐれた思想を提出している。両者は、近世仏教思想の到達点の一つであると同時に、仏教思想が近代化していく始点の一つであった。その後の仏教思想は幕末の激動を経て、近世後半の思想的総決算とも言うべき廃仏毀釈と神仏分離を迎え、困難な近代化の道を歩み出していくことになる。

参考文献

青柳周一・高埜利彦・西田かほる『近世の宗教と社会』三（吉川弘文館、二〇〇八年）
朝尾直弘『将軍権力の創出』（岩波書店、一九九四年）
有元正雄『近世日本の宗教社会史』（吉川弘文館、二〇〇二年）
飯田利行『学聖　無著道忠』（禅文化研究所、一九八六年）
家永三郎『日本思想史における否定の論理の発達』（新泉社、一九六九年、初版一九三五年）
——「我が国に於ける仏基両教論争の哲学史的考察」（『中世仏教思想史研究』法藏館、一九四七年、改訂増補一九七六年）
家永三郎・赤松俊秀・圭室諦成監修『日本仏教史Ⅲ　近世・近代編』（法藏館、一九六七年）

石田瑞麿『日本仏教史』（岩波書店、一九八四年）
井手勝美『キリシタン思想史研究序説——日本人のキリスト教受容』（ぺりかん社、一九九五年）
井上智勝「幕末維新期の仏教天文学と社会・地域」（明治維新史学会編『明治維新と文化』吉川弘文館、二〇〇五年）
池田英俊『明治の新仏教運動』（吉川弘文館、一九七六年）
石濱純太郎『富永仲基』（創元社、一九四〇年）
今沢慈海『了翁禅師小伝』（日本図書館協会、一九六四年）
今谷　明『天文法華一揆——武装する町衆』（洋泉社、二〇〇九年）
上田霊城「江戸仏教の戒律思想（一）」（『密教文化』一一六号、一九七六年）
——「江戸仏教の戒律思想（二）」（『密教学研究』九号、一九七七年）
海原　徹『月性——人間到る処青山有り』（ミネルヴァ書房、二〇〇五年）
横超慧日「明末仏教と基督教との相互批判」（『中国仏教の研究　第三』法藏館、一九七九年）
小倉紀蔵『朱子学化する日本近代』（藤原書店、二〇一二年）
大桑　斉『寺檀の思想』（教育社、一九七九年）
——『日本近世の思想と仏教』（法藏館、一九八九年）
——『日本仏教の近世』（法藏館、二〇〇三年）
——『戦国期宗教思想史と蓮如』（法藏館、二〇〇六年）
——編著『史料研究　雪窓宗崔——禅と国家とキリシタン』（同朋舎出版、一九八四年）
大桑　斉・前田一郎編『羅山・貞徳『儒仏問答』——註解と研究』（ぺりかん社、二〇〇六年）
岡田正彦『忘れられた仏教天文学——十九世紀の日本における仏教世界像』（ブイツーソリューション、二〇一〇年）
岡本さえ『イエズス会と中国知識人』（山川出版社、二〇〇八年）
オームス、ヘルマン『徳川イデオロギー』（黒住真ほか訳、ぺりかん社、一九九〇年、原著一九八五年）
鏡島元隆編『独庵玄光と江戸思潮』（ぺりかん社、一九九五年）
柏原祐泉『日本近世近代仏教史の研究』（平楽寺書店、一九六九年）
——『近世庶民仏教の研究』（法藏館、一九七一年）

――「近世の排仏思想」（柏原祐泉・藤井学校注『日本思想大系57　近世仏教の思想』岩波書店、一九七三年）
片岡弥吉・圭室文雄・小栗純子『近世の地下信仰――かくれキリシタン・かくれ題目・かくれ念仏』（評論社、一九七四年）
桂島宣弘『思想史の十九世紀――「他者」としての徳川日本』（ぺりかん社、一九九九年）
川口高風――『法服格正の研究』（第一書房、一九七六年）
『諦忍律師研究』（法藏館、一九九五年）
神田喜一郎『墨林閒話』（岩波書店、一九七七年）
――『藝林談叢』（法藏館、一九八一年）
神田千里『日本の中世11　戦国乱世を生きる力』（中央公論新社、二〇〇二年）
――『島原の乱――キリシタン信仰と武装蜂起』（中公新書、二〇〇五年）
――『信長と石山合戦――中世の信仰と一揆』（吉川弘文館、二〇〇八年）
――『宗教で読む戦国時代』（講談社、二〇一〇年）
菅野洋介『日本近世の宗教と社会』（思文閣出版、二〇一一年）
木村得玄『黄檗宗の歴史・人物・文化』（春秋社、二〇〇五年）
――『初期黄檗派の僧たち』（春秋社、二〇〇七年）
ケテラー、ジェームス『邪教／殉教の明治――廃仏毀釈と近代仏教』（岡田正彦訳、ぺりかん社、二〇〇六年、原著一九九〇年）
児玉　識『近世真宗の展開過程――西日本を中心として』（吉川弘文館、一九七六年）
――『近世真宗と地域社会』（法藏館、二〇〇五年）
後藤基巳『明清思想とキリスト教』（研文出版、一九七九年）
五野井隆史『日本キリシタン史の研究』（吉川弘文館、二〇〇二年）
澤　博勝『近世宗教社会論』（吉川弘文館、二〇〇八年）
ジェルネ、ジャック『中国とキリスト教――最初の対決』（鎌田博夫訳、法政大学出版局、一九九六年）
寿岳文章編『柳宗悦　妙好人論集』（岩波文庫、一九九一年）

シュールハンマー、ゲオルク『山口の討論――一五五一年、イエズス会士デ・トレスと仏教徒との』（神尾正治訳、新生社、一九六四年）
末木文美士「鈴木正三――人と思想」（『日本仏教思想史論考』大蔵出版、一九九三年）
――『明治思想家論　近代日本の思想・再考Ⅰ』（トランスビュー、二〇〇四年）
――『近世の仏教――華ひらく思想と文化』（吉川弘文館、二〇一〇年）
――「近代日本の国家と仏教」（『他者・死者たちの近代　近代日本の思想・再考Ⅲ』トランスビュー、二〇一〇年）
末木文美士ほか編『新アジア仏教史13　日本Ⅲ　民衆仏教の定着』（佼成出版社、二〇一〇年）
曽根原理『徳川家康神格化への道』（吉川弘文館、一九九六年）
――『神君家康の誕生――東照宮と権現様』（吉川弘文館、二〇〇八年）
高木昭作『将軍権力と天皇――秀吉・家康の神国観』（青木書店、二〇〇三年）
高埜利彦『近世日本の国家権力と宗教』（東京大学出版会、一九八九年）
田尻祐一郎『江戸の思想史――人物・方法・連環』（中公新書、二〇一一年）
竹田聴洲「近世社会と仏教」（『岩波講座　日本歴史9　近世1』岩波書店、一九七五年）
圭室諦成『葬式仏教』（大法輪閣、一九七三年）
圭室文雄『江戸幕府の宗教統制』（評論社、一九八〇年）
――『日本仏教史・近世』（吉川弘文館、一九八七年）
――『葬式と檀家』（吉川弘文館、一九九九年）
――編『論集日本仏教史七――江戸時代』（雄山閣出版、一九八六年）
――編『図説　日本仏教の歴史――江戸時代』（佼成出版社、一九九六年）
――編『日本の名僧15　天海・崇伝――政界の導者』（吉川弘文館、二〇〇四年）
朝鮮日々記研究会編『朝鮮日々記を読む――真宗僧が見た秀吉の朝鮮侵略』（法藏館、二〇〇〇年）
沈　仁慈『慈雲の正法思想』（山喜房佛書林、二〇〇三年）
辻善之助『日本仏教史』第六巻～第一〇巻（岩波書店、一九五五年）
辻　惟雄『奇想の系譜――又兵衛―国芳』（ちくま学芸文庫、二〇〇四年、初版一九七〇年）

――編『日本美術全集23　江戸の宗教美術――円空・木喰／白隠・仙厓／良寛』（学習研究社、一九九九年）
寺尾英智・北村行遠編『日本の名僧14　日親・日奥――反骨の導師』（吉川弘文館、二〇〇四年）
中野三敏『十八世紀の江戸文芸――雅と俗の成熟』（岩波書店、一九九九年）
――『写楽――江戸人としての実像』（中公新書、二〇〇七年）
――『江戸文化再考――これからの近代を創るために』（笠間書院、二〇一二年）
奈倉哲三『真宗信仰の思想史的研究――越後蒲原門徒の行動と足跡』（校倉書房、一九九〇年）
中村　元『中村元選集［決定版］別巻7　近世日本の批判的精神　日本の思想Ⅲ』（春秋社、一九九八年）
――『中村元選集［決定版］別巻8　日本宗教の近代性　日本の思想Ⅳ』（春秋社、一九九八年）
西村　玲『近世仏教思想の独創――僧侶普寂の思想と実践』（トランスビュー、二〇〇八年）
――「虚空と天主――中国・明末仏教のキリスト教批判」（『宗教研究』三六六号、二〇一〇年）〔本書所収〕
――「釈迦信仰の思想史的展開――大乗非仏説をめぐる近代化とは何か」（『東方』二六号、二〇一一年）
――「近世仏教におけるキリシタン批判――雪窓宗崔を中心に」（『日本思想史学』四三号、二〇一一年）〔本書所収〕
――「東アジア仏教のキリスト教批判――明末仏教から江戸仏教へ」（中野三敏・楠元六男編『江戸の漢文脈文化』竹林舎、二〇一二年）〔本書所収〕
日本仏教研究会編『日本の仏教4　近世・近代と仏教』（法藏館、一九九五年）
長谷川匡俊『近世念仏者集団の思想と行動――浄土宗の場合』（評論社、一九八〇年）
引野亨輔「真宗談義本の近世的展開」（『日本歴史』六三五号、二〇〇一年）
――「近世日本の書物知と仏教諸宗」（『史学研究』二四四号、二〇〇四年）
――『近世宗教世界における普遍と特殊――真宗信仰を素材として』（法藏館、二〇〇七年）
尾藤正英『日本封建思想史研究――幕藩体制の原理と朱子学的思惟』（青木書店、一九六一年）
――『江戸時代とはなにか――日本史上の近世と近代』（岩波現代文庫、二〇〇六年、初版一九九二年）
日野龍夫『江戸人とユートピア』（岩波現代文庫、二〇〇四年、初版一九七七年）
――『日野龍夫著作集一　江戸の儒学』（ぺりかん社、二〇〇五年）
平川　彰『インド・中国・日本　仏教通史』（春秋社、一九七七年）

広瀬良弘『禅宗地方展開史の研究』（吉川弘文館、一九八八年）
藤井　学『法華文化の展開』（法藏館、二〇〇二年）
船岡　誠『沢庵――徳川家光に慕われた名僧』（中公新書、一九八八年）
ベラー、ロバート『徳川時代の宗教』（池田昭訳、岩波文庫、一九九六年、原著一九五五年）
朴沢直秀『幕藩権力と寺檀制度』（吉川弘文館、二〇〇四年）
丸山眞男『日本政治思想史研究』（東京大学出版会、一九五二年）
源　了圓『日本の禅語録17　鉄眼』（講談社、一九七九年）
宮川康子『富永仲基と懐徳堂――思想史の前哨』（ぺりかん社、一九九八年）
宮元健次『江戸の陰陽師――天海のランドスケープデザイン』（人文書院、二〇〇一年）
村井早苗『天皇とキリシタン禁制――「キリシタンの世紀」における権力闘争の構図』（雄山閣出版、二〇〇〇年）
――『キリシタン禁制と民衆の宗教』（山川出版社、二〇〇二年）
村上専精『大乗仏説論批判』（光融館、一九〇三年）
矢島　新『近世宗教美術の世界――内なる仏と浮世の神』（国書刊行会、二〇〇八年）
安丸良夫『日本の近代化と民衆思想』（青木書店、一九七四年）
――『神々の明治維新――神仏分離と廃仏毀釈』（岩波新書、一九七九年）
湯浅治久『戦国仏教――中世社会と日蓮宗』（中公新書、二〇〇九年）
芳澤勝弘『白隠――禅画の世界』（中公新書、二〇〇五年）
吉野秀雄『良寛』（アートデイズ、二〇〇一年、初版一九七五年）
渡辺京二『逝きし世の面影』（平凡社ライブラリー、二〇〇五年、初版一九九八年）
――『日本近世の起源――戦国乱世から徳川の平和（パックス・トクガワーナ）へ』（洋泉社MC新書、二〇〇八年、初版二〇〇四年）
――『渡辺京二コレクション1　史論――維新の夢』（ちくま学芸文庫、二〇一一年）
渡辺麻里子「了翁の一切経寄進について――叡山文庫生源寺蔵鉄眼版一切経と天台宗寺院への寄進」（『山家学会紀要』九号、二〇〇七年）

引用史料

金地院崇伝『排吉利支丹文』（海老沢有道・H・チースリクほか校注『日本思想大系25　キリシタン書・排耶書』岩波書店、一九七〇年）
不干斎ハビアン『妙貞問答』（海老沢有道ほか編著『キリシタン教理書』教文館、一九九三年）
雪窓宗崔『興福寺筆記』（大桑斉編著『史料研究　雪窓宗崔——禅と国家とキリシタン』同朋舎出版、一九八四年）
——『対治邪執論』（同前）
費隠通容『原道闢邪説』（岡田武彦・荒木見悟主編『近世漢籍叢刊　思想四編一四　闢邪集／聖朝破邪集』中文出版社、一九八四年）
富永仲基『出定後語』（水田紀久・有坂隆道校注『日本思想大系43　富永仲基・山片蟠桃』岩波書店、一九七三年）
普　寂『天文弁惑』安永六年（一七七七）版本
普門円通『仏国暦象編』文化七年（一八一〇）版本

教学の進展と仏教改革運動

一　近世教団とその学問

1　近世教団の始動

中世後期からの長い戦乱は、仏教諸教団におけるそれまでの秩序を根幹から破壊し、再編成した。鎌倉時代のいわゆる旧仏教と新仏教は勢力を逆転し、織田信長や徳川家康らによる一向一揆や法華一揆への弾圧とその殲滅は、仏教教団が政治的に独立していた中世的なあり方の終わりを告げる。それは同時に、仏教が世俗権力と一般社会の中で重要な役割を担っていく近世という、新しい時代の開始でもあった。

幕藩体制が形成されていく近世前期は、仏教が中世の戦乱による打撃と混乱から立ち上がり、新しい時代に即した思想を、さまざまな形で模索し始める時期である。この時期に徳川幕府が行った寺院と教団を統制する政策は、近世の仏教教団の基礎を形成するとともに、そこにおける教学思想の性格を根底から規定するものとなった。近世教団が、どのような条件の下で生まれて、どのような活動をしていったかを知るために、まずは幕府が行った寺院統制のための諸制度を見ておこう。

幕府は、寺社管理と行政裁判をはじめとする宗教統制のために、寛永十二年（一六三五）に将軍直属の寺社奉行を設置した。それとほぼ同時に、江戸やその近郊の各宗派における有力寺院の中から、幕府と寺院の連絡役となる江戸触頭を定めた。触頭となった寺院は、たとえば、浄土真宗（当時は一向宗）では築地本願寺と浅草本願寺であり、浄土宗では芝の増上寺など、現在も残っている大寺院が多い。これらの寺は、幕府からの触《ふれ》を各宗の本寺や末寺に伝達したり、各宗派を代表して幕府への取次役となった。また幕府のみならず各藩においても、同じく触頭制度が整備されて、幕府の命令は順次末端の寺院に伝達された。逆に、末端の寺院から幕府の寺社奉行に提出される各種の嘆願書なども、触頭寺院を通じて、幕府に提出されることになった。

また幕府は、各宗の大寺院に寺院法度を下して、寺院の守るべき規則を定めた。寺院法度は、慶長六年（一六〇一）に真言宗の高野山に発布されたものをはじめとして、天台宗の比叡山に対する法度が続き、曹洞宗、法相宗、五山十刹、浄土宗、身延山などに出されている。さらに寛文五年（一六六五）には、各宗共通の諸宗寺院法度が発布され、仏教全体に対しての基本的な規定が決められた。その内容は、教団秩序と僧侶の生活規律に関するものが中心となっている。まず真宗を除く諸宗に対する女犯の禁止をはじめとして、各宗における職制、職制にともなう教団内での坐順、寺院住職の資格、紫衣などの袈裟や上人号の勅許、授戒の制限、本寺と末寺の関係を定めている。教団外部での活動については、新寺の建立を制限し、邪教や新しい教えを説くことの禁止、一般人への法談の制限、勧進募財の取り締まりなどが定められた。

その後さらに、貞享四年（一六八七）にはキリシタン禁制などの法度が発布され、享保七年（一七二二）にも、諸宗僧侶への掟書が出されている。この掟書は、慶長六年の諸宗寺院法度より詳細なものであり、これを承けて諸宗はそれぞれ宗内の規則を、新たに定めるに至った。

これらの法度は、幕府による発布に先立って、それぞれの大寺院から草案を提出させ、これを修正して公布する形をとっている。そのために、法度には各宗大寺院の意向が強く反映されており、本山と末寺の主従的関係もはっきりと打ち出されていった。もとより本山と末寺の関係は、中世においても部分的には存在していた。徳川幕府は、すでに存在しつつあった各宗の本末関係を利用して全国的な立場で法制化し、各宗において本山から本寺、中本寺、直末寺、孫末寺という重層的な関係をつくり上げて、全国の寺院を一寺も残さず中央集権的な本末関係にはめこんでいった。

幕府は、寛永八年（一六三一）に新寺建立を禁止するとともに、翌寛永九年（一六三二）に、諸宗に対して末寺帳の提出を命じた。さらに元禄五年（一六九二）には、末寺帳の再度提出を命じて、各宗における本末関係を確定していった。しかしもともと本末関係が不明確であった寺院も多かったために、本末を争う紛争が各地で起こっている。たとえば、伊勢と越前のそれぞれに本寺としてあった浄土真宗の専修寺《せんじゅじ》については、本末の争いによって伊勢のみが本寺とされ、越前の専修寺は破壊された。また曹洞宗でも、永平寺と総持寺のみが本寺として認められた結果、それまで本寺とされてきた肥後の大慈寺、加賀の大乗寺、能登の永光寺《ようこうじ》が、この両寺の系列下に入った。

こうして各地で軋轢を生じつつも決定された本末関係は、幕藩体制における宗教行政の基礎単位として機能した。本末関係に応じて、それぞれの寺格が細かく定められ、住職になるための修行年限や学問の段階的内容までが決められた。たとえば、近世初頭の紫衣事件（寛永四年〈一六二七〉）は、修学規定をめぐる幕府と臨済宗妙心寺派の軋轢である。江戸時代において仏教の専門的な研究が盛んになったのは、幕府によって住職になるための修学が定められ、それに対応せざるを得なかった諸宗が学問所を整備したことが、大きな理由の一つである。

近世初期に定められた本末関係には、基本的にはその後の変更が許されなかった。本寺は末寺に対する優位を保障されて、末寺の住職任免権と裁判権を持っており、本寺と末寺の紛争においては、常に本寺の主張が通った。本寺が末寺の住職を許可する際には、末寺から上納金を取り、なおかつ寺格によってその金額に等級別の差を設けた。さらに僧侶の得度から院号の授与、本尊の授与や法会の開催まで、寺格や僧階に応じて、末寺は本寺に上納金を納めなくてはならなかった。

こうして、幕府の定めた寺院法度と本末制度によって、仏教各宗は諸本山による末寺と僧侶支配権を一元的に掌握した。近世の一元的な教団体制が確立されていくにつれ、それまであいまいなところもあった宗派間の境界は明確化され、兼学・兼行が不可能な、いわゆる近世的な宗派が形成されていった。その際に求められたのは、各宗の特徴となりうる固有の教学であり、それを宗の内外に知らしめるべく諸宗における典籍の出版も推進されていった。

2　檀林とは何か

幕府は、寺院法度によって仏教教団の活動に厳しい制約を加えると同時に、学問を大いに奨励した。浄土宗法度には、浄土宗の修学十五年にならない者は、浄土宗義を伝える宗脈と円頓戒《えんどんかい》を伝える戒脈を伝授してはならないことが定められ、住職になるための資格を得るには十五年以上の修学が求められる。曹洞宗法度でも、三十年以上の修行成就の僧でなければ、法幢《ほうどう》を立ててはならないとされる。天台宗の叡山法度にも、学道に努めない者は、坊に住んではならないことが定められている。

このように学問・修行の期間が、そのまま住職や教導職の資格となり、僧侶の位階昇進に反映された。また諸大寺には、学問奨励のために寺領や金子が支給されたために、各宗にそれぞれ僧侶の教育と研究のための学問所である檀林や学寮が設けられ、教学研究が盛んになった。徳川幕府成立以前から、各宗に檀林の前身となる教育機関はあったが、各宗の主たる檀林は、幕府の政策によって制度的に整備され、ほぼ十六世紀後半から十七世紀前半につくられている。

近世の檀林とは、どのようなものであったのか。ここでは浄土宗檀林について、その教育課程も含めて、詳しく見ておきたい。浄土宗は家康以来の歴代将軍家の帰依を受け、檀林筆頭の増上寺は将軍家の菩提寺であった。そのためもあって、浄土宗の檀林制度は、諸宗の中では最も整備されたものとなっている。

まず浄土宗檀林の成り立ちであるが、浄土宗の一派である白旗流から源誉存応（一五四四～一六二〇）が出て、増上寺の第十二代住職となり、家康の信任を得た。存応の活躍によって、増上寺は現在の芝に移転し、伽藍を整備して、徳川家の菩提所に取り立てられた。存応は、増上寺の中興と仰がれ、観智国師の号を賜っている。また家康から宋・元・明の三種の大蔵経を寄贈された。これは今も残っており重要文化財となっている。存応は家康の後ろ盾を得て、関東の十八寺院を選定し、それらを浄土宗の学問所として「関東十八檀林」とした。その内訳は、芝の増上寺を筆頭として小石川の伝通院などの江戸にある五檀林と、鎌倉の光明寺などの田舎檀林と言われる十三カ寺である。

同時期、京都の知恩院に尊照《そんしょう》（一五六二～一六二〇）がおり、第二代将軍徳川秀忠の帰依を受けて知恩院を整備し、寺領一七〇〇石を受けた。尊照は知恩院を浄土宗の総本山として、それまでの天台宗

表　関東十八檀林

武蔵国	増上寺（東京都港区） 伝通院（東京都文京区） 霊巌寺（東京都江東区） 霊山寺（東京都墨田区） 幡随院（東京都小金井市） 蓮馨寺（埼玉県川越市） 勝願寺（埼玉県鴻巣市） 大善寺（東京都八王子市） 浄国寺（埼玉県さいたま市岩槻区）
相模国	光明寺（神奈川県鎌倉市）
下総国	弘経寺（茨城県結城市） 東漸寺（千葉県松戸市） 大巌寺（千葉県千葉市） 弘経寺（茨城県常総市）
上野国	大光院（群馬県太田市） 善導寺（群馬県館林市）
常陸国	常福寺（茨城県那珂市） 大念寺（茨城県稲敷市）

青蓮門院《しょうれんもんいん》の支配を離れて、良純《りょうじゅん》法親王を迎えて華頂門跡《かちょうもんぜき》をひらいた。また江戸の存応とともに檀林規則を定めて、宗義法度をつくっている。

一宗の行政を司る役所を総録所というが、浄土宗の総録所は増上寺に置かれた。その主たる任務は江戸触頭として、幕府の命令を諸国触頭寺院に伝えると同時に、諸国から幕府への請願や届の周旋を行うものだった。また法度制度の実行や遵守を督励し、檀林学徒の学籍管理や、各地の本山や紫衣地《しえじ》・由緒地《ゆいじょじ》・格地《かくじ》といった寺格の高い寺の住職推薦や任命を行った。また、毎年正月に、十八檀林の住職が江戸城に参賀することになっており、その折には増上寺で檀林会議がひらかれた。この会議では、檀林住職の候補者への投票や、一宗の規則の変更や新しい宗規の追加が行われることになっており、十八檀林は教育機関であるとともに、宗門行政を支える機構であった。

檀林での授業方法は、時期を定めた問答形式と日常の講義の二種類があり、浄土宗の教義が学ばれた。具体的には、浄土宗の開祖である法然の『選択本願念仏集』を中心に、浄土三部経や中国の善導《ぜんどう》の著作、中世の浄土宗教学の大成者である聖冏の著作などを研究する。また浄土宗義に限らず、仏教の基礎学にあたる倶舎・唯識・三論・華厳・天台などの諸学も研究され、仏教以外の諸子百家も外学として講義されていた。これらの研究はそれぞれの書物に精密な注釈を付ける形で行われ、檀林で行われる講義のために教科書的な綱要書も著されていた。

檀林の教育課程は、名目・頌義・選択などの九部にわかれており、一部の修学に三年かかったから、規程どおりの修学であれば、定まった学課ではない最後の無部を除いて、課程修了には二十四年かかることになる。元和元年（一六一五）の浄土宗法度によれば、先ほど見たように、一寺の住職になる宗戒両脈を受けるためには修学十五年が必要であったが、時代が下るにつれて軽減されて、近世中期には八年となっていた。

檀林の学問体制は、宗内の僧侶に対して、位階である僧階を与えるとともに、寺格を得るための基礎的な条件を与える行政的な機能を持っており、檀林は教団の維持と再生を支える構造的な組織の一つであった。檀林における教学研究のシステムは、中央の有力な檀林によって統括されるものであり、祖師や聖典に対する批判的な研究が生まれる余地は少なかった。そういった自由な研究は、教団秩序から離れて檀林の外で活動した学僧や、仏教外部の世俗的知識人に見ることができる。

3　諸宗の檀林とその動向

浄土宗以外で整備された教育機関は、天台宗、真言宗、浄土真宗の二派（東本願寺と西本願寺）、曹洞宗、日蓮宗の各宗に設けられており、やや遅れて融通念仏宗でもつくられた。これら諸宗のうちで早くひらかれたのは、日蓮宗の檀林である。信長の叡山焼き討ちによって、比叡山は壊滅的な打撃を被った。その折に天台宗から難を避けて日蓮宗に入った学僧が、天台宗の『法華経』関連の講義を行った。それが日蓮宗檀林の前身であるが、彼らの講義を承けて、京都に六条檀林がつくられた。

天台宗から転宗した日生《にっしょう》（一五五三〜一五九五）は、関東下総に飯高《いいだか》檀林をひらいて、日蓮宗教学研究の中心地をつくった。その後京都に帰った日生は、天正二年（一五七四）に松ヶ崎檀林を興して、飯高と松ヶ崎は併せて根本檀林と言われるようになった。日蓮宗では、元禄までの一〇〇年間に各派に二十以上もの檀林が設けられて、学問研究が進み、初期の天台教理の研究から進んで、独自の日蓮宗学が成立していった。

一方、叡山焼き討ち後の天台宗においては、家康・秀忠・家光の宗教顧問であった天海（一五三六?〜一六四三）の尽力によって、寛永二年（一六二五）に上野に寛永寺が創建され、実権は江戸に移った。その後、関東に八檀林ないし十檀林が設けられ、そこでの修学が寛永寺の学寮へ進むための階梯とされた。

真言宗の教学は、古代以来の高野山や東寺よりも、中世の覚鑁《かくばん》（一〇九五～一一四三）がひらいた根来寺《ねごろじ》の系統で盛んとなった。天正十三年（一五八五）に、秀吉によって根来寺は滅ぼされ、根来寺の系統は、奈良長谷寺《はせでら》の豊《ぶ》山派《ざんは》と、京都智積院《ちしゃくいん》の智山《ちさん》派という二派にわかれる。智山派は、家康が同派の日誉《にちよ》（一五五六～一六四〇）に帰依したことも手伝って、近世には「学山《がくさん》智山」と呼ばれる隆盛を迎えた。智積院第七代住職の運敞《うんしょう》（一六一四～一六九三）は注釈研究を精力的に行い、彼が集めた多くの蔵書は、今も運敞蔵として残されている。これ以後、智山派には、多くの典籍を収集して研究する学風が生まれた。

近世中期には、智山派と豊山派の両方で、仏教の基礎学にあたる倶舎・唯識の性相学《しょうそうがく》が盛んとなった。ことに豊山の学者である快道《かいどう》（一七五一～一八一〇）や戒定《かいじょう》（一七五〇～一八〇五）の研究は、南都の法相教学などで規範とされてきた従来の学説を批判して、斬新な説を打ち出しており、近世教学の到達点の一つを示すものとして注目される。

浄土真宗には、今も宗内部に多くの派が存在するが、中でも近世初頭に本願寺が東西に分裂した事実は重要である。分裂の経緯は、信長・秀吉・家康にわたる三代の権力者と一向一揆がからんで複雑であるが、近世以後の真宗教学の性格を考えるうえで、基礎的な事柄となるので、ここで見ておきたい。

織田信長は、本願寺門徒でもあった越前朝倉氏などの戦国大名と戦う過程で、大坂の石山本願寺と十年間に及ぶ石山戦争（一五七〇～一五八〇）を戦った。最終的には、本願寺が信長に屈服して、本願寺の第十一代顕如《けんにょ》（一五四三～一五九二）は、石山本願寺を開城して紀州に退去した。この時に顕如の長男である教如《きょうにょ》（一五五八～一六一四）は、信長との和議に強硬に反対し、そのために顕如から義絶された。紀州に退去した顕如は、秀吉が京都七条堀川に土地を寄進したことにより、天正十九年（一五九一）に京都へ帰った。顕如が文禄元年（一五九二）に亡くなった後に、秀吉の介入により、本願寺は長男教如ではなく、三男である准如《じゅんにょ》(一五七七~一六三〇)が継ぐことになった。本願寺から追い出された格好の教如に、家康は慶長七年(一六〇二)、京都七条烏丸の土地を寄進して、そこに東本願寺が創建された。以上の経緯によって、本願寺は第十二代より東西に分裂して、今に至っている。つまり、石山戦争時の信長に対する穏健派が後の西本願寺となり、強硬派が東本願寺となったと言えよう。

東西本願寺における学問の全体的な動向としては、近世前半には仏教一般の中で浄土真宗がどのような位置を占めるかが研究され、後半には宗学の研究がなされた。西本願寺では、早くも寛永十三年(一六三六)に、親鸞の主著である『教行信証』を出版し、二年後の寛永十五年(一六三八)には寺内に学校を興して宗学研究を奨励した。第十四世寂如《じゃくにょ》(一六五一~一七二五)は、自ら『教行信証』を講義している。

研究が盛んになる中で、時の学頭であった西吟をめぐる論争が起こり、紛争が激しくなったので幕府が介入し、いったん西本願寺の学校は閉鎖された。四十年ほど後の元禄八年(一六九五)に再建して「学林」と称し、それ以後さまざまな変化を経ながら、現在の龍谷大学に至っている。学林に在籍する学生は、近世中期には一〇〇〇人を超え、幕末頃には一六〇〇人を超えたという。

西本願寺派において注目すべき論争は三業惑乱《さんごうわくらん》で、近世中期に起こり、約四十年間にわたり教団トップから一般信者までを巻き込んで続いた。浄土真宗では、阿弥陀仏の救いの絶対性を強調していることから、真宗における他力の信心においては、改めて自らたのむ心があってはならないとされていた。これに対して、学林第六代の功存《こうぞん》(一七二〇~一七九六)らが、身《しん》・口《く》・意《い》の三つのはたらき(三業)を揃えて、自ら往生を願うことが必要だと主張した。

功存らの説は、学林の権威をもって正統とされたが、安芸と備州をはじめとする各地の信者や学僧からの批判が相次いだ。享和三年（一八〇三）、ついに幕府は二条城に当事者らを呼んで討論を行わせ、翌年の文化元年（一八〇四）には江戸城でも行わせた。最終的には、論争のきっかけとなった学林側が敗退して収まったが、これ以後、西本願寺学林では、ただ一人のトップである学頭職を置くのではなく、六人の合議制に改めて、混乱を避けるようになった。その結果、三業惑乱当時にはさまざまな学派が起こって研究が盛んになったが、それ以後は学説が慎重になり、堅実ではあるが目立った発展は見られなくなったとされる。

東本願寺では、寛文五年（一六六五）に学寮を設置した。正徳五年（一七一五）に、東本願寺の教学の基礎を築いた慧空《えくう》（一六四四〜一七二二）が、初代講師となった。次の慧然《えねん》（一六九三〜一七六四）の時に、学寮を高倉に移して教授者と学生の制度が整備された。一七〇〇年代後半に宗学の黄金期を迎え、西本願寺と同じく宗学が発展していく。東本願寺でも、異安心《いあんじん》（真宗における異端的信仰）を抱く学僧が出たが、三業惑乱のような大規模な論争にはならなかった。

一遍を祖とする時宗は、「時衆」と称して鎌倉末期から室町中期に隆盛を誇ったが、近世に入ると、諸国を遊行する布教方法が不可能になっていった。幕府が本末制を実施した時に、時宗は浅草日輪寺《にちりんじ》を触頭として、統制された。その後、第四十二代遊行上人の尊任《そんにん》（一六二五〜一六九一）が、霊元天皇《れいげん》の信任を得るとともに将軍にもたびたび謁見し、宗制を制定して時宗を一宗として成立させた。

同じく念仏系の融通念仏宗は、中世の良忍《りょうにん》（一〇七二〜一一三二）を宗祖としている。融通念仏とは、集団による念仏によって互いの念仏の功徳を増すと考える運動であり、勧進聖《かんじんひじり》や一遍なども融通念仏の性格を持っていたとされる。良忍は諸国を遍歴して念仏による勧進を行い、大坂に大念仏寺をひらいた。近世に入ってからは、大念仏寺を再興した大通融観《だいつうゆうかん》（一六四九〜一七一六）が、将軍綱吉から宗門復興の許可を受けて、融通念仏宗を成立させた。元禄七年（一六九四）に、霊元上皇より紫衣を得て、二年後には檀林開設の勅許を得た。これ以後、融観は檀林の規則を定めて本末制度を整備し、天台と華厳の教学によって融通念仏を説明する『融通念仏信解章《ゆうずうねんぶつしんげしょう》』二巻などを著して、教学を整備した。

二　禅宗の動向と仏書出版

1　禅宗の改革運動

中世に輸入された中国の宋代禅は、日本に定着し、普及した。中世を通じて多くの禅僧が中国に渡り、中国禅との関わりが保持された。禅宗において、厳しい試験を受けて修行道場である僧堂に入った禅僧たちは、師の指導を受けつつ、僧堂独特の規則に従って、厳しい日常生活を送ることになる。師は、弟子が坐禅によって至った境地を何らかの形で確認して、真理である法を悟ったことを証明する。この時に師から法を嗣ぐことを嗣法《しほう》といい、師から弟子への一対一の面授（師資面授）によって行われた。各地方の禅宗の大寺院には僧堂があり、僧侶は雲水となって各地の僧堂に滞在して、修行していた。

曹洞宗では、元来いわゆる禅問答にあたる公案を用いないために、法を伝えるための一対一の師弟関係が重んじられ、いったん法を嗣いだ師弟関係は、生涯変更が許されなかった（一師印証《いっしいんしょう》）。しかし戦国時代以後の曹洞宗では、師から弟子への法の相続が形骸化するのと同時に、大寺に所属することが法を相続したことになるとみなされて、大寺に入るために師を変更したり、二人以上の師から法を嗣ぐといったことが目立つようになった。これに対して、一対一の緊密な師弟関係を復活させて、それを制度として永続的に確定しようとしたのが、月舟宗胡《げっしゅうそうこ》（一六一八～一六九六）に始まる宗統復古運動と言われる運動である。月舟の弟子である卍山道白《まんざんどうはく》（一六三六～一七一五）は、師月舟の遺志を継いで、同志とともに幕府などに訴えて、その主張とする一師印証と師資面授の制度を実現し、近世曹洞宗の教育方法を確立した。

曹洞宗では、北陸に二大本山（永平寺・総持寺）がある一方で、幕府と教団をつなぐ総録所や触頭は関東と江戸に集中したために、宗門の行政的な中心は関東へと移った。宗統復古運動による僧堂における坐禅実践の一方で、早くも文禄元年（一五九二）には、江戸の駿河台に学問所である梅檀林《せんだんりん》が設けられている。近世の梅檀林は、現在の駒澤大学の前身である。梅檀林とは、もともとは香木の林という意味であるが、禅僧が集まって修行する場所を言うようになった。

明暦の大火（明暦三年〈一六五七〉）の後に、梅檀林は吉祥寺《きちじょうじ》とともに本郷駒込に移転して、さらに大規模なものとなった。曹洞宗における改革運動を行った卍山道白は、制度を整備して研究を盛んにし、そこで学ぶ僧侶は一〇〇〇人を超えたという。梅檀林では、仏教経典や祖師の著作、禅語録といった専門的な研究のほかに、漢学や詩文の学問も行ったから、儒学の昌平黌《しょうへいこう》と並んで江戸漢学の二大中心地となった。また、それまでほとんど研究されていなかった祖師道元の主著『正法眼蔵』をはじめとする道元の著作が多数出版されて、教学の研究が進んだ。宗統復古運動の進展と同時に、梅檀林での学問も盛んになり、曹洞宗は徐々に近世化していく。それと同時に、坐禅の実践を重視する派と学問を重視する派が生まれ、対立するようになっていった。

臨済宗では、師は公案という問答によって弟子の境地を確認し、印可によって証明する教育方法をとっている。近世の臨済宗では、中世に盛んであった京都の五山派が衰えて、同じく京都の妙心寺・大徳寺の系統が盛んとなった。近世初頭の大徳寺からは、紫衣事件で知られる沢庵宗彭《たくあんそうほう》（一五七三～一六四五）が出ている。紫衣とは、高徳の僧や尼に朝廷が与えた紫色の法衣・袈裟のことであり、紫衣着用の許可は朝廷の権限であった。寛永四年（一六二七）に、後水尾天皇が大徳寺などの僧侶に与えた紫衣勅許に対して、幕府が反対を唱えて無効とした。このため後水尾天皇は退位を決意し、幕府に抗議した沢庵は出羽に流された。

沢庵らが幕府に抗議した直接的な理由は、幕府が定めた寺院法度の中に、紫衣を許可される妙心寺と大徳寺の住職になるための条件として、三十年以上の修行と一七〇〇則の公案を通過することが必須条件となっていたことにある。沢庵らにしてみれば、修行の年限や公案の数は僧侶個々人の内面的な修行の境地によって定められるべきことであって、幕府権力によって外的に定められるような問題ではなかったために、幕府に抗議するに至った。その後、沢庵は寛永十一年（一六三四）に許されて江戸に帰り、三代将軍家光に重用され、品川の東海寺を創建している。また家光によって、問題となった法度の条件は撤回され、沢庵の主張が認められた。

妙心寺の系統からは、盤珪永琢《ばんけいようたく》（一六二二〜一六九三）が出て、中国明朝から渡来した僧侶である道者超元《どうしゃちょうげん》に悟りを証明され、一般の民衆に不生禅《ふしょうぜん》を説いた。盤珪の唱えた不生禅とは、人間が生まれながらに持つ平常心《びょうじょうしん》が、そのまま霊妙な仏心であり、日常生活の一切が坐禅であると説くものであった。盤珪は、日常の卑近な喩えによって多くの人々を悟りに導き、「生身《しょうじん》の釈迦」と仰がれると同時に、多くの廃寺を復興して新寺を創建した。

近世の臨済禅は、白隠慧鶴《はくいんえかく》（一六八五〜一七六八）によって大成する。白隠は弟子の教育にすぐれており、法を嗣いだ者は四十余人と伝えられる。公案禅による厳しい教育法を確立して、臨済宗中興の祖とされており、現在の臨済僧侶の多くは白隠の流れを汲んでいる。白隠は、民衆に対しては平易な言葉で法を説き、多くの仮名法語を著して、「おたふく女郎粉引歌《じょろうこなひきうた》」や子守唄などもつくった。

臨済宗における学問としては、無著道忠《むじゃくどうちゅう》（一六五三〜一七四四）が、多くの典籍から禅用語を集めた禅宗辞典に相当する『禅林象器箋《ぜんりんしょうきせん》』二十巻を著した。また卍元師蛮《まんげんしばん》（一六二六〜一七一〇）は、高名な禅僧の伝記である『延宝伝灯録《えんぽうでんとうろく》』四十巻を延宝六年（一六七八）に著し、元禄十五年（一七〇二）には、日本諸宗の高僧伝である『本朝高僧伝』七十六巻を著している。

2　黄檗宗の渡来と定着

近世前期に、中国大陸より禅宗の一派である黄檗禅が伝来し、当時の禅宗のみならず、文人や美術にも大きな影響を及ぼした。たとえば、現在の仏教諸宗で用いる木魚は、黄檗禅僧が持ち込んだものである。もともと黄檗禅は、中国明（一三六八〜一六六二）末の仏教復興の中で、臨済宗僧侶の密雲円悟（一五六六〜一六四二）らが復活させた臨済禅である。しかし、中世に渡来した宋・元代の禅と明代の禅とは、その儀礼風儀がかなり異なっていたために、日本近世では黄檗宗として新しい宗となった。

黄檗宗の開宗は、隠元隆琦（一五九二〜一六七三）の渡来に依っている。近世初頭の長崎には、唐船貿易のために多くの中国人が渡来しており、彼らは自分たちの寺として、当地に興福寺や崇福寺《そうふくじ》などを建立していた。それらの寺のために、中国人僧侶の渡来が望まれ、慶安三年（一六五〇）には道者超元が来て崇福寺に住し、盤珪ら日本人僧の指導にも当たった。

しかし、道者は六年ほどで中国に帰ったために、もう一つの興福寺の僧侶たちが、福建省の黄檗山萬福寺の住職だった隠元を礼を尽くして招聘し、承応三年（一六五四）、隠元は長崎に渡来した。隠元は長崎に住した後に、摂津の普門寺《ふもんじ》に入り、万治元年（一六五八）に将軍家綱に謁見した。翌年、幕府から京都宇治の近衛家の土地を寄進され、そこに黄檗山萬福寺を建立することになった。隠元はもともと三年間だけ日本に滞在する予定で来ており、この間にも、たびたび帰国を決意しては日本人僧侶に滞留を説得されるということを繰り返していたが、ついに永住を決意して、寛文元年（一六六一）に、黄檗宗萬福寺をひらいた。

明の仏教では禅教一致の総合的な運動が盛んであり、隠元もその影響を受けている。しかし禅の立場を基本とする黄檗宗の念仏理解は、自己の内心に阿弥陀仏と浄土があるという考えに拠っており、日本の浄土宗の各宗における念仏とは異なっている。また黄檗禅では、梵文の呪文である陀羅尼《だらに》も多く用いられており、密教的要素も見逃せない。

隠元以後の黄檗山は、代々長く明僧が住職となった。第二代の木庵性瑫（一六一一〜一六八四）は、寺内に戒壇を設け、戒を五〇〇〇人に授けたとされる。木庵は、幕府より朱印四〇〇石などを寄進され、寺の殿堂を増築して黄檗宗の基礎を築いた。黄檗宗から出た著名な僧侶としては、千葉下総の干拓や富士川下流の土地改良などを施した鉄牛道機（一六二八〜一七〇〇）や、後述する大蔵経を刊行した鉄眼道光（一六三〇〜一六八二）などがいる。また了翁道覚（一六三〇〜一七〇七）は、江戸不忍池のそばで錦袋円という薬を売って得た利益で、上野寛永寺に経蔵（書庫）を寄贈し、捨て子の養育や飢饉救済にも尽力した。了翁は、錦袋円の利益によって天台・真言・禅宗の二十一寺に大蔵経を寄進し、さらに諸国の諸宗寺院に莫大な寄付を行っている。

これらは主に社会事業の方面で活躍した僧侶であるが、学僧として注目すべき黄檗僧は、木庵から法を嗣いだ潮音道海（一六二八〜一六九五）である。潮音は、仏教のみならず神道と儒教にも通じて、当時の著名な儒者である林羅山や、熊沢蕃山に対する反論を書いている。近世に根強い人気を博した『旧事本紀大成経』は、聖徳太子に仮託して仏教・神道・儒教・道教の一致を説く全七十二巻の偽書であるが、潮音は幕府から『大成経』の著者の一人と目され、もう一人の著者とされた志摩伊雑宮の祀官永野采女とともに、五十日間の閉門処分を受けた。黄檗宗は、このように近世初頭から前期にかけては、社会事業も含めてさまざまな新しい活動を行っているが、時代が下るにつれて徐々に沈滞し、萬福寺の中国人住職も途中から日本人住職となった。

3　大蔵経の出版

古代から中世末期まで、仏書一般の出版は寺院を中心として行われてきた。有名なものとしては、南都奈良の興福寺と春日大社で出された春日版、高野山の高野版、比叡山延暦寺で出された叡山版、京都五山と鎌倉五山などで出された五山版などがあげられる。中世の出版はあくまでも少数の専門家のためのものであったが、近世に入ると民間の書肆による版本が広く流通して、書物はさまざまな階級の人々に広く共有されるようになっていく。ことに仏書の出版は、幕府が寺院法度によって僧侶に学問を奨励したことによって、近世初頭から盛んになった。

その機運に乗じて、仏教書の全集である大蔵経（または一切経という）を出版しようとする動きが、近世初頭から高まった。大蔵経は経・律・論の三種類で成り立っているが、インドでの仏教発祥以来、長年にわたってさまざまな地域において、多種多様な新しい典籍が書き加えられ続けた。そのために仏教が中国に輸入される際には、膨大な量の仏書が流入することになり、最初の大蔵経目録である『開元《かいげん》釈《しゃっ》教《きょう》録《ろく》』（七三〇年）において、すでに五〇〇〇巻を超えていた。

このように膨大な量の仏書において権威となる正典としての大蔵経に、何を入れ何を捨てるかという編纂作業は、常に大きな問題であった。中国においては私家版大蔵経も存在するが、基本的には歴代王室が皇帝による欽定によって編纂しており、各時代によって少しずつ異なる内容の大蔵経が存在している。また朝鮮においても中国の大蔵経をもとにしながら、より精度の高い高麗版大蔵経がつくられた（一二三九年）。

すなわち東アジア全域に流通する大蔵経の編纂出版は、各国の王権と密接な関わりを持っており、国家の威信をかけた大事業であった。日本近世の徳川家康もまた、大蔵経出版の持つ政治的な意味に気づいていたと思われる。家康は、仏教諸宗に法度を出し始めていた慶長十五年（一六一〇）頃に、一五〇〇石程度の土地と交換に、高麗版と宋版と元版の三種類の大蔵経を入手して、芝の浄土宗増上寺に寄進している。家康は、将来的にはこれらを用いて、東アジアの標準となりうる、完全な大蔵経の編纂と出版を目指していたと考えられる。

家康が元和二年（一六一六）に没した後に、天台宗の天海が幕府の支援を得て、上野の寛永寺で寛永十四年（一六三七）から慶安元年（一六四八）までの十二年をかけて、六千三百余巻の大蔵経を刊行した。完成したのは、天海が没して五年後のことである。この天海版大蔵経は、版木を一枚一枚彫るのではなく、一字一字の木活字をつくり、これを集めて経典の文を組んで印刷する方法をとった。刊行が終われば、その際に使用した活字を解体するから、必然的に刊行部数は限られて、広く普及するには至らなかったが、日本で大蔵経が完成されたのは、これが初めてであった。この木活字は、今も寛永寺に保存されている。

天海版に比して広く普及した大蔵経は、黄檗宗の鉄眼によって出版された鉄眼版大蔵経、または黄檗版大蔵経と言われるものである。鉄眼は、もともと浄土真宗の西本願寺派の僧侶であったが、長崎に来朝した隠元に会って黄檗宗に転じ、黄檗山第二代の木庵から法を嗣いだ。寛文三年（一六六三）に、中国から大蔵経を買うことを決意する。この年に、曹洞宗の卍山道白、東大寺の公慶《こうけい》上人の三人で会った時に、卍山は曹洞宗の宗統復古を、公慶は東大寺の大仏殿建立を、鉄眼は大蔵経を得ることを誓い合ったという。近世とは、日本の仏教が新たに立ち上がっていく時代であった。

寛文八年（一六六八）、鉄眼が大坂で『大乗《だいじょう》起《き》信論《しんろん》』の講義を行っている時に、大蔵経を自ら出版したいという願いを話したところ、その志に賛同した観音寺の妙宇尼が銀一〇〇〇両を贈った。これに励まされた鉄眼は、隠元から明の万暦版大蔵経を譲り受け、宇治の萬福寺境内に、大蔵経の版木収納庫となる宝蔵院の建立を開始した。また寛文九年（一六六九）から大蔵経出版のための寄付を募って、江戸をはじめとして全国を東奔西走し、ついに延宝六年（一六七八）、初刷の大蔵経を後水尾法皇に納めるに至った。各巻の末尾には、「沙門《しゃもん》鉄眼衆《しゅうえん》縁を募りて刻む」とあり、寄進者の名前と寄進額を明示している。その中には琉球からの募財もあり、日本全国からの寄付が集まったことがわかる。鉄眼の黄檗版大蔵経は全部で六七七一巻、吉野桜でつくられた版木は四万八二七五枚が重要文化財に指定され、今も宇治の黄檗宗宝蔵院に収蔵されている。

天和元年（一六八一）、鉄眼は大蔵経を幕府に納めるために江戸に下ったが、幕府の許可は下りず、大蔵経が幕府に納められたのは鉄眼没後のこととなった。翌年の正月、大坂に帰っていた鉄眼は、畿内の大飢饉による窮民の救済を行った。押し寄せる窮民は日に数千人に及んで、資金が足りなくなったために、江戸の商人に二〇〇両の借り入れを頼んだ。その時の鉄眼の手紙が残っている。二月に終わった救済事業の直後から鉄眼は床につき、三月二十二日に五十三歳で没した。飢饉救済事業を行ったことから、救世大士と称される。

一六〇〇年代後半は、寺院法度の発布と本末制度の整備にともない、各宗での檀林体制が確立されていく時期であった。その中で出版された黄檗版大蔵経は、時代の要請に応えて、檀林で必須となる基礎的な仏典を供給し、近世の仏教研究の基礎となった。

4　仏書と宗典の刊行

近世前期から中期には、大蔵経以外の仏書出版も盛んとなった。仏書以外の一般的な書物の出版は、元禄（一六八八～一七〇四）・享保（一七一六～一七三六）期に隆盛になる。これに対して仏書の出版も元禄期に頂点を迎えるが、すでに寛文十年（一六七〇）には隆盛になっており、その部数は儒書の三倍にあたる。近世中期以後には仏書の出版は徐々に停滞していくが、それでも儒書や実用書が仏書の出版部数を凌駕するのは、近世後期の安永元年（一七七二）であった。一般書に先駆けて仏書の出版が隆盛を迎えた理由は、各宗における檀林制度の確立と密接に関わっている。各宗教団は、檀林入門者のための教科書を専門書店に用意させ、入門してきた全国の僧侶がそれを購入した。教団と書店の連携は、近世を通じて本山の正統性と檀林教学の権威を保つシステムとして機能した。

ここでは、研究の進んでいる浄土真宗を例にとって見てみよう。真宗における談義本とは、もともとは中世において僧侶が説法を行う際にテキストとなる本のことであり、庶民教化のためのわかりやすい譬喩や因縁談をその特徴としている。近世においては、僧侶のみならず一般庶民も談義本を読むようになった。

談義本の出版も、元禄・享保期にピークを迎えるが、その書かれた内容が問題となっていく。民間の書肆によって出版された談義本には、真宗一般では行わないとされる神祇信仰や呪術の功徳が説かれているものがあった。親鸞や蓮如の著作であるとされた偽書も、数多く流通していった。近世中期にはそうした談義本が大量に出回るようになり、危機感を覚えた西本願寺は、教団自ら明和二年（一七六五）に『真宗法要』を出版する。これは談義本を含む三十九部六十七巻の真宗書を集めて、誤字や脱落を訂正したものであり、親鸞の五百回忌記念事業として、七年の歳月をかけて出版された。出版にあたって幕府へ届け出た西本願寺の願書には、民間書肆から出される粗悪な談義本に対して正しい談義本を出版したい旨と、西本願寺の末寺にのみ配布することが述べられている。さらには、数多く出回っている談義本について、偽作かどうかという真偽判定も、近世を通じて本山の学僧らによって何度も行われ、そのたびに目録によって確定されている。すなわち『真宗法要』の出版と談義本の真偽判定は、本山が正統な教えを定義して、権威を独占することをも意味していた。

また東本願寺も、文化八年（一八一一）に、親鸞の五百五十回忌の記念事業として『真宗仮名聖教』を出版した。ここに収められた著作の真偽判定は、西本願寺のものと若干異なっている。真宗内部での各派教学の違いは、それぞれ微妙に異なる正典を刊行することによって主張されていった。

幕府の庇護を受けた浄土宗においては、檀林体制を自ら離脱して諸国を遍歴修行した忍澂《にんちょう》（一六四五～一七一一）によって、すでに一六〇〇年代から明版大蔵経の校訂が行われている。京都鹿ケ谷《ししがたに》の法然院を再興した忍澂は、当時の建仁寺にあった高麗版大蔵経によって、四年間をかけて明版大蔵経を校訂した。さらに大蔵経の比較目録を作成し始めたが途中で亡くなり、弟子らが作業を続けて全一〇〇巻を完成させた。同じく檀林外の学僧であった義山《ぎざん》（一六四七～一七一七）は、法然の著作をはじめとする浄土宗の聖典を正確に校訂して、出版している。

曹洞宗でも、早くから天桂伝尊《てんけいでんそん》（一六四八～一七三五）によって、祖師道元の主著『正法眼蔵』の校正が行われている。その後、指月慧印《しげつえいん》（一六八九～一七六四）が祖師録を編集し、面山瑞方（一六八三～一七六九）が、宗の重要な典籍のほとんどすべてを註解した。玄透即中《げんとうそくちゅう》（一七二九～一八〇七）は、幕府の許可を得て『正法眼蔵』を初めて出版し、道元が教団規則などを述べた『永平清規《えいへいしんぎ》』を出版している。

これら各宗における典籍の整備は、本山権威と檀林教学を実質的に支える役割を果たすとともに、その後の宗学研究を大きく発展させた。各宗において教学が精緻に研究されていく中で、それぞれの思想が体系化されて権威化し、各宗の区別が明確化されていった。檀林における宗学研究は、近世仏教の思想的営為であると同時に、近代以後に各宗が設立した大学へ引き継がれることによって、ヨーロッパから輸入された文献学とともに近代仏教学を形成する役割を果たした。

三　近世の戒律運動

1　戒律運動の概観

本山によって中央集権的に統括される檀林と、そこにおける学僧らに対して、本末制度と檀林体制から離脱して、比較的自由に活動する僧侶たちがいる。彼らは捨世僧や遁世僧などと言われて、諸国を遍歴して戒律や坐禅などの実践修行を行い、中には諸宗にわたる学問を行う学僧もいた。その思想と学問は、教団維持を主たる目的とする檀林の学問とは異なり、より自由で個性的な傾向を持っている。たとえば、近世初頭に仏教的な職業倫理を説いた鈴木正三（一五七九～一六五五）は、釈尊正法の復興を目指して、山林修行をしていた禅僧グループの一人であった。

ここでは、その中でも戒律を実行する僧侶である律僧と、彼らの行った戒律復興運動に焦点を当ててみたい。近世最初期の慶長七年（一六〇二）に、真言宗の明忍（一五七六～一六一〇）を先駆けとして、近世から近代の仏教界には、戒律を実行する僧侶たちが常に存在した。それ以前の戦国時代の混乱の中では、一部の例外を除いて、戒律は忘れられていたものと推測される。明忍らは、中世南都の叡尊（一二〇一～一二九〇）や忍性（一二一七～一三〇三）らを模範としており、中世の戒律運動を精神的に引き継ぐものである。

明忍から始まった戒律復興は、仏教の基礎としてある程度の宗派横断的な傾向を包含しつつ、近世中期には各宗派にひろがった。一六八〇年頃から一七〇〇年代半ばまでがその最盛期であり、享保期（一七一六～一七三六）には、律宗寺院が七〇〇〇カ寺あったという。この時期の天台宗において、戒律実行を主張して教団を変革しようとする安楽律運動が起こっていることは、戒律運動の高まりを示す証左の一つであろう。一七〇〇年代半ばからは、勢力を増してきた原理主義的な釈尊復古を掲げる律僧に対して、組織的な危機感を募らせた各教団において祖師戒観を建前に律僧排除の傾向が目立つようになる。さまざまな宗派と立場による戒律論争が盛んに繰り広げられる中で、律僧らは各教団の周縁部の存在として、位置づけられていった。

明治になってからは、廃仏毀釈に抗した浄土律僧の福田行誡（一八〇九?〜一八八八）や、東洋大学の学長であり曹洞宗の『修証義《しゅしょうぎ》』を起草した大内青巒《おおうちせいらん》（一八四五〜一九一八）などが活躍する。真言律僧の釈雲照（一八二七〜一九〇九）は、僧侶のみならず一般人にも戒律主義を呼びかけた十善戒運動を繰り広げたが、これを残照として戒律運動は退潮していった。この推移をまとめれば、一六〇〇年代の戒律復興期、一六〇〇年代後半から一七〇〇年代前半の全盛期、一七〇〇年代後半から一九〇〇年頃までの維持および衰退期の三期に分類できよう。近世から近代にわたる戒律思想は、この時期の日本思想史における倫理の源泉の一つとしても、重要な要素であると思われる。

これまで近世の戒律運動は、堕落した近世教団に反発した僧侶の自浄作用であると考えられており、各僧侶の個人的な問題と見られてきた。たしかに、仏教の勢力が社会的にも思想的にも後退し始める近世中期以後には、律僧らと教団の対立関係が目立つようになってくる。しかし近世仏教史全体の中で見てみれば、教団が立ち上がっていく近世前期には教団と律僧の関係は並行しており、むしろ補完し合う側面が強かった。

キリシタン禁教から島原の乱（一六三七〜一六三八）以後、全国的に強化されていく寺檀制度の普及とともに、近世の仏教教団は本末制度と檀林教育によって確立されていった。その中で、黄檗禅や大蔵経の出版といった明代仏教の輸入が、大陸からの新しい仏教を志向する革新的要素の一つになった。一方では、正法復古を目指した鈴木正三をはじめとする禅僧や中世南都の戒律運動を目指した律僧は、中世からの日本仏教を再生しようとする伝統的要素の一つと位置づけられよう。近世において仏教が立ち上がっていく際には、寺檀制度と本末制度に代表される社会的・政治的制度の確立を基盤としつつ、思想的には明代仏教の輸入と日本仏教の再生が、車の両輪となっていった。

2　戒律運動と律僧

戒律運動の具体的な様相を見てみよう。近世戒律は、真言宗の明忍が自ら誓って戒を受けたことに始まる。明忍は、中世南都において戒律を重んじた明恵《みょうえ》（一一七三～一二三二）ゆかりの京都高山寺で戒を誓い、槇尾《まきお》山《さん》西明寺《さいみょうじ》を再興した。慶長十二年（一六〇七）に、正しい受戒を求めて明に渡ろうとしたが果たすことができず、対馬で病没した。明忍の系統から、慈忍《じにん》（一六一四～一六七五）が野中寺《やちゅうじ》を起こし、良永《りょうえい》（一五八五～一六四七）が高野山新別所（円通寺）をひらいた。これら三寺は律の三僧房として、近世を通じて戒律の拠点となった。

真言律宗の浄厳《じょうごん》（一六三九～一七〇二）は大坂河内の人であり、延宝四年（一六七六）に高山寺で戒を受けた。貞享元年（一六八四）に、再三の招きに応じ江戸に出て、将軍綱吉の命により湯島に霊雲寺《れいうんじ》を建てて律の道場とした。浄厳の弟子には、国学の祖とされる契沖《けいちゅう》がおり、僧侶のみならず一般人の帰依も多い。また真言宗の祖師である空海の研究のために、梵語研究も進めた。浄厳は「真言律」という言葉を創始した人であるが、その戒律観も真言宗を重視するものであった。

近世後期においては、真言律から慈雲尊者飲光（一七一八～一八〇四）が出て、正法律を唱えた。慈雲は八十歳になってから、河内の高貴寺を正法律の道場として、幕府の許可を得て本山とした。正法律とは、宗派の区別を離れて釈尊の直説である正法に従って修行する、という意味であり、慈雲は釈尊復古を掲げて幅広く活動した。生駒山に隠棲して、梵語研究に没頭して『梵学津梁』一〇〇〇巻を書き、インドの釈尊当時の袈裟を研究した『方服図儀《ほうぶくずぎ》』や、一般向けの仮名法語『十善法語《じゅうぜんほうご》』十二巻など数多い著書を著した。慈雲の提唱した十善戒は、釈雲照をはじめとする近代仏教に、大きな影響を及ぼしている。また近世後期の時代思潮を承けて、神祇に対する崇敬も深く、真言宗における伝統的な神道である両部神道とは別に、雲伝神道を創設した。僧侶のみならず一般人にも弟子が多く、道俗併せて弟子は一万余人いたという。慈雲の最大の特徴は、特定の宗派を超えて釈尊を尊崇し、釈尊直説と考えられていた律を実行することにある。

インド伝来の戒律の正しい理解と実践によって、釈尊当時の教えと教団を実現しようとする志向は、慈雲に限ったことではない。仏教における釈尊への崇敬は通時代的なものであるが、近世律僧においては、文献学的な学問にもとづいて、釈尊当時の教団を実現しようとする志向が目立ってくる。この実証的な方法は、近世の思想状況と密接に関わっているものである。儒学においては、たとえば荻生徂徠（一六六六～一七二八）に見られるように、中国古代を模範として理想的な君主である先王の道が理想とされて、その実像が古文辞学として学問的に探求された。国学の基礎を固めた本居宣長（一七三〇～一八〇一）は、儒教と仏教が輸入される以前の日本古代を理想像として、『源氏物語』や『古事記』に対する注釈研究によって古代への回帰を模索した。彼らは、それぞれの古代像に理想を託す形で独自の思想を展開しており、いわゆる文献学的な実証性によって、自らの考える古代像を明らかにしようとする。仏教者の場合は、インドの釈尊と各宗の祖師を模範として、各僧侶に応じたそれぞれの理想像が追求されることになる。慈雲の梵語や袈裟の実証的な研究は、徂徠の古文辞学や宣長の『古事記』研究と同じく、自らが理想とする古代の釈尊教団を復活するための実践的な方法であった。

真言律に学んで、浄土宗でも浄土律が提唱された。もともと浄土宗の戒律観は、天台宗を土台として発展してきており、念仏と戒の間で多様な立場が認められる。まず祐天《ゆうてん》（一六三七〜一七一八）は多くの霊験を行って、綱吉と生母桂昌院《けいしょういん》らの帰依を受けた。祐天は戒律の改革を志し、浄土律勃興の先駆けとなった。大蔵経の校訂を行った忍澂は、戒律を重んじて京都に法然院を興し、念仏三昧道場として、多くの弟子を育成した。忍澂の弟子には、浄土律を理論化した霊潭《れいたん》（一六七六〜一七三四）がいる。霊潭は、江戸で学んだ後に、京都に聖臨庵《しょうりんあん》を建てて、浄土律の本流をつくった。

敬首（一六八三〜一七四八）は祐天と協力して、武蔵に律院の正受院をひらいた。敬首は、釈尊を師と仰ぎ、インドの龍樹と天親の二人のみを尊崇して、天台・華厳・真言・法相・三論宗の各祖師を批判した。敬首の主張はあまりに通説と違うために、彼を直接に嗣ぐ弟子はいなかったとされる。敬首は、近世後期に問題となる大乗非仏説（後述）の問題についても先駆けて論じており、自由な思想を特徴とする律僧の一人であった。同時代の関通（一六九六〜一七七〇）は、近世浄土宗最大の民衆布教家であり、縁を結んだ者は一〇〇〇万人と伝えられる。関通は檀林のエリートであったが隠棲して、尾張に律院の円成律寺をつくった。しかし彼自身は隠遁して念仏を行うことを理想とし、生涯を通じてどこの寺の住職にもならなかった。関通をはじめとする律僧たちは、熱心に社会事業を行っており、その傾向は幕末から明治へと引き継がれて、近代仏教における社会福祉事業の淵源の一つになった。

次に、浄土真宗から転宗した普寂（一七〇七〜一七八一）がいる。真宗教義に疑問を抱いて離宗した普寂は、関通の導きによって浄土宗僧侶となった。諸国を遍歴修行した後に、江戸の律院長泉院に住職として入り、檀林筆頭の増上寺において長年の間、講師を務めた。普寂は華厳学を学問的な基盤として、釈尊復古を掲げて、中国の律宗祖師である道宣（五九六〜六六七）を仰ぐ。律僧としての実践的思想にもとづいて、大乗非仏説などの当時の排仏論に対して、独自の護法論を述べている。そのことによって近世中期の時代的要求に応え、学僧たちから熱烈に支持された。近世後期には、念仏行者であった徳本《とくほん》（一七五八～一八一八）が激しい苦行を行って、道俗の信者から篤い帰依を受けている。

天台宗においては、近世屈指の論争である安楽律論争が起こっている。天台宗の勢力は天海によって、信長の焼き討ちに遭った比叡山から江戸の寛永寺へと移った。この論争は禅宗から天台宗へと転宗した妙立（一六三七～一六九〇）が、昔日の繁栄を失った比叡山において、小乗戒の実行を主張したことから始まる。妙立は、中国における趙宋天台の四明知礼（九六〇～一〇二八）の教学を重視して、大乗戒のみを実行する最澄以来の戒律観を批判して、小乗戒をも実行すべきことを主張した。さらに中世天台で重視された口伝法門や、淫祠的傾向が強くなっていた玄旨帰命壇の儀式も排そうとした。玄旨帰命壇とは、中世の天台宗で行われた秘法であり、摩多羅神を本尊とする口伝であったが、密教の灌頂や禅の公案の要素に加えて、真言立川流と対比されるような性的要素も入り込むに至っていた。

これらの運動を行ったために、妙立は比叡山から追放されて没したが、弟子の霊空（一六五二～一七三九）が跡を継いで、小乗戒の実行を提唱し続けた。ついに元禄六年（一六九三）、霊空は比叡山の安楽院を律院として与えられ、江戸と日光にも律院をつくった。しかし小乗戒実行の性急な主張は、真流（生没年不詳）をはじめとする宗内の反発を招いて激しい論争となり、安楽律院建立から約五十年後の宝暦八年（一七五八）に、比叡山で安楽律は禁止された。安楽律に反対して、最澄以来の大乗戒を主張した学僧としては、三井寺の敬光《けいこう》（一七四〇～一七九五）がいる。

しかし、さらに約十五年後の安永元年（一七七二）に、天台宗のトップに安楽律に理解のある法親王が就いたことで再び勢力は逆転して、安楽律禁止が解かれた。これ以後の比叡山では、慧澄（一七八〇～一八六二）が出て多くの弟子を育て、安楽律と四明教学の重視が主流となった。幕末から近代初頭の学僧には、同じく安楽律派として三井寺の大宝（一八〇四〜一八八四）がいる。

天台宗における安楽律論争は、最澄以来の大乗戒をめぐる問題というだけではなく、中世からの口伝や秘事法門を重視するいわば旧守派と、中国大陸の教学を重視する近世的な革新派との相克という面を持っている。こうした対立は、天台宗だけに見られるものではない。浄土宗においても、中世後半から流布した法然の偽作を根拠とする布薩戒を墨守する旧守派と、戒律を重視する教団内部の革新派が対立している。また曹洞宗における宗統復古運動も、教団内の中世的な要素に対する近世的な革新運動と言えるだろう。仏教諸宗の教団は、こうした激しいせめぎあいを通して、徐々に近世化を進めていった。

日蓮宗では、元政《げんせい》（一六二三〜一六六八）の法華律（草山律《そうざんりつ》ともいう）が注目される。元政はもともと武士であったが、二十六歳の時に出家して、三十二歳で深草に後に瑞光寺《ずいこうじ》となる草庵をひらいた。ここを『法華経』の道場として、戒律を実行しつつ多くの著作をなした。詩文でも名高く、熊沢蕃山（一六一九〜一六九一）や北村季《きたむらき》吟《ぎん》（一六二四〜一七〇五）と親交を結び、詩文集『草山集』三十巻をはじめ、隠逸伝なども著している。また『大智《だいち》度《ど》論《ろん》』や『法苑珠林《ほうおんじゅりん》』をはじめ、明末の仏教居士《こじ》である袁中郎《えんちゅうろう》の全集などの校訂を行っている。

親鸞以来、非僧非俗を掲げて肉食妻帯を行う浄土真宗でも、この時期には自戒論があらわれている。肉食妻帯について他宗や排仏論者から非難を浴びた真宗では、妻帯を弁明すると同時に、真宗僧侶に自省自戒を呼びかける書物が書かれた。たとえば西吟の『客照問答』、円澄の『真宗妻帯食肉義』などがある。浄土真宗高田派の真淳（一七三六〜一八〇七）は、比叡山で天台を学び、浄土律の普寂から華厳や唯識を学んだ。国に帰ってからは、戒を護って念仏を唱えることを説き、六十一歳で高田派の学頭となり、戒律に関する著作を著して影響を及ぼした。

3　絹衣の禁止

以上は諸宗における戒律運動の概観であるが、近世社会における律僧とは、具体的にはどのような存在だったのか。ここでは近世前期から近代初期まで、宗派の別を超えて続いた大きな戒律論争の一つ、律僧における絹衣《けんえ》の禁止をめぐる論争を追ってみよう。

日本近世における僧侶の衣は、寺格や僧階に応じて厳密に定められており、そのことによって寺院社会における秩序形成に重大な役割を果たしていた。たとえば最高位の僧侶が着る紫衣については、浄土宗では紫衣を許された寺の住職でも、隠居の際はこれを脱がなければならないと定められている。曹洞宗では、紫衣は総本山の永平寺と総持寺の現住職のみに許され、浄土宗と同じく、住職を退いた後の紫衣着用は禁止されている。また無断で紫衣を着用した僧侶は、仏法と宗門に背く者として配流されることも定められていた。

近世中期の俗人の日記を見ると、あらゆる宗の僧侶たちが皆、綾錦《あやにしき》といった贅沢な絹織物を用いた美しい衣や袈裟を着ていることを述べて、高徳の僧侶でさえ高位への出世を願って、紫の衣と金襴錦《きんらんにしき》の袈裟に憧れている、と嘆いている。近世寺院社会における衣は、宗門内部の地位と権威の印であり、その社会的公認を示すシンボルであった。

これら寺院社会の一般僧侶に対して、各宗から離脱した律僧によって構成される真言律宗をはじめとする各律宗の規定では、衣の色は基本的に黒と決められて、絹衣は禁止される。中世以来、僧侶が墨染めの衣を着ることは、大寺院を頂点とする寺院社会から離脱して寺院社会における出世と名聞を拒否することの意志表明であった。近世律僧の黒衣もまた、一般僧侶の色衣に対して、世俗と交わらない僧侶の印となった。それはまた同時に、僧侶に華美を禁じ学問奨励を第一に命じる幕府にとっても、望ましい無害な僧侶の姿であっただろう。

仏教思想から見れば、僧侶は絹衣を着てはならないということは、中国唐代の南山律宗《なんざんりっしゅう》祖師の道宣が主張したことである。蚕の繭《まゆ》を煮て得る絹を着ることは、蚕の命を断つ行為に等しいから、不殺生と慈悲を説く僧侶が絹を着ることは許されない、という道宣にとって、絹衣の禁止は、大乗仏教の菩薩として絶対的な大慈悲を実行することであった。しかし本来のインド以来の戒律の規定によれば、僧侶が絹を着ること自体は許されている。絹の絶対禁止については経論に根拠がなく、道宣の個人的な主張にすぎない。そのために道宣は、すでに道宣と同時代の中国人僧侶である義浄によって批判され、日本でも中世において栄西と道元によって厳しく否定されている。

しかし近世においては、多くの律僧が道宣の曲解と知りつつ、あえて絹の禁止を実行しており、絹禁止は黒衣と並んで律僧のシンボルとなった。たとえば、幕末から明治末期まで生きた真言律僧の上田《うえだ》照遍《しょうへん》（一八二九～一九〇七）も、近世戒律の最終段階において絹禁止を守った。照遍は東大寺戒壇院の長老職であったが、廃仏毀釈に反対して全国各地で講義を行い、数多くの著作を遺している。

照遍の時代には、すでに近世における絹禁止への批判も出尽くして、禁絹が道宣の曲解であることもよく知られていた。それにもかかわらず、照遍は生涯にわたって絹禁止を実行している。彼の言うその理由は、「菩薩の大慈悲行では、絹を着ない。なぜならば、菩薩は施された物がどこから来たかを考えなくてはならないからである。殺生によって作られた物を、僧侶が受け取ることは、その生命を殺すことである。だから僧侶が皮の履き物を使ったり、絹を着ることは、自分自身の悪業《あくごう》となる」（筆者訳、以下同）というものである。さらに絹禁止をはじめとする戒律を実行することは、前世からの善行によるものとも仏の加護とも思われ、感涙にむせぶばかりである、と述べる。照遍の絹禁止は、道宣以来の大乗菩薩の慈悲の精神を自ら実行することにあった。

近世を通じて、個人差はあるものの、基本的には天台安楽律と真言律の系統で、絹禁止が実行されていた。彼らにしてみれば、絹衣を着ないことは大乗菩薩の慈悲を実行するという宣言であり、絶対的な不殺生の象徴であった。慈雲の高貴寺の規定にも、正法律では、内面に菩薩行を秘めて、外面は小乗律を守るとはっきり述べられており、大乗菩薩として生きることが律僧たちの理想像だったことがうかがえる。

律僧の黒衣は、寺院社会の出世を捨て、紫衣の欲望を断ち切って遁世するという志の表明だった。さらに絹禁止は、蚕の殺生を拒否する大乗菩薩の慈悲を実行することを示した。身に着ける衣服が、そのままその人を規定する近世社会において、律僧の黒衣と絹禁止の外見は、正しい仏法なるものを目指す律僧の象徴になったと言えよう。

4　絹衣論争の展開

絹衣をめぐる論争においては、絹禁止を主張する著作が近世前期に集中している。一方、中期から後期にかけては、絹の禁止による律僧の堕落を批判し、絹の禁止自体を否定するものが多くなってくる。

時代が下るにつれて、絹の禁止は衣だけにとどまらず、持ち物や法具にまで拡大していった。絹禁止への批判がたけなわとなった近世中期の安永九年（一七八〇）の状況を、浄土律僧の敬首は、次のように慨嘆している。「律師と称する者が、絹禁止という言葉から勝手に拡大解釈して、下着・坐具・頭巾・鉢袋《はったい》までを麻にして、律僧たるもの、これに倣わなくてはいけないと言う。律僧が麻衣を着て、質素倹約に励んでいると言えば、誰もとがめようがないのである。この輩は、天下に蔓延し、後世に禍をまき散らしているが、誰も彼らを正そうとしない」と言う。

またある寺院では、寺院の幡《ばん》や蓋《がい》などの荘厳具に至るまで、絹を廃して麻布でつくり、清浄であると喜んでいた。しかし麻布はみすぼらしく、他人に軽んじられたため、再び絹に戻すことになって、世間の失笑を買ったという。

同時代の浄土律僧である普寂は、絹禁止を行う律僧たちは、「些末な絹禁止だけを行って、他のより重要な誡めには心を向けようともしないまま、自分がすぐれていると思いこんでいる。道俗の他者に対して傲慢になっていくばかりであって、絹禁止が傲慢さの源となるくらいならば、いっそ行わないほうがましである」と批判している。

一般僧侶の紫衣と金襴袈裟に対して、律僧の絹禁止は彼らの良心の証明とみなされて、社会的に評価されていたが、これら絹禁止に励む律僧たちの姿は、不殺生を掲げる本来の精神とは、もはやかけ離れている。近世中期には、絹禁止は俗人から良い評判を得るための質素倹約のあらわれであると理解され、律僧らの自己正当化の根拠となった。

では、絹禁止を批判する側の僧侶たちは、蚕の殺生を意味する絹をどのように考えたのだろうか。普寂は絹禁止を批判する中で、「水・陸・空中に肉眼に見えない生物は無数に存在しており、人間は生物を殺さなければ生きていけない。だから、我々は大乗戒ではなく、凡人が日常生活の中で実行できる小乗戒を実行するのである」として、律僧としての小乗戒実行を主張する。普寂は、現実に絹を使用することは、理由がある場合には許されるとした。

また曹洞宗においても、絹禁止への批判があらわれた。宗典の校訂で活躍した面山瑞方は、明和五年（一七六八）の著書『釈子《しゃくし》法衣《ほうえ》訓《くん》』で、道元を拠り所として、道宣の絹禁止を否定した。面山は、「絹糸は蚕の殺生から生じるものとして、絹を避けるのは愚かしいことである。彼らが絹に代えて用いる麻布は、生物によるものではないのか。律僧らは、菩提心がわかっていないから、仏の袈裟の意味がわからず、ただの布と考えて、絹かどうかに拘るのである」と批判する。絹の禁止に拘ることが無意味であるという見解は、曹洞宗内で広く受け入れられていった。

同じく曹洞宗で、かの高名な良寛《りょうかん》（一七五八～一八三一）は、その漢詩「袈裟詩」で、次のようにうたう。「袈裟は大いなる解脱服である。単なる形を越え、功徳を生ずる福田《ふくでん》の衣である。……袈裟の材料は、布〔麻〕に非ず、糸〔絹〕に非ず。袈裟とはこのようなものであると知って修行すれば、初めて袈裟を着るにふさわしい仏子《ぶっし》と言えるだろう」と言う。袈裟は解脱服であるから、その正体は麻でもなく絹でもない、と知ることこそが仏子にふさわしい、という。良寛のこの詩は、道元の袈裟観にもとづきながら、近世絹衣論の結論を端的に示している。

絹衣論争は、近世社会における律僧の性格をよくあらわしている。寺院社会の権威と力の象徴である紫衣・金襴袈裟に訣別した律僧にとって、絹の禁止は戒律遵守の精神を、目に見える形で掲げる象徴となった。しかし、時代が下るにつれて絹禁止は形骸化して、社会の中では律僧の単なる隠れ蓑となり、内面的には傲慢さの根拠ともなっていった。それに対して近世中期以後、律僧や禅僧はそれぞれの立場から、絹禁止がもたらす堕落を弾劾して、絹禁止と絹許可は明治初期まで併存している。

律僧たちは、身にまとう一枚の衣に、凡夫における不殺生の難問への答えを示し、禁欲による傲慢という陥穽を見た。衣一枚にその存在がかかった近世社会において、一方で世俗権力と結びつく紫衣の欲望を拒否し、一方で聖性を社会的に保証する絹禁止の誘惑から逃れ、非布非絹を梃子として、閉塞する現実から跳躍した彼らの精神と学問は、私たちが想像する以上に、自由の具体性、無我を目指した強靭なものではなかったか。閉塞する近世社会を生きたからこそ、絹という単なる布地が、禁止であれ許可であれ自身の存在証明となり、思想の表現手段となった。彼らは布一枚に無数の意味を見出し、そこから精神の飛翔を引き出す強靭さを持ち得たと思われる。

四　近世から近代へ

1　須弥山説論争

近世を通じて、儒学や国学などの他思想からの仏教批判が常に存在しており、これらは排仏論と言われる。その批判は多種多様であるが、近世前期においては主として儒学者が、世間を否定する仏教の出世間性を非難し、仏教は世俗的倫理を否定して、人倫社会を否定する反社会的な教えである、と批判する。近世後期には、幕藩体制の衰退による変動を背景として、儒学系の経世論家が社会的・経済的な立場に立って、仏教は民費や国費を浪費する原因であり、僧侶という形で人材を浪費する有害な教えである、と非難するものが目立つ。これらの排仏論に対する仏教からの擁護論は、護法論と言われている。その内容は、排仏論をある程度受け入れながら、仏教は世俗的倫理である人倫を否定するものではないことを説くなど、他思想との共存を図るものが多い。

近世後半においては、こうした社会的・政治的な性格を持つ論争が継続される一方で、十八世紀半ばからの西洋科学の流入ともあいまって、科学的・合理的な立場に立つ排仏論が始まった。この排仏論に対しては、近代に至るまで、仏教は正面から反論した。

科学的排仏論は、もっぱら大坂の私塾懐徳堂に学んだ儒学系知識人によって論じられており、富永仲基（一七一五〜一七四六）と山片蟠桃《やまがたばんとう》（一七四八〜一八二一）に代表される。両者は、大坂商人が主体となった学問所である懐徳堂に学んだ町人学者であり、懐徳堂の学風である合理的な実学をよく体現していた。彼らが合理的で科学的な立場から、仏教の宇宙像や地獄極楽説、輪廻転生《りんねてんしょう》などの神秘的な説を批判したことにより、仏教側と近代まで続く論争の発端となった。代表的な論争としては、仏教の宇宙像である須弥山説をめぐる須弥山説論争と、大乗仏教がインドの歴史的釈迦の説ではないという大乗非仏説論争の二つがあげられる。

まずは、須弥山説論争から見ていこう。須弥山世界とは、古代インドの宇宙像に端を発する仏教の世界像であり、平らな大地の上に想像を絶する高山である須弥山がそびえ立ち、その周りの大陸に生物が住むとされる。日本近世においては、須弥山世界の平らな大地が、西洋天文学を根拠とする地球説に矛盾することが問題となった。

享保十五年（一七三〇）に、中国から西洋天文学の書物『天経或問』が輸入されたのを契機として、懐徳堂の学者たちが須弥山説を批判し始める。まず批判の口火を切ったのは、懐徳堂初期の儒者、五井蘭洲《ごいらんしゅう》（一六九七～一七六二）である。蘭洲は宝暦七年（一七五七）に、仮名書の排仏論『承聖篇《しょうせいへん》』を著した。蘭洲は、仏教者が地球説を知らないことを指摘して、須弥山説を唱える仏教者を、愚かで無知な者たちとする。蘭洲にとって須弥山説は、僧侶の無知蒙昧を実証する好例であって、「仏法は人を愚にする術」であることを、誰にもわかる形ではっきり証明してくれるものであった。

次に、懐徳堂の最盛期を生きた山片蟠桃は、大坂で大名貸《だいみょうがし》を営んでいた升屋《ますや》山片家の番頭である。山片家を大坂屈指の豪商に押し上げた辣腕の大番頭であり、幕府の米価引き上げ策にも協力して、幕府から二度表彰された。蟠桃は、鬼神を完全に否定する科学的・儒教的な合理主義者であった。天下国家に有益な事業を営み、家を繁栄させていくことを目標とする彼にとって、僧侶は人的資源の無駄であり、地獄と極楽は僧侶が愚民を惑わして、富貴を貪るための言説でしかあり得なかった。蟠桃が須弥山説を批判する理由は実用的かつ現実的であって、「須弥山世界を論破する理由は、仏教信者の目を覚まし、無益の仏を信じていたことを反省させ、現実の生業に帰らせるためである」と言う。

また大乗非仏説論で有名な富永仲基は、須弥山説をはじめとする仏教で説くさまざまな世界像は、単なる心理を語っているにすぎないとして、釈迦の本意はそこにはないと言う。懐徳堂の知識人たちにとって、古代的世界像である須弥山説は、仏教を無知蒙昧な教えとして排斥するための格好の道具であり、仏教の聖性を剥奪するための最適の題材だったと言えよう。

このような潮流に対して、仏教側で最初に護法論を唱えたのは、浄土宗僧侶である文雄（一七〇〇～一七六三）と、浄土律僧の普寂である。普寂は安永五年（一七七六）に、須弥山説護法論書である『天文弁惑』を書いた。その中で、天文学を精密な学問であると認めたうえで、自らの瞑想修行と経典を根拠として、須弥山世界をはじめとする仏教の世界像は聖者の瞑想中にあらわれた影像である、と述べる。

そして結論としては、「仏教から見れば現実世界はいわば原子の集合離散であって、無常流転するものである。そのような現実世界についての説明は、須弥山説であれ西洋天文学の地球説であれ、仮のものにすぎない。天文学はきわめて精巧な学問であるけれども、悟りをひらくという仏教の目的から見れば、まったく無意味である」というものであった。普寂の論理は、仏教の根本原理である空《くう》を提示するものであって、須弥山の実在を争うものではない。普寂の須弥山説護法論は、現世を解体する仏教の立場に立って、いわゆる近代的な意味での宗教と科学の峻別を主張するものである。普寂は、須弥山世界を精神化し、実在の世界とは捉えない点で、富永仲基と同じ位相にあった。近世中期、聖界と俗界の知識人であった両者において、仏教の内なる近代化は誕生しつつあったと言えよう。

しかしその後の須弥山説論争においては、両者の主張は忘れられ、須弥山世界が実在するか否か、という即物的な問題としてのみ展開していった。十八世紀末には天台宗の円通（一七五四～一八三四）が、須弥山の存在を実証するために、地球儀に対抗する須弥山儀をつくった。円通は須弥山の実在を主張して、梵暦社を結成し、梵暦運動を展開している。円通以後、その門下を中心として須弥山説護法論が盛んになり、天保年間（一八三〇～一八四四）

には、東西両本願寺の学問所で、梵暦と須弥山についての講義が行われるに至った。

近代明治に入ってからは、佐田介石（一八一八〜一八八二）が、一八七七年にひらかれた東京上野の第一回内国勧業博覧会に、須弥山世界にもとづく視実等象儀を出品している。佐田の活動を最後に、須弥山説論争は終わったとされる。仏教内部においても、須弥山説が現実世界の説明にはなり得ないことを認めざるを得なくなった。宗教は個人の内面性に関わるものであるという近代的な宗教概念が徐々に確立されていくとともに、仏教者全般においても「須弥山世界は仏教で説く真理とは関わりがない」という見解が支配的になっていったと思われる。

2　大乗非仏説論争

科学的な排仏論のもう一つは、大乗非仏説論争である。大乗非仏説とは、大乗仏教は歴史的に実在した釈迦の説ではないとするものである。日本の仏教はその当初から、いわゆる大乗仏教として輸入され、仏教者たちは大乗仏教者であることを誇りとしてきた。その歴史と風土の中においては、近世後期になって主張され始めた大乗非仏説論は、仏教者の正統性と存在意義を根本的に否定する意味合いを持つことになり、彼らの精神的基盤を脅かす問題として、明治後期に至るまで大論争となった。

まず大乗非仏説に関する最初の論者は、十八世紀半ばの浄土律僧であった敬首である。天竺の釈迦を師と仰いだ敬首は、元文二年（一七三七）以前の著書『真如秘稿』において仏教経典の歴史的発展をたどり、大乗仏教は釈迦仏が直接に説いた教えかどうか、という疑問を呈した。

また、懐徳堂出身の世俗的知識人であった富永仲基は、延享二年（一七四五）に『出定後語』を出版した。この中で、もともとの釈迦の説に対して、教説を順次付け加える形で新しい経典が作成され、仏教として歴史的に展開していったという加上説を提出した。仲基は、そうした歴史的発展における条件や法則を、三物（類・世・人）五類（張・泛・磯・反・転）という概念で普遍化しようとしている。仏教で説く地獄や極楽などの神秘的な説は、行者が瞑想（禅定）中に見た幻をもととする、インドにおける民衆教化の方法にすぎないとした。

仲基はさらに、諸経典が釈迦の生涯にわたる説法である、とする仏教側の主張を否定する。自らを聖なる仏と完全に対等な俗なる人として、釈迦以来の誤謬から目覚めた人である「出定如来」（禅定から出た如来）と名のった。彼自身の主張は、釈迦や孔子の真意は善を勧める世俗倫理にある、というものであった。仲基は世俗倫理を説く立場から、仏教のいわゆる宗教性や超越性を否定して、歴史的な合理性に依る加上説によって、経典の聖典性を剝奪したと言えよう。

仲基と同時代の律僧であった普寂は、若年時から大乗非仏説についての疑問を抱いて、瞑想と戒律をはじめとする実践行を行った。最晩年の七十三歳に完成した主著『顕揚正法復古集』（安永八年〈一七七九〉）は普寂の仏教概論であるが、その中で釈迦以来の仏教史を記述しながら、大乗非仏説に対する結論を述べている。

普寂は華厳思想を基盤としつつ、大乗仏教は釈迦仏が凡夫のために説いた教えではなく、瞑想中に釈迦仏から大菩薩だけに伝えられた教えであるとする。すなわち、この世の凡夫は釈迦仏の正しい教えである小乗仏教を行うべきであり、大乗仏教は来世の浄土でこそ実行可能な教えであると主張した。彼の内部においては、小乗仏教と大乗仏教は仏説か非仏説かという外的な基準によって分裂する概念ではなく、生を超えて自ら実行すべき道として融合される。普寂自身はこの思想にもとづき、釈迦仏在世を理想とする律僧として、生涯にわたっていわゆる小乗仏教を実践した。彼にとっての釈迦仏復古の実践行は、インドの原始仏教に回帰するというだけではなく、その後発展した大乗仏教の完成をも、生を超えて目指すことであった。普寂における大乗非仏説論の意義は、自らの実践によって大乗が仏説であることを内面的に証明する契機になったことにあると言えるだろう。

この後の大乗非仏説論争は、仲基の論が平田篤胤の排仏論に利用されたことも手伝って、排仏論側も護法論側も、感情的に激しい応酬を繰り返すことになっていく。本居宣長が、仏教側について批判的に述べたように、「ひたぶるに大声を出して、ののしりたるのみ」という状況が、近代に至るまで続いていった。

しかし、論争の最初期における普寂と仲基の思想は、日本仏教が近代的変容を遂げるにあたって、目指すべき方向を指し示す羅針盤の一つとなった。彼らから約一五〇年後、近代仏教学を立ち上げた一人である村上専精（一八五一～一九二九）は、その主張する大乗非仏説論を理由の一つとして、仏教教団からの圧力によって僧籍を離脱させられている。村上は、その二年後の明治三十六年（一九〇三）に『大乗仏説論批判』を著して、大乗仏教を擁護する立場を鮮明にする。その内容は、仲基の加上説に学びながら普寂の大乗論を根幹として、教理的真理と歴史的事実の二分を主張するものであった。その論理の可否はともあれ、歴史的には村上の主張が近世からの論争に終止符を打ち、近代の日本仏教における大乗仏教観の基礎となった。


最後に、近世仏教の思想を概観してみよう。近世初期から前期にかけての仏教思想は、寺檀制度と本末制度に支えられる社会的地位と経済的安定を獲得して、中世後期の戦乱による打撃から本格的に復興していった。幕府を後ろ盾として、各宗で学問所にあたる檀林が整備され、組織的に僧侶が育成されるとともに、教団を思想的に支える研究が始まった。この時期には、黄檗宗に代表される大陸の明末仏教が本格的に輸入されて定着するとともに、各宗において古代・中世の日本仏教の復興を目指す禅僧や律僧らが生まれた。

すでに近世前期から、大蔵経をはじめとする仏書が大量に出版されて流通するが、そのことは檀林における研究を進展させただけではなく、近世社会全般においても仏教思想が普及する契機の一つになった。檀林と宗典が整備され、各宗の思想が確立されていく過程で、それまでの中世的要素の排除が始まり、仏教思想は一般化し、普遍化して近世化されていったと言えよう。たとえば曹洞宗においては宗統復古運動が起こり、臨済宗では白隠による公案禅の新しい教育方法が確立された。また戒律運動によっては、天台宗の玄旨帰命壇が否定され、浄土宗においても布薩戒への批判が始まった。

近世中期には、仏教思想は最盛期を迎える。その中で、仏教文献を研究することによって古代インドの釈尊当時を解明し、さらに戒律を実践することで釈尊当時の教団を再現しようとする、いわば原理主義的な志向が生まれた。律僧として正法律を唱えた慈雲や、敬首や普寂などである。この志向は儒学や国学などの他思想にも共通するものであり、近世当時の復古主義的な思潮を反映している。思想的原点にさかのぼろうとするこの志向は、近代仏教学に引き継がれていった。

近世中期から後期には、仏教思想は知識人の支持を失い、徐々に退潮していった。思想的な問題としては、大坂懐徳堂の知識人から科学的な排仏論が提出され、須弥山説否定論と大乗非仏説論は、近代まで続く大きな論争となった。それらの論争の最初期において、律僧の普寂と世俗的知識人の富永仲基は、それぞれの立場からすぐれた思想を提出している。両者は近世仏教思想の到達点の一つであると同時に、仏教思想が近代化していく始点の一つであった。その後の仏教思想は、近世後半の思想的総決算とも言うべき廃仏毀釈と神仏分離を迎えて、困難な近代化の道を歩み出していくことになる。

参考文献

家永三郎・赤松俊秀・圭室諦成監修『日本仏教史Ⅲ　近世・近代編』（法藏館、一九六七年）
池田英俊『明治の新仏教運動』（吉川弘文館、一九七六年）
石田瑞麿『日本仏教史』（岩波書店、一九八四年）
石濱純太郎『富永仲基』（創元社、一九四〇年）
宇井伯壽『日本仏教概史』（岩波書店、一九五一年）
上田照遍『南山律宗袈裟禁絹順正論』（『大日本仏教全書』五〇巻、鈴木学術財団版）
上田霊城「江戸仏教の戒律思想（一）」（『密教文化』一一六号、一九七六年）
――「江戸仏教の戒律思想（二）」（『密教学研究』九号、一九七七年）
大桑　斉『寺檀の思想』（教育社、一九七九年）
――『日本近世の思想と仏教』（法藏館、一九八九年）
――編著『史料研究　雪窓宗崔――禅と国家とキリシタン』（同朋舎出版、一九八四年）
柏原祐泉『日本近世近代仏教史の研究』（平楽寺書店、一九六九年）
柏原祐泉・藤井学校注『日本思想大系57　近世仏教の思想』（岩波書店、一九七三年）
川口高風『法服格正の研究』（第一書房、一九七六年）
神田喜一郎『墨林閒話』（岩波書店、一九七七年）
木村得玄『黄檗宗の歴史・人物・文化』（春秋社、二〇〇五年）
敬　首『律宗禁糸決講義』安永九年（一七八〇）版本
末木文美士「近世仏教の思想」（GBS実行委員会編『論集　近世の奈良東大寺』ザ・グレイトブッダ・シンポジウム論集第四号、東大寺、二〇〇六年）
――『明治思想家論　近代日本の思想・再考Ⅰ』（トランスビュー、二〇〇四年）
――『近世の仏教――華ひらく思想と文化』（吉川弘文館、二〇一〇年）
圭室文雄『江戸幕府の宗教統制』（評論社、一九七一年）
――編『図説　日本仏教の歴史――江戸時代』（佼成出版社、一九九六年）

沈　仁慈『慈雲の正法思想』（山喜房佛書林、二〇〇三年）
辻善之助『日本仏教史』第六巻～第一〇巻（岩波書店、一九五五年）
中村　元『中村元選集［決定版］別巻7　近世日本の批判的精神　日本の思想Ⅲ』（春秋社、一九九八年）
『中村元選集［決定版］別巻8　日本宗教の近代性　日本の思想Ⅳ』（春秋社、一九九八年）

奈倉哲三『真宗信仰の思想的研究』（校倉書店、一九九〇年）
西村　玲『近世仏教思想の独創――僧侶普寂の思想と実践』（トランスビュー、二〇〇八年）
日本仏教研究会編『日本の仏教4　近世・近代と仏教』（法藏館、一九九五年）
長谷川匡俊『近世念仏者集団の思想と行動――浄土宗の場合』（評論社、一九八〇年）
引野亨輔『近世宗教世界における普遍と特殊――真宗信仰を素材として』（法藏館、二〇〇七年）
「真宗談義本の近世的展開」（『日本史研究』六三五号、二〇〇一年）

「近世日本の書物知と仏教諸宗」（『史学研究』二四四号、二〇〇四年）
平川　彰『インド・中国・日本　仏教通史』（春秋社、一九七七年）
普　寂『天文弁惑』安永六年（一七七七）版本

『六物綱要』（『日本大蔵経』六八巻、鈴木学術財団版）
船岡　誠『沢庵――徳川家光に慕われた名僧』（中公新書、一九八八年）
水田紀久・有坂隆道校注『日本思想大系43　富永仲基・山片蟠桃』（岩波書店、一九七三年）
宮川康子『富永仲基と懐徳堂』（ぺりかん社、一九九八年）
村上専精『大乗仏説論批判』（光融館、一九〇三年）
面山瑞方『釈子法衣訓』（『大日本仏教全書』五〇巻、鈴木学術財団版）
山片蟠桃『夢の代』（水田紀久・有坂隆道校注『日本思想大系43　富永仲基・山片蟠桃』岩波書店、一九七三年）
良　寛『袈裟詩』（大島花束編『［復刻版］良寛全集』恒文社、一九八九年、初版一九二九年）
渡辺京二『日本近世の起源――戦国乱世から徳川の平和（パックス・トクガワーナ）へ』（弓立社、二〇〇四年）

第Ⅱ部

明末仏教と江戸仏教

慧命の回路
――明末・雲棲袾宏の不殺生思想――

一　不殺生の原理

人間が動植物を食べずには生きていけない以上、人が「生物を殺してはならない」という不殺生の要請を厳密に実行することは不可能である。本質的に恣意的たらざるを得ない不殺生の思想は、それぞれの文化における歴史的様相とその展開にこそあらわれる。ここでは東アジア仏教における不殺生の思想について、明末高僧の一人である雲棲袾宏《うんせいしゅこう》（一五三五～一六一五）の思想から論じる。

明（一三六八～一六四四）の太祖・朱元璋（一三二八～一三九八）は、宋代（九六〇～一二七九）の風を受け継いで、儒教を中心とする三教（儒教・道教・仏教）合一の政策をとった(1)。明代中期の仏教抑圧政策により仏教はほとんど消滅せんばかりに沈滞するが、十六世紀になって陽明学が盛んになるにつれて、仏教も同じく心の学として見直され、明末には復活するに至った(2)。その中心となった一人である袾宏は、三教合一を特徴とする明末新仏教の先駆けである。袾宏は、念仏と戒律と禅を融合した穏和な宗風によって、僧侶のみならず俗人への教化を熱心に行った。明末社会に即した庶民教化によって広い支持を得て、現代に至るまで中国社会で広く崇敬されている(3)。また中国で一六〇〇年前後から出版された袾宏の著作は、日本でも一六〇〇年代半ばから出版された。その後、明治時代に至るまで、多くの注釈や関連本が刊行されて[4]、袾宏の思想は日本の仏教と社会に大きな影響を及ぼした。十七世紀以後の東アジア思想史の特徴は、三教合一とその民衆性とされるが、袾宏は仏教におけるその潮流を生み出した主要な一人である。ここでは、当時の東アジアで布教していたイエズス会と袾宏の論争を手がかりに、彼の生涯の信念であった不殺生思想を考察したい。

まず荒木見悟らの研究をもとに、袾宏について紹介しておこう[5]。袾宏は、杭州の富裕な商人の家に生まれた。優秀な若者として将来を嘱望され、二十歳で十九歳の張氏と結婚する。その頃から出家の志を抱いて殺生を慎み、亡くなるまで菜食を通した。羊や豚を生贄とする祭祀では「戒を奉じて殺さず」と神に告げて、動物の犠牲を止めた[6]。子供を数年で亡くし、二十七歳で父を亡くし、二十九歳の時には妻が亡くなった。気は進まなかったが、母の強い願いによって、十六歳の湯氏と再婚した。貧しい家に生まれた湯氏は、仏教に帰依し、菜食が常であったという。

三十一歳の時に母が亡くなり、翌年に出家した。その折に妻へ詩を贈って、「虎の如く健やかなる婦人も龍の如く猛しい子も、旦夕に亡くなる」無常をうたい、「眼中滴滴として鮮血を流す、一世の交情数句に言う、従うと従わざるとは君自ら決せよ[7]」と結ぶ。袾宏から「吾往かん、汝は自ら計を為せ」と言われた湯氏は、「君先に往け、吾は徐《おもむ》ろに行かんのみ[8]」と答えた。その言葉どおり、湯氏は後に出家して袾錦と名のった。袾宏は彼女の安否を常に心に懸けていたようで、袾宏が七十二歳の時には袾錦の住む庵を守るための「遺嘱」を書き、さらに庵の保全のための「孝義庵規約」を定めている[9]。

袾宏は、出家直後には当時の常として各地の禅師をめぐるが、禅よりは阿弥陀念仏に惹かれている。三十七歳の時に杭州の雲棲山に居を定めて、「浄土を主として、冬には坐禅を専らにし、他の時には講誦を行う[10]」生活に入り、僧俗の教化に努めて八十一歳で亡くなった。雲棲山には常に数百人が住し、没後も一〇〇〇人を超えていたと言われる。
その思想は、華厳学を基盤として浄土念仏と戒律を実践するものであり、当時の流行であった過激な言動を衒《てら》う禅や王学左派などに比して、自律自省を旨とする内省的なものである。袾宏の著作は多岐にわたる。専門的な著作としては、『阿弥陀経』『華厳経』『梵網経』『楞厳《りょうごん》経』などの注釈書に加えて、さらに放生会《ほうじょうえ》（不殺生の実践として、捕らえた鳥獣魚類の生物を放つ）などさまざまな儀礼の作法次第を著しており、それらは以後の仏教儀礼の原型となった(11)。

俗人に対しては、道教に学んで善悪の行為に点数をつける『自知録』や、殺生を誡めて放生を勧める『戒殺放生文』などを出版して、日常における不殺生を提唱した。『戒殺放生文』では、当時の社会習俗であった誕生日や祖先祭祀、婚礼や宴会における肉食を禁じ、祭祀における動物の犠牲や、漁業や猟師などの生業における殺生を禁じている。当時、袾宏の放生会はよく知られており、参加する知識人も多かったという(12)。彼は、それまで篤信の仏教徒に限定されていた不殺生戒や放生を、たとえば宴会における肉食禁止といった庶民の社会生活にひろげて捉え直したのであるが、このような仏教思想の民衆化は、明末の社会状況が求めたことであったと言えよう。

荒木見悟は、明末社会が不殺生を必要とした思想史的理由を解明した。明末に庶民の生活が向上して肉食がひろがり、その反動として、儒仏の枠を超えた不殺生思想が求められ、放生が流行したと論じている。さまざまな思想家が、それぞれの立場から不殺生を唱えているが、その中で袾宏のそれは、慈悲心を育てるための個人的な善行にとどまるもので、社会変革の意志はない仏者の思想である、と位置づけた(13)。袾宏の社会的性格を明らかにした基礎研究である。しかし袾宏の不殺生は、社会状況の要請からというよりは、『梵網経』にもとづいた過去・現在・未来にわたる六道輪廻という中国仏教の正統的な立場から主張されており、儒教的な現世の倫理だけでは理解できない。仏教の立場から、改めて考える必要がある。

菩薩が行うべき大乗戒を説く経典である『梵網経』は、東アジア仏教における不殺生と放生の原理となったものである。[14]その経文は、以下の議論の前提となるため、ここで見ておきたい。放生は、次のように義務づけられる。

なんじ仏子、慈心を以ての故に、放生の業を行ぜよ。まさにこの念を作すべし、一切の男子はこれ我が父なり、一切の女人はこれ我が母なり。我れ生生にこれに従って生を受けざること無し。故に六道の衆生は、皆これ我が父母なり。而も殺し而も食せば、即ち我が父母を殺し、亦た我が故身を殺すなり。一切地水はこれ我が先身、一切火風はこれ我が本体なり。故に常に放生を行じ、生生に生を受けしむるを常住の法とし、人に教えて放生せしめよ。[15]

仏者は、慈しみの心によって放生を行え。以下のように念ぜよ、「すべての男は我が父であり、すべての女は我が母である。生まれ変わり死に変わってきた無限の過去世において、雌雄から生まれてこなかった生はない。ゆえに、あらゆる生物は我が父母である。その生物を殺すこと、食うことは、かつての父母を殺し、過去の自身を殺すことである。一切の地水火風はかつての身体であり、今の本体である」。だから常に放生を行い、すべての生物を生かしめることを普遍の法となし、人に放生を教えよ、とする。また他の箇所では、肉を食らうことは「大慈悲の仏性種子を断つ」[16]ことであると言う。道端良秀は、この『梵網経』の原理は、インド由来の六道輪廻と中国社会で絶対視される孝思想が一体化したものと定義した。[17]袾宏は、その思想を最も体現した一人である。

この異様な迫力を持つ不殺生の原理は、今ではほとんど忘れ去られた思考様式から生まれており、初めて見る者には得体の知れない非合理な言葉に思われよう。当時そこを指摘したのが、ヨーロッパからやってきたイエズス会のマテオ・リッチ（一五五二〜一六一〇）であった。リッチは、カトリック・キリスト教による最初期の中国布教を担った宣教師である。

カトリック・キリスト教の世界宣教は、十六世紀のプロテスタンティズムの勃興に対抗して始まった[18]。その中心となったのは、一五四〇年に設立された新しい修道会のイエズス会であった。その布教方針は現地適応主義であり、キリスト教を「天主教」として儒教との類似性を前面に押し出す一方で、仏教とは全面的に衝突した[19]。リッチの教理書『天主実義』は、仏教の不殺生を正面から批判するとともに、人間が動物を殺すことを容認している[20]。これに対して最晩年の袾宏は『竹窓随筆』の中で厳しくこれを批判して、中国仏教における天主教批判の口火を切った。

一見すると非合理に見える『梵網経』の原理は、どのような論理と世界観から生まれてきたか、その合理性とはいかなるものだったのか。異なる文化圏からやってきた天主教からの問いかけを媒介として、袾宏にあらわれた東アジア仏教における不殺生への希求と意義を探りたい。まずは、リッチの主張を確認したうえで、袾宏の不殺生思想について考察する。

二　マテオ・リッチの不殺生批判

マテオ・リッチは、まず知識人を布教の対象として、教理書『天主実義』（一六〇三年刊行か）を書いた。その後の布教において基本書となった『天主実義』[21]は、中国知識人と宣教師の質疑応答による全八篇からなっており、中国知識人と対話したリッチの経験が生かされている。馮応京《ひょうおうけい》（一五五五〜一六〇六）による本書の序は、インド由来の仏教が輪廻や寂滅などを説いて「愚俗」の人々を惑わしている現状を憂えて、仏教が「空を語る弊」に対して、リッチが「実を語る」ことを讃歎している。(22) 新たにやってきた天主教が、仏教と同じく死後や救済を語る教えとして、仏教と敵対しつつあったことがうかがえよう。

リッチは『天主実義』第五篇で、仏教者が説く絶対的な動物の不殺生は、輪廻という迷信にもとづく愚かしい無意味な行為である、と難じる。

彼、殺生を戒むることを言うは、我が屠《ほう》る所の牛馬は即ち是れ父母の後身にして、これを殺すことを忍びざるを恐るるのみ。果してこれを疑えば、則ち何ぞ牛を駆て畎畝《けんぽ》を耕し、或いはこれを車に駕くるを忍びんや。……吾意《おも》うに、其の親を弑《しい》することとこれを耕田に労苦することとは、罪に大異無し。……然るに農事廃すべからず、畜用免るべからざれば、則ち何ぞ戒殺の説を疑わん。人能く禽獣に変ずと云うを信ずべからず。(23)

仏教者が「生物を殺すな」と言うのは、父母の生まれ変わりかもしれない牛馬を屠ることに耐えられないからにすぎない。この輪廻説に依れば、牛馬の労役も父母の労役であることになり、父母への不孝という罪では同じことになる。農事や労役で動物を使うことが避けられない以上、人が禽獣に生まれ変わるなどという輪廻説を本気で信じて実行することなどできない、と結論する。リッチは、殺生と労役を同一視することによって、輪廻説を現実生活の指針とすることが不可能であると論じた。彼自身は、殺生をどのように考えるのか。

吾既に禽獣に変ずるの理無きことを明証す。則ち幷《あわ》せて殺生の戒無きことを著さん。試みに観ず、天主この天地及びこの万物を生ずるは、一として之を生じて以て人用と為す者に非ざるは無し。……我まさに常に天主の尊き恩を感じ、時にこれを謹しんで用うべし。鳥獣、或いは毛羽皮革有れば裘履《きゅうり》と為すべく、或いは宝牙角殻有れば奇器を制すべく、或いは妙薬有れば病疾を好く治す……吾なんぞこれを取りて使わざるや。(24)

人が禽獣に生まれ変わる道理がないことを明証したから、次に殺生を禁止する必要はないことを明らかにしよう。天主は、人間が用いるためにすべての天地万物を創造したのであるから、我々人間は天主の尊い恩に感謝して、万物を謹んで利用すべきである。鳥や獣の羽毛や皮は人の着物や履物に、角や牙や殻はすぐれた道具に、妙薬は治病に用いる。なぜ利用しないことがあろうか、と。

リッチは、人間が動物を殺すことは天主から与えられた恩恵であると主張して、人間のために動物を利用して殺すことを積極的に認めた。『聖書』では、神は自らにかたどってつくった人に対して、「産めよ、増えよ、地に満ちて地を従わせよ。海の魚、空の鳥、地の上を這う生き物をすべて支配せよ」と命じる。さらに「見よ、全地に生える、種を持つ草と種を持つ実をつける木を、すべてあなたたちに与えよう。それがあなたたちの食べ物となる」(25)と続く。神が人間に、動物と植物の支配権と所有権を与えるこの一節が、リッチの主張の根拠と思われる。

リッチは仏教批判の一環として、絶対的な不殺生を無意味な行為として否定した。彼は、正確に輪廻と孝にもとづく不殺生の原理を理解したうえで、ヨーロッパ人の宣教師から見たその非合理性に、批判の焦点を絞っている。リッチの言うとおり、殺生は今ここの人間としての自分を優先する限りにおいて、合理的なものであろう。それではこの合理性に対して、袾宏はどのように答えるのか。

三　袾宏の人畜平等

袾宏は、僧侶となってから魚類のために二つの放生池をつくった。自らの雲棲山に設けた放生所で鳥や獣に与える穀物は、年に二〇〇石を超えた[26]。彼は著書のいたるところで、豚や羊などの家畜、鰻や魚や貝などを食用に殺すことは無論のこと、蝿や蚊などの害虫を殺すことまで嘆き悲しみ、繰り返し戒めて倦《う》むことがない。ここでは、社会に広く流布した彼の随筆集『竹窓随筆』と、『梵網経』に対する注釈書である『梵網経心地品菩薩戒経義疏発隠』（以下『義疏発隠』）を中心に見ていきたい。

袾宏がさまざまに不殺生を説く中でも、ことに肉食については「〔人でも動物でも〕およそ知有る者は、必ず体を同じうす[27]」として、ほとんど生理的な嫌悪を示している。この言をさらに詳しく説明すれば、「人間と同じく血気あり子と母があり、知覚があり痛みや痒みを感じ、生を知り死を知る生き物を、どうして殺して食うことができるのか」という感覚であり、それは生涯を通じた彼の実感であったと思われる。これに続けて、「世間では「心が善いことが必要であって、菜食が大事なのではない」と言うが、天下の凶心・惨心・毒心・悪心の中でも、生物を殺してその肉を食うことよりひどいものはない。殺生食肉をしながら、一体どこに善心があろうか[28]」、と激しい口ぶりで批判している。なぜ彼は、決して肉食を許さないのだろうか。

夫れ人と畜とは、同一の肉聚なるのみ。肉の人、肉の獣を食わざるは、此れ天理人情の必ず至れる所なり。亦た何ぞ奇とするに足らん、而るに況やこれを愚と謂うをや。ああ衆生の迷昧なるや、極まれり[29]。

人も動物も同じく肉のかたまりである。肉人が肉獣を食わない道理をどうしても理解できない世間の迷妄は、今や極まっている、と慨嘆する。また『義疏発隠』においても、不殺生と放生の原理は「人と動物の両者を対象とする」[30]ものであるとしており、彼の感覚では人間と動物はまったく同等である。すなわち、人も動物も同じ肉である袾宏にとって、食肉は今の私たちにおける人肉食に等しい。

これはある程度、歴史的にも共有される感覚だったようだ。道端良秀は、中国古代から清代に至るまで、戦乱や飢饉の時をはじめとして人の肉を食うことがあったと言う。ことに唐代以後は人肉が良薬とされたことから、孝行な者が自分の股の肉を重病の父母に食べさせることが流行した。食人肉は大きな禁忌であると同時に、自らの肉を差し出すことは最高の菩薩行として貴ばれたようだ[31]。たとえば唐代の仏書『法苑珠林』（六六八年に完成）では、村の祭祀で犠牲となる豚を救うために、僧が自らの股肉を刀で割き、村人に差し出して「人と豚は同じく肉である。あなた方は糞や汚物を食う豚でも食べる。米を食う人の方が〔肉として〕貴いのだから〔私の肉を食べよ〕」と迫っている[32]。袾宏の生きた明末動乱期には羊や豚を屠るように人が屠られることすらあり、男子のかたい肉は一斤七銭、女子のやわらかい肉は一斤八銭であったという[33]。

当時の中国における人間と動物の平等は、今の私たちが理解するような心情的なものではなく、はるかに物理的かつ肉体的なものであった。袾宏の不殺生の訴えは、そうした歴史と生活の切実さからも生まれていよう。彼が肉食に持つ絶対的な嫌悪感は、私たちが人肉を食べることに感じる忌避と恐怖の感覚に等しいものである。そのように理解すると、袾宏が生涯を通して不殺生を言い続けた理由の一端が見えてくる。

袾宏の考える人畜平等は、目に見える物理的な次元から、時空を超えてひろがってゆく。ある道士が生物を殺して薬をつくった結果、その殺生のために天に上ることができなかったという話から、袾宏は次のように語る。

夫れ殺生して以て口腹を滋するは誠に不可と為すも、物命を損じて人命を全うするは宜《ほとん》ど罪無きがごとし。人を貴んで畜を賤しむを知らず。常情は則ち然り。而るも諸仏菩薩の平等の心に非ざるなり。一命を殺し、一命を活《い》かすは、仁者も為さず。而も況や死生の分は定まれり、未だその能く活くるを必せざるをや。則ち徒に寃報を増すのみ。(34)

一般に、人が食用に動物を殺すことは間違いであると思っていても、医薬のために動物を犠牲にして、人の命を救うことには何も罪がないように考えている。そのことにこそ、人間を貴び動物を賤しんでいる事実があることに気づかない。これは、諸仏や菩薩の平等の心とは言えない。儒教における仁者でも、一命を殺して引き替えに、別の一命を生かすことはしない。まして人の死生の分際は決まっている。人のために動物を犠牲にしたところで、病人が助かると決まっているわけではない。薬を得るために動物を殺すことは、死後に引き受ける恨みの報いをただ増やすだけである、と言う。袾宏は、この節の最後に「病を抱く者は熟《つらつ》らこれを思え、医を業とする者は熟らこれを思え」と、読み手に語りかける。目前の死よりも恐るべきは、今ここの延命のための殺生によって、魂が来世以後に背負う負債である。また『自知録』でも、薬餌のために動物を殺すことは、祭祀における動物の犠牲と同じレベルの悪であると定めている。(35)これは未来世に対する認識であるが、過去世はどのように関わってくるのか。

人の為す最大の悪とは何かという議論になった時に、それは親への不孝などであるという答えに対して、袾宏は「殺生より大きな悪はない」と答えた。それに対して、「殺した動物の肉が、台所に一杯になっているのは日常茶飯のことである。どうして食のための殺生を悪と言えようか、まして最大の悪であり得ようか」と反論された。袾宏は、「一般の不孝といっても、親を棄てて養わなかったり、親をあなどって敬わないことであって、阿闍世王や煬帝のように父を殺すわけではない」と述べて、次のように続ける。

況や闍・広の害する所は、一世の父母のみ。而るに経に言う「有生の属、或は多く夙世の父母なり」と。殺生者の少《わか》きより老に至るまで、殺す所算無ければ、則ち害は多生の父母に及ぶ。……彼の殺生者、誰か得てこれを詰《なじ》らんや。則ち搆訟の害は分限有るも、殺生の害は終尽無し。この故に天地の大徳を生と曰い、天地間の大悪を殺生と曰う。[36]

親殺しの阿闍世や煬広（煬帝）が殺したのは、今生一世の目前の父母だけにすぎない。『梵網経』には「生物は、過去無限の生における父母」とある。人の若い時から老年に至るまでに殺害する生物は無数であるから、その害は過去世の多生の父母に及んでいる。たしかに殺生は日常的な行為であるから、一つ一つの殺生など誰も責めることはない。法に背く害はいずれ咎められるから限りがあるが、誰も咎めない殺生の害は終わることがない。だから天地の大徳を生と言い、大悪を殺生と言うのである、という。親殺しをはじめ、法で定められた罪を犯した時には罰もあり罪悪感もあるが、世間で罰せられない殺生は罪と自覚することもなく、無限に繰り返すことになる。その無自覚さこそ、大悪のゆえんである。多種多様な無数の過去生の集大成である今の自己が、畜生を殺害することは、かつての自己を否定し、抹殺することであるとされる。

なぜ袾宏はそのように考えるのか。他の史料から見てみよう。放生の根拠となる経典の一つである『金光明経』の末尾には、『金光明経懺悔滅罪伝』がある。それは、閻魔王の審判における動物からの恩（放生善報）と怨（殺生悪報）を説き、庶民における屠殺肉食の忌避と放生実行の論理を示していると思われる。この世界において、人である自分と異なる存在である畜生は、どのような関係にあるのか。
この冒頭で、ある屠殺人がこれまで殺した三十余頭の豚たちによって訴えられ、閻魔王の前に引かれてゆく。閻魔王への豚の訴状に曰く、「我らはかつて犯した罪のために豚として生まれていたが、償いとして定められた年限が終われば、人として生まれるはずであった。そこを屠殺人によって殺されたために、償いが中断して完済できず、再び罪身の畜生に生まれざるを得ず、罪身としてまた殺される。幽界に在ってもこれは法理に背くから、ここに訴えて裁きを請う[37]」と。かつての豚は今の人であり、今の人はかつての豚である。この世界観において豚と人の魂は本質的には同じであるが、現実の存在では明確な上下優劣がつけられる。我々の今踏む大地が、過去何十億年もの地層が積み重なった結果であるように、人の魂もまた過去無数の生によって形成されてきた。眼前の異なる存在は、吾が魂の地層である。

四　袾宏の不殺生思想

袾宏の認識の枠組みは、今ここを生きる人としての肉体と生命だけではない。無限の過去世から未来世までを生きていく自分であり、その時間の中で六道を巡る自分の魂が基準である。この三世と六道の実感においては、今生の延命のための殺生は無意味で不合理に未来の負債を増すばかりであり、肉食のための殺生は過去世の自己を抹殺する非情な行為となろう。なぜ生物は我が父母たりうるのか、という問いに対して、袾宏は次のように考えている。

問う、……云何が衆生は皆我が父母なるや。答う。儒・道は今世を談ずるに止まる。仏法は乃ち前身を論ず。

受身は既に多生を歴て、託胎は必ず諸趣に徧《あまね》し。六道の衆生は皆我父母なること、豈に然らざらんや(38)。

なぜならば、儒教や道教は現世のことを語るにとどまるが、仏法は前世を論じるからである。すでに無限の過去世を生きる中で、我々は六道を巡ってきた。六道の衆生は皆、我父母でないはずがあろうか、と。三世と六道にもとづく不殺生の思想は、現世一生の閉塞から無限の過去世と未来世へ、人の現身から六道の多種多様な存在へと、魂をひらく回路である。

袾宏は『梵網経』の「一切地水はこれ我が先身、一切火風はこれ我が本体」という文を説明して、次のように述べる。「地水火風から自身の血肉や暖かい息ができている。この地水火風が和合すれば生まれ、散滅すれば死ぬ。地水火風の四大を離れて、身体は存在しない」と言い、自己と他者は同じ要素から構成されていることを主張する。あらゆる存在は、その構成要素が同じであるから同質なものである。

地水火風の説は、止だこれ物・我稟同、痛・癢機一なることを発明す。故に他を殺すは即ちこれ己を殺し、畜を殺すは人を殺すと殊なること無し(39)。

地水火風の説は、生物と自分が同じものからできており、痛みや痒みの心を一にすることを明らかにする。だから他を殺すことは己を殺すことであり、畜生を殺すことは人を殺すことと変わらない、という。

また「物質である四大は、自身の真にして常なるものと何の関わりもないのに関わらず(40)、一たび迷って四大を我が身と認めれば、牢として破ることができない。身体とは、自己であれ他者であれ、そういうものである」とも述べており、物質である地水火風で構成される身体が、人でも動物でも牢獄のようであることに変わりはない、としている。物質である身体によって閉じこめられた、真にして常なるものとは何か。天主教に対する答えから見ていこう。

袾宏は、『竹窓随筆』で天主教に対して、短い四本の反論を書いた。その内訳は、殺生容認への批判二本と、天主概念の矛盾に関する二本である。[41]不殺生については、まずリッチの「輪廻説によれば、親の生まれ変わりとなる動物の労役もできない」という批判に対して、それは「小巧の迂談」であり「大道の明訓を破ろうとする」屁理屈であると難じた。[42]魂が輪廻によって生まれ変わることは、天主教が真理と認めている儒書でも、多々説かれていることだと主張する。

これに対して天主教側が反論し、袾宏が再び応じた最終的な主張が「天説余」である。この中で見るべきは、天主教の批判を伝えた客と袾宏による最後のやりとりである。

客、又た「殺生は止《た》だ色身を断つのみなるも、婬を行うは直ちに慧命《えみょう》を断ず」と難ず。意は、殺生は猶お軽しと謂えり。知らず、殺す所の者は彼の色身にして、殺を行うは一念の惨毒の心なるも、自己の慧命を断ずることを。悲しまざるべけんや。[43]

客が、再び「殺生はただ肉体を断つだけであるが、淫行は直ちに慧命を断ずる」と非難した。淫行に比べて、殺生は罪が軽いと言いたいのだろう。しかし、彼は知らないのだ。殺される客体は相手の肉体だけであり、殺す主体は自分の一瞬の惨毒の心にすぎないように見えるが、本当はそのことで自分自身の慧命を殺しているということを。

これを悲しまずにいられようか、と結ぶ。

慧命とは、智慧を生命に喩えた言葉である(44)。身体の内にある真にして常なるものとは慧命であり、肉体よりも重要な命とされる。袾宏にとっては、内なる慧命を生かし育むことこそ、三世にわたる最大の目的である。『梵網経』の「食肉は大慈悲の仏性種子を断つ」とは、袾宏にとっては我が内にある仏の種子を自ら断つことを意味しており、生物を殺すことは自身の慧命を断つことであった。

慧命を基準とする袾宏の思想は、現実の場面に即した形で具体化されて、明末社会にひろがり一般化していった。彼は、俗人に対する『戒殺放生文』において「放生は善い行為であるが、ただ動物の肉体のみを救って、慧命を救っていない。放生する動物に対しては、彼らが弱らない程度に阿弥陀仏の名前と経文を聴かせて、西方極楽浄土に往生させよ(45)」と勧めた。動物の肉体のみならず、未来へと続く魂をも救うために慧命を発芽させることが望ましいとされる。

また「目の前の生命に応じて、慈悲心を発《おこ》せ。水に流され、火に焼かれ、役人に取られ、泥棒に盗まれる無常の世財である金銭を、動物を買い取って放つ放生によって、決してなくならない堅財である福徳に換えよ(46)」と呼びかけている。袾宏にとって堅固な財とは、慧命を養うための福徳のみであって、物質的な金銭ではあり得ない。殺される生物を救う放生は、庶民がその堅財を得るための、最もたやすく有効な方法であった。それが、袾宏が生涯にわたって放生を続けるとともに、人々に倦まず勧め続けた理由であったろう。

五　おわりに

明末社会は、思想的にも社会的にも激動の時代であった。それまで永らく衰退していた仏教は、心学の流行とともにようやく復活の兆しを見せていた。明末新仏教の先駆けとなった雲棲袾宏は、穏和な宗風によって僧俗への教化を行い、生涯にわたって不殺生と放生を実行して、現代まで広く崇敬されている。袾宏は、中国のみならず日本にも大きな影響を及ぼしており、その後の日中両国の仏教における三教一致や民衆化の潮流を生み出した一人であろう。

袾宏は、十六世紀末に中国へやってきた天主教と、動物の殺生をめぐって論争を行った。仏教における不殺生の原理は、『梵網経』を根拠としている。『梵網経』は、動物や魚虫を殺すことは過去世の父母を殺して食べることである、として殺生を禁止する。また肉食は、大慈悲の仏性種子を断つことであるとしている。インド由来の輪廻説と中国における孝が一体化した不殺生の原理は、儒教や道教とあいまって発展した。明末の仏教においても、捕えた鳥獣魚類の生類を放つ放生をはじめ、輪廻説にもとづく生物の不殺生が広く実行されていた。

十六世紀末から始まったキリスト教の中国布教において、イエスズ会の宣教師であったマテオ・リッチは、初期布教の中心人物であった。リッチは、その教理書『天主実義』で、さまざまな仏教批判を繰り広げる。その中で、輪廻と孝による不殺生を批判して、仏教の絶対的な不殺生を愚かしい不合理な行為であると退けた。リッチ自身は、聖書『創世記』を根拠として、人間が動物を殺して利用することは天主から与えられた恩恵であると主張している。これに対して、袾宏は肉食に生理的な拒絶を示して、人と畜生の平等を説く。人や動物などのあらゆる物質は、地水火風から構成されるものであるから、すべては同質であると言う。袾宏にとっては、人も動物もまったく同じ肉であり、動物の肉を食することは人間の肉を食べることにも等しい行為であった。袾宏が「〔人と動物は〕同一の肉聚である」と言うように、当時の中国における人間と動物の平等は、今の私たちが理解するような心情的なものではなく、はるかに物理的かつ肉体的なものであった。袾宏の不殺生の訴えは、そうした歴史と生活から生まれたものであろう。

袾宏は、わずかの延命のために薬を求めて動物を殺すことは、魂が来世以後に背負う負債を増すだけのことであるとして、無数の過去世を生きてきた自分が動物を殺害することは、かつての自己を殺すことである、と説く。彼の行動の基準は、今現在の人間としての身体と生命だけではなく、無限の過去世から未来世までを生きる自分であり、ほぼ永遠の時間の中で六道を巡る自らの魂であった。三世六道にもとづく不殺生の思想は、現世一生の閉塞から無限の過去世と未来世へ、人の現身から六道の多種多様な存在へと、魂をひらく回路である。袾宏にとって、生物を殺すことは我が内にある仏の種子を自ら断つことを意味しており、殺生は自身の慧命を殺すことであった。

こうした袾宏の不殺生思想は、当時勢力を増しつつあった庶民の生活に即した平易な形で説かれて、明末社会の中で一般化していった。放生は不殺生の実践の一つとして、庶民が行うことのできる身近な善行であったと思われる。

『梵網経』を光源とする袾宏の思想は、広く中国社会を照らして人々を潤しながら、はるか海を越えて日本にまで届いていった。その思想がどのように日本で受け止められ、日本の近世社会に浸透していったかについては、次の機会に考察する。

註

（1）酒井忠夫「明代における三教合一思想と善書」（『酒井忠夫著作集2　増補中国善書の研究　下』国書刊行会、二〇〇〇年）、二七一～二七九頁。

（2）荒木見悟『雲棲袾宏の研究』（大蔵出版、一九八五年）、一三～二四頁など。

（3）現代の中国・台湾の仏教儀礼は、明代に制定されたものが原型となり、袾宏が起点であるものも多いとされる。鎌田茂雄『中国の仏教儀礼』（大蔵出版、一九八六年）、七一頁、一六一頁、三一八頁など。

（4）酒井忠夫「江戸時代の日本文化に及ぼせる中国善書の影響並びに流通」（註（1）酒井、前掲書）、三三三～三三七、三五八～三五九頁。

（5）袾宏の基礎的研究は、註（2）荒木、前掲書。伝記は同書、四四～一〇二頁。

（6）荒木見悟監修・宋明哲学研討会訳注『竹窓随筆』（中国書店、二〇〇七年）「祀神不用牲」、四六頁。

（7）「出家別室人湯」、元禄六年（一六九三）和刻本影印「山房実録」（岡田武彦・荒木見悟主編『近世漢籍叢刊　思想四編六　雲棲蓮池大師遺稿外六部』中文出版社、一九八四年）、四九一三～四九一四頁。

（8）『竹窓随筆』（註（6）前掲書）「塔名」（四）、五一六頁。

（9）註（2）荒木、前掲書、九五頁。

（10）「山房実録」（註（7）岡田・荒木主編、前掲書）、四七五〇頁。

（11）袾宏から『禅門日誦』を通して伝わる放生会儀軌の系譜については、桑谷祐顕「中国における放生思想の系譜」（『叡山学院研究紀要』二二号、二〇〇〇年）、九四頁。また千葉照観「中国における放生思想の展開」（『天台学報』三六号、一九九四年）、八六頁。

（12）註（1）酒井、前掲論文、二九五頁。

（13）さらに袾宏の『梵網経心地品菩薩戒経義疏発隠』（以下『義疏発隠』）から、不殺生は『梵網経』の無作の戒体（この場合は善行への決意）を具現化する行為であり、放生は純粋な善心の実現として意義を持つとされる（荒木見悟「戒殺放生思想の発展」〈『陽明学の開展と仏教』研文出版、一九八四年〉、二二七～二三九頁）。しかし戒体はすべての善行の動機であるため、不殺生と放生だけに限定できない。袾宏の不殺生と戒律倫理については、註（2）荒木、前掲書、六二～六八頁、一五四～一六七頁。陽明学的な立場から袾宏を評価すれば、社会的に消極的であると言えよう。荒木見悟『仏教と陽明学』（第三文明社、一九七九年）、一二三～一二三頁。
(14)放生の根拠となった他の経典は、『金光明経』流水長者子品（大正蔵一六巻）、三五二～三五三頁である。
(15)不行放救戒（『梵網経』下巻〈大正蔵二四巻〉）、一〇〇六頁中。大正蔵脚注21に従い、「応作是念」を加える。
(16)食肉戒「若仏子、故食肉。一切肉不得食。夫食肉者、断大慈悲仏性種子」（『梵網経』下巻〈大正蔵二四巻〉）、一〇〇五頁下。大正蔵脚注17・18により字句を補う。肉食と如来蔵思想については、下田正弘『涅槃経の研究――大乗経典の研究方法試論』（春秋社、一九九七年）、四一六頁、四一九頁。
(17)道端良秀「放生思想と断肉食」（『中国仏教思想史の研究――中国民衆の仏教受容』平楽寺書店、一九七九年）、二二八～二三〇頁。肉食については多くの研究があるが、インド仏教の肉食禁止の過程については、註(16)下田、前掲書、四一七～四一九頁。ヨーロッパについては、鯖田豊之『肉食の思想』（中公新書、一九六六年）。
(18)東アジアキリスト教の大きな流れは、岡本さえ「東アジアキリスト教のベクトル」（『中国21』二八号、二〇〇七年）、三七頁。十六～十八世紀には、日本から始まるローマ・カトリック教会の布教であり、十九世紀以降はプロテスタント各派の布教となる。
(19)詳細は、横超慧日「明末仏教と基督教との相互批判」（『中国仏教の研究　第三』法藏館、一九七九年）。中国禅との論争については、西村玲「虚空と天主――中国・明末仏教のキリスト教批判」（『宗教研究』三六六号、二〇一〇年）（本書所収）。
(20)中島隆博「魂を異にするものへの態度あるいは「忍びざる心」――殺生、肉食、動物」（末木文美士・中島隆博編『非・西欧の思想』大明社、二〇〇一年）は、リッチを中心に論争を紹介する。
(21)柴田篤「解説」（マテオ・リッチ著、柴田篤訳注『天主実義』東洋文庫、平凡社、二〇〇四年）、三一四～三三七頁。
(22)利瑪竇『天主実義』（影印明版真本『天主実義』国防研究院・中華大典編印会、一九六七年）、序、一丁左、三丁左。
(23)同書、六丁右～左。
(24)同書、八丁右～左。
(25)『聖書（新共同訳）』「創世記」第一章、二八～二九節。

(26)『竹窓随筆』(註(6)前掲書)「塔名」(一四)、五一七頁。
(27)『戒殺放生文』「戒殺文」(註(7)岡田・荒木主編、前掲書)、五〇一七頁、自注冒頭「凡有知者必同体」。『円覚経』序「夫血気之属必有知、凡有知者必同体」(大正蔵三九巻、五二三頁)が典拠と思われる。
(28)『竹窓随筆』(註(6)前掲書)「戒殺」、七一頁。
(29)同書「食肉」、一五〇〜一五一頁。
(30)本文「『而殺而食』、兼人蓄言」、『義疏発隠』(『新纂大日本続蔵経』三八巻)、一九一頁下。
(31)道端良秀「中国仏教と食人肉の問題」(註(17)道端、前掲書)、三〇九〜三二五頁。
(32)『法苑珠林』巻二八(大正蔵五三巻)、四九三頁下。
(33)道端良秀「蓮池大師の戒殺放生文について」、二四九〜二五三頁、同「中国仏教と食人肉の問題」、三〇九〜三二五頁、いずれも註(17)道端、前掲書。
(34)『竹窓随筆』(註(6)前掲書)「医戒殺生」、二八五頁。
(35)『自知録』(註(7)岡田・荒木主編、前掲書)、五〇八九〜五〇九〇頁。動物二十命を一過とする。
(36)『竹窓随筆』(註(6)前掲書)「殺生人世大悪」、三四一〜三四二頁。
(37)『金光明経懺悔滅罪伝』(大正蔵一六巻)、三五八頁中。
(38)『義疏発隠』(『新纂大日本続蔵経』三八巻)、一九一頁下。
(39)『義疏発隠問弁』(『新纂大日本続蔵経』三八巻)、二三五頁上。
(40)本文は「四大全体虚妄、与吾真常了不交渉」(『義疏発隠』〈『新纂大日本続蔵経』三八巻〉、一九二頁上)。
(41)天主批判の詳細は、註(19)横超、前掲論文、二二九〜二三二頁。註(19)西村、前掲論文、三二頁。
(42)『竹窓随筆』(註(6)前掲書)「天説二」、四九四〜四九八頁。
(43)同書「天説余説」、五〇五〜五〇六頁。
(44)生物にとって最も重要な命は、肉体よりも賢聖なる智慧、すなわち慧命である(「賢聖智慧命、是為寿中最」『雑阿含経』〈大正蔵経二巻〉、二六五頁上)。肉体を維持するのが食であるのに対して、真理である法身は智慧によって持続する(「色身以食為命、法身以慧為命」『金剛經纂要刊定記』〈大正蔵三三巻〉、一九一頁上)。普遍の真理(法身)を生かし支えるエネルギーが慧命であり、貪瞋痴の煩悩は法身のみならず、その根源である慧命をも殺す

〈「三毒煩悩、殺人法身慧命」『仏遺教経論疏節要』〈大正蔵四〇巻〉、八五〇頁上〉。袾宏も慧命を肉体よりも大事なものとしており、たとえば、「如殺一人而救多人、断色身而全慧命。乃大士之洪規、非声聞力量所及」（『義疏発隠』〈『新纂大日本続蔵経』三八巻〉、一六六頁下）という。

(45) 『戒殺放生文』「放生文」（註(7)岡田・荒木主編、前掲書）、五〇四九頁。

(46) 同書、五〇四六〜五〇四七頁。

虚空と天主

――中国・明末仏教のキリスト教批判――

一　はじめに

十六世紀から十七世紀の東アジアにおける宗教思想史の大きなトピックとして、大陸の明（一三六八～一六六一）末に起こった仏教復興とカトリック・キリスト教の伝来があげられる。特にキリスト教の流入は、この地域における世界史的な近代の始まりを告げる兆しとなったと考えられる。日本の近世初頭から前期にかけての仏教復興に対しても、キリスト教は、直接・間接に大きな影響を与えた。日本中世から近世への移行期における宗教思想史の手がかりの一つとして、中国における仏教とキリスト教の関わりを見ておくことは、重要な条件の一つと思われる。

十六世紀末から始まった中国布教において、宣教師は自らの教えを「天主教」と訳し、当時の思想界において、キリスト教はその名称で認められた[1]。はじめに、天主教布教の歴史のあらましを紹介しておこう。

中国への布教は、世界布教を掲げて一五四〇年に設立された新しい修道会、イエズス会が担った。そこでの東アジアにおける基本方針は、現地の文化を尊重しつつ、ヨーロッパの科学技術を活用する現地適応主義が採用された。その方針にもとづいて、初期布教の中心人物であったマテオ・リッチ（一五五二～一六一〇。中国名は利瑪竇《りまとう》）は、儒教と天主教の一致を前面に押し出す戦略をとった。リッチは、教理書『天主実義』の刊行（一六〇三年か）などにより、まずは知識人への布教に努めた。その結果、天主教は天に仕えて倫理を説く西欧からの新儒教として受け入れられ、一六五〇年には十五万人の信徒がいたという[2]。しかし一般には信仰よりも、天主教は大砲や暦などの科学技術をもたらすものとして理解され、宣教師はその天文学の知識によって、明朝の暦作成に雇われている。

この受容の仕方は、清朝(一六四四〜一九一二)になってからさらに進んで、科学技術をはじめとする異文化を求める中国側と、信仰を求める宣教師との矛盾と対立となって露呈していく[3]。両者の食い違いは、中国布教の先行者であるイエズス会に対する新参のフランシスコ修道会などのねたみもあって、「孝にもとづく中国人の祖先崇拝は、唯一神への礼拝と矛盾する」という典礼論争に発展した。この論争は複雑な経緯をたどったが、最終的には、ローマ教皇クレメンス十一世(一六四九〜一七二一)の中国人信者への祖先崇拝禁止の発令、それに応じた康熙帝(一六五四〜一七二二)の宣教師追放令(一七一七年)によって終わった。次代の雍正帝(一六七八〜一七三五)は、自ら禅を提唱する仏教の篤信者であり、一七二三年の即位と同時に天主教を厳禁し、これ以後、天主教は地下に潜ることになる。一八四三年にフランスとの条約が締結されて、近代におけるプロテスタント・キリスト教の布教が始まった。

以上が歴史的な経緯であるが、思想界における仏教と天主教は、常に主流であった儒教に対して、それぞれが儒教との共通性を主張して対立し、儒教を挟んだ敵対関係となっていた。

儒教からの天主教批判については、後藤基巳が詳しく論じた。後藤は、僧侶の藕益智旭《ぐうやくちぎょく》(一五九九〜一六五五)が出家前の儒者名を用いて儒教の立場から書いた、天主教批判の書『天学初徴』『天学再徴』を中心に考察した。天主への尊崇と儒教における君父への忠孝が矛盾背反することから、天主教は無父無君の邪説と結論されたことを明らかにしている[4]。

仏教からの批判については、横超《おうちょう》慧日《えにち》が三期にわけて、論争の過程を総合的に論じた(5)。第一期（一六一五年）は、明末仏教界を代表する高僧であった雲棲袾宏（一五三五～一六一五）が、最晩年に天主教を批判し、その門人を中心に批判がひろがった。第二期（一六三七年頃）は、福建省の臨済禅僧の密雲円悟（一五六六～一六四二）と、弟子の費隠通容（一五九三～一六六一）をはじめとする僧侶と俗人からの広範な批判がある。最後の第三期（一六四二～一六四三年）は、前述の藕益智旭が儒教と天主教の一致を論破して、論争に終止符を打ったとされる(6)。

これらは儒教と仏教からの基礎研究であるが、いずれも智旭の儒教論を最もすぐれたものと評価する。智旭の論旨は、「儒教における天地万物の本源である天は、創造神である天主とは異なるものであるから、天主教は儒教ではない」ということである。このことから後藤は、天地万物を創造する唯一神という天主の神格は、ついに儒教には理解されなかったものとしたが(7)、この結論は天主教から見た評価であると言えよう。一方の横超は、仏教からの天主教批判を儒教論に収斂される一連の歴史的過程として論じており、仏者がどのような論理と世界観によって天主教を論破しようとしたのかについては、必ずしも明らかではない。仏者がどのような主体性を持って天主教を批判したかについては、これまでほとんど主たる論題とされてこなかった。しかし智旭が、出家前の儒者としての俗名を用いてまで天主教に反駁した本意は、仏者としての異教への論駁にあったと思われる。東アジアにおける天主教の思想としての異質性は、その敵対者であった仏教思想を通して見た時に、最もよくあらわれよう。

本論では、以上の問題意識にもとづき、雲棲袾宏と密雲円悟と費隠通容、三者の天主教批判を追う。当時の仏者は、創造神であるキリスト教の天主をどのように理解し、いかなる矛盾を持つものと考えたのか。天主教における天主に対して、彼らはどのような存在を普遍なるものと考え、どのように論証を試みたか。天主教という媒介を通ることによって、仏教における普遍性はどのようにあらわされていったかを明らかにしたい。以下、まずマテオ・

リッチによる天主の定義と僧侶批判を確認したうえで、袾宏、円悟、通容の論を考察していく。

二　『天主実義』における天主

マテオ・リッチが書いた教理書『天主実義』上下二巻は、その後の天主教布教において最も基本の書となった[8]。この書は、中国知識人（中士）と宣教師（西士）の質疑応答による全八篇からなっており、中国知識人と対話したリッチの経験が生かされる。

天主については、まず冒頭の首篇「天主、始めて天地万物を制してこれを主宰し安養するを論ず」という章で説かれる。天主とは、どのような存在なのか。

天主の称、物の原を謂う。もし由りて生ずる所有りと謂えば則ち天主に非ざるなり。……天主は則ち無始無終にして万物の始まりと為り、万物の根柢と為る。……物は天主に由りて生ずるも、天主は由りて生ずる所無きなり[9]。

天主とは万物の始まりであり、万物が生じる根源の謂いである。自身以外の拠り所によって存在するならば、それは天主ではない。天主は無始無終である、という。本質にして普遍である天主に対して、天地万物は創造された相対的な事象であるとする。

中国知識人は、天主教におけるこのような創造主と被造物の絶対的な峻別に対して、天地万物に通底する理、すなわち万物一体の理、自己と宇宙に遍満する本来的な普遍性を主張するのが通例であった。彼らの言うこの万物一体の理に対して、リッチは、『天主実義』第四篇の後半を費やして、論破を試みた。その反論は、まず仏教における心の定義と、それへの批判から始まっている。

最初に、対論者である中士によって、仏教の心論が述べられる。曰く、人間の心は少なくとも自分にとってのあらゆる対象を認識できるのだから、その心の至らないところはない。仏教は心の広大さを知っているから、身体や天地万物は己の心に収まると考える。すべてを収める万能の心を持つ人間ならば、その胸中には万能の天主が居るのと同じである、という(10)。

リッチは、こうした天主と自己心の同一視を人間の傲慢さとみなして、「仏氏は未だ己を知らず、なんぞ天主を知らんや(11)」と厳しく批判した。その批判とは、「仏教者は微々たる身に天主から才能を授かり、わずかな行いをなしたにすぎない。卑小な我が身を知らずに、傲り高ぶって周囲を侮り、天下を睥睨《へいげい》して放恣《ほうし》にも尊い天主に自分をなぞらえる。このようなことが、どうして彼らの言うように自分の身を尊び、徳を尊重することになりえようか。自らを貶め、徳を喪《うしな》うだけだ。傲慢さは、あらゆる徳を破壊する(12)」というものである。まして自己と天主が等しいと言うに至っては、どぶの中の虫が天主に向かって「爾《なんじ》は我たり、我は爾たり(13)」と言うに等しい、反逆謀反も甚だしい、と断罪した。

リッチは、一五九九年に禅・教・律を修めた僧侶の雪浪洪恩《せつろうこうおん》（一五四五〜一六〇八）と論争を行った後に、『天主実義』の仏教批判を書いたという(14)。ここで、リッチがどのような人物を念頭に置いていたかはわからないが、彼が眉をひそめて描写する仏者の言と振舞いは、陽明学左派に影響を受けて、過激で奇矯な風儀を好んだ当時の禅僧に目立つものだったかもしれない。いずれにせよリッチにとっては、自己と天主が等しいという言は、卑小な自己を知らない愚かさから生まれた、信じ難い傲慢さであった。

仏教から見れば、天主教は、人皆が成仏するための前提である仏性、すなわち自己内心に本来あるとされる普遍性を認めない思想である。ことに禅僧にとっては、自身と仏が本質的に等しいことは、仏を目指す修行の有効性を保証する論理であり、彼らの生の前提となる思想であった。禅僧であった円悟と通容の天主教批判は、この一点に集約されていく。まずは、念仏を行った穏健な袾宏から見ていこう。

三　天主の相対化

雲棲袾宏は、明末高僧の一人である。三十一歳で出家して、三十七歳の時に杭州の雲棲山に入り、亡くなるまでそこに住した。雲棲山には常に数百人が住し、没後は一〇〇〇人を超えていたという。その思想は、王学左派や狂禅などの明末における過激な思想潮流へのアンチテーゼとして、禅と距離を置きながら戒律を厳守し、浄土念仏を中心に据える穏和なものであった[15]。俗人に対する熱心な教化も、袾宏の大きな特徴であり、道教に学んで善悪の行為に点数をつける『自知録』や、不殺生と放生を勧める『戒殺放生文』などを出版している。清朝に入って、その穏和な思想がさらに好まれることになり、袾宏の名声は後世に至るまで不動のものとなった。

袾宏は、亡くなる半年ほど前の最晩年、『竹窓随筆』に「天説」と題する四カ条を書いた。これが、中国仏教における最初の天主教批判である。袾宏の天主理解は、どのようなものだったか。

彼の称する所の天主とは忉利天王なり。一四天下三十三天の主なり。……此の三千大千世界を統ぶる者は大梵天王これなり。……彼の知る所は、万億の天主の中の一のみ。[16]

天主とは、大梵天王が統べる十億の世界の中の我々の世界一つを統括するにすぎない忉利天王である、とする。天主の世界を万億の一つとみなして天主を相対化する批判は、後の通容に引き継がれた。

また、天主に形や声はない[17]とされることについて、袾宏は次のように述べる。

又言く「天主とは形無く色無く声無し」と。則ち所謂天とは理なるのみ。何を以てか臣民を御し、政令を施し、賞罰を行ずるや。[18]

形や声のない天主は抽象的な理であるから、具体的な現実を変化させることは不可能であるという。袾宏の結論は、「孔子と孟子の天説以外に、天主教のような新しい天の説など必要ない[19]」というものであった。これは、智旭の儒教論につながっていった。

袾宏の次世代にあたる密雲円悟と、その弟子である費隠通容は、明末の禅復興を担った臨済宗の僧侶である。宗祖臨済の再来と言われた円悟は、臨済の正統を自負する厳しい棒喝禅によって一世を風靡し、天童山を復興した。円悟の後継者を自認する通容は、同じく棒喝禅を誇り、師弟ともに棒喝禅の正統性や法系をめぐって、宗の内外で激しい論争を行っている。[20]臨済禅の復興を目指す原理的な禅僧であった彼らは、禅以外の仏教に対してさえすこぶる冷淡だった。まして異教である天主教を批判することに、いささかのためらいもなかっただろう。

円悟は、晩年の臨済宗旨論争のさなかにあった一六三五年、七十歳の八月から十二月にかけて、天主教批判の短い論説である『弁天説』三本を書いた。彼は、「袾宏の天主教批判で足りないのは、生物が皆具えている本性（群生皆具之性本）について述べないことだけである」と言うから、すでに袾宏の天主教批判を知っていた。円悟独自の天主教批判とは何だったか。八月五日の跋がある『弁天初説』では、次のように述べられる。[21]

我が仏、明星を覩《み》て悟りて云く「奇なるかな、一切衆生に皆如来の智慧・徳相有り。但だ妄想執着を以て証得すること能わざるのみ」と。惟《た》だ彼自ら証得すること能わざるが故に、天主を執りて天主と為し、仏を仏と為し、衆生を衆生と為し、遂に迷倒を成すのみ。故に人我・彼此・是非の相有り。これ乃ち彼の病根なり。……正に彼自ら執して天主と為すを以ての故なり。いやしくも彼自ら執りて天主と為さざれば、則ち自然に仏を執りて仏と為さず、一切衆生を執りて衆生と為さず。まさに始めて我が仏の旨を識らん。亦た衆生を度し尽くすの義を識らん。今彼は妄想執着を以て仏を闢《しりぞ》けんと欲するは、これ則ち自暴自棄にして、自ら自らを闢く。[22]

我が仏は悟って言った、「不思議なことだ、すべての生物が如来の智慧と徳相を持っていることは。ただ自らの妄想執着によって悟れないだけだ」と。宣教師は悟れないから、天主や仏や衆生を実体化して、他者と自己、彼此や是非が実在すると思いこんでいる。これこそが病根であって、どこまでも天主という執着をつくり上げている。天主という執着を捨てれば、自ずと仏や衆生という執着もなくなり、初めて我が仏の意図を知るだろう。宣教師が天主という妄想執着によって仏を退けようとするのは、生物が持っている如来の智慧や徳相に気づかない、まさに自暴自棄そのものであり、自分で自分を退けることだ、と断言する。約一カ月後に書いた『弁天二説』では、さらに説明する。

汝が妄想執着は汝大道の元に達せず但だ名相を逐《お》うのみを以ての故に、天主を執りて天主と為し、仏を仏と為し、衆生を衆生と為して、仏とは覚なることを知らず。覚とは悟なり。人人覚悟すれば則ち人人皆仏なり。……故に仏に定形無し、天に在れば天、人に処すれば人にして、色相を以て見るべからず、音声を以て求むべからず。それ即ち汝と我と人人本従り以来具足せるものを以てなり。汝と我に従来具足するものを以て、自ら覚悟せずして乃ちこれを闢く、自暴自棄に非ざるや。(23)

あなた方宣教師の妄想執着は、大道の根源に達しないまま、名前や事柄の表層を逐っているだけだから、天主や仏や衆生を実体化して、仏とは覚そのものであることを知らない。覚とは悟りのことである。人が覚悟すれば、それがそのまま仏である。仏には定形がないから、天に在れば天、人にあれば人であり、色形や音声では捉えられない。あなたや私に本来具足する覚を知らずに、外に天主なるものを戴いて自らを退ける、まさに自暴自棄である、と言う。円悟にとって、外界に天主という絶対者を恃《たの》むことは、内なる光から逃走しようとする自傷行為である。逃れようもない自己の本性から逃れんとする愚かしさ、それが円悟に見えた天主教だった。

四　無始無終とは何か

円悟が『弁天説』三本を著した翌年に、四十四歳であった通容は、師の説を発展させた『原道闢邪説』(以下『闢邪説』)を著した。『闢邪説』は、日本の幕末に浄土宗僧侶であった鵜飼《うがい》(養鸕)徹定《てつじょう》(一八一四〜一八九一)によって出版され、日本近代におけるキリスト教批判書の先駆となったとされる。(24)

『闢邪説』は、『天主実義』の初篇から第四篇に反論する全四編からなる。[25]大旨は、「天主のみが無始無終である」というリッチの主張が「邪見の根源」であるとして、無始無終の本性は「大道の元」であり、それは本来「人人具足」するものであり、すべての事象にも在る、[26]ということである。通容は、仏教論理学（因明）を用いながら、自己と宇宙に遍満する大道を、無理矢理にでも論証しようとする。徹定は通容の論を、「議論正確、弁難痛快、妖徒頂門の一針と謂うべし[27]」と評した。

天主への批判は、第一編で論理的に述べられる。まず最初に、総論を述べた後に、天主教側からの問いとして、「人物・鳥獣・天地・鬼神に、どうして無始無終の旨を見得するのか」と尋ねる。その答えは、二つにわけられる。一つ目は悟りの体験から、二つ目は世界の成り立ちから、大道の存在が論証されていく。人の悟りから見てみよう。

一には、人の契証に因る。……当人の心念上に就きて返照して元を窮むれば、則ち過去の心念有ること無く、未来の心念起こること無く、現在の心念住すること無し。三際既に無ければ、則ち心念に全く始り無く亦全く終り無し。もし心念既に始り無く又終り無ければ、則ち身体脱然として繫無し。亦前後の三際無ければ、了《つい》に生死去来無く、直下に無始無終を披露す。即ち色身の五蘊完全解脱して、大道全真は備さに我に在り。[28]

大道があることは、悟りによってわかる。心念において返照して根源を窮めれば、過去心はすでになく、未来心はいまだなく、現在心は一時も留まることがない。時間がなければ、心に始まりも終わりもなく、身体はからりとして繫縛はない。時間がなければ生死はなく、直ちに無始無終があらわれる。肉体は完全に解脱して、大道はまったく我に在る、という。悟った人の前に、草木・鳥獣・天地・鬼神などの事象は無始無終の自性を顕わにするけれど、事象は本来そのような存在であって、意言分別を離れている(29)、と結論している。「悟った時には、天地万物が大道である」という唯心論的な主張は、正統的なものだろう。

次に、天地人物は「人証に因らずして、本来これ無始無終(30)」であることが、世界の成り立ちから論じられる。

> 且つ実約多広に拠て論ずれば、則ち虚空尽ること無く、包む所の世界も亦尽ること無し。以て所居の衆生も亦尽ること無し。乃至天地・鬼神・草木・鳥獣も悉く皆尽ること無くして、これを数量することを得ず。以て虚空に辺際有ること無ければ、則ち凡そ所有の物悉く辺際無し(31)。

多さと広さについて論じれば、虚空が尽きることはなく、虚空が包む世界も、世界に居する衆生も、天地・鬼神・草木・鳥獣すべて尽きることはなく、数を測ることなどはできない。虚空に果てはないから、虚空に包まれる物にも限りはない、とする。

> 又実約久常に拠て論ずれば、則ち虚空に終始無く、世界も亦終始無し。衆生も亦始終無し。幷びに及び天地・鬼神・草木・鳥獣悉く終始無し。その終始起伏を覓《もと》むるも了に不可得。以て虚空・世界・一切衆生及び天地・鬼神・草木・鳥獣は、同時同際に前後を分かつこと無く、永久に常に存して熾《さか》んに生じ息《や》まざることを顕す(32)。

時間において論じれば、虚空に終始はなく、したがってすべてに終始はない。その終わりや始まり、途中の盛衰を求めても得ることはできず、虚空から生物やほかのすべての事象に至るまで、変化なく永遠に存在し、また盛んに生じて止まない、という。天主だけが無始無終の普遍であるという天主教に対して、空間と時間という形式において、虚空と虚空に包まれるものすべては永遠である、というのが通容の主張である。

通容の宇宙像は、今の我々が考える宇宙——生成消滅する無数の星雲や惑星を内包し、膨張と縮小を繰り返す無限の空間——に似ている。通容によれば、世界は無数であって、ある世界が壊れてもまた一つの世界が生じて、永遠に尽きることはない。たとえば、大都市の中で家一軒が焼失したところで、大都市全体は変わらず存続するように、我々の娑婆世界がなくなったところで、大宇宙全体は変わらない。天主による世界創造は一軒の家にすぎない[33]、というのである。

通容にとって、空間と時間において果てがないものは、無数の世界を包含する虚空である。仏教における虚空は、物を妨げることも、物に妨げられることもないことから、永遠不変の真理の性質に最も近いものとされ、禅においても唐代より真理の喩えとして重視された[34]。たとえば代表的な大乗経典の一つである『大般涅槃経』は、「虚空は真理（無為）である、だから常とする。仏性は真理（無為）である、だから常とする。虚空とは仏性であり、仏性とは如来である」と言う[35]。これだけで虚空という概念を考えるのは難しいが、虚空とは、形而上的な真理、人における仏性、理想としての仏、という普遍のアナロジーを幾重にも重ねていける多義的で強固な概念であることは理解しうるだろう。

五　虚空——遍在する大道

次に通容は、「西域の菩薩が外道と論義する[36]」時の論理法である論理、三支比量を展開する。大道と天主を対立命題として、虚空を用いながら、普遍とは何であるかを論証していく。

今初めに立量して、以て先ず天地万物は皆これ無始無終にして原道全真と為すことを明す。故にここに当に先ず立量して云うべし、「大道全真」を有法と為し、「天地万物を具え該す」を宗と為す。「無始無終に一なり」を因と為す。同喩は虚空の如し。虚空も亦た綿亘不断にして、辺際有ること無く万象を具し該するを以ての故に。異喩は亀毛兎角の如し。亀毛兎角は本より有る所無く無始無終に異なり、万象を具え該すること能わざるを以てなり。(37)

天地万物は皆無始無終であり、原道であることを証明しよう。命題は、「大道は天地万物を具え包む」ことである。その理由は、「無始無終で一であるから」。大道と同じく無始無終の一として天地を包む例は、虚空である。虚空も均質で果てがなく、万物を具え包むからである。大道は虚空に比定できるのであり、本来実在しない亀の毛や兎の角のような虚構ではない。この論理が「大道は無始無終である」という同義反復に陥っていることは、すでに忽滑谷快天《ぬかりやかいてん》によって批判されている。(38) ここで注目したいのはそのことではなく、虚空が大道の喩えとして示されていることである。

通容は、天主は虚構の概念にすぎないとして、それは亀毛のようであるとする。(39) 無始無終の天主が、有始有終の万物事象を生み出すことは「亀毛、物を生じるが如き」ことであるとして、「理甚だ乖舛せん」(40) と批判した。

且つかれ既に「天主は無始無終を具す」と謂わば、則ちまさに知・能・体・用悉く始終無かるべし。まさに全智全能にして、健生し息まざるの道有りと為すことを顕す。もしその中に間隔し空缺すること有れば、則ちこれ健生して息まざるの道に非ず、亦た全智全能の理に非ず。……此の最初の物を生ずる一端に就きて、反覆弁論するに理ここに窮まり、天主有ること無きを顕見して、明かにして且つ著し。(41)

リッチの言うように「天主が無始無終である」ならば、天主は知・能・体・用すべてにおいて始まりも終わりもなく全知全能であり、常に活動して止まないはずだ。もし中断したり欠けたりすることがあれば、全知全能ではない。天主が世界を創造したという始まりを論じるという矛盾だけで、天主が存在しないことは明らかであるという。それでは、通容の考える普遍とは、どのようなものであったか。

譬《たと》えば虚空の万象を該羅するが如し。時に間離すること無く、亦た逃遁すべきこと無し。直ちに万象とともに無始無終なり。まさに全功と称すべし。(42)

たとえば、虚空が万物を包みこんでいるように。虚空は途切れる時がなく、虚空から逃れることもできない。虚空はそのまま万物とともにあって、無始無終である。まさに完全なはたらきと称すべきである、と。世界を創造する天主に対して、禅僧の大道とは世界万象を包む虚空である。彼は、天地万物の根源を自問して、次のように答える。

吾れ知ぬ、汝が妄執を離れて、天主能生の外にこれを推するに、万物固《もと》より始り無く、亦た終り無きことを。

既に始り無く亦た終り無ければ、則即《すなわ》ち此れ無始無終なり。是れ天地万物の大本なり。……其の大本を融すれば、則ち古今に亘り物我に通じて、万有を包み群象を斉《ひと》しくし、該ねざる所無く貫かざる所無しと曰う。故にこの大本は、万有の群象・古今の物我とともに一体と為る(43)。

宣教師の「天主が天地を創造した」という妄執を離れて始原を考えれば、万物には本来、始まりもなく終わりもないことがわかる。天地万物の大本を融すれば、古今にわたり物我に通じ、包まない所はなく貫かない所はない。だからこの大本は万象と一体である、とする。大道は、虚空のようにすべてを包含すると同時に、すべてに深く浸透する。それは円悟の言う自己深奥にある光の核でもあり、宇宙と自己は本来的に一体である。このような大道と虚空は、現在の私たちが思うような形而上的な真理や虚ろな空間ではなく、むしろ生々律動する海や、あまねく照らす光、白くたちこめる霧のように、濃密なものであるように思われる。

ちなみに、仏教とキリスト教の論争において、常に問題として取り上げられる仏教の空《くう》について、リッチと通容の言を見ておきたい。リッチは、「仏教では、事象は空に由て生まれると言い、空を務めとする(44)」と言う。さらに、「空や無というのは、己に所有するものが全くないことである。どうして性質や形状を他者に施すことができようか」、「その本原に内実がなければ、そこから生まれる物もない(45)」として、空が事象を生み出すことはないとしている。リッチは、空を現象世界の創造因と考えているのだが、通容は大道によって反論する。

瑪竇外道、我が仏単に無始無終全真の大道を闡《ひら》きて究竟と為すことを識らずして、妄りに空の物を生ずること無きを以て、我が仏を謗る。殊に知らず、我が仏無始無終全真の大道を以て演《の》べて一乗実相了義の法と為すこ

とを。(46)

リッチは、仏が大道を究極の教えとすることを知らないから、「空は物を生じる訳がない」と仏教を謗る。リッチは、大道が大乗仏教の究極の教えであることを知らない、と言い、その証拠として『法華経』を引き合いに出している。通容にとって、空は究極の原理ではない。

或るひと云く、「色は空に繇て出で、空を以て務めと為す」と。瑪竇も亦憑《よ》る所有らん、未だ必ずしも臆説にて曰うにあらず。縦い憑る所有るも、亦た我家の小乗の色空を偏計するの謂を過ぎずして、これ我が仏の一乗実相の談に非ず。(47)

リッチは、誰かが「事象は空にしたがって生まれ、空を務めとする」と言うのを聞いたのだろうが、たとえ何らかの根拠があるにせよ、リッチの批判の根拠は小乗仏教の誤った空理解の域を超えるものではなく、実相を明らかにする我が仏の一乗の教えではない、と言う。中国禅僧である通容の原理は、世界の根源としての大道である。天主教に対する通容の結論を見ておこう。

妄りに一天主有て独り無始無終を具すと執す。誠に邪見の外道と為す。蓋し大道は本来具足することを信ぜずして、外に向て別に有法を立つ、名けて外道と為す。大道は本来自ら具すことを見ずして、妄りに別に一法有りと見て、これを企て慕うことを為す、名けて邪見と為す。(48)

一天主だけが無始無終の普遍であると執するのが、邪見の外道である。本来、万物に大道が具わっていることを信じないで、外見に普遍の存在を立てる、これを外道と名づける。自分とは別に普遍の存在があると見て、天主をつくり慕うことを邪見と名づける、とした。

六　おわりに

中国における天主教布教は、イエズス会によって十六世紀末に始まった。十七世紀初頭に出版された宣教師マテオ・リッチの教理書『天主実義』は、これ以後の中国布教における理論的な中心となった。そこにおいて、天主は唯一の無始無終の存在であり、万物の始まりであり根底であると定義される。この天主観にもとづいて、リッチは、自己内心に無始無終の普遍性があると主張する仏者の言を、無知による不遜な傲慢さであると斥けた。

この天主教に対する仏教の反駁は、雲棲袾宏に始まる。袾宏は、天主は万億の神々の一人にすぎず、現実に力を持たない抽象的な理でしかない、と批判した。袾宏の次世代にあたる密雲円悟は、禅僧として自己内心の大道を主張する。円悟は、外界に天主という絶対者を求めることは、自己内心の普遍性を放棄することであり、人が仏となる可能性を自ら否定する自暴自棄であると批判した。

円悟の弟子である通容は、無始無終である天主が有始有終の事象を生み出すというのは、論理的に矛盾していると指摘する。さらに通容は、自己内心という個人の域を超えて、大道の世界観へとひろげる。この娑婆世界は、無数の生滅する世界の一つにすぎない。無始無終で一なる虚空が、すべての世界と事象を包んで遍在している。虚空と同じく大道は、すべてを包含すると同時にすべてに深く内在しており、悟りの有無に関わらず宇宙と自己は本来的に一体であるとした。

袾宏から通容までの天主観の推移は、異質な教えに出会うことによって、仏者が、自身にとっての普遍性と世界観を、段階を追って自覚していった過程と見ることができる。それは、キリスト教における唯一絶対の天主を踏切板として、遍在する虚空の大道が普遍として定義され、天主に対置されていく道筋であった。では同時代の日本の仏者に対しては、カトリック・キリスト教はどのような認識をもたらす媒介となったのか。次の課題としたい。

註

（1）これまでの研究でも、当時の中国におけるキリスト教を天主教と呼ぶのが一般的であるため、本論でも天主教とする。「天主」訳の経緯と、儒教の天・上帝とキリスト教の天主概念に関する思想的相違については、吉田公平「利瑪竇の『天主実義』について」（東北大学文学部日本文化研究所編『神観念の比較文化論的研究』講談社、一九八一年）、七九三～七九九頁。呼称については、岡本さえ『イエズス会と中国知識人』（山川出版社、二〇〇八年）、二頁、上段語注。

（2）後藤基巳『明清思想とキリスト教』（研文出版、一九七九年）、九八～九九頁。

（3）明末清初の両者の食い違いについては、ジャック・ジェルネ『中国とキリスト教――最初の対決』（鎌田博夫訳、法政大学出版局、一九九六年）に詳しい。たとえば、四六～五八頁、八〇～八六頁など。

（4）註（2）後藤、前掲書、一〇五～一二一頁。

（5）横超慧日「明末仏教と基督教との相互批判」（『中国仏教の研究　第三』法藏館、一九七七年、初出は一九四九年、一九五〇年）、三期については二二五頁。同じく智旭を中心とする論として、星宮智光「明末における釈天論衡（一）」（『天台学報』二五号、一九八二年）、同「明末における釈天論衡（二）――藕益智旭の天学批判」（『天台学報』二九号、一九八七年）、同「明末における天主教会と仏教界との論衡」（『日本仏教学会年報』六二号、一九九七年）。

(6) 智旭の論旨については、播本崇史「天主教批判の論拠――『天学初徴』における考察」（『東洋大学大学院紀要』四五号、二〇〇八年）、二〇一～一九二頁。
(7) 註(2)後藤、前掲書、一一六～一一八頁。
(8) 柴田篤「解説」（マテオ・リッチ著、柴田篤訳注『天主実義』東洋文庫、平凡社、二〇〇四年）、三一四～三三七頁。
(9) 利瑪竇『天主実義』（李之藻編『天学初函』理編、台湾学生書局、一九六五年）、上巻、七丁右。
(10) 同書、四八丁右。
(11) 同書、四八丁右。
(12) 同書、四八丁右～左。
(13) 同書、四七丁左。
(14) 註(8)柴田、前掲書「解説」、三三一頁。
(15) 荒木見悟『雲棲袾宏の研究』（大蔵出版、一九八五年）が、袾宏の総合的な研究である。袾宏が社会的には消極的であったことは、同『仏教と陽明学』（第三文明社、一九七九年）、一二三～一三四頁。袾宏の不殺生の思想については、同「戒殺放生思想の発展」（『陽明学の展開と仏教』研文出版、一九八四年）、二二五～二二九頁。殺生を容認するリッチに対する袾宏の批判については、西村玲「アボカドの種・仏の種子――仏教思想は環境倫理に何ができるのか」（『エコ・フィロソフィ」研究』四号、二〇一〇年）、五一～五四頁（本書所収）。袾宏の禅については、野口善敬「解説」（荒木見悟監修・宋明哲学研討会訳注『竹窓随筆』中国書店、二〇〇七年）、五三一～五四二頁。同「禅浄一致に関する一考察」（『元代禅宗史研究』禅文化研究所、二〇〇五年）、三四六～三六一頁。
(16) 『竹窓随筆』（註(15)前掲書）、四九三～四九四頁。これに先行する部分訳として、荒木見悟『竹窓随筆』（明徳出版社、一九六九年）がある。
(17) 『天主実義』（註(9)李編、前掲書）上巻、一〇丁左。
(18) 『竹窓随筆』（註(15)前掲書）、四九四頁。
(19) 同書、四九八頁。
(20) 野口善敬「明末に於ける「主人公」論争――密雲円悟の臨済禅の性格を巡って」（『九州大学哲学年報』四五号、

一九八六年）、同「費隠通容の臨済禅とその挫折――木陳道忞との対立を巡って」（『禅学研究』六四号、一九八五年）。中国思想史における明末禅の性格と論争についての総合的な研究は、Jiang Wu, *Enlightenment in Dispute : The Reinvention of Chan Buddhism in Seventeenth-century China* (New York, Oxford University Press, 2008)、円悟らの思想的な特徴についてはpp.135-161.

(21) 「弁天三説」（岡田武彦・荒木見悟主編『近世漢籍叢刊　思想四編一四　闢邪集／聖朝破邪集』中文出版社、一九八四年）、一一五四八～一一五四九頁。

(22) 「弁天初説」（註(21)岡田・荒木主編、前掲書）、一一五一三～一一五一四頁。

(23) 「弁天二説」（註(21)岡田・荒木主編、前掲書）、一一五一八～一一五一九頁。

(24) 註(5)横超前掲論文、二〇八頁。徹定の通容評価は、芹川博通「徹定による排耶書の編纂と覆刻」（『芹川博通著作集第三巻　仏教とキリスト教――比較思想論Ⅰ』北樹出版、二〇〇七年）、三三八～三四一頁。

(25) 本論では、鵜飼徹定による和刻版本『翻刻闢邪集』下巻、文久元年（一八六一）版所収の『原道闢邪説』を用いた。関連論文として、岡本さえ「費隠禅師のキリスト教批判――『原道闢邪説』」（『黄檗文華』一二七、二〇〇六～二〇〇七年）。

(26) 『闢邪説』（『翻刻闢邪集』下巻）、一丁右～左。

(27) 『翻刻闢邪集』下巻、跋一丁右～左。

(28) 『闢邪説』（『翻刻闢邪集』下巻）、二丁左～三丁右。

(29) 同書、三丁左。

(30) 同前。

(31) 同書、三丁左～四丁右。

(32) 同書、四丁右。

(33) 同書、四丁左～五丁右。通容は、宇宙ではなく「世界」と言う。

(34) 柳田聖山『禅思想――その原型をあらう』（中公新書、一九七五年）、二二一頁。

(35) 北本『大般涅槃経』（大正蔵一二巻）、四四五頁下。「善男子。一切有為皆是無常。虚空無為、是故為常。仏性無為、是故為常。虚空者即是仏性、仏性者即是如来。如来者即是無為、無為者即是常。常者即是法、法者即是僧、僧即無為、無為者即是常。」
(36)『闢邪説』(『翻刻闢邪集』下巻)、六丁右。
(37)同書、六丁左。
(38)忽滑谷快天『禅学思想史』下巻(名著刊行会、一九六九年、初版一九二五年)、七七二頁。
(39)『闢邪説』(『翻刻闢邪集』下巻)、七丁左~八丁右。「此れに於いてまさに立量して云うべし、『天主』を有法と為す。「能く有始有終の鳥獣草木を生ず」を宗と為す。自ら「無始無終にして繇て生ずる所に非ず」を以て因と為す。同喩は亀毛の物を生ずるが如し。亀毛の繇て生ずる所に非ざるを以て、本より有る所無ければ則ち物を生ずるの理無し。」
(40)『闢邪説』(『翻刻闢邪集』下巻)、七丁右。
(41)同書、七丁右~左。
(42)同書、七丁左。
(43)同書、一四丁左~一五丁右。
(44)『天主実義』(註(9)李編、前掲書)上巻、一二丁右。「仏氏謂色由空出、以空為務」。
(45)同書、一三丁右~左。
(46)『闢邪説』(『翻刻闢邪集』下巻)、八丁左~九丁右。
(47)同書、十一丁右。
(48)同書、八丁右~左。

【付記】本論執筆にあたっては、花園大学国際禅学研究所禅籍データベース(http://iriz.hanazono.ac.jp)『竹窓随筆』を利用した。吉田公平先生からは『天主実義』史料を拝借し、懇切なご教示を賜った。James Baskind 先生からは、Jiang Wu の著作をお教えいただいた。諸先学に心より感謝申し上げる。

東アジア仏教のキリスト教批判
――明末仏教から江戸仏教へ――

一　東アジア仏教の視点

江戸時代の宗教と文化を規定しうる大きな特質の一つは、隠元隆琦（一五九二～一六七三。一六五四年来日）が伝えた黄檗禅に代表される、中国の明末仏教との関わりと考えられる。近世（江戸）仏教思想における明末仏教の重要性については、すでに中国哲学において荒木見悟[1]や神田喜一郎[2]、日本史学では大桑斉[3]などの諸先学によって、指摘されてきたが、その具体的な論証と考察は進んでいるとは言い難い。本論では、中国の明末仏教と日本の近世仏教におけるキリスト教批判を通して、その一端を論じたい。

その前に、十七世紀に至るまでの日中両国の仏教史について、簡単に紹介しておくことが必要だろう。言うまでもなく、中国思想史においては常に儒教が中心であるが、西暦一世紀頃に中国に伝来した仏教は、漢代儒教と道教の空隙を埋める形で、ゆっくりと大陸にひろがっていった[4]。何回もの廃仏を乗り越えて根を下ろした仏教は、七、八世紀の唐代に隆盛を迎えるが、八四五年に行われた廃仏（会昌の廃仏）で、決定的な打撃を被った。十世紀以後の宋代では、仏教から学んだ新儒教の朱子学が始まり、後退していく仏教は禅と浄土教に収斂しつつ、儒教や道教とも融合していった。十六世紀後半から十七世紀にかけての明末は、三教帰儒（儒教を中心とする儒・仏・道の三教融合）の風が、最も盛んであった時代とされる。[5] 近世日本に影響を及ぼした明末の仏教は、明代中期に仏教が衰退した後に復興された新しい仏教であり、日本仏教に比べて三教一致が色濃い。

日本では、六世紀に伝来した仏教が永らく文化と思想の中心となり、現代まで途切れることなく宗教の中枢を占めている。日本仏教は、古代律令国家の定めた八宗（南都六宗・天台宗・真言宗）体制を基本的な枠組みとして出発した。中国宋代と同時期の日本の中世以後には、いわゆる鎌倉新仏教が生まれて宗派が拡大し、教義が細分化していく。国家体制の再編期であった中世後期には、新仏教の民衆への拡大浸透によって、旧仏教との勢力が逆転した。近世には徳川幕府によって、キリシタン禁制を契機とする寺檀制度が定められ、一人ひとりが仏教徒として、生まれながらに寺の檀家の一員となった。幕府によって、仏寺は一つも余すことなく本末体制（各宗の本山から孫末寺までを重層的に組織化する中央集権体制）に組み込まれ、宗派の区分はさらに進行していった。

日本特有の寺檀制度によって経済的・社会的安定を保障された仏教は、全国民に広く深く浸透し、十七世紀以後の東アジアにおいて、日本は唯一の仏教国となった。江戸期における仏教の思想的な位置は、たとえば一六〇〇年代初頭から一七七二年を過ぎるまで、仏書が出版物の首位を占めていたことが端的に示していよう。[6] さまざまな思想が魅力的に展開していた江戸時代において、仏教思想もまた豊かにひろまり、変容していた。[7] 仏教は、いわゆるパックス・トクガワーナ（徳川の平和）を支えて、現代まで続く大きな思想潮流の一つである。

一五〇〇年にわたる戦国乱世がようやく終わり、元和偃武《げんなえんぶ》の和平を迎えた時代、日本の仏教者たちは大陸の仏教やキリスト教とも関わりながら、新しい時代に適う思想を模索していた。中でも中国明末に復興した仏教は、新しい魅力的な思想の一つとして、彼らの目に映ったと思われる。ここでは、日本の禅僧が明末仏教を用いてキリスト教を排撃したことから、明末と江戸仏教の関わりとその特質を考察したい。

カトリック・キリスト教の伝来は、十六世紀から十七世紀にかけての東アジア思想史上の大きなトピックの一つである[8]。一五四九年に日本から始まったキリスト教の布教は、この地域における世界史的な近代の始まりを告げる兆しとなり、日本の寺檀制度や中国の天文学・科学などに影響を及ぼして、その後の歴史を特徴づける一要素となった。キリスト教の事情から言えば、東アジアへの布教は、十六世紀初頭のルターに始まるプロテスタント勃興に対する、カトリック側の反撃の一環であった[9]。イエズス会は、プロテスタントへの巻き返しを図って、一五四〇年に公認された新しい修道会であり、世界宣教を掲げて東アジア布教の中心となった。

井手勝美は、東アジアにおけるイエズス会の布教方針が、ヴァリニャーノによる現地適応主義であったことを明らかにした。キリスト教を受け止めたのは、それぞれの思想界の主流であって、中国では儒教であり、日本では仏教であった[10]。イエズス会は、中国ではキリスト教と儒教との類似性を強調したために、キリスト教は天に仕えて倫理を説くヨーロッパからの新儒教として、ある程度は受け入れられた[11]。日本では、幕府によるキリシタン禁教令の翌年、大坂冬の陣が起こった一六一四年には、全国のキリシタンの数は三十七万人とされ[12]、戦国末期から江戸初頭には、新しい宗として、キリシタンは一般に知られていたと推定される[13]。

しかし結局のところ、当時の東アジアへの布教はうまくいかなかった[14]。日本ではイエズス会は一貫して、仏教および神道と激突し続けた。たとえば、一五七〇年代半ばから、キリシタン大名である高山右近の領内では偶像崇拝が禁止されて、領民のみならず仏僧にも転宗が強制され、宣教師は仏像を焼き寺社を破壊した。同じくキリシタン大名である大友氏の領民は寺社を破壊し、仏像を川に流したり、薪にしたりしていた[15]。こうした日常的な瀆神廃仏の行為は、日本人の決定的な反感を買って、他宗を撲滅しようとするキリシタンは邪教として禁じられ、キリシタン殉教の惨劇を招いた。すでに一六一〇年代に下火になっていた日本布教は、幕府が島原の乱（一六三七〜一六三八年）以後に寺檀制度を厳格に施行したことにより、全国的に完全な終止符が打たれた。

中国では、仏教とキリスト教のそれぞれが、主流である儒教との共通性を主張して対立し、儒教を挟んだ敵対関係となった。仏教者は、キリスト教が儒教をよそおうことの矛盾を論難した[16]。清代には、一世紀にわたってローマ教皇と清朝皇帝の間で、「孝にもとづく中国人の祖先崇拝は、唯一神への礼拝と矛盾する」という典礼論争が続いたが、康熙帝の宣教師追放令（一七一七年）によって終わった。次の雍正帝は、自ら禅を提唱する仏教の篤信者であり、即位（一七二三年）と同時にキリスト教を厳禁した。

東アジアにおけるキリスト教の受容と拒絶については、これまでさまざまな考察がなされているが、その思想的主体の一つであった仏教からの研究は少ない[17]。また日中それぞれでのキリスト教批判として論じられており、東アジア仏教全体の問題としては考えられてこなかった。しかしイエズス会の唯一神に対して、日中両国の禅僧は同じく大道の論理を用いて反論しており、両者は東アジア仏教のあらわれとして併せて考察される必要がある。

さらに、なぜ東アジアにおいてキリスト教は拒否されたのか。その理由については、これまで各国の政治史的な視点から多くの研究がなされてきたが、両国の一つの文化的総体として捉えられる宗教思想史からの考察は数少ない。本論では、禅仏教の排耶論という限られた視点からではあるが、東アジア宗教思想史の立場からキリスト教拒否の理由を考えてみたい。以下、まず明末における仏教とキリスト教の論争を確認し、次に日本の論争を示して、両者の比較と考察を進める。

二　虚空と天主——明末仏教のキリスト教批判

ヴァリニャーノの現地適応主義にもとづいて、その弟子であり、中国初期の布教の中心人物であったイエズス会宣教師、マテオ・リッチ（一五五二〜一六一〇）は、布教戦略として、儒教とキリスト教の一致を前面に押し出した。リッチは、教理書『天主実義』の刊行（一六〇三年か）などにより、まずは知識人への布教に努めた。「天主」とは、儒教概念を援用した中国キリスト教における「神」の訳語である。『天主実義』は、中国知識人と対話したリッチの経験を生かして[18]、中国知識人とイエズス会宣教師の質疑応答の形で書かれている。まず、天主の定義を見ておこう。

天主の称、物の原を謂う。もし由りて生ずる所有りと謂えば則ち天主に非ざるなり。……天主は則ち無始無終にして万物の始まりと為り、万物の根柢と為る。……物は天主に由りて生ずるも、天主は由りて生ずる所無きなり[19]。

天主とは万物の始まりであり、万物が生じる根源の謂いである。天主は、始まりなく終わりなき永遠普遍の存在であるという。本質にして普遍である天主に対して、天地万物は、創造された相対的な現象であると定義された。このような創造主と被造物の絶対的な峻別に対して、中国知識人は、天地万物に通底する万物一体の理（自己と宇宙に遍満する本来的な普遍性）によって、すべてのものの本質的な平等と一体性を主張するのが通例であった。リッチは、その一体性の主張の端的な例として、仏教の心論をあげて非難する。すなわち、「すべてをおさめる万能の心を持つ人間ならば、その胸中には万能の天主が居るのと同じである[20]」と言う仏教者は、甚だしく傲慢である。仏教者の言う、自己と天主は等しいという言に至っては、どぶの中の虫が天主に向かって「爾《なんじ》は我たり、我は爾たり」[21]と言うに等しい、反逆謀反も甚だしい、と断罪した。リッチにとっては、それは卑小な自己を知らない人間の愚かさから生まれた信じ難い傲慢さであった。

仏教から見れば、キリスト教のこのような非難は、人が仏となる能力と可能性（仏性）を否定する思想、衆生の本来的な力を自ら否定する思想である。仏教者として生きることは、仏の悟りを目指して精進することである。自らが仏と成ることは、理論的には自己内心に本来あるとされる仏性によって保証されており、いわば花の種でしかない仏性を育てて、仏の花を現実にひらかせることが求められる。この小さな黒い粒がいずれ美しい花になると信じるから、人は冬に種を埋めて水をやり、鉢を日光に当てて、春に芽吹いたら虫を取る。種が花とならないのであれば、誰にそのようなことができるだろうか。人はいずれ仏と成ることを信じるから修行する。凡夫と仏が潜在的に等しいことは、仏を目指す修行の有効性を保証する論理である。悟るためにすべてを懸ける禅僧にとって、それは彼らの生の前提となる思想であった。中国禅僧のキリスト教批判は、この一点に集約されていく。

リッチに応答した著名な禅僧は、福建省の密雲円悟（一五六六～一六四二）と、弟子の費隠通容（一五九三～一六六一）である。通容は、来日した隠元が法を嗣いだ師でもあり、日本黄檗禅（隠元らは臨済禅僧であるが、日本では中世以来の臨済宗と風儀が異なるために、新たに黄檗宗の名を与えられた）は、その直系にあたる。彼らは、明末新仏教において臨済禅の復興を目指した原理的な臨済禅僧であり、棒と喝を多用する厳しい修行で知られていた。二人とも宗の内外で自分たちの正統性をめぐって激しい論争を行っており、まして異教である天主教を批判することに、いささかのためらいもなかっただろう。

円悟は、晩年の論争のさなかにあった一六三五年の七十歳のときに、キリスト教批判論である『弁天説』を書いている。円悟曰く、あなた方宣教師は、妄想執着して「大道の元に達せず[22]」、名前や事柄の表層を逐《お》っているだけだ。仏とは悟りであって、人が悟れば仏である。仏には定形がないから、天に在れば天、人にあれば人であり、色形や音声では捉えられない。あなたや私に本来内在する仏、内なる覚悟を退けようとすることは、「自暴自棄にして、自ら自らをしりぞけることである」[23]と。円悟にとって、外界に神という絶対者を恃《たの》むことは、内なる自己の本性、覚悟の光から逃走する愚かな自傷行為である。それが、円悟に見えたキリスト教だった。

円悟がキリスト教批判を著した翌年（一六三六年）、四十四歳だった通容は、師の説を発展させた『原道闢邪説』を著した[24]。その大旨は、リッチの「天主のみが無始無終の永遠である」という主張が「邪見の根源」であるとして、無始無終の本性は「大道の元」であり、それは本来「人人具足」するものであり、すべての事象にも在る、ということである[25]。では、通容の言う「大道」とは、どういうものか。

通容は、あらゆる生物事象の本質である大道の存在を、悟りの体験と世界の成り立ちから論証していく。まず人が「完全解脱」した時には、「大道全真は備《つぶ》さに我に在り」[26]、悟った時には、天地万物が大道としてあらわれると言う。この唯心論的な主張は、仏教で一般的なものである。

次に、通容が述べる世界の成り立ちは、現代の我々が考える宇宙——生成消滅する無数の星雲や惑星を内包し、永遠に膨張する無限の空間——に似ている。通容によれば、世界は無数であって、ある世界が壊れてもまた一つの世界が生じて、永遠に尽きることはない。たとえば、大都市の中で家一軒が焼失したところで、大都市全体は変わらずに存続するように、我々の娑婆世界がなくなったところで、大宇宙全体は変わらない。天主による世界創造は一軒の家にすぎない[27]、と言う。

その無数の世界を永遠に包含するのは、虚空である。通容は言う、「虚空尽ること無く、包む所の世界も亦尽ること無し。……虚空に終始無く、世界も亦終始無し」と。虚空は空間として尽きることはなく、時間としての終わりも始まりもない。その永遠の虚空に包まれるあらゆるものすべては、虚空とともに「永久に常に存して（底本＝「嘗て」）、熾んに生じて息まず[28]」、永遠に生成消滅を繰り返しているのだ、と。インド仏教における虚空は、物を妨げることも、物に妨げられることもないことから、永遠不変の真理の性質に最も近いものとされ、普遍性の象徴となっている。虚空の概念は、そのまま中国仏教に引き継がれて、禅においても唐代より真理の喩えとして重視された[29]。通容の考える大道は、この虚空に喩えられる。

譬《たと》えば虚空の万象を該羅するが如し。時に間離すること無く、亦た逃遁すべきこと無し。直ちに万象とともに無始無終なり。まさに全功と称すべし[30]。

たとえば大道の性質とは、虚空が万物を包みこんでいるようなものである。虚空は途切れる時がなく、虚空から逃れる空間もない。虚空はそのまま万物とともにあって、無始無終である。まさに完全なはたらきと称すべきである、という。この大道は「古今にわたり」「万有を包」んで、「該《か》ねざる所無く、貫かざる所無し」であるから、自身を含むすべての事象は「一体と為る[31]」。大道は、虚空のようにすべてを包含すると同時に、すべてに深く浸透する。それは円悟の言う自己深奥にある光の核でもあり、宇宙と自己は本来的に一体である。

通容は、自己内心の覚悟という個人の域を超えて大道の世界観へと、その論をひろげた。この世界は、無数の生滅する世界の一つにすぎない。無始無終で一なる虚空が、すべての世界と事象を包んで遍在している。彼の言う大道とは、個人の悟りによって体験しうる真理であると同時に、世界万象を包んで内在する虚空の大道である。それは、現在の私たちが思うような虚ろな空間や形而上的な概念ではなく、むしろ生々律動する海や、あまねく照らす光、白くたちこめる霧のように、濃密な実体であるように思われる。

カトリック・キリスト教の天主に対して、中国仏教は虚空の大道を提示した。中国での仏教とキリスト教は、このように存在論的な争いを繰り広げたが、日本では救済論として争うことになる。

三　授戒と大道――日本仏教のキリスト教批判

日本の戦国乱世は、十五世紀半ばから十六世紀末までの約一五〇年間続いた。一世紀以上続く戦争と飢饉は日常となって、死ぬまでこの状況は変わるまいと人が思うのに十分な長さであったろう。当時の雑兵の心得を書いた『雑兵物語』には、戦場で喉が乾いたら梅干を見ろとして、「梅干を見ても又喉がかわくべいならば、死人の血でも又はどろのすんだ上水でもすゝつて居なされ(32)」とある。ヒロンは、「日本人はいかに貧しくても傲慢で尊大で怒り易く果敢」、その性質は「残忍で非情」「貪欲で吝嗇(33)」だと言う。その中を生きる人々は、僧や伴天連《ばてれん》、仏やデウスに何を求めたか。

フランシスコ・ザビエル（一五〇六～一五五二。一五四九～一五五一年に滞日）は離日直後の書簡で、キリシタンの教えを聞かずに亡くなった者は皆、永遠に地獄へ堕ちていると知らされた日本の信者たちが、嘆き悲しむことを書いている。

多くの人は死者のために涙を流し、布施とか祈禱とかで救うことはできないのかと私には尋ねます。私は彼らに助ける方法は何もないのだと答えます。……彼らは神はなぜ地獄にいる人を救うことができないのか、そしてなぜ地獄にいつまでもいなければならないのかと、私に尋ねます。……彼らは自分たちの祖先が救われないことが分かると、泣くのをやめません。[34]

悲嘆にくれる彼らを見ていると、ザビエル自身も悲しくなってくる、と。

ザビエルによれば、当時の仏僧は地獄から死者を救い出せると自認し、一般にもそう信じられていたという。人々が、キリシタンに対してであれ仏教に対してであれ、後生の助かりを求めていたのは事実だった。後生の助け、後生善処を保証することは、キリシタン布教にも有効だったと思われる。キリシタンへの改宗を説く『妙貞問答』(一六〇五年)は、仏教では後生の保証ができないことを繰り返し、「人の後生を助くるには、人の上なる御主《おんあるじ》ならでは叶《かなふ》べからず」[35]と、後生を助けられるのはキリシタンのデウスだけとして、洗礼を勧めている。

仏教に後生はないという批判は、直接的にはヴァリニャーノの禅理解から生まれてきたものと思われる。一五八〇年頃に、ヴァリニャーノの書いた専門教理書『日本ノカテキズモ』では、論破すべき仏教教義をまとめている。仏教の禅では、万象の根元は無念無想にして、万物一体に行き渡ると同時に一心の奥底にあり、人は坐禅によって仏果に至る、と集約している。[36]これに対してヴァリニャーノは、「世界の第一原因者が無分別であるということは、石や岩のような単なる物体を事象の根元としている」ことになる、と論難する。『妙貞問答』でも、「心は空無」とする禅では、後生の助けはないのはもとより、賞罰を与える主(デウス)もいないから、人は私欲のままに振舞って現世の倫理もあり得ない、と批判する。[37]こうした批判に対して、禅僧らは人々に後生の助けを示すことが求められていた。

しかし日本仏教のキリシタン反撃は、中国仏教に比しても、全般に低調だった。戦国期には宗論が盛んであったことも手伝って、一五〇〇年代後半には各地で仏教とキリシタンの宗論の場が何度も設けられてはいるが、イエズス会側の史料は多く残っていても、仏教側の宗論史料は今まで発見されていない。仏教からキリシタンを批判した史料も全体として少ない。日本の排耶論は、全般に幕府の禁教政策と一味同心である。[38]たとえば金地院崇伝の『伴天連追放之文』（一六一三年）は、日本一国の正義と平和が神道・仏教・儒教の三教に拠ることを簡潔に論じた名文であり、秀忠はキリシタン禁教の宣言文として全国に宣布した。こうした中で、宗教思想論として出色とされるものは、[39]長崎で排耶説法を行った臨済宗妙心寺派の禅僧、雪窓宗崔（一五八九～一六四九）の著作である。

雪窓は豊後に生まれて一向宗に入ったが、二十五歳で臨済宗へ転宗した。諸国で修行する中で鈴木正三ら禅僧グループと仏教復興を誓い、南都で菩薩戒を受けて学んだ。四十三歳で故郷の豊後にある多福寺の住持となり、その禅風は「持戒禅」と言われる。[40]一六四七年の五十九歳には、幕府の意向を担って長崎で排耶説法を行い、現場の記録として『興福寺筆記』を遺した。翌年に多福寺へ帰り、理論的な排耶論である『対治邪執論』を著し、六十一歳で亡くなった。

雪窓が長崎で排耶説法をした一六四七年は、清朝が北京に入った年であり、島原の乱の十年後、黄檗宗開祖の隠元隆琦が来日（一六五四年）する七年前にあたる。その前年には、明の遺臣である鄭芝龍による来援書翰が家光に届き、説法の直後には通商を願うポルトガル船の長崎来航と、それに対する九州諸大名の出兵が続いた。明朝崩壊と清朝建国の激動の中で、幕府は南蛮貿易の禁止とキリシタン禁制を厳しく進めていた。

幕府にとってキリシタンは、徒党を組んで国を奪うものとして捉えられており、その意向を担って長崎に赴いた雪窓に、失敗は許されなかった。排耶説法は二十三日間にわたって行われ、その折に雪窓が五戒（仏教徒の基本的な五つの戒。不殺生・不偸盗・不邪淫・不妄語・不飲酒）を授けた者は、二万一三〇〇人にのぼるという。[41]その後に雪窓は、中国から渡来した明僧に対して『臨済録』を講義した。

雪窓のキリシタン排撃は、現実の布教においては民衆への授戒であり、理論的には費隠通容の大道に依っている。まず戒を授けることは、平安時代からの滅罪授戒などの伝統があり、民衆にとっては呪術的な意味を持っていた。坐禅が不可能な民衆への授戒は、禅僧の有効な布教手段であり、戦国時代の禅宗は、授戒活動によって地方への勢力を拡大している(42)。

雪窓に即して、授戒の理由を見てみよう。戒を授けることがなぜキリシタンの排撃になるかと言えば、人々が宗教に求める後生の安楽は、戒に始まる現世の善行によって決定されるからである。彼の『興福寺筆記』は、次のように言う。

来生の苦楽は現身作業の善悪に由るを知らず。これに依て外に向て仏を求め、脚下の一大事を失却す。現世安穏を得ずして、何に因て後生善処の果有らんや(43)。

人々は、来世の苦楽は、現世の行為の善悪によって決まることを知らない。だからいたずらに外界に自己の拠り所を求め、自身を見失う。現世で安隠を得ずして、どうして後生の善き処があろうか、とする。現世と来世は、今の自身の行いのみが決める。そして人の善き行為は、五戒から始まるという。曰く、「仏は、初心者のために世間の五常〔仁・義・礼・智・信〕に類した五戒を教えて、後生で地獄・餓鬼・畜生に生まれることから救い、再び人として生まれる(44)」と。五戒によって「その身を治める」ことは、俗人にとっては「忠孝の道を行(45)」うことでもある。雪窓は、人が過去世の悪因によって現世にその報いを受けている場合には、読経や仏神への祈禱などで滅罪し、災難を消すことができるという。しかし、自ら行う今の悪業を消す方法はない。「現身の祈禱は持戒を以て最と為す」[46]、すなわち戒を守ることで善業を行うことが、この身で行う第一の祈禱である。雪窓が排耶の場において五戒を授けるのは、戒に促されて行う自身の善業こそ、人々が求める現世安隠と後生善処への唯一の道だからである。

次に、雪窓の排耶理論を見てみよう。民衆を相手とする『興福寺筆記』に対して、『対治邪執論』は、理論的なキリシタン批判になっている。その主たる内容は、キリシタンが仏法の剽窃であることの論証と、通容の主張した虚空の大道の提示である。雪窓は、通容の大道をどのように用いたか。

日本と中国の仏教とキリスト教は、お互いに同じような教え——死後の報いや倫理の勧めなど——については、剽窃の非難を繰り返した。明末のリッチは仏教の輪廻説をピタゴラスの剽窃とするが[47]、仏僧の雲棲袾宏は、天主は神々の一人である帝釈天にすぎないと応酬している[48]。キリスト教を古代インドにおける梵天外道（神の一人である梵天を万物の原因とする外道）の亜流として、天主・デウスを梵天や帝釈天とみなすことは、近代初頭までの仏教排耶論の定型の一つであった。

雪窓もデウスを梵天とするが、諸経典を証拠として引用する綿密な論証が、その特徴である。最初に、キリスト教の中国名である「天主教」という言葉が、『最勝王経』[49]にあることを示す。「世界の始めに、大梵天が生物を生じた」という『倶舎論頌疏』[50]などを証拠として、キリシタンは仏法の剽窃であるとする。それは「梵天王」を「泥烏《でう》須《す》」と改めた外道であって[51]、『楞厳《りょうごん》経』や『臨済録』に言う「天魔や悪僧が人々を惑わす」[52]ものである。雪窓は、無か有の邪見に偏するキリシタンに対して、聞き手の能力と理解に応じて説かれた仏法は、有無の定型にはなり得ないとしている。

大道については、事象の根源は何か、という形而上学的な問題となる。仏の教えの根源について、雪窓は引用と断らずに、通容の著作『原道闢邪説』から大道についての核心部分を書いている。雪窓は、おそらく説法直後の興福寺での明僧への講義の折に、通容の著作を入手したのではなかろうか。雪窓の引用は、『闢邪説』の冒頭「邪見の根源を掲ぐ」節から始まる。

〈喜〉利志徒[53]、妄りに無始無終に執して、天主の邪見の根源と為す。殊に知らず、この無始無終は、正にこれ吾が大道の元、亦これ吾が全真の旨なることを。且つこの全真の旨は人人具足し、……一道平等にして、浩然大均なり。[54]

「天主は、無始無終の普遍である」という執着が、キリシタンの邪見の根源である。彼らは、無始無終の普遍とは大道であり、個々人に内在する全真の旨であることを知らない。一つの大道は浩然として、あまねく行き渡っている、という。

この主張は、大道こそが始まりなく終わりなき普遍であり、人と天地事象に内在する世界の根源であるということである。続けて、キリシタンの天主は普遍ではあり得ないことが論じられる。なぜならば、天主が世界を創造し維持するものとすれば、天主の存在条件である世界が生まれる前には、主体である天主もあり得ないからである。さらに、天主が世界事象を生じる「最初始生の時[55]」を持つことは、無始無終であるべき天主のはたらきに「間・欠・滅・終[56]」を生じることになる。無始無終の普遍である天主が、有始有終の現象世界を生ずるのは、存在論的な矛盾である。

大道の性質を、通容と雪窓の両者の声として、改めて確認しておこう。

虚空に終始無く、世界も亦終始無し。衆生も亦終始無し。天地鬼神草木鳥獣、悉く終始無し。その終始起伏を覓むるも了に不可得。以て虚空・世界・一切衆生及び天地・鬼神・草木・鳥獣は、同時同際に前後を分かつこと無く、永久に常に存して熾んに生じ息まざることを顕す(57)。

虚空に終始はなく、虚空が包む世界・衆生・天地万物には終始はない。終わりや始まり、途中の盛衰を求めても得ることはできず、同時に常に存在し、盛んに生じて止まない、という。世界万象を包んで内在する虚空の大道が、彼らの普遍であった。

雪窓は、通容の著作から大道に関わる部分を抜き出して、自身の排耶論における形而上的な根拠として用いた。彼が明末仏教に発見したのは、それまで彼が言語化できていなかった普遍の概念、「吾が大道」である。雪窓は、「一経に依らず、諸法を捨てず、教中の無量の方便を用(58)」いる禅の方法を支える理論として、世界事象の根源である虚空の大道を見出したと言えよう。一方で、『対治邪執論』における綿密な論証から考えても、雪窓はキリシタンを仏法の剽窃と信じていたと思われる。デウスをあくまでも大梵天として具象的に理解する雪窓が、創造主宰する唯一神――根源としての有――の抽象性を、通容のように理解していたとは思われない。幕府の意向を担う排耶僧であった雪窓の目的と意志は、形而上の理論より形而下の現実にあり、眼前の人々の現世安穏と後生善処の祈りに応えることにあった。

四　おわりに

カトリック・キリスト教は、十六世紀初頭のヨーロッパにおけるプロテスタント勃興に対して立ち上がり、十六世紀半ばから東アジアへ布教にやってきた。布教の中心となったイエズス会は、高度の文明を持つと判断した東アジアでは、現地の文明に適応する布教戦略を採用する。

キリスト教を受け止めたのは、中国においては儒教であり、日本においては仏教だった。中国の知識人は、キリスト教における創造神（天主）と被造物の絶対的な峻別に対して、天地万物に通底する万物一体の理を主張した。中でも鋭く対立した仏教の禅僧は、自己内心と宇宙の原理である大道を提示する。臨済禅僧である密雲円悟は、外界に天主という絶対者を求めることは、自己内心の普遍性を放棄する自暴自棄であると批判した。

円悟の弟子である費隠通容は、無始無終である天主が有始有終の事象を生み出すというのは、論理的に矛盾していると指摘する。さらに通容は、自己内心という個人を超えて、大道の宇宙観を説いた。大道は、虚空のようにすべてを包含すると同時に、すべてに深く内在しており、宇宙と自己は本来的に一体であるとする。その性質は、インド仏教以来の普遍性の象徴、虚空である。インドと中国の普遍概念を併せ持った虚空の大道は、日本禅僧に受け継がれた。

日本の臨済禅僧であった雪窓宗崔は、幕府の意向を担って長崎で排耶説法を行った。雪窓は、人々が求める現世安穏と後生善処は、今の自身の善き行いのみがもたらしうるものと考え、人の善き行為は五戒から始まるとして、説法の場で人々に戒を授けた。当時の授戒は、民衆にとって呪術的な意味を持っており、排耶としての授戒は成功した。その一年後に、雪窓はキリシタン批判の理論書を書いた。そこではキリシタンが仏法の剽窃であることを示した後に、授戒などの禅の方法を支える原理として、世界事象の根源である虚空の大道を提示する。

中国の通容によって、天主に対置された遍在する大道は、日本の雪窓を理論的に支える役割を果たした。中国仏教における形而上的なキリスト教批判は、日本仏教において宗教的な実践となった。キリスト教を触媒としてあらわれた、狎《な》れた現実から鋭く屹立する抽象性と、一つ一つの生に寄り添おうとする具体性は、高く低く共鳴しながら、近世東アジア仏教の豊穣さを証左する。(59) 宗教思想史から見れば、唯一神を掲げるキリスト教は、大道によってゆるやかに包括される東アジアの宗教を認めることができず、仏教や儒教などの多数からなる人々の生活を否定することになったために、十八世紀初頭までに日中両国で厳禁されるに至ったと言えよう。

註

(1) 荒木見悟「『雲棲蓮池大師遺稿』外六部解題」(岡田武彦・荒木見悟主編『近世漢籍叢刊　思想四編六　雲棲蓮池大師遺稿外六部』中文出版社、一九八四年)、四～七頁など。
(2) 神田喜一郎「江戸時代の学僧たち」(『藝林談叢』法藏館、一九八一年)、二五三～二五四頁など。
(3) 大桑斉『日本近世の思想と仏教』(法藏館、一九八九年)、七頁など。
(4) アーサー・ライト『中国史における仏教』(木村隆一・小林俊孝訳、第三文明社、一九八〇年)、三二～五一頁。
(5) 酒井忠夫『酒井忠夫著作集1　増補中国善書の研究　上』(国書刊行会、一九九九年)、二七一～二七三頁。
(6) 引野亨輔「近世日本の書物知と仏教諸宗」(『史学研究』二四四号、二〇〇四年)、三～五頁。
(7) 近世仏教の文化的多様性は、末木文美士『近世の仏教――華ひらく思想と文化』(吉川弘文館、二〇一〇年)。仏教思想の一応の通史は、西村玲「教学の進展と仏教改革運動」(末木文美士ほか編『新アジア仏教史13　日本Ⅲ　民衆仏教の定着』佼成出版社、二〇一〇年)、一八四～二二八頁〔本書所収〕。

(8) 東アジアキリスト教の大きな流れは、岡本さえ「東アジアキリスト教のベクトル」(『中国21』二八号、二〇〇七年)、三七頁。十六〜十八世紀には、日本から始まるローマ・カトリック教会による諸教団の布教であり、十九世紀以降はプロテスタント各派による布教となる。

(9) 神田千里は、この時期を指して「キリスト教は、かつてないほど排他的になった時代に日本に伝えられて来た」と言う。神田千里『宗教で読む戦国時代』(講談社、二〇一〇年)、二一八頁。

(10) 儒教と仏教という受容主体の違いは、中国ではキリスト教を「天主教」として儒教語による訳語主義が採用されたのに対して、日本では「キリシタン」とする原語主義が採用されて、仏教語の使用は断念されたことが、端的に示している。井出勝美『キリシタン思想史研究序説——日本人のキリスト教受容』(ぺりかん社、一九九五年)、一三三〜一三六頁。

(11) 後藤基巳『明清思想とキリスト教』(研文出版、一九七九年)、九八〜九九頁。天主教は一六五〇年には十五万人の信徒がいたという。

(12) 五野井隆史『日本キリシタン史の研究』(吉川弘文館、二〇〇二年)、九九頁。

(13) キリシタンは、当時の総人口一二〇〇万人の約三パーセントとなる(荒野泰典「江戸幕府と東アジア」〈同編『日本の時代史14　江戸幕府と東アジア』吉川弘文館、二〇〇三年〉、六一頁)。なお現代日本社会のキリスト教徒は、人口の一パーセント弱である。

(14) 近世における朝鮮布教は、日本・中国より遅れて、中国を経由して入っていったが振わなかったようだ。近代から現代までの韓国キリスト教の発展は興味深いが、十九世紀以後の展開として新たに考える必要がある。

(15) 以上の詳細は、註(12)五野井、前掲書、二二九〜二四〇頁、註(9)神田、前掲書、一五八〜一六五頁など。他宗派を攻撃するキリシタンは、諸宗派共存による宗教的平和と秩序の破壊につながるから禁じられた、という神田説は妥当と思われる。註(9)神田、前掲書、一九九〜二〇八頁など。

(16) 僧侶の藕益智旭(一五九九〜一六五五)は、出家前の儒者名を用いて儒教の立場から天主教批判の書『天学初徴』『天学再徴』を書いた。智旭は、天主への尊崇と儒教における君父への忠孝が矛盾背反することから、天主教は儒教ではなく、無父無君の邪説と結論する。註(11)後藤、前掲書、一〇五〜一二二頁。智旭の論旨については、播本崇史「天主教批判の論拠——『天学初徴』における考察」(『東洋大学大学院紀要』四五号、二〇〇八年)、二〇一〜一九二頁。
(17) 中国については、西村玲「虚空と天主——中国・明末仏教のキリスト教批判」(『宗教研究』三六六号、二〇一〇年)、二五〜二八頁(本書所収)。日本については、西村玲「近世仏教におけるキリシタン批判——雪窓宗崔を中心に」(『日本思想史学』四三号、二〇一一年)、七九〜八〇頁(本書所収)。
(18) 柴田篤「解説」(マテオ・リッチ著、柴田篤訳注『天主実義』東洋文庫、平凡社、二〇〇四年)、三一四〜三三七頁。
(19)『天主実義』(李之藻編『天学初函』理編所収、台湾学生書局、一九六五年)、上巻、七丁右。
(20) 同書、上巻、四八丁右。
(21) 同書、上巻、四七丁左。
(22)『弁天二説』(岡田武彦・荒木見悟主編『近世漢籍叢刊　思想四編一四　闢邪集/聖朝破邪集』中文出版社、一九八四年)、一一五一八頁。
(23)『弁天初説』(同書)、一一五一四頁。
(24) 詳しくは、前掲註(17)西村、前掲論文「虚空と天主」、三四〜四〇頁。
(25)『原道闢邪説』(註(22)岡田・荒木主編、前掲書)、一一五七三〜一一五七四頁。
(26) 同書、一一五七六頁。
(27) 同書、一一五八一〜一一五八二頁。通容は宇宙ではなく「世界」と言う。
(28) 同書、一一五七九〜一一五八〇頁。
(29) 柳田聖山『禅思想——その原型をあらう』(中公新書、一九七五年)、二一一頁。
(30)『原道闢邪説』(註(22)岡田・荒木主編、前掲書)、一一五八七頁。
(31) 同書、一一六〇四頁。
(32) 一六八三年以前の成立とされる。中村通夫・湯沢幸吉郎校訂『雑兵物語　おあむ物語』(岩波文庫、一九四三年、二九頁)。
(33) アビラ・ヒロン『日本王国記』(岩波書店、一九六五年)、六一〜六二頁。
(34) 一五五二年の書簡九六・四八節、同四九節。河野純徳訳『聖フランシスコ・ザビエル全書簡3』(東洋文庫、平凡社、一九九四年)、二〇一~二〇二頁。ザビエル書簡の出典は、通例に従って番号のみ記載する。
(35)『妙貞問答』(海老沢有道・井手勝美・岸野久編著『キリシタン教理書』教文館、一九九三年)、三〇〇頁。
(36)エヴォラ屏風文書内の日本文『日本ノカテキズモ』(註(35)海老沢ほか編著、前掲書)、二二六頁の四義。一五八六年にリスボアで刊行されたラテン文『日本ノカテキズモ』(家入敏光訳編『日本のカテキズモ』天理図書館、一九六九年)、九~一〇頁の四点。
(37)『妙貞問答』(註(35)海老沢ほか編著、前掲書)、三四二頁。
(38)たとえば、金地院崇伝の『伴天連追放之文』(一六一四年)や鈴木正三の『破吉利支丹』(一六四二年頃か)などである。海老沢有道は、日本の排耶論は全般に政治的なものであり「宗教論としての限界がある」と言う。海老沢有道『日本キリシタン史』(塙書房、一九九六年)、二二四頁。
(39)海老沢有道「解題 対治邪執論」(海老沢有道・H・チースリクほか校注『日本思想大系25 キリシタン書・排耶書』岩波書店、一九七〇年)、六四〇頁。
(40)竹貫元勝「修禅と禅風」(大桑斉編著『史料研究 雪窓宗崔——禅と国家とキリシタン』同朋舎出版、一九八四年)、三三五~三三六、三四七頁。
(41)長崎奉行に加えて、宗門改役の井上政重の支援もあったとされる。註(40)大桑編著、前掲書、三〇四~三一一頁。
(42)広瀬良弘『禅宗地方展開史の研究』(吉川弘文館、一九八八年)、四七六~四七八頁。
(43)『興福寺筆記』(註(40)大桑編著、前掲書)、八〇頁。
(44)同書、七六頁。
(45)一六四七年に在家信者に与えた偈「仏了自心而説治其身、故能令人行忠孝之道、是為現世安穏後生善処。……即授与三帰五戒了也」(「不昭禅師語録」〈註(40)大桑編著、前掲書〉、一三七頁)。
(46)『興福寺筆記』(註(40)大桑編著、前掲書)、八三頁。
(47)『天主実義』(註(19)前掲書)下巻、一丁左~二丁右。
(48)荒木見悟監修・宋明哲学研討会訳注『竹窓随筆』(中国書店、二〇〇七年)、四九三~九四頁。
(49)註(40)大桑編著、前掲書、八九~九〇頁。『金光明最勝王経』(大正蔵一六巻)、四四二頁上。
(50)註(40)大桑編著、前掲書、九〇頁。『倶舎論頌疏』(大正蔵四一巻)、八六五頁上。

(51) 註(40)大桑編著、前掲書、九二頁。

(52) 註(40)大桑編著、前掲書、九二～九三頁。『楞厳経』(大正蔵一九巻)、一五〇頁上。『臨済録』(大正蔵四七巻)、四九七頁下。

(53) 〈喜〉は註(40)大桑編著、前掲書での補足、一〇一頁。『対治邪執論』の「喜利志徒」は、『原道闢邪説』では、「利瑪竇」(マテオ・リッチの中国名)である。

(54) 『原道闢邪説』(註(22)岡田・荒木主編、前掲書)、一一五七三～一一五七四頁。

(55) 註(40)大桑編著、前掲書、一〇三頁。『原道闢邪説』(註(22)岡田・荒木主編、前掲書)、一一五八六頁。

(56) 註(40)大桑編著、前掲書、一〇三頁。『原道闢邪説』(註(22)岡田・荒木主編、前掲書)、一一五八七頁。

(57) 註(40)大桑編著、前掲書、一〇二～一〇三頁。『原道闢邪説』(註(22)岡田・荒木主編、前掲書)、一一五八〇頁。

(58) 『興福寺筆記』(註(40)大桑編著、前掲書)、七二頁。

(59) この時代の日本と中国の儒学について、荒木見悟は、同じく朱子学を批判する点で中国陽明学と日本儒学の古学派を比較して、陽明学の「灼熱的生命充足感」を説く(荒木見悟「朱子学の哲学的性格――日本儒学解明のための視点設定」〈荒木見悟・井上忠校注『日本思想大系34　貝原益軒・室鳩巣』岩波書店、一九七〇年〉、四六六頁)。これに対して、日野龍夫は、日本儒学を「現実に適応した規範を求める思想」であり「静かな形で主体性がはぐくまれていた」と説明する(日野龍夫「儒学思想論」〈『日野龍夫著作集第一巻　江戸の儒学』ぺりかん社、二〇〇五年、初出は一九八一年〉、引用は順に一二頁、一〇頁)。両者の分析は、同時代の仏教思想にもある程度共通すると思われる。

明末の不殺放生思想の日本受容
——雲棲袾宏と江戸仏教——

一　はじめに

日本仏教の思想史は、祖師を輩出した古代から中世を中心として描かれ、その後の歴史的な変容は、概して研究されてこなかったと言えるだろう。しかし近世における仏教は、日本特有の寺檀制度によって全国民に広く深く浸透し、日本は十六世紀以後の東アジアにおける唯一の仏教国となった。近世仏教の思想は、ヨーロッパからのキリスト教や、中国の明末仏教と深く関わりながら、近世的変容を遂げる。さまざまな思想が魅力的に展開していた江戸時代において、仏教思想もまた豊かに変容していた(1)。たとえば近世の出版物における仏書の出版は近世初頭の学林から始まって、近世前期の黄檗僧による大蔵経の出版によってさらに隆盛となり、近世後期に至るまで各種出版物の首位を占めていることは、その証明の一つである。

日本人が一五〇年にわたる戦国乱世をようやく終えて元和偃武の和平を迎えた時代、いわゆるパックス・トクガワーナ（徳川の平和）と言われる江戸時代に、仏教が求められたことは、その平和と繁栄を支える思想的土台の一つとなることであった。近世の仏教思想は寺檀制度と本末制度を現実の基盤としながら、時代の要請に応えて三教一致の明末仏教を取り入れて民衆化し、近世社会で普遍化していった。本論では、十七世紀日本の仏教者たちが明末仏教をどのように取り入れていったのか、その一端を考察する。

また近年では、宗教学を中心として近代仏教の研究が飛躍的に進んでいる。清沢満之《きよざわまんし》の精神主義をゴールとする従来の単線的な近代仏教史観は見直されて、近代知識人と仏教思想の関わりが、さまざまな側面から明らかにされつつある。膨大な近代資料についての基礎研究も、徐々に緒に就き始めた。廃仏毀釈と神仏分離を乗り越えた日本の仏教は、近代西欧の啓蒙思想に出会い、僧侶の肉食妻帯は教団下部から徐々にひろがった(2)。平塚らいてうは、臨済禅を女の目覚めの起爆剤とした(3)。大乗仏教の思想は天皇主義の一端を形成し(4)、知識人たちは『歎異抄』や『正法眼蔵随聞記』を心の支えとして、アジアの戦場に持っていった。アメリカやヨーロッパで、仏教はキリスト教の代替として注目され、西欧へ新たな普遍的価値観をもたらした(5)。

こうした多様な側面が明らかになる一方で、末木文美士が指摘するように(6)、近代仏教の研究は近代のみで語られることが多い。そのために社会史・政治史的な研究が中心となり、その思想については、当時輸入されたヨーロッパ近代仏教学だけで理解されがちである。言うまでもなく、近代仏教学は近代仏教を形成した重要な要因の一つであるが、それと同時に、前近代からの仏教思想が近代仏教を根底で支える大きな潮流であった。近代以後の日本仏教が「土着と近代(7)」あるいは「生活と学問(8)」といった、前近代と近代の二元性によって成り立つことは、すでに論じられている。その二元性を特徴とする私たちの近代は、夏目漱石の言うように「事実やむをえない、涙を呑んで上滑りに滑って(9)」きた歴史である。その深い亀裂は私たちの魂に及んで、さらに深くひろがり続ける。

日本仏教において、近代を支える前近代の思想とは何だったか。徳川の平和を支えた思想の一つである近世の仏教は、思想的にも制度的にも近代以後の日本仏教の土台であると同時に、現代の私たちの宗教と倫理の基礎を形づくった思想の一つである。その光と影は、今もなお続く寺檀制度が、鮮やかに映し出す。日本近世仏教の研究は、中世と近代の仏教との内的関連を踏まえながら、東アジア仏教思想史として進められる必要がある。

本論では、こうした視点から、日本近世に行われた不殺生と放生思想について考えたい。放生とは、生物を殺すことを禁じる不殺生の実践として、捕らえた鳥獣魚類を放ち生かすことである。仏教における放生思想は、『金光明経』や『梵網経』をもととしており、中国では儒教や道教を取り入れながら発展した。日本でも古代より八幡宮による放生の神託を大きな根拠の一つとして、寺社の池に亀や魚類を放す放生会が行われてきた

近世における放生は、近世初頭に輸入された明末仏教を契機として、黄檗禅の流行とともにひろまったと考えられる。神・儒・仏の三教一致の教えの実行として広く行われ、明治時代になっても放生会を行う貯徳会などの結社が存在している。その思想的根拠となったのは、明末高僧の一人である雲棲袾宏（一五三五～一六一五）の著作であった。袾宏は、生涯を通じて不殺生を宣揚し、一般向けの『戒殺放生文』（著作年代不明）と『自知録』（万暦三十二年〈一六〇四〉、袾宏七十歳の著か）の二著を著した。『自知録』は、いわゆる善書であり、自らの善悪の行為を点数化して自省を促す功過《こうか》格《かく》である。どちらも一六〇〇年代半ばまでに日本に輸入されて、明治期に至るまで注釈書や関連書が出版された。本論では、明末における袾宏の不殺生と放生思想を確認し、それが日本へどのように輸入され、出版されたかについて紹介したい。

二　雲棲袾宏の不殺生放生思想

明代（一三六八～一六四四）には、太祖の宗教政策を反映して、儒教を中心とする三教（儒教・仏教・道教）一致が盛んとなった[10]。明末の袾宏は、民衆との結びつきを強く持つ改革派新仏教の一人である。袾宏は、仏教を中心と

する三教一致を説き、仏教内部では浄土・戒律・禅の一致を説いた。華厳教学を基盤とする念仏思想を中心として、戒律復興を行った[11]。その穏和な風は、清代に入ってからさらに顕彰され、高僧として今も不動の位置を保っている。

荒木見悟は、袾宏の総合的な基礎研究を行い、袾宏が明末社会において盛んであった過激な禅や陽明学左派に反論し、後代まで尊敬されたことを明らかにした[12]。荒木は、袾宏の不殺生の勧めは外面的な社会倫理であって社会改革の実践を欠くと批判するが、これについては、仏教からの内面的理解が必要と思われる。

道端良秀は、中国仏教における不殺生と肉食禁止の原理を明らかにした。それは、『梵網経』にある肉食を禁止し放生を勧める、次の文を根拠とする。

若仏子、故食肉一切肉不得食、夫食肉者断大慈悲仏性種子。

（『梵網経』三食肉戒）[13]

若仏子、以慈心故行放生業。一切男子是我父。一切女人是我母。我生生無不従之受生。故六道衆生皆是我父母。而殺而食者、即殺我父母、亦殺我故身。一切地水是我先身。一切火風是我本体。

（『梵網経』二十不行放救戒）[14]

眼前の動物は、六道を輪廻する衆生であって、かつての父母であり我が身である。動物や魚虫を殺して食べるのは、父母を殺して食べることと同じであり、大慈悲の仏性種子を断つことである、とされる。すなわち、中国における不殺生の原理とは、インド由来の六道輪廻と、中国社会で絶対視される孝の思想が一体化したものである[15]。

袾宏は、その原理を最も体現した一人である。袾宏は、いまだ俗人であった若年時から動物を祭祀の犠牲とすることを止めている。不殺生は彼の畢生の信念であり、僧侶のみならず俗人に対しても、「殺事は天に逆い理に悖《もと》れば、即ち是れ不孝不順なり[16]」と、肉食を誡める。また二つの寺に放生池をつくって[17]、「此の放生は即ち是れ常住不易の法なり[18]」とした。当時、袾宏の放生会は有名であり、参加する知識人も多かったという[19]。

晩年の随筆である『竹窓随筆』を見てみよう。袾宏は、儒教の立場からは孔子と孟子に拠って、「人にして仁ならざれば、これ尚お人為るを得んや[20]」として、仁心を持つ人である限り、殺生肉食は許されないとする[21]。人が生きるためには菜食で十分であるにもかかわらず、肉を食べることは「天下の凶心、惨心、毒心、悪心」であると言う[22]。仏教の不殺生の原理は、次のように言われる。ある人が「人の為す最大の悪とは何か」と尋ねた。袾宏が、「殺生より大きな悪はない」と答えると、その人は「殺した動物の肉が台所に一杯になるのは、日常茶飯である。どうして殺生を悪と言えようか、まして最大の悪であり得ようか」と反論した。これに対して袾宏は、経に「生物は、過去無限の生における父母である」と書いてあり、生物を殺すことは、過去世の父母を殺すことを意味する、と言う。一般に親殺しの極悪人とされる阿闍世や楊広（隋の煬帝）でさえ、今生における父母を殺しただけである。しかし、若い時から老年まで、人がその一生に大量の動物を殺すことは、過去世における無数の父母を殺すことであり、その罪は阿闍世らをはるかに超えて計り知れない、という[23]。

さらに袾宏は、人を延命させる医薬のために、動物を犠牲にすることを批判する。

夫殺生以滋口腹、誠為不可。損物命而全人命、宜若無罪焉。不知貴人賤畜、常情則然。而非諸仏・菩薩平等之心也。殺一命、活一命、仁者不為。而況死生分定、未必其能活乎。則徒増寃報耳。抱病者熟思之。業医者熟思之[24]。

殺生と肉食は、誠に許されない。とはいえ、たとえば医者が人の命を救う薬を得るために動物を殺すことは、世間では罪がないように思われている。しかしそれは、仏菩薩の平等の心ではない。仁者は、一つの命のために他の命を犠牲にしない。ましてや人の生死は定まっているのであり、生物を犠牲にしても、その人が必ず生き延びると決まっているわけではない。来世での報いを考えれば、今生のわずかな延命のために動物を殺すことは、次の生における無益な悪報を増すことになる。病人と医者は、このことをよくよく考えよ、と言う。

袾宏にとって、死よりも恐るべきは、延命のための殺生によって、魂が来世以後に背負う負債である。その認識の枠組みは、今ここの肉体と生命だけではない。無限の過去世から未来世までを生きていく自分であり、六道を巡る自分である。三世と六道を巡る実感においては、今生の延命のための殺生は未来の重い負債となるばかりである。袾宏は、人や鳥獣魚虫が生まれ変わる多くの実話を、六道輪廻の証拠として繰り返し説き続けた。彼は、「儒・道は今世を談ずるに止まるも、仏法は乃ち前身（前世の身）を論ず」[25]と言う。不殺生の思想は、現世一生の閉塞から無限の過去世と未来世へ、人の現身から六道の多種多様な存在へと、魂をひらく原理である。

では袾宏の思想は、日本にどのように伝わったのか。日本における袾宏著作の受容と流布の過程を見ていこう。

三　日本近世における袾宏著作の受容

酒井忠夫は、その善書の研究において、日本中世から近世前期にかけての漢籍受容の内容とその時期を論じた[26]。それによれば、鎌倉・室町時代には、詩文などの宋学が入り、室町末期には朱子学が受容されるようになった。秀吉の文禄・慶長の役（一五九二、一五九七年）により、活字印刷をはじめとする朝鮮文化が輸入され、その後の出版文化の隆盛につながっていった。近世前半の漢籍受容は、おおむね二期にわけられる。

第一期は、国内が安定する一六〇〇年代前半、慶長（一五九六～一六一五）・元和（一六一五～一六二四）の頃である。それまで輸入が滞っていた明代以降の陽明学などの新儒学や、袾宏をはじめとする明末の新仏教、三教一致を説く書籍が輸入され始めた。しかしこの段階ではいわば紹介にとどまり、広く受容されるには至らなかったとされる。

第二期は、隠元隆琦（一五九二～一六七三。一六五四年来日）や朱舜水（一六〇〇～一六八二。一六五九年来日）の渡来を契機として、貞享（一六八四～一六八八）・元禄（一六八八～一七〇四）の一六〇〇年代後期である。人々は、戦国時代がようやく終わったことを実感しつつあり、社会は清新な空気にあふれていた。この時期以後に、黄檗僧や明朝亡命者らが持ち来った書籍の出版が日本で本格化し、明末の文化と学問が近世社会にひろまった。仏教における明末文化の受容は、鉄眼道光（一六三〇～一六八二）が全国を募金行脚して、隠元が保持していた明版大蔵経（嘉興蔵）を出版したことに代表される。天和元年（一六八一）に完成した大蔵経は、日本全国に普及した(27)。酒井は、明末文化が広く日本に受容された理由は、江戸初期と明末清初の社会がともに民衆的地盤を持っていたからである、とする(28)。当時輸入された袾宏の思想も、その潮流の一環として考える必要がある。

ここでは、『戒殺放生文』と『自知録』の二書についての日本の関連書について、袾宏の著作年、それらが日本で出版された年（和刻本）、関連書の出版年を、現時点の仮報告として示しておきたい(29)。

袾宏の和刻本は、すべて第二期の十七世紀後半、隠元渡来以後に出版される。『自知録』と『戒殺放生文』の二書が、近世を通じて多くの関連書の出版を生んでいることがわかる。注目すべきは、近世戒律運動の中心人物であった浄土宗捨世僧の忍澂（一六四五～一七一一）と真言律僧の諦忍《たいにん》（一七〇五～一七八六）が、袾宏本の出版流布

明末・袾宏著作／日本・和刻本

題目	袾宏年齢	著作年	日本出版年	備考
僧訓日記	不明	不明	一六六〇（万治三）	
			一八七〇（明治三）	版木焼失のために、浄土宗泰成の重刻
緇門崇行録	五十一歳	一五八五（万暦十三）	一六六一（寛文一）	芝・宝松院
			一八五八（安政五）	重刻
自知録	七十歳	一六〇四（万暦三十二）	一六六〇（万治三）	
			一七〇一（元禄十四）	『陰隲録』と併せて、忍澂が二録を再版。出版経緯について、忍澂の跋文あり。これ以後、広く流布。
戒殺放生文	不明	一五八四（万暦十二）以前	一六六一（寛文一）	黄檗隠元の「勸放生」「勸戒殺」の二偈と跋文あり

日本・関連書

題目	年代	著者など	備考
僧訓日記尋枝録	一八七〇（明治三）	註解：能仁義道	二冊
緇門崇行録講説	一八九一（明治二十四）	講義：松濤泰成　校閲：福田行誡	五冊
積善春草吟	一七〇八（宝永五）		
和字功過自知録	一七七六（安永五）		
和字功過自知録	一八九〇（明治二十三）	異本か？	一冊
戒殺放生物語	一六六四（寛文四）	浅井了意	仮名草子集成一三
戒殺放生文纂解	一六八一（天和元）	円鏡	二冊
戒殺放生文篇	一六九三（元禄六）	独庵玄光	

竹窓随筆	八十歳まで	一六一五（万暦四十三）	一六五三（承応二）	黄檗隠元、渡来の前年

戒殺放生話解	一七四四（延享一）	善積	
放生功徳集	一七八三（天明三）	慈周	
放生指南車（事カ）	一七八三（天明三）	諦忍妙龍	諦忍律師研究・上
放生手引草	一七八四（天明四）	諦忍妙龍	大日本風教叢書九・一〇
放生報応集	一八〇六（文化三）	在禅	
放生歓喜草	一八一三（文化十三）	純称	大日本風教叢書九・一〇
竹窓随筆和解	一八八四（明治十七）	笠間龍跳	訓読

（注）日中両国にわたるために、年号は正暦（元号）表記とする。

に大きな役割を果たしていることである。諦忍については川口高風の詳細な研究に譲り[30]、ここでは忍澂を紹介したい。

忍澂は、正保二年（一六四五）から正徳元年（一七一一）を生きた浄土宗の捨世僧（檀林体制を離脱して個人で修行する僧侶）である。鉄眼版大蔵経と高麗大蔵経を対校した功績で名高い。法然の研究も行っており、近世宗学の端緒を拓いた一人である。若年時に律院に入ろうとした忍澂は、鹿ケ谷の法然院を念仏道場として再興し、浄土律の開始に大きな役割を果たした。黄檗宗の独湛性《どくたんしょう》瑩《けい》（一六二八～一七〇六。黄檗山第四代住持）と親交して、大蔵経対校の折には独湛の力を借りている。大陸からの新しい仏教を取り入れて、近世の仏教をつくり出していった一人である。

『自知録』に付けられた、忍澂の跋を見ておきたい。(31)跋によれば、忍澂はかつて袾宏の『自知録』を見ていたが、「信ぜずには非ざれども、未だ行ずるに及ば」なかった。後に明代善書を読み、「積徳立命の学」のためには『自知録』を行わねばならないことを知って、世にひろめようとしたが、「積徳立命」の出典がわからないために、独湛を訪ねた。

独湛は、その出典は、「豁《はる》かに儒・釈一貫の眼目を開いて、深く天地鬼神の際に達する」中国儒者である袁黄《えんこう》の功過格『陰隲録《いんしつろく》』であることを教えた。さらに「中国の僧侶も儒者も、『陰隲録』と『自知録』の二録を競って出版し、家々に置いているから、子供でもよくこの二書を知っている」と語る。独湛から、日本で二書を出版しようと思ったができなかったことを聞いた忍澂は、自ら改めて出版を決意する。独湛は、喜んで「浄土の袾宏は、必ずや首肯せん」と序を書いた。(32)忍澂の跋は、以下のように終わる。

細読全篇〔自知録・陰隲録〕、喜不自勝。益信人間不可無此二録矣。遂強病点之、捨資刊行。於戯、以此従家伝家、従国伝国、而俾天下人戦兢惕厲、造於止悪修善之域、則匪止行此者変禍成福、転夭得寿、亦豈容不以此曰固導乎政道之小補、且厳乎来報之助業也哉。

元禄辛巳二月十八日　獅子谷沙門忍澂書(33)

独湛からこの二書を得て、細かに読んで喜びに堪えず、ますます社会に必要と信じるに至った。そうして病を押して訓点を打ち、資財を捨てて刊行した。家に伝え国に伝えて、天下の人々が恐れ謹んで、悪を止め善を修めれば、その人の禍を福とし延命するのみならず、政道を導く助けともなり、来世の報いを飾る助けともなろう、と結ぶ。また「この二録は暴強の者を恥じ入らせ、心を治し性を繕う。雨が枯草を癒すようなもの」であり「生民に大益有」るから出版するのだ、とも述べており[34]、その志がうかがえよう。

忍澂は、石清水八幡宮の神官とともに毎月放生会を行い、人々から施しを得ると魚鳥の放生を行った[35]。忍澂は、その死にあたって「諸の衆生と共に、同じく極楽に往き、往き已れば即ち還る。還り已れば即ち往きて、利益前の如し。往還、窮まり無し」と、極楽と娑婆苦界との往還無窮を誓った人である[36]。跋文の「人間にこの二録無かるべからざるを信ず」という言葉からは、新しい思想に出会った喜びと、時代を先駆ける確信的な使命感が伝わってくる。この心性は、鉄眼にも共通するものであったろう。明末の文化と宗教は、このような人と志によって、日本社会に伝えられ、ひろめられたものと思われる。

四　おわりに

中国仏教の不殺放生思想は、『梵網経』を根拠として、インド由来の六道輪廻と、中国社会の孝思想が一体化したものである。明末新仏教を支えた一人である雲棲袾宏の不殺生と放生思想は、その一般向けの善書である『戒殺放生文』と功過格『自知録』を中心として、日本近世に大きな影響を及ぼした。中国で一六〇〇年前後に出版された袾宏著作は、一六〇〇年代半ばには日本で出版された。その後は明治時代に至るまで重版されるとともに、関連の著作が数多く刊行された。

袾宏の著作の出版と普及に、まず大きな役割を果したのは、近世戒律運動を進めた二人、浄土僧の忍澂と真言律僧の諦忍である。忍澂は、法然伝を研究して法然院を念仏道場として再興し、黄檗僧と親交を持ち、鉄眼版大蔵経の対校を行った。忍澂が『自知録』を出版するにあたっては、黄檗宗の独湛からの教示によっており、その跋には新しい思想に出会った喜びと使命感がうかがわれる。

これらのことから、袾宏の不殺生思想は、まずは律僧らに受け入れられたと思われる。袾宏は、蚕を殺してつくる絹の禁止を呼びかけており、『自知録』でも養蚕業の廃止を五善とする。[37] 僧侶の絹禁止は、唐代の道宣を直接の論拠とする。日本中世前期の律僧においても問題となっているが、中世後期には戦乱の中で忘れられていたようだ。禁絹の議論と実行は、江戸から明治までの近世律僧において再燃するが、[38] これは袾宏の著作が契機となったのではないかと推測される。

近世前期における明末仏教の重要性は、つとに述べられており、[39] たとえばキリシタン批判の排耶説法を行った日本禅僧は、明末禅僧のキリスト教批判をそのまま援用している。[40] 鎖国が進んでいく中でも、明朝滅亡を背景として、少なくとも十七世紀の段階では、日中両国の距離は、精神的にも物理的にも、想像以上に近かった。明末仏教を受容したのは、長い戦乱の世を経て新しい仏教を立ち上げようとしていた日本僧たち、まずは禅僧と律僧が、その担い手ではなかったか。これからの課題として、提出しておきたい。

註

（1）近世仏教思想の一応の通史は、西村玲「教学の進展と仏教改革運動」（末木文美士ほか編『新アジア仏教史13 日本Ⅲ　民衆仏教の定着』佼成出版社、二〇一〇年）、一八四〜二二八頁〔本書所収〕。

（2）Jaffe, Richard. 2001. *Neither Monk Nor Layman*. New Jersey: Princeton University Press. pp. 148-164.

（3）末木文美士「女性の目ざめと禅——平塚らいてう」（『他者・死者たちの近代　近代日本の思想・再考Ⅲ』トラン

スビュー、二〇一〇年）、二七三～二九四頁。らいてうは、今北洪川の『禅海一瀾』をきっかけに参禅し二十歳で見性した。八十歳を超えてベトナム戦争反対運動を行い、死の前年の八十四歳には安保反対のデモ行進に加わっている。

（4）末木文美士「天皇主義と仏教」（註（3）末木、前掲書）、七七～九七頁など。

（5）ヨーロッパは、フレデリック・ルノワール『仏教と西洋の出会い』（今枝由郎・富樫瓔子訳、トランスビュー、二〇一〇年）。アメリカは、Tweed, Thomas. 1992. *The American Encounter with Buddhism, 1844–1912: Victorian Culture and the Limits of Dissent*. Bollmington, Indiana University Press. 近代仏教全般は、McMahan, David. 2008. *The Making of Buddhist Modernism*. New York, Oxford University Press.

（6）末木文美士「序章　思想史の深層」（註（3）末木、前掲書）、一四～一七頁。

（7）末木文美士『明治思想家論　近代日本の思想・再考Ⅰ』（トランスビュー、二〇〇四年）、四〇～四二頁。

（8）下田正弘「生活世界の復権――新たなる仏教学の地平へ」（『宗教研究』三三三号、二〇〇二年）、二二一～二三三頁など。

（9）夏目漱石「現代日本の開化」（『夏目漱石全集10』ちくま文庫、一九八八年）、五五八頁。筑摩全集類聚版夏目漱石全集を底本とする。

（10）酒井忠夫『酒井忠夫著作集1　増補中国善書の研究　上』（国書刊行会、一九九九年）、二七二～二七三頁。

（11）袾宏の禅については、野口善敬「解説」（荒木見悟監修、宋明哲学研討会訳注『竹窓随筆』中国書店、二〇〇七年）、五三二～五四二頁。禅浄一致については、同「禅浄一致に関する一考察」（『元代禅宗史研究』禅文化研究所、二〇〇五年）、三四六～三六一頁。

（12）荒木見悟『雲棲袾宏の研究』（大蔵出版、一九八五年）が、総合的な研究である。袾宏が社会的には消極的であった事実は、同『仏教と陽明学』（第三文明社、一九七九年）、一二二～一三四頁。袾宏の不殺生の思想については、同「戒殺放生思想の発展」（『陽明学の展開と仏教』研文出版、一九八四年）、二二五～二二九頁。

（13）『梵網経』巻下（大正蔵二四巻）、一〇〇五頁中。

（14）同書、一〇〇六頁中。

（15）道端良秀「放生思想と断肉食」（『中国仏教思想史の研究――中国民衆の仏教受容』平楽寺書店、一九七九年）、

二二八～二三〇頁。さらに袾宏の『戒殺放生文』を詳細に紹介したうえで、それが日本に及ぼした影響が多大であることを指摘する（同、二七一頁）。
(16)『梵網経心地戒品菩薩戒義疏発隠』（以下『義疏発隠』）（『新纂大日本続蔵経』二八巻）、一六六頁中。
(17)「山房雑録」（岡田武彦・荒木見悟主編『近世漢籍叢刊　思想四編六　雲棲蓮池大師遺稿外六部』中文出版社、一九八四年）、四七五七～四七六三頁。
(18)『義疏発隠』（『新纂大日本続蔵経』二八巻）、一九二頁上。
(19)註(10)酒井、前掲書、二九五頁。
(20)註(11)前掲書、「殺生非人所為」、三四五～三四六頁。
(21)同書、「人不宜食衆生肉」、四六三～四六四頁。
(22)同書、「戒殺」、七一頁。
(23)同書、「殺生人世大悪」、三四一～三四二頁。
(24)同書、「医戒殺生」、二八五頁。
(25)『義疏発隠』（『新纂大日本続蔵経』二八巻）、一九一頁下。
(26)酒井忠夫「江戸時代の日本文化に及ぼせる中国善書の影響並びに流通」（『酒井忠夫著作集2　増補中国善書の研究　下』国書刊行会、二〇〇〇年）、三三六～三三八頁。
(27)渡辺麻里子「黄檗版大蔵経」（註(1)末木ほか編、前掲書）、二三〇～二三四頁。
(28)註(26)酒井、前掲書、三五四頁。
(29)作業途中の不完全なものであり、大方のご教示を請う。註(10)酒井、前掲書、註(26)酒井、前掲書、荒木見悟「解題」（註(17)岡田・荒木主編、前掲書）、川口高風「諦忍の放生思想」（『諦忍律師研究　上』法藏館、一九九五年）などを参考とした。
(30)諦忍については、川口高風『諦忍律師研究　上・下』（法藏館、一九九五年）を参照。
(31)註(17)岡田・荒木主編、前掲書、五一二一～五一二三頁。忍澂の跋は、善書が日本に受容される過程を示す貴重な記録とされる。註(26)酒井、前掲書、三三五～三三七頁。
(32)『獅谷白蓮社忍澂和尚行業記』（『浄土宗全書』一八巻）、三三三頁上。

(33) 忍澂跋(註(17)岡田・荒木主編、前掲書)、五一二二~五一二三頁。〔 〕内は西村註。

(34) 『獅谷白蓮社忍澂和尚行業記』(註(32)前掲書)、三三頁上。

(35) 同書、三四頁下。

(36) 同書、四〇頁下。

(37) 『自知録』(元禄十四年版)、(註(17)岡田・荒木主編、前掲書)、五〇七一頁。

(38) 近世禁絹論については、西村玲『近世仏教思想の独創――僧侶普寂の思想と実践』(トランスビュー、二〇〇八年)、一七七~一二三頁。

(39) 辻善之助『日本仏教史』第九巻(岩波書店、一九五四年)、第十二~十三節。大桑斉『日本近世の思想と仏教』(法藏館、一九八九年)、七頁など。

(40) 西村玲「近世仏教におけるキリシタン批判――雪窓宗崔を中心に」(『日本思想史学』四三号、二〇一一年)、八七~九〇頁〔本書所収〕。

第Ⅲ部

キリシタンと仏教

近世思想史上の『妙貞問答』

一　はじめに

キリスト教の伝来は、十六世紀以後の東アジア思想史における大きなトピックの一つである。東アジアにもたらされたキリスト教は、大きくわければ十六～十七世紀にはカトリックが、十九世紀以降にはプロテスタントが中心となった[1]。天文十八年（一五四九）に日本から始まったカトリック・キリスト教の布教は、キリシタン禁教を目的とする日本の寺檀制度の触媒となり、中国には天文学や砲術などの科学技術をもたらして、この地域における近代の始まりを告げる兆しとなった。朝鮮には豊臣秀吉の朝鮮出兵（一五九二、一五九七年）の折に、日本からイエズス会宣教師が渡って布教を行ったが、その後は十八世紀末まで途絶えている[2]。ここでは研究が進んでいる日本と中国を対象として、『妙貞問答』をめぐる思想史の研究状況について紹介し、宗教思想史の立場から当時の状況を考察したい。

日本と中国において思想的にキリスト教を受け止めたのは、両者に包括的にひろがっていた「天」の意識を基盤としたそれぞれの思想界の主流であった。日本では仏教であり、中国では儒教である。近世思想史における『妙貞問答』を理解するためには、当事者であったヨーロッパ・日本・中国それぞれの思想状況を視野に入れておく必要があるだろう。

以下では、日本思想史における『妙貞問答』（慶長十年〈一六〇五〉）研究を進めることを目的として、『妙貞問答』とハビアン（一五六五～一六二一）をめぐる思想史研究の大きな流れを紹介する。次に、東アジアへのキリスト教布教をめぐるヨーロッパ・日本・中国の三者の思想状況を見たい。日中両国で最終的には禁教に至ったにせよ、イエズス会の卓抜した戦略が、まったくの異文化である仏教・儒教圏における布教を一時可能にした。キリスト教を媒介として、東アジアの宗教性がそれぞれの文化でどのようにあらわれたのかについて考察したい。

二　ハビアン『妙貞問答』研究の流れ

『妙貞問答』が発見されたのは、大正六年（一九一七）である。[3] それ以後、国語学の新村出や、日本思想史学の村岡典嗣、宗教学の姉崎正治らによって、ハビアンの排耶書『破提宇子《はだいうす》』とともに研究が進められ、ハビアンの思想や伝記が明らかにされていった。現在の『妙貞問答』研究が多分野にわたって進められているのは、このような研究史を反映している。第二次大戦後には、戦後のキリシタン学を拓いた海老沢有道が、『妙貞問答』とハビアン研究を精力的に進めた。海老沢は、転宗と脱宗を重ねたハビアンに宗教的な深まりはなかったとしながらも、村岡のハビアン理解を踏襲して、ハビアンには合理的・批判的な近世的精神があらわれる、と高く評価している。[4]

こうしたアカデミックな研究と同時に、大正時代の芥川龍之介に始まる知識人からのハビアン論もある。戦後には、評論家の山本七平（ペンネームはイザヤ・ベンダサン[5]）や、遠藤周作などのクリスチャン作家がハビアンを論じて[6]、「才子ハビアン」の一般的イメージを形成した。山本らの仕事は、ハビアン自身について論じたというよりも、ハビアンに託して戦中戦後の思想的な矛盾を生きる知識人の自己像を描き出したものと言えよう。

一九七二年、西田長男によって仏教を破する『妙貞問答』上巻が発見されて、中巻と下巻とともに全容が知られるようになり、一九九三年には、『妙貞問答』すべての本文が注釈をつけて刊行された。[7]キリシタン史を専攻する井手勝美は、『妙貞問答』の校訂・校注作業を行いつつ、キリシタン思想史における画期的な研究を進めた。[8]その主著『キリシタン思想史研究序説』は、イエズス会の布教方針である現地適応主義がどのように日本に適用されたかについて、同時代の中国布教と比較しつつ明らかにしている。井手は世界史的な状況を踏まえながら、現地適応主義から生まれた『妙貞問答』を分析することによって、ハビアンをキリシタン思想史上に位置づけた。東アジア布教では、唯一の創造主宰者という人格神の概念が強力に説かれる一方で、信仰の核心である救い手のイエスにはさほど言及されないことが、従来より指摘されていた。井手はその理由を、本格的な宣教の準備段階であったからと説明する。井手は、キリシタン思想史における日本一国の枠組みを世界史的な枠組みへと発展させた。

一方で、膨大なイエズス会史料にもとづくキリシタン研究は、戦後研究の当初からチャールズ・ボクサー(Chales Boxer)[9]やジョージ・エリソン(George Elison)[10]に見られるように、海外の研究者たちによって進められてきた。近年では、キリ・パラモア(Kiri Paramore)が注目されよう。[11]パラモアは、『妙貞問答』と中国の教理書『天主実義』(明朝万暦三十一年〈一六〇三〉か)を比較しながら、[12]『妙貞問答』が人間の自律性(アニマラショナル)を重視することを述べて、藤原惺窩(一五六一~一六一九)と同じく、時代的な思想であることを論じた。また林羅山(一五八三~一六五七)の排耶論を主たる対象として、キリシタンを仮想敵とみなす排耶論が体制イデオロギーを樹立する梃子の役割を果たしたことを示した。井手以後の世界史的な枠組みを踏まえて、日本近世初頭の政治思想史におけるキリシタンの反体制的な役割を、ハビアンと排耶論から具体的に明らかにしたものである。

ウルス・アップ（Urs App）は、来日したヴァリニャーノ（一五三九～一六〇六）の仏教理解が、禅にもとづく「仏教は虚無の信仰である」という近代オリエンタリズムの初発点となったことを示して、ショーペンハウアー（一七八八～一八六〇）に代表される東洋哲学イメージが形成されていく、最初期の過程を論証した。[13] その中で、ハビアンの『妙貞問答』がヴァリニャーノの仏教についての公式見解を踏襲していること、羅山がハビアンとの論争において『天主実義』を用いて反論したことを述べている。[14] 西欧近代の仏教理解は多分野にわたる大きな問題であるが、[15] キリシタンの目から見た当時の日本の宗教状況を描く『妙貞問答』は、西欧における東洋思想の最初期の理解を示す体系的な文献という性格を持つ。

かつて海老沢が述べた「〔キリシタン文献は〕東西文化交渉史そして日本文化史・思想史上、貴重な基礎的文献であり、史料である」[16] という言は、『妙貞問答』において証明されつつある。キリシタン研究は、永らく主流であったキリスト教からの研究を土台としながら、日本一国から世界史的な枠組みを踏まえたものとなり、キリスト教以外の視点からの思想史的研究が始まっていると言えるだろう。キリシタン史の蓄積を踏まえたうえで、仏教であれ儒教であれ、受け手である日本の思想史にキリスト教思想を組み入れていくことは、今後の個別研究を進めるために必要な作業と思われる。キリスト教と同じく、仏教や儒教も、国家や社会という単位だけでは捉えきれない思想として生きてきた。各々の立場から大きな文化圏を俯瞰する思想の視点を取り戻すことは、思想史における多様性の確保でもあり、それぞれの思想や文化をまた新たにより深く発見しうる手がかりとなるだろう。ここでは、ささやかながら宗教思想史の視点から『妙貞問答』を中心として、当時の状況を概観してみたい。

三　イエズス会の現地適応主義

当時のヨーロッパにおけるキリスト教の事情から言えば、東アジアへの布教は、十六世紀初頭のルター（一四八三～一五四六）に始まるプロテスタント勃興に対する、カトリック反撃の一環である。中世を通じてさまざまな異端派を鎮圧してきたカトリック教会は、新たな異端であるプロテスタントとも全面的に対決する道を選んだ。イエズス会は、プロテスタントへの巻き返しを図って一五四〇年に公認された新しい修道会であり、十六世紀後半には世界宣教を掲げて南米やアジア布教の中心となった。軍人であったイグナティウス・ロヨラ（一四九一～一五五六）によって創設されたイエズス会は、ロヨラの体験にもとづく神秘主義的な瞑想修行を基礎として、カトリックの腐敗堕落を反省した、軍隊的な秩序と倫理的な清廉さを特徴としていた。カトリックとプロテスタントの相克と競争から生まれたイエズス会は、異文化圏の布教において純粋な宗教性と現実の戦略性を高次の段階で一体化すること、いわば魂の戦略を実現する力を持っていた。他者と向かい合うその力は、キリスト教的なものであると同時に、ヨーロッパにおける異端と正統の長い闘争の歴史が培ったものでもあったろう。その能力は、アジア布教でも遺憾なく発揮された。

イエズス会の東アジア巡察師のヴァリニャーノは、暦と大砲に代表されるヨーロッパの科学技術を利用しながら、日本や中国の宗教と文化に対する綿密な調査と理解の上に立つ現地適応主義を採用した。宣教師たちはそれぞれの国で中心となっている思想や宗教をつきとめて、その言葉と心性を学び、人々が求めるものを与えようと試みた。さまざまな紆余曲折を経て、日本人が心を寄せる教えは仏教であり、中国人は儒教であることを理解したイエズス会は、日本では仏教を正面から攻撃し、中国では儒教との擬似的な類似性を強調した。この布教戦略の違いは、日本ではキリスト教を「キリシタン」とする原語主義が採用されて、仏教語の使用は断念されたのに対して、中国では「天主教」として儒教語による訳語主義が採用されたことに、端的に示されていよう。[17]

イエズス会の現地適応主義は、一六〇〇年前後に著された現地知識人を対象とする著作にはっきりとあらわれる。それが日本人イエズス会士ハビアンによる『妙貞問答』であり、中国ではイエズス会のイタリア人宣教師マテオ・リッチ（一五五二～一六一〇）による『天主実義』であった。どちらも問答形式によって書かれており、現地の知識人が抱く一般的な疑問に答えていく形となっている。『妙貞問答』は、仏教・儒教・神道の三教を順番に要約して論破し、最後のキリシタン受洗へと導いていく。『天主実義』は、古代儒教から崇敬される天とキリスト教の神（天主）の類似性を言いながら、天地万物を創造する唯一神である天主の神格を主張して、儒教における万物一体の理や仏教の六道輪廻説などを非難している。日本の特徴としては、キリスト教伝来からわずか半世紀で日本人がこのような教理書を著したことと、そのハビアンが後に脱宗して『破提宇子』（元和六年〈一六二〇〉）を書いたことが特筆されよう。

この後の十七世紀には、日本と中国でキリスト教が排除され、公的に厳禁されるに至る。ヨーロッパでは、この頃に魔女狩りが最も盛んになっており、キリスト教内部で攻撃的・排他的な性格が強まった時期でもあった。そのことは、以下で見る日本のキリシタンによる瀆神廃仏や、中国の典礼論争におけるローマ教皇の強硬な態度からもうかがえる。

四　仏教とキリスト教

日本においてキリスト教はどの程度にひろがり、どのように必要とされたのだろうか。幕府によるキリシタン禁教令の翌年、大坂冬の陣が起こった慶長十九年（一六一四）には、全国のキリシタンの数は三十七万人にのぼったという。[18] 当時の総人口がほぼ一〇〇〇万人とされるから、[19] キリシタンは人口の四パーセント弱となる（現代日本社会のキリスト教人口は、約一パーセント）。キリシタンは、北海道の松前から長崎の五島までの全国にひろがっていた。[20] このような数字はあくまでも試算にすぎないが、戦国末期から江戸初頭には、新しい宗としてキリシタンが一般に知られていたことは事実だろう。

戦国末期の日本人の宗教性は、フランシスコ・ザビエル（一五〇六～一五五二。一五四九～一五五一年に滞日）の著名な書簡がよく示している。ザビエルから、キリシタンの教えを聞かずに亡くなった者は皆、永遠に地獄に堕ちていることを説かれる。そして「（日本の）多くの人は死者のために涙を流し、布施とか祈禱とかで救うことはできないのかと私に尋ねます。私は彼らに助ける方法は何もないのだと答えます。……彼らは神はなぜ地獄にいる人を救うことができないのか、そしてなぜ地獄にいつまでもいなければならないのかと、私に尋ねます。……彼らは自分たちの祖先が救われないことが分かると、泣くのをやめません」[21] とある。ザビエルによれば、俗人と異なって五戒を守る仏僧は死者を地獄から救い出せると自認し、一般にもそう信じられていたという。[22]

長い戦乱と飢餓の世を生きた人々は、後生の助け（後生善処）を心底から求めていた。当時の仏僧は、浄土教の念仏や禅宗における授戒など、各宗の教えにもとづくそれぞれの方法でその願いをかなえる存在として、人々に信じられていたと思われる。ハビアンは、ヴァリニャーノの禅仏教理解にのっとって、「仏教は無の教えであるから、後生の助けはないのはもとより、賞罰を与える主〔デウス〕もいないから、人は私欲のままに振る舞って現世の倫理もありえない」(『妙貞問答』上巻「禅宗之事」)と言う。キリシタンにおいて後生を保証する方法は、洗礼を受けて「デウスを敬い奉」(『妙貞問答』下巻「後生ヲバ何トスレバ扶リ、何トスレバ扶カラヌト云事」)ることであった。

これに対する禅仏教の答えは、キリシタン禁教後の長崎で、幕府の意向を担って大規模な排耶説法を行った、臨済禅僧の雪窓宗崔(一五八九〜一六四九)に見られる。[23] 雪窓は、「キリシタンはデウスという有の邪見に執する外道である。仏法は聞き手の能力と理解に応じて説かれているから、有無是非の執着を生じない」と主張した。キリシタンの救済方法である洗礼に対して、禅僧雪窓は人々に受戒を勧める。彼は「後生である来世の苦楽は、現世の行為の善悪によってのみ決まる。自身の来世は今の自分の行いのみが決めることであり、人の善き行為は五戒から始まる」(『興福寺筆記』)として、人々に五戒を授けた。受戒に促されて行う自身の善業が、人々の求める現世安穏と後生善処を保証するからである。

雪窓は、理論的には黄檗隠元の師であった明末禅僧の費隠通容(一五九三〜一六六一)の排耶論『原道闢邪説』に依っている。禅仏教から見れば、キリスト教は、本来仏となりうる人が外界の神を頼んで自ら成仏の可能性を棄てる「自暴自棄」(『弁天説』)の教えであり、神は「〔非存在である〕亀の毛や兎の角」(『原道闢邪説』)と同じく、まったくのフィクションであった。[24] キリスト教の神に対して、日本と中国の禅僧が主張する世界の原理は、虚空のように世界に行き渡ると同時に自身に内在している真理、すなわち虚空の大道である。

日本におけるキリスト教は、終始一貫して仏教や神道と衝突し続けた。一五七〇年代半ばからキリシタン大名である高山右近(一五五三〜一六一五)の領内では、偶像崇拝が禁止されて、領民のみならず仏僧にも転宗が強制され、宣教師は仏像を焼き、寺社が破壊された。同じくキリシタン大名である大友氏の領民は、寺社を破壊し、仏像を川に流したり薪にしたりしていた(25)。こうした日常的な瀆神廃仏の行為は、日本人の決定的な反感を買った。他教を認めないキリシタンは、多宗派の共存による日本の宗教的秩序の破壊につながる邪教(26)として、日蓮宗の不受不施派とともに禁じられ、キリシタン殉教の惨劇を招くことになった。すでに一六一〇年代に下火になっていた日本布教は、幕府が島原の乱（寛永十四〜十五年〈一六三七〜一六三八〉）以後に寺檀制度を厳格に施行することによって、全国的に完全な終止符が打たれた。それ以後、江戸時代を通じて、キリスト教は「聖人の道に背く魔法」（『破提宇子』）として、闇の「邪法」（同書）のイメージを持つことになった。

五　儒教とキリスト教

ヴァリニャーノの現地適応主義にもとづく宣教師たちは、中国では民衆が官吏に絶対服従することを知って、官吏をはじめとする儒教知識人への布教に努めた。リッチの『天主実義』は、この時期の著作である。その結果、キリスト教（天主教）は天に仕えて倫理を説く、西欧からの新儒教「西儒」としてある程度受け入れられ、明末清初の一六五〇年には十五万人の信徒がいたという(27)。

明朝末期には、仏教とキリスト教のそれぞれが儒教との共通性を主張して対立し、儒教を挟んだ敵対関係となった。明末に仏教を復興した高僧らは、当初は輪廻転生や成仏をめぐってキリスト教と争う(28)が、徐々にキリスト教が儒教を装っていることに気づき、その矛盾を論難するようになった。最終的な批判者である藕益智旭（一五九九〜一六五五）は、出家前の儒者名を用いて儒教の立場から批判書（『天学初徴』『天学再徴』）を書いた。智旭は「儒教における天地万物の本源である天は、創造神である天主とは異なるものであるから、天主教は儒教ではない」（『天学再徴』）として、キリスト教の神への尊崇と儒教における君父への忠孝が矛盾背反することから、無父無君の邪説と結論している。(29)

中国布教の当初から、儒教の孝による祖先祭祀の典礼が、キリスト教の唯一神信仰に抵触するかどうかが問題となった。(30) 典礼とは、祖先の命日に一族が集まって、祀堂に祀られた祖先の位牌を供養し、拝礼する儀式である。ローマ教皇から、典礼への信者の参加禁止（一六四五年）と許可（一六五六年）の相反する勅語が、相次いで出された。これはイエズス会の後発であった非妥協的なスペイン・ドミニコ会の宣教師らが、イエズス会の適応主義に反発して教皇庁に告発したことを反映している。その中でイエズス会宣教師は、従来からの現地適応主義に立って祖先祭祀を認めることにより、布教を進めていった。

清朝（一六一六〜一九一二）に入ると、康熙帝（在位一六六一〜一七二二）は宣教師の暦作成能力や科学技術を用いる政策をとり、康熙三十一年（一六九二）にはキリスト教を公許した。それとほぼ同時に典礼問題についての衝突が再燃し、康熙帝と教皇の間で何度も手紙が交換された。仲介者の思惑や遠距離であることも手伝って、この応酬は長く続き複雑な経緯をたどった。最終的には、教皇クレメンス十一世（一六四九〜一七二一）が一七一五年に中国人信者への典礼を禁止する大勅書を出し、一七二一年にようやくそれを読んだ康熙帝の激怒によって終わった。次の雍正帝（在位一七二二〜一七三五）は、悟りをひらいた居士として自ら禅を説く篤信の仏教者でもあり、即位とほぼ同時に天主教を禁止した。これ以後の中国キリスト教は、地下に潜ることになる。一八四三年のフランスとの条約締結がなってからは、近代におけるプロテスタント・キリスト教の布教が始まった。

後藤基巳は、智旭の著作などから中国儒教の排耶論を分析して、伝統的な天概念に立つ儒教者は、キリスト教の神が世界を創造主宰する人格神であることを理解しなかったとする。[31] キリスト教との論争において、仏教では個人の救済や解脱が問題となるのに対して、儒教では「世界の根源は何であるか」という形而上的な問題が中心となった。その対比は、『妙貞問答』にもはっきりとあらわれる。『妙貞問答』の仏教部（上巻）では、「後生の助け」が主たる問題となるのに対して、儒教部（中巻）では、世界の根源である「太極」や「天道」が論難された。『天主実義』を読んでいた林羅山は、新儒教である朱子学の理を世界の根源として、キリスト教の神（天主）を論難している。[32]

中国儒教を宗教思想として見た場合には、そうした知識人の議論に加えて、禁教の最終的な理由が、キリスト教による孝の典礼否定にあったことは重要と思われる。加地伸行が言うように、祖先祭祀を含む儒教の孝思想が、死への恐怖を克服する宗教的な意味を持っているのであれば、[33] 中国人にとっての典礼禁止はその魂の根幹を断たれることではなかったか。中国仏教における不殺生は、『梵網経』に拠っており、「すべての生物は、輪廻転生した父母の生まれ変わりであるかもしれないから、殺してはならない」というものである。「六道の衆生は、皆これ我が父母なり」[34]という不殺生の原理は、インド由来の六道輪廻と中国社会で絶対視される孝思想が一体化したものであり、明末清初の中国社会で広く受け入れられて実行されていた。[35] 排他性を強めていた当時のキリスト教が、典礼に象徴される孝の宗教性を否定したところに、禁教に至る本質的な理由の一つがあったのではないだろうか。

六　おわりに

カトリック・キリスト教は、十六世紀初頭のヨーロッパにおけるプロテスタント勃興に対抗して、世界布教のために十六世紀半ばから東アジアへ布教にやってきた。布教の中心となったイエズス会は、東アジアでは現地適応主義の布教戦略を採用する。

キリスト教を受け止めたのは、日本においては仏教であり、中国においては儒教だった。それぞれの国で中心となる思想をつきとめて、その言葉と心性を学んだ宣教師たちは、日本では仏教を正面から攻撃し、中国では儒教との擬似的な類似性を強調するに至った。その現地適応主義の成果は、一六〇〇年前後に著された知識人を対象とする教理書にはっきりとあらわれる。それが日本ではハビアンによる『妙貞問答』であり、中国ではマテオ・リッチによる『天主実義』であった。日本では、仏教であれキリスト教であれ、人々は後生の助け（後生善処）を求めた。ヴァリニャーノは、仏教とは禅に見られる無の教えであるとして、仏教には後生の助けも現世の倫理もないものとした。この公式見解は、『妙貞問答』をはじめとする当時の教理書が従うものであり、近代の仏教オリエンタリズムの初発点となった。この非難に対して日本の禅僧は、「後生と現世の安楽は、自己の善業のみが保証する」として、人々に善業を促す戒を授けた。さらに中国禅の排耶論に学んで、キリスト教のデウスに対して、世界事象の根源である虚空の大道を提出している。禅から見れば、外界にデウスを立てるキリスト教は自ら成仏する可能性を放棄する教えであり、デウスはまったくの想像の産物であった。

中国では、宣教師らは古代儒教の天概念を利用する形で、キリスト教の神を「天主」と説いた。伝統的な天とキリスト教の天主の違いをめぐって、儒教と論争になっている。その論争では、「世界の根源が何であるか」という形而上的な問題が争われている。さらに中国布教の当初から、儒教の孝思想による祖先祭祀の典礼が、キリスト教の唯一神信仰に抵触するかどうかが問題となった。現地適応主義によるイエズス会は、典礼を認めて布教を続けたが、非妥協的なドミニコ会からの教皇庁への摘発によって、徐々に問題化していった。ローマ教皇と清朝皇帝の間で応酬が続いた結果、教皇は典礼を完全に否定するに至り、それを承けた中国皇帝はキリスト教を禁止した。祖先祭祀を含む儒教の孝思想は、死への恐怖を克服する宗教的な性格を持っていると思われる。キリスト教が典礼に象徴される孝の宗教性を否定したところに、中国で禁教を招いた理由の一端があったのではないかと考える。

キリスト教を触媒として、日本仏教では「後生の助け」が、中国儒教では「孝」があらわれる。『妙貞問答』は、仏教と儒教の性質を鮮明に示すとともに、「後生の助け」に焦点が絞られる日本の宗教状況をよく示したものと言えよう。

註

（1）東アジアのキリスト教の大きな流れは、岡本さえ「東アジアキリスト教のベクトル」（『中国21』二八号、二〇〇七年、三七頁）。

（2）前近代の朝鮮キリスト教については、浅見雅一・安廷苑『韓国とキリスト教――いかにして〝国家的宗教〟になりえたか』（中公新書、二〇一二年）、四二～八一頁。

（3）以下の研究史については、釈徹宗『不干斎ハビアン――神も仏も棄てた宗教者』（新潮社、二〇〇九年）の研究史紹介（一四～二六頁）を参考とした。

（4）海老沢有道「妙貞問答」「破提宇子」の解題（海老沢有道・H・チースリクほか校注『日本思想大系25　キリシタン書・排耶書』岩波書店、一九七〇年）、六一三～六一五頁、六三七～六三八頁。キリシタン史における位置づけは、海老沢有道『日本キリシタン史』（塙書房、一九六六年）、一九七～二〇七頁など。

（5）イザヤ・ベンダサン『日本人とユダヤ人』（角川文庫、一九九五年九〇版、一九七一年初版）。イザヤ・ベンダサン、山本七平訳編『日本教徒――その開祖と現代知識人』（角川文庫、一九八〇年）。

（6）遠藤周作『切支丹時代――殉教と棄教の歴史』（小学館、一九九二年）。三浦朱門『キリシタン時代の知識人――背教と殉教』（日経新書、一九六七年）。

（7）海老沢有道・井手勝美・岸野久編著『キリシタン教理書』（教文館、一九九三年）所収。
（8）井手勝美『キリシタン思想史研究序説——日本人のキリスト教受容』（ぺりかん社、一九九五年）。
（9）Boxer, Chales, *The Christian Century in Japan 1549–1650*, Carcanet Press Limited, 1993. 初版はUniversity of California PressとCambridge University Pressより一九五一年に出版された。
（10）Elison, George, *Deus Destroyed*, Harvard University Press, 1973.
（11）Paramore, Kiri, *Ideology and Christianity in Japan*, Routledge, 2009.
（12）両書は、現地の知識人を対象として書かれた同時代のイエズス会教理書であり、思想史研究に好適な比較文献たりうる。『天主実義』の日本語訳として、マテオ・リッチ著、柴田篤訳注『天主実義』（東洋文庫、平凡社、二〇〇四年）がある。
（13）App. Urs, *The Cult of Emptiness*, University Media, 2012.
（14）Ibid., pp. 98–99.
（15）ヨーロッパ古代・中世のオリエンタリズムについては、彌永信美『幻想の東洋——オリエンタリズムの系譜』（青土社、一九八七年）が詳しい。ヨーロッパの仏教理解については、アップの著作は十七世紀と十八世紀を対象としている。十九世紀については、ロジェ＝ポル・ドロワ『虚無の信仰——西欧はなぜ仏教を怖れたか』（島田裕巳・田桐正彦訳、トランスビュー、二〇〇二年）、二十世紀以後については、フレデリック・ルノワール『仏教と西洋の出会い』（今枝由郎・富樫瓔子訳、トランスビュー、二〇一〇年）などがある。
（16）註（7）海老沢ほか編著、前掲書「あとがき」（尾原悟執筆）、五一五頁における海老沢有道『キリシタン南蛮文学入門』（教文館、一九九一年）「はしがき」の引用。
（17）註（8）井手、前掲書、一三三〜一三六頁。
（18）五野井隆史『日本キリシタン史の研究』（吉川弘文館、二〇〇二年）、九九頁。
（19）鬼頭宏『人口から読む日本の歴史』（講談社学術文庫、二〇〇〇年）、八二頁。
（20）全国分布は「全国キリシタン関係地名」地図（姉崎正治『切支丹伝道の興廃』国書刊行会、一九七六年、初版一九三〇年、折込口絵）参照。
（21）一五五二年の書簡九六・四八〜四九節。河野純徳訳『聖フランシスコ・ザビエル全書簡3』（東洋文庫、平凡社、一九九四年）二〇一～二〇二頁。ザビエル書簡の出典は、通例に従って番号のみ記載する。
(22) ザビエル書簡九六・九～一二節、同二六節。
(23) 西村玲「近世仏教におけるキリシタン批判――雪窓宗崔を中心に」（『日本思想史学』四三号、二〇一一年）（本書所収）。
(24) 費隠通容の師であった密雲円悟（一五六六～一六四二）の排耶論『弁天説』と、費隠の『原道闢邪説』に説かれる。西村玲「虚空と天主――中国・明末仏教のキリスト教批判」（『宗教研究』三六六号、二〇一〇年）（本書所収）。
(25) 註(18)五野井、前掲書、二二九～二四〇頁。神田千里『宗教で読む戦国時代』（講談社、二〇一〇年）、一五八～一六五頁。
(26) 註(25)神田、前掲書、一九九～二〇八頁など。
(27) 矢沢利彦『中国とキリスト教――典礼問題』（近藤出版社、一九七二年）、六四頁。
(28) 総論は、横超慧日「明末仏教と基督教との相互批判」（『中国仏教の研究　第三』法藏館、一九七九年、初出は一九四九年・一九五〇年）。輪廻転生については、肉食の是非をめぐる論争となる。仏教では父母の生まれ変わりかもしれない動物を殺して食べる肉食を禁止するが、キリスト教では動物は神から人に与えられた財産として肉食を許す（西村玲「慧命の回路――明末・雲棲袾宏の不殺生思想」〈『宗教研究』三七四号、二〇一二年〉〈本書所収〉）。人が絶対者となる成仏の問題については、禅仏教とキリスト教の論争となった（註(24)西村、前掲論文）。
(29) 後藤基巳『明清思想とキリスト教』（研文出版、一九七九年）、一一五～一二二頁。智旭の論旨については、播本崇史「天主教批判の論拠――『天学初徴』における考察」（『東洋大学大学院紀要』四五号、二〇〇八年）、二〇一～一九二頁逆丁。
(30) 典礼問題の詳細については、註(27)矢沢、前掲書を参照されたい。
(31) 註(29)後藤、前掲書一一五～一二二頁。
(32) 林羅山『排耶蘇』（註(4)海老沢ほか校注、前掲書）、四一五～四一六頁。
(33) 加地伸行『儒教とは何か』（中公新書、一九九〇年）、一九～二二頁など。
(34) 不行放救戒（『梵網経』下巻〈大正蔵二四巻〉、一〇〇六頁中）。
(35) 明末の不殺生戒とその背景については、註(28)西村、前掲論文。

【付記】大塚紀弘氏に歴史人口学について、シルヴィオ・ヴィータ（Silvio Vita）氏にアップ（App）著作をお教えいただいた。記して感謝申し上げる。

本研究は、科学研究費「基盤研究(A)・インド的共生思想の総合的研究——思想構造とその変容を巡って」（課題番号25244003）による研究成果の一部である。

近世仏教におけるキリシタン批判
――雪窓宗崔を中心に――

一　はじめに

近年、日本史学において藤木久志や神田千里らによる戦国史の研究が進展している。これまでのマルクス主義史観にもとづく歴史像が見直され、中近世移行期において宗教が果たした積極的な役割が新たに発見されつつある。当時の主たる思想であった仏教を踏まえて、近世思想史像の新たな構築が求められている。

中世とも近代とも異なる、近世独自の仏教思想とは何だったのか。近世仏教思想を規定しうる大きな特質の一つは、黄檗禅に代表される中国明末仏教との関わりと考えられる。近世仏教思想における明末仏教の影響と意義については、すでに中国哲学においては荒木見悟[1]や神田喜一郎[2]、日本史学では大桑斉[3]などの諸先学によって、その重要性が指摘されてきたが、その具体的な論証と考察は進んでいるとは言い難い。本論では、日本仏教におけるキリスト教批判を手がかりに、その一端をうかがいたい。

十六世紀から十七世紀の東アジアにおける大きなトピックは、カトリック・キリスト教の伝来であった。通説では、デウスを俗世の権力の上位に置くキリシタンは世俗権力の否定につながるから、家康ら権力者によって禁止されたと考えられてきた[4]。しかし聖を俗に優先させる構造は、キリシタンに限らず仏教諸宗に共通することであり、そのことでとりわけてキリシタンを禁制する理由にはなり得ない[5]。渡来したキリシタンの布教運動が徳川幕府にどのように受け取られたかは後述するが、日本と明末の仏者たちは、まったくの他者であったキリスト教からの異教攻撃と批判を、それぞれの思想的状況の中で受けて立っている。同時代の日中両国における仏教者のキリスト教批判の考察は、日本思想史のみならず、東アジアにおける宗教思想史を考えるうえでも重要と思われる。明末仏教におけるキリスト教批判については、他で論じた[6]。ここでは日本仏教、ことに仏基論争の矢面に立った禅からのキリスト教批判を対象として、当時の日本人の宗教観を検討し、明末仏教との思想的関わりを考えたい。

幕府によるキリシタン禁教令の翌年、大坂冬の陣が起こった一六一四年、全国にはキリシタンは三十七万人いたとされ[7]、戦国末期から江戸初頭には、新しい宗としてキリシタンは一般に知られていたと思われる[8]。キリシタン史の研究は、一九三〇年の姉崎正治に始まり[9]、戦後の海老沢有道によって飛躍的な進展を遂げた。五野井隆史や井手勝美らによってヨーロッパの膨大な資料の開示が進むと同時に、現代のかくれキリシタンに至るまでの歴史や特質が明らかになってきている。井手は、十六世紀東アジアにおけるイエズス会の布教方針が、ヴァリニャーノによる現地適応主義であったことを明らかにした。キリスト教を受け止めたのは、それぞれの思想界の主流であって、中国では儒教であり、日本では仏教であった。イエズス会は中国では儒教との類似性を強調したが、日本では終始一貫して仏教と激突し続けた[10]。日本人のキリシタン理解を考えるためには、その主体であった仏教思想からの検討が不可欠である。

仏教思想からの研究は、一九四七年の家永三郎による「我が国に於ける仏基両教論争の哲学史的考察」[11]にさかのぼる。家永は、中国と朝鮮では仏基論争は振るわなかったとする。日本の論争こそ、無の形而上学（仏教）と有の形而上学（キリスト教）の形而上学としての取り組みであり、「東西二大宗教の正面からの衝突」だったと捉えている。「無神論の禅」を仏教の典型的代表者として、近世における絶対者・来世賞罰・霊魂をめぐる論争から、近代の科学的批判と京都学派までを追った。日本における仏教とキリスト教の思想史を明らかにして、画期となった基礎研究である。しかし論題が示すように、家永の関心は哲学史にあったから、両教における無や有といった抽象概念が当時の状況でどのような具体性と意義を持ったかについては、必ずしも明らかではない。また中国と日本の思想的関係にはまったく触れておらず、それ以後に発見された史料と研究の進展を踏まえて、改めて考える必要がある。

金地院崇伝の『伴天連追放之文』（一六一三年）や鈴木正三の『破吉利支丹』（一六四二年頃か）などは、政策と統治の視点から論じられており、宗教的な排耶論とは言い難い。その中で出色とされるのは、[12]長崎で排耶説法を行った臨済宗妙心寺派の禅僧、雪窓宗崔（一五八九～一六四九）による『対治邪執論』（以下『論』）である。

大桑斉は、『論』に先立つ雪窓の書『興福寺筆記』（以下『筆記』）を発見し、一九八四年の『史料研究　雪窓宗崔――禅と国家とキリシタン』[13]によって公開して、研究を大きく進めた。それによれば、雪窓は豊後に生まれて一向宗に入ったが、二十五歳で臨済宗へ転宗した。諸国で修行する中で、臨済宗の大愚宗築《だいぐそうちく》、曹洞宗の鈴木正三らと仏教復興を誓い、南都の真言律僧・賢俊良永から菩薩戒を受けて、倶舎・唯識なども学ぶ。豊後の稲葉氏の帰依を受けて、四十三歳で豊後・多福寺の住持となり、五十一歳で後水尾天皇に「麻三斤」を講義した。その禅風は「持戒禅」[14]と言われ、戒を重視した古月禅材《こげつぜんざい》（一六六七～一七五一）につながったとされる。[15]五十八歳で紫衣を勅許されて、翌年長崎で排耶説法を行い、その記録として『筆記』を遺した。翌年に多福寺へ帰り、まとまった排耶論である『論』を著して、六十一歳で亡くなった。[16]『筆記』は、キリシタンのみならず念仏や法華を批判しているが、『論』はキリシタン批判のみに絞られる。わずか一年の間における『筆記』と『論』の大きな違いの理由は、その間に雪窓がキリシタン資料を見たからと推測されてきたが、具体的には不明であった。『論』の引用文から判断して、雪窓が見た主たる資料は明末仏教の排耶論であることは、後述する。

長崎は、一五九七年の秀吉の命による、日本最初の二十六聖人殉教から始まって、キリシタン殉教の地であり、キリシタンを海外へ追放する港として禁教政策の要地となった。[17] 長崎にいた商人（と思われる）ヒロンは、二十六聖人殉教の時には「長崎の都市からも、町のお歴々の大勢の人々が、屋根の上から眺めていたが、その人々の悲痛な叫びは、天までどよもし、こだまして鳴りわたっていた。……山々、谷々にあちこちと人々が群がって、しかも一切が一つになって痛ましい叫び声であった」[18] と言う。その五十年後、雪窓が排耶説法をした一六四七年は、清朝が北京に入った年であり、島原の乱（一六三七〜一六三八）の十年後、黄檗宗開祖の隠元隆琦（一五九二〜一六七三）が来日（一六五四年）する七年前にあたる。前年には明の遺臣である鄭芝龍による来援書翰が家光に届き、説法の直後には通商を願うポルトガル船の長崎来航と、それに対する九州諸大名の出兵が続いた。

隣国の明朝崩壊と清朝建国の激動の中で、徳川幕府は南蛮貿易の禁止とキリシタン禁制を厳しく進めていた。幕府にとってキリシタンは、徒党を組んで国を奪うものとして捉えられており、その意向を担って長崎に赴いた雪窓に、失敗は許されなかった。『筆記』の語気は、緊張感に満ちている。長崎奉行を後ろ盾とする排耶説法は、その年五月の二十三日間にわたって行われ、その折に雪窓が戒を授けた者は二万一三〇〇人にのぼるという。[19] その後に雪窓は、中国から渡来した明僧に対して『臨済録』を講義した。

説法前年の長崎では、日本に渡来したほぼ最後の宣教師十人[20]が江戸に護送された。かの地では、キリシタンの親和力は、目に焼きついた残像のように広く深く人々の心に残っていただろう。それを払拭するために雪窓が選んだ方法は、人々に五戒を授けることであり、発見した理論は明末禅の排耶論であった。禅僧が五戒を授けることが、なぜ排耶に有効であり得たか。雪窓の考えるキリシタン・念仏・法華の共通点と相違とは、何だったのか。明末排耶論は、日本禅僧にどのような役割を果したか。まず当時の宗教観を見たうえで、キリシタンの仏教批判を確認する。次に、雪窓の排耶論を考察していきたい。

二 後生の無――キリシタンの仏教批判

戦国乱世は、十五世紀半ばから十六世紀末までの約一五〇年間続いた。渡辺京二は、戦国末期の宣教師らが見た日本は、残酷で凶暴な人々が住む荒廃と貧困の国であり、幕末に来日した外国人の目に映った平和で穏やかな日本とはまったく異なることを書いている(21)。藤木らの研究によって、戦国期に災害と「餓死無限」の飢饉や疫病が毎年のように続いたこと(22)、それらを生き延びるために土一揆が起こり、男たちは戦場へ出稼ぎに行ったことなどがわかってきた。

一世紀以上続く戦争と飢饉は日常となって、死ぬまでこの状況は変わるまいと人が思うのに十分な長さであったろう。当時の雑兵の心得を書いた『雑兵物語』には、戦場で喉が渇いたら梅干を見ろとして、「梅干を見ても又喉がかわくべいならば、死人の血でも又はどろのすんだ上水でもすゝつて居なされ(23)」とある。ヒロンは、「日本人はいかに貧しくても傲慢で尊大で怒り易く果敢」、その性質は「残忍で非情」「貪欲で吝嗇(24)」と言う。その中を生きる人々は、僧や伴天連、仏やデウスに何を求めたか。

フランシスコ・ザビエル(一五四九~一五五一年に滞日)は離日直後の書簡で、キリシタンの教えを聞かずに亡くなった者は皆、永遠に地獄へ堕ちていると知らされた日本の信者たちが、嘆き悲しむことを書いている。

多くの人は死者のために涙を流し、布施とか祈禱とかで救うことはできないのかと私に尋ねます。私は彼らに助ける方法は何もないのだと答えます。……彼らは神はなぜ地獄にいる人を救うことができないのか、そしてなぜ地獄にいつまでもいなければならないのかと、私に尋ねます。……彼らは自分たちの祖先が救われないことが分かると、泣くのをやめません(25)。

悲嘆にくれる彼らを見ていると、ザビエル自身も悲しくなってくる、と。

ザビエルによれば、当時の仏僧は地獄から死者を救い出せると自認し、一般にもそう信じられていたという。信者たちの悲嘆と疑問は、宗教者は地獄から亡者を救うものという通念から生まれたものでもあろう。ザビエルは言う。俗人の生活では五戒（仏教徒の守るべき五種の戒。不殺生・不偸盗・不邪淫・不妄語・不飲酒）を守ることはできないから、地獄に堕ちるが、坊主は俗人の代わりに五戒を守ることによって、地獄に行った者を救うとされる。人々は、坊主が「地獄へ行く（呪われた―訳者註）霊魂を救う能力を持っていると信じきっています(26)」。五戒を守れる生活を維持するために、坊主は俗人に金品と尊敬を求め、地獄からの救済を説教できなければ、坊主たちは「食べることも着ることもできません(27)」。

人々が、キリシタンに対してであれ仏教に対してであれ、後生の助かりを求めていたのは事実だった。後生を保証することは、布教に有効だったと思われる。キリシタンへの改宗を説く『妙貞問答』（一六〇五年）は、「仏の教にて後の世をさへ助《たすか》らば、元より何の不足かあるべきなれども、それこそ、ならぬ事の第一にて侍れ(28)」と言い、仏教では後生の保証ができないことを繰り返す。そして「人の後生を助くるには、人の上なる御主《おんあるじ》ならでは叶《かなふ》べからず(29)」と、後生を助けられるのはキリシタンのデウスだけとする。その結論は「仏法と申《もうす》は、……皆、後生をばなき物にして置《おく》也。……後生の助《たすか》り、後の世の沙汰と申すは、貴理師端《きりしたん》の外《ほか》にはなしと心得《こころえ》給べし(30)」というものである。根本教理を説く『どちりな・きりしたん』では、冒頭に創造神であるデウスを説いて、「このご一体を拝み貴《たっと》み奉らずしては後生の御扶《たす》けに与《あずか》る事さらになし(31)」という。

仏教に後生はないという批判の理論的根拠は、何だったのか。一五八〇年頃にヴァリニャーノの書いた専門教理書『日本ノカテキズモ』は、仏教を論破してキリシタン教理を説く。論破すべき仏教教義をまとめて、万象の根元は無念無想にして万物一体に行き渡ると同時に一心の奥底にあって、人は坐禅によって仏果に至る、としているから(32)、彼が仏教理論として採ったのは禅であろう。これに対するヴァリニャーノの論破は、第一の根元者が「無念無想の人間のように生き」「認識の力と能力を持っていない」のであれば、それは「石や岩」「木石」と変わらない、というものである(33)。世界の第一原因者が無分別であるという仏教は、石や岩のような単なる物体を事象の根元としている、と論難する。

ヴァリニャーノは、彼の弟子であり中国に行ったマテオ・リッチと同じく、仏教は虚無を世界事象の根元とすると批判する(34)。イエズス会宣教師である師弟の批判が、同じであるのは当然だろう。しかし同じ批判に対して、中国では事象の根元をめぐる論争となり、日本においては後生をめぐる論争となった。かくして『妙貞問答』は、「兎に角に、禅とも申せ、……教とも申せかし。仏法は何《いずれ》も、か様に無に帰したる事(35)」と言う。

仏法はにが〳〵しき教にて侍る物哉。何《いずれ》も〳〵、皆此分に、後生はなきぞとのみ見破ては、何かよく侍らん。後の世の事はさてをきぬ。現在の作法も、上に恐《おそる》べきあるじ（主）をしらざれば、道の道たる事も不侍。人の心と申は、私の欲にひかれて邪路に入《はいら》んとのみするに、無主無我にして、悪を成しても罰をあたへん主もなく、善を

修しても賞の行るべき処なし。(36)

禅は「心は空無」と、人が「識得するを本(37)」とする教えであるから、後生の助けはないのはもとより、賞罰を与える主《デウス》もいないから、人は私欲のままに振る舞って現世の倫理もあり得ない、とする。雪窓はこの批評に対して、どのように応えたか。

三　授戒の論理——『筆記』の排耶論

日本における戒は、平安時代からの滅罪受戒や、鎌倉時代の叡尊らの広範な授戒に見られるように、民衆にとっては呪術的な意味を持っていた。広瀬良弘は、十五～十六世紀の曹洞禅における授戒活動が、地方への曹洞禅拡大に大きな役割を果たしたことを明らかにしている。(38)排耶説法における授戒の成功は、そうした歴史的背景を抜きにしては考えられない。では雪窓自身が考える授戒の論理は、どのようなものだったか。

『筆記』は、まとまった著作として編集推敲されたものではないが、その論旨は『論』に至るまで一貫して明確である。最初にキリシタンの教えが紹介され、念仏宗・日蓮宗などの誤りが指摘される。それらへの批判の中に、説法現場の様子や授戒の人数、一向宗との論争が織り込まれ、相前後しつつ雪窓の主張が述べられる。雪窓は、なぜ念仏・日蓮・キリシタンを批判するのか。

念仏宗は、西方に向て浄土を立て、弥陀を頼んで口に名号を唱う。此の力に依て死後は彼の国に生まる。如来の随宜の一法を取て一定の法と為し、諸人を縛住し執着を起こさしむ。日蓮宗は、釈迦・多宝を頼んで法華を頂戴し、口に題目を唱う。此の勲力に依て死後は寂光土に生まる。然りと雖も如説修行を用いず、一経の名を取て諸人を縛住し、情識を長ぜしむ。喜利志祖も亦然り。外に向て天主を頼み、口誦・模様[39]等の力に依て、死後彼の天に生ず。一定の法を教え執心を起こさしめ己の徒党と為す[40]。

念仏宗は、阿弥陀仏を頼み名号を唱えて、死後は西方の浄土に生まれると教えて人を縛り、執着を起こさせる。日蓮宗では、死後は釈迦仏の寂光土に生まれるとして、『法華経』の名で人を縛り迷情を増す。キリシタンも同じく外界の天主を頼み、口誦と形式的な儀礼によって死後は天に生まれると説き、人々を自らの徒党とするという。キリシタンが人を改宗させる時には、「頂に水をかけ、口誦・模様・道具等を教て」、善悪を教えずに「外に向て別に求むるなり[41]」。彼らの共通点は、口誦や洗礼などのうわべの鋳型によって、死後の安楽を保証することである。

今時、一経に依り一仏を頼んで、口誦・模様を取りて所作と為し、他方に向て死後の成仏を求むるの宗は彼の外道を破すること能わず、その見解を同じくするが故に。……一定の法を用いて人を教うれば則ち人をして外道の見に堕せしむ[42]。

ただ一経一仏を頼んで、口誦や定型を定め、この世の外に死後の成仏を求める念仏宗や日蓮宗は外道と見解が同じであるから、外道を破すことはできない。一つの鋳型だけを教えれば、人を外道に堕とすことになる、という。ある定型によって後生を頼むことが、なぜ問題なのか。まず禅の教えに依れば、釈迦仏のすべての教えはその悟りから生じたものであるから、「一経に依らず、諸法を捨てず、教中の無量の方便を用いて[43]」、それぞれに応じた方法で、執着心を離れて悟ることを目的とする、という。それゆえに雪窓の考える念仏とは、この肉体を何よりの宝として欲望に溺れている衆生のために、仮に死後の極楽浄土を説くものである。それは、この世への執着と欲望を薄れさせる手段であり、それによって心が清浄になった段階で、悟りに至らしめるという[44]。念仏であれ題目であれ、その時その場の相対的な手段である方法を、絶対的なものとして依存することに誤りがある。この理解は禅教一致の流れを引いており、禅におけるオーソドックスな見解の一つと思われる。雪窓は、仏教諸宗を悟りへの相対的な方法として認めるが、キリシタンはむろん悟りへ至る方法の一つとは認めない。彼の言うキリシタンの最終的な目的とは、「凡夫を縛住して、己の徒党と為し、他人の国を奪う[45]」ことだけである。

雪窓によれば、ある定型によって後生を保証することは、そもそも不可能である。一向宗僧侶の反駁に対して、次のように言い放つ。

> 来生に苦楽の報を受くるは、現身の善悪の業に由るを知らず。この故に、「祈禱・施戒・礼仏・誦経・座禅・観行等の法を修せずして只弥陀のみを頼む人、死後彼の国に生まれて成仏し楽を受く」とは、皆これ外道の見解なり[46]。

一向宗の坊主は、来世の苦楽の報いは、現在この身が行う善悪の行為の結果であることを知らない。だから「何の修行をしなくとも阿弥陀仏を頼んでいれば、浄土に生まれて成仏し、楽を受ける」と言うのであり、これは皆外道の見解だ、と。

今時の在家人、沙門の葬法を行うを見て、各自謂く「仏法は死後に用いるの法なり」と。故に、来生の苦楽は現身作業の善悪に由るを知らず。これに依て外に向て仏を求め、脚下の一大事を失却す。現世安穏を得ずして、何に因て後生善処の果有らんや。[47]

在家の人は僧が葬式を行うのを見て、仏法は死者のためのものだと思っているから、来世の苦楽は、現世の行為の善悪に由て決まることを知らない。だからいたずらに外界に自己の拠り所を求め、自身を見失う。現世で安穏を得ずして、どうして後生の善き処があろうか、とする。現世と来世は、今の自身の行いのみが決める。そして人の善き行為は、五戒から始まる。「戒を守ることは、仏道に入る最初の因である。仏は、初心者のために世間の五常〔仁・義・礼・智・信〕に類した五戒を教えて、後生で地獄・餓鬼・畜生に生まれることから救い、再び人として生まれる」[48]。五戒によって「その身を治める」ことは、俗人にとっては「忠孝の道を行」[49]うことでもある。

雪窓は、人が過去世の悪因によって現世にその報いを受けている場合には、読経や仏神への祈禱などで滅罪し、災難を消すことができると言う。しかし、自ら行う今の悪業を消す方法はない。「現身の祈禱は持戒を以て最と為す」[50]、すなわち戒を守ることで善業を行うことが、この身で行う第一の祈禱である。

仏は四威儀の上に於て三業の悪を滅し、又見性成仏す。これ現在安穏と曰い、この功徳に依て後生善処の安楽を受く。外道は四威儀の中の三業上の善悪を説かず、別に口誦・模様等を教えて以て後生の因と為す。[51]

仏教では、行住坐臥の全行為において悪を滅し、見性成仏する。これこそ現世安穏であり、これによって後生の安楽を受ける。キリシタンは行為の善悪を説かず、口誦や作法が後生の保証と教える、という。雪窓が排耶の場において五戒を授けるのは、受戒に促されて行う自身の善業こそ、人々が求める現世安穏と後生善処への唯一の道だからである。

四　虚空の大道──『論』の排耶論

民衆を相手とする説法記録の『筆記』に対して、『論』は理論的なキリシタン批判になっている。その主たる内容は、キリシタンが仏法の剽窃であることの論証と、普遍的で本来的な真理である虚空の大道の提示である。

十六世紀の東アジアに入ってきたカトリック・キリスト教と、それを迎え撃った仏教は、お互いに同じような教え──死後の報いや倫理の勧めなど──については、剽窃の非難を繰り返した[52]。明末のリッチは仏教の輪廻説をピタゴラスの剽窃とするが[53]、仏僧の雲棲袾宏は、天主は神々の一人である帝釈天にすぎないと応酬している[54]。キリスト教を古代インドにおける梵天外道（神の一人である梵天を万物の原因とする外道）の亜流として、天主・デウスを梵天や帝釈天とみなすことは、近代初頭までの仏教排耶論の定型の一つであった。

雪窓もデウスを梵天とするが、諸経典を証拠として引用する綿密な論証が、その特徴である。最初に、キリスト教の中国名である「天主教」という言葉が、『最勝王経』[55]にあることを示す。「世界の始めに、大梵天が生物を生じた」という『倶舎論頌疏』[56]などを証拠として、キリシタンは仏法の剽窃であるとする。それは「梵天王」を「泥烏《でう》須《す》」と改めた外道であって[57]、『楞厳経』や『臨済録』に言う「天魔や悪僧が人々を惑わす[58]」ものである。雪窓は、無か有の邪見に偏する外道に対して、聞き手の能力と理解に応じて説かれた仏法は、有無の定型にはなり得ないとした。

天堂・地獄と言うと雖も、全く外に向て求むるに非ず。業に軽重有れば、感報同じからず。善者は善業に随い天堂の報を感じ、福尽くれば還た堕す。悪者は悪業に随って、地獄・餓鬼・畜生の報に堕して乃至迷から迷に入り、輪転して息まず。蓋し天堂等の報、人の造れる業に因て有り。定所有るに非ざるなり。[59]

天堂や地獄は、外に向かって求めるものではない。善業には天の報いがあるが、過去の善業が尽きれば天から堕ちる。悪業の者は地獄・餓鬼・畜生等に堕して、そこから生まれ変わり死に変わって止まない。天や地獄は、その人のつくった業に応じた報いであって、外界に定まった所として有るわけではない、という。これは、『筆記』から一貫する主張である。

大道については、事象の根源は何か、という形而上学的な問題となる。雪窓は、まず論破の対象となるキリシタン宗旨を詳しく紹介する。その中で、天の主である泥烏須《でうす》は「無始無終の尊体、天地万象の作者」であり、「不生滅」と訳される。[60]その後、「泥烏須の化身」と自称する喜利志徒《キリスト》が生まれて十字架に架けられ、「衆生に代って苦悩を受け、以てその罪を贖い」七日で再生し、この宗門を立ててから「今歳正保五年に到り、凡千六百四十七年なり」[61]と結ぶ。

自説を述べるにあたって、まず『三身寿量無辺経』の「仏の教えの根源は、心の奥底の無始無終、一心一念の本仏説法」[62]であることを掲げる。この説明として、雪窓は引用と断らずに、明末の臨済禅僧である費隠通容（一五九三～一六六一）の排耶論『原道闢邪説』（一六三六年、以下『闢邪説』[63]）から、そのまま書いている。雪窓が、『闢邪説』全編を見たかどうかはわからないが、その引用は『闢邪説』全体の核心である第一編のみであり、とりわけ大道についての記述に絞られる。

費隠は、明末の臨済禅を復興した禅僧の一人であり、隠元隆琦が法を嗣いだ師である。隠元は、一六五四年の日本渡来時に、費隠の命によって編集された明朝の排耶論集である『聖朝破邪集』[64]（中国にて一六三九年刊行、『闢邪説』も入る）を持ってきている[65]。一六四七年に説法した雪窓は、おそらく説法直後の興福寺での明僧への講義の折に、『闢邪説』を入手したのではなかろうか。

雪窓の引用は、『闢邪説』の冒頭「邪見の根源を掲ぐ」節から始まる。

〈喜〉利志徒[66]、妄りに無始無終に執して、天主の邪見の根源と為す。殊に知らず、この無始無終は、正にこれ吾が大道の元、亦これ吾が全真の旨なることを。且つこの全真の旨は人人具足し、……一道平等にして浩然大均なり[67]。

「天主は、無始無終の普遍である」という執着が、キリシタンの邪見の根源である。彼らは、無始無終の普遍とは大道であり、個々人に内在することを知らない。一つの大道は浩然として、あまねく行き渡っている、という。この主張は、大道こそが始まりなく終わりなき普遍であり、人と天地事象に内在する世界の根源であるということである。さらに続けて、キリシタンの天主は普遍ではあり得ないことが論じられる。なぜならば、天主が世界を創造し維持するものとすれば、天主の存在条件である世界が生まれる前には、主体である天主もあり得ないからである。さらに、天主が世界事象を生じる「最初始生の時[68]」を持つことは、無始無終であるべき天主のはたらきに

「間・欠・滅・終」[69]を生じることになる。無始無終の普遍である天主が、有始有終の現象世界を生ずるのは、存在論的な矛盾である。

それでは、費隠と雪窓が声をそろえて主張する普遍の真理、「吾が大道」とはどのような性質を持つのか。まず人が悟った時には「大道全真は備《つぶ》さに我に在り」[70]と知るから、大道は人心の奥底にあるものとされる。次に人の悟りの有無に関わらず、世界万物は「本来これ無始無終」[71]であって、大道は森羅万象を包み込んで内在する。大道の性質は、虚空に比定される。

虚空に終始無く、世界も亦終始無し。衆生も亦終始無し。天地鬼神草木鳥獣、悉く終始無し。その終始起伏を覔むるも了に不可得。以て虚空・世界・一切衆生及び天地・鬼神・草木・鳥獣は、同時同際に前後を分かつこと無く、永久に常に存して熾んに生じ息まざることを顕す[72]。

虚空に終始はなく、虚空が包む世界・衆生・天地万物にも終始はない。終わりや始まり、途中の盛衰を求めても得ることはできず、同時に常に存在し、盛んに生じて止まない、という。仏教における虚空は、物を妨げることも、物に妨げられることもないことから、永遠普遍の真理の性質に最も近いと考えられた[73]。虚空の普遍性とは、どのようなものか。

譬えば虚空の万象を該羅するが如し。時に間離すること無く、亦た逃遁すべきこと無し、直らに万象とともに無始無終なり。まさに全功と称すべし[74]。

大道とは、たとえば虚空が万物を包みこんでいるように、途切れる時がなく間欠する所もない。そのまま万物とともにあって無始無終である。まさに完全なはたらきと称すべきである、と。世界万象を包んで内在する虚空の大道が、彼らの普遍であった。

雪窓は、費隠の著作から大道に関わる部分を抜き出して、自身の排耶論における形而上的な根拠として用いた。『論』における綿密な論証から考えても、雪窓はキリシタンを仏法の剽窃と信じていたと思われる。デウスをあくまでも大梵王として具象的に理解する雪窓が、創造主宰する唯一神――根源としての有――の抽象性を、費隠のように理解していたとは思われない。幕府の意向を担う排耶僧であった雪窓の目的と意志は、形而上より形而下に、理論の抽象性より現実の具体性にあった。彼が費隠の著作に発見したのは、それまで彼が言語化できていなかった普遍の概念、「吾が大道」である。雪窓は、「一経に依らず、諸法を捨てず、教中の無量の方便を用」いる禅の方法を支える理論として、世界事象の根源である虚空の大道を見出したと言えよう。

五　おわりに

戦国時代の長い戦乱と飢餓の現世を生きた人々は、死後の後生の助けを心底から求めていた。当時の仏僧は、浄土教の念仏や禅宗における授戒など、各宗の教えにもとづくそれぞれの方法でその願いをかなえる存在として、人々に信じられていたと思われる。

十六世紀半ばに入ってきたキリシタンの布教においても、後生を保証することは有効であり、その方法は洗礼であった。イエズス会宣教師らは、仏教は世界事象の根元を虚無とするものとした。無を根元とする仏教では、後生の助けがないのはもとより、賞罰を与える主（デウス）がいないから、人は自らの欲望だけに従って生きることになり、現世の生活倫理もあり得ない、と批判した。

キリシタン禁教後の長崎において、臨済宗妙心寺派の雪窓宗崔は、幕府の意向を担って大規模な排耶説法を行い、その記録である『筆記』を遺した。雪窓は、念仏宗・日蓮宗・キリシタンは、念仏や洗礼などの定型によって、後生の安楽を無責任に保証するものと非難する。彼は、仏教諸宗の念仏や唱題などは、最終的な悟りへ至る相対的な方法の一つとしての意義を認めるが、キリシタンは徒党を組んで国を奪うものであると全否定した。

雪窓によれば、人々が求める現世安穏と後生善処は、今の自身の善き行いのみがもたらしうる。人の善き行為は五戒から始まるとして、説法の場で人々に戒を授けた。民衆にとっての受戒は、雪窓の言うような宗教的・倫理的な意味もさることながら、呪術的な意味をも持っていたために、排耶としての授戒は成功したと言えよう。

その一年後に雪窓が書いた『論』は、理論的なキリシタン批判である。キリシタンが仏法の剽窃であることを示して、明末禅僧である費隠通容の排耶論『闢邪説』から、無始無終の真理である大道についての記述を引用する。雪窓は、禅の方法を支える理論として、世界事象の根源である虚空の大道を発見した。雪窓の排耶論は、近世初頭の日本僧が持っていた知的な緊迫感と、戦国期の人々の希求に応えてきた禅の宗教性を示していよう。

キリスト教の天主に対して、仏教は虚空の大道を提示する。中国の費隠によって、天主に対置された遍在する大道は、日本の雪窓を理論的に支える役割を果たした。中国仏教における形而上学的なキリスト教批判は、日本仏教において宗教的な対決となった。無始無終の大道は、人々の現世安穏と後生善処の祈りに応えて、雪窓によって授戒という形を与えられてあらわれたと思われる。

註

（1）荒木見悟「『雲棲蓮池大師遺稿』外六部解題」（岡田武彦・荒木見悟主編『近世漢籍叢刊　思想四編六　雲棲蓮池大師遺稿外六部』中文出版社、一九八四年）、四〜七頁など。
（2）神田喜一郎「江戸時代の学僧たち」（『藝林談叢』法藏館、一九八一年）、二五三〜二五四頁など。
（3）大桑斉『日本近世の思想と仏教』（法藏館、一九八九年）、七頁など。大桑は、近世仏教思想の特徴を諸教一致論とする。明代仏教の諸教融合の特色を日本近世に応用したものと思われるが、近世は徳川幕府の下で仏教諸宗派の区分が確定し、よりいっそう進行した時代でもあり、中国と同様には論じられない。中国仏教は十一世紀以後の宋代にはほぼ禅と浄土教に収斂し、儒教や道教とも融合していったが、日本仏教は古代国家の八宗を基本として、宋代と同時期の中世以後に宗派が拡大し細分化していった。近世における日中の思想的な関わりは、これからの課題としたい。
（4）たとえば、渡辺浩『日本政治思想史——十七〜十九世紀』（東京大学出版会、二〇一〇年）五一〜五三頁など。通説の原型は、一九三五年の伊東多三郎論文か（「近世初期に於ける思想の形態と耶蘇邪教観の形成」〈『歴史学研究』第三巻第五号、第六号、一九三五年〉）。
（5）その点で、他宗派を否定するキリシタンや不受不施派（『法華経』信者以外から布施を受けず施さない日蓮宗の一派）は、諸宗派共存による内面的秩序の破壊につながるから禁じられた、という神田説は妥当と思われる。神田千里『宗教で読む戦国時代』（講談社、二〇一〇年）、一九九〜二〇八頁など。
（6）西村玲「虚空と天主——中国・明末仏教のキリスト教批判」（『宗教研究』三六六号、二〇一〇年）〈本書所収〉。
（7）五野井隆史『日本キリシタン史の研究』（吉川弘文館、二〇〇二年）、九九頁。
（8）江戸開府時の日本総人口は、通例では一二〇〇万人とされるから、試算するとキリシタンは人口の約三パーセントとなる（荒野泰典「江戸幕府と東アジア」〈同編『日本の時代史14　江戸幕府と東アジア』吉川弘文館、二〇〇三年〉、六一頁など）。なお、現代の日本社会におけるキリスト教徒は、人口の一パーセント弱である。当時のキリシタンの松前から五島までの全国分布は、「全国キリシタン関係地名」地図（姉崎正治『切支丹伝道の興廃』国書刊行会、一九七六年、初版一九三〇年折込口絵）参照。
（9）註（8）姉崎、前掲書。

(10) 井手勝美『キリシタン思想史研究序説――日本人のキリスト教受容』(ぺりかん社、一九九五年)、一三三～一三六頁。

(11) 家永三郎『中世仏教思想史研究』(法藏館、一九四七年初刷、一九七六年改訂増補)所収。引用は同書一一五頁。

(12) 海老沢有道「解題 対治邪執論」(海老沢有道・H・チースリクほか校注『日本思想大系25 キリシタン書・排耶書』岩波書店、一九七〇年)、六四〇頁。黒住真は「奪国位之宗門」などの語句から、『論』はキリシタンの「政治侵略」を批判したものとする(「キリシタンと仏教」〈末木文美士ほか編『新アジア仏教史13 日本Ⅲ 民衆仏教の定着』佼成出版社、二〇一〇年〉、七〇～七一頁)。

(13) 大桑斉編著『史料研究 雪窓宗崔――禅と国家とキリシタン』(同朋舎出版、一九八四年)。雪窓の修学過程については、大桑斉「近世初期仏教思想史における心性論」(註(3)大桑、前掲書)、三六二～三六六頁。雪窓の禅教論は、『宗鏡録』などに始まる禅教一致の流れを汲む一般的なものと思われる。

(14) 竹貫元勝「修禅と禅風」(註(13)大桑編著、前掲書)、三三五～三三六、三四七頁。宗崔は、詩文に傾倒する五山派など当時の禅僧を批判する(「雪窓和尚行状」〈註(13)大桑編著、前掲書〉、六～九頁)。

(15) 註(14)竹貫、前掲論文、三六〇～三六一頁。

(16) 「雪窓年譜」(註(13)大桑編著、前掲書)、三一四～三一六頁。

(17) 島原の乱以前の長崎における禁教と迫害は、註(8)姉崎、前掲書、五八六～六二八頁。

(18) アビラ・ヒロン『日本王国記』(岩波書店、一九六五年)、二六〇頁。ヒロン滞日は、一五九四～一六一九年まで確認される。

(19) おそらく宗門改役の井上政重の支援もあったとされる。註(13)大桑編著、前掲書、三〇四～三一一頁。

(20) ルビノ第二隊。これより後は一七〇八年のシドッチのみ。註(8)姉崎、前掲書、七二六～七三一頁。五野井隆史『日本キリスト教史』(吉川弘文館、一九九〇年)、二二九～二三〇頁。

(21) 渡辺京二『日本近世の起源――戦国乱世から徳川の平和(パックス・トクガワーナ)へ』(弓立社、二〇〇四年)、三三一～四四頁。

(22) 藤木久志「戦国期の災害年表」(『新版 雑兵たちの戦場――中世の傭兵と奴隷狩り』朝日新聞社、二〇〇五年)、二八七～二九〇頁。

(23) 一六八三年(天和三)以前成立とされる。中村通夫・湯沢幸吉郎校訂『雑兵物語　おあむ物語』(岩波文庫)、二九頁。
(24) 註(18)ヒロン、前掲書、六一〜六二頁。
(25) 一五五二年の書簡九六・四八節、同四九節。河野純徳訳『聖フランシスコ・ザビエル全書簡3』(東洋文庫、平凡社、一九九四年)、二〇一〜二〇二頁。以下のザビエル書簡の出典は、番号のみを記載する。
(26) 書簡九六・一〇節(註(25)河野訳、前掲書、一七四頁)。五戒と坊主については、同九〜一一節(註(25)河野訳、前掲書、一七三〜一七六頁)、同二六〜二七節(註(25)河野訳、前掲書、一八九〜一九〇頁)。
(27) 書簡九六・二六
(28)『妙貞問答』(海老沢有道・井手勝美・岸野久編著『キリシタン教理書』教文館、一九九三年)、二九八頁。
(29) 同書、三〇〇頁。
(30) 同書、三五四頁。
(31)『ドチリナ・キリシタン』(註(28)海老沢ほか編著、前掲書)、一六頁。
(32) エヴォラ屏風文書内の日本文「日本ノカテキズモ」(註(28)海老沢ほか編著、前掲書)、二二六頁の四義。一五八六年にリスボアで刊行されたラテン文「日本ノカテキズモ」(家入敏光訳編『日本のカテキズモ』天理図書館、一九六九年)、九〜一〇頁の四点。
(33)「日本ノカテキズモ」ラテン文、註(32)家入訳編、前掲書、一二頁。日本文、註(28)海老沢ほか編著、前掲書、二二八頁。
(34) この類型は、十九世紀から二十世紀初頭の欧米における仏教批判と通底する。
(35)『妙貞問答』(註(28)海老沢ほか編著、前掲書)、三四八頁。
(36) 同書、三四二〜三四三頁。
(37) 同書、三四二頁。
(38) 広瀬良弘『禅宗地方展開史の研究』(吉川弘文館、一九八八年)、四七六〜四七八頁。
(39)『臨済録』(大正蔵四七巻)「模様」四九七頁下、「作模作様」五〇〇頁上。
(40)『筆記』(註(13)大桑編著、前掲書)、七二頁。
(41) 同書、七〇頁。

(42) 同書、七二、七三頁。
(43) 同書、七二頁。
(44) 同書、七三頁。
(45) 原文「已」は「己」と読む（同書、六八頁）。
(46) 同書、七九頁。
(47) 同書、八〇頁。
(48) 同書、七六頁。
(49) 一六四七年に在家信者に与えた偈「仏了自心而説治其身、故能令人行忠孝之道、是為現世安穏後生善処。……即授与三帰五戒了也」（『丕昭禅師語録』〈註(13)大桑編著、前掲書〉、一三七頁）。
(50) 『筆記』（註(13)大桑編著、前掲書）、八三頁。
(51) 同書、八一頁。
(52) 明末の状況は、横超慧日「明末仏教と基督教との相互批判」（『中国仏教の研究　第三』法藏館、一九七九年）、二五〇頁。
(53) マテオ・リッチ『天主実義』下巻（李之藻編『天学初函』理編所収、台湾学生書局、一九六五年）、一丁左～二丁右。
(54) 註(6)西村、前掲論文、三一頁。
(55) 「有王法正論、名天主教法」（大正蔵一六巻、四四二頁上）註(13)大桑編著、前掲書、八九～九〇頁。
(56) 註(13)大桑編著、前掲書では『倶舎論』が出典とされるが（九〇頁、引用二七）、『頌疏』と思われる。「謂大梵王、於劫初時、独一而住、更無侍衛。遂発願言「云何当令諸余有情、生我同分」。時極光浄天、見已悲愍、従彼処没、生為梵衆。梵王纔発願、見有天生故、大梵王起如是想。「我表能生也」。彼諸梵衆、初見大梵威徳特尊天、又憶念知、「先因梵王発誓願故、我来生此」。是故梵衆、起如是念、「我等皆是大梵王生」」（大正蔵四一巻、八六五頁上）。
(57) 『論』（註(13)大桑編著、前掲書）、九二頁。
(58) 『楞厳経』（大正蔵一九巻、一五〇頁上）、註(13)大桑編著、前掲書、九二頁。『臨済録』（「好人家男女、被這野狐精魅所著、便即捏怪」〈大正蔵四七巻、四九七頁下〉）、註(13)大桑編著、前掲書、九三頁。
(59) 註(13)大桑編著、前掲書、九三頁。

(60)同書、九七頁。
(61)同書、九八～一〇〇頁。正保五年は慶安元年であり、西暦一六四八年。
(62)原文は「根本仏である毘盧遮那仏は、何仏から説法を聴いたか」という問答として展開される（『日本大蔵経』九二巻、一頁上）。『論』の引用は、註(13)大桑編著、前掲書、一〇一頁。
(63)費隠の排耶論については、註(6)西村、前掲論文、三四～四〇頁。
(64)『闢邪説』（岡田武彦・荒木見悟主編『近世漢籍叢刊　思想四編一四　闢邪集／聖朝破邪集』中文出版社、一九八四年）、一一五七三～一一六〇七頁。
(65)内田銀蔵「隠元禅師」（『内田銀蔵遺稿全集』第五巻、同文館、一九二二年、一九一七年初出）、三七五頁。
(66)『論』の「喜利志徒」は、『闢邪説』では「利瑪竇」（マテオ・リッチの中国名）である。〈喜〉は大桑本での補足。註(13)大桑編著、前掲書、一〇一頁。
(67)註(13)大桑編著、前掲書、一〇一～一〇二頁。『闢邪説』（註(63)岡田・荒木主編、前掲書）、一一五七三～一一五七四頁。
(68)註(13)大桑編著、前掲書、一〇三頁。『闢邪説』（註(63)岡田・荒木主編、前掲書）、一一五八六頁。
(69)註(13)大桑編著、前掲書、一〇三頁。『闢邪説』（註(63)岡田・荒木主編、前掲書）、一一五八七頁。
(70)註(13)大桑編著、前掲書、一〇二頁。『闢邪説』（註(63)岡田・荒木主編、前掲書）、一一五七六頁。
(71)註(13)大桑編著、前掲書、一〇二頁。『闢邪説』（註(63)岡田・荒木主編、前掲書）、一一五七九頁。
(72)註(13)大桑編著、前掲書、一〇三頁。『闢邪説』（註(63)岡田・荒木主編、前掲書）、一一五八〇頁。
(73)註(6)西村、前掲論文、三六頁。
(74)註(13)大桑編著、前掲書、一〇三頁。『闢邪説』（註(63)岡田・荒木主編、前掲書）、一一五八七頁。
＊引用史料原文のカタカナは、平仮名に改めた。史料における〔　〕内およびルビは筆者の註である。

【付記】　本稿執筆に先立ち、田中智誠先生から内田銀蔵「隠元禅師」をお教えいただいた。「仏教からみた前近代と近代」研究会（国際日本文化研究センター）にて、末木文美士先生をはじめ研究会の方々から、多くのご教示とご助言を賜った。諸先学に心より感謝申し上げる。

仏教排耶論の思想史的展開
――近世から近代へ――

一　はじめに

日本の近代仏教を研究するにあたっては、近代以前の仏教との関わりを考察することが重要であることは、つとに言われている。(1)ここでは近世から近代にかけての排耶論を通して、仏教思想が近代化する一側面を追う。

十六世紀後半から東アジアにやってきたカトリック・キリスト教の布教は、日本から中国へと進んだ。その布教活動は、キリシタン禁教を目的とする日本の寺檀制度の確立や、中国の天文学などに大きな影響を及ぼして、その後のそれぞれの国の歴史を特徴づける一要素となった。キリスト教の事情から言えば、東アジア布教は十六世紀初頭からのプロテスタント勃興に対する、カトリック側の反撃の一環であった。プロテスタントに対抗して排他性を強めていたカトリックは、日本では仏教と正面から敵対し、中国では主に儒教と軋轢を起こして、十八世紀初頭までに両国において禁止された。近代に入ってからは、プロテスタント・キリスト教が中心となって布教を再開し、現代に至っている。東アジアにおけるキリスト教は、いわゆる世界史的な時代区分で言えば、すぐれて近代的なものであり、日本史においては近世と近代を俯瞰しうる要素である。

芹川博通は、日本の排耶論を三期にわける。(2)第一期は近世初期のカトリック・キリスト教に対するもの、第二期は開国にともなってプロテスタント・キリスト教が伝来した幕末維新期、第三期は明治中期以後の国家主義の台頭にともなうものである。日本における排耶論は、その折々の対外的な危機意識の表現であり、西欧による日本の植民地化への恐怖と不可分であった。

仏教とキリスト教の宗教思想史の概観としては、家永三郎の研究がある。[3] 家永は、近世における両教の論争は、無神論である禅仏教と有神論であるキリスト教との対立であると定義して、両教の絶対者や来世賞罰、霊魂などの議論を比較している。近世にひきかえ、近代の論争は哲学的な進歩がないとするが、井上円了（一八五八～一九一九）が近世の排耶論に自然科学の視点を付け加えたことを示す。最後に、同時代の京都学派の田辺元（一八八五～一九六二）を取り上げて、東西思想の止揚を目指すものとして高く評価した。[4] この論文は「無」と「有」という近代哲学的な概念を使うことによって、思想史における両教の大きな枠組みを捉えて、仏基論争を思想的に類型化することに成功した。しかし近代的な概念によって両教を分析したことで、その歴史的な実態と思想的変容が背景に退かざるを得ず、近代の視点からの静止的な理解となっている。家永論文以後の研究成果を踏まえつつ、その枠組みを見直す必要があろう。

十六世紀から二十世紀までの仏教を中心とする日本の排耶論では、何が忘れられて何が加わっていったのか。近世から近代にかけての排耶論の動向を考察することで、排耶論という限られた視点からではあるが、仏教思想の近代化を明らかにする一助としたい。以下では、中国の明末仏教から井上円了に至るまでの仏教排耶論を中心として、その思想史的な流れを追う。

二　虚空の大道

十六世紀の日本において中心的な思想は仏教であったから、来日したイエズス会宣教師は仏教との対決を迫られて、熱心に仏教を学んだ。イエズス会士は、「地獄や極楽を説く念仏などの教えは大衆のための表層的な教えであって、禅は知識人に対する真の教えである」と理解した。(5) 彼らが禅を仏教の中心とするのは、(6) 中世後期からの日本の支配層における禅の優勢を反映していると思われる。ヴァリニャーノ（一五三九〜一六〇六）による『日本のカテキズモ』（リスボアにて一五八六年出版）は、そのことをよく示す。ヴァリニャーノは、「世界の第一原因者が無分別であるという仏教は、混沌を事象の根元としている」(7) として、第一の根元者が「認識の力と能力を持っていない」のであれば「石や岩」と変わらない、と批判した。(8)

中国へのキリスト教布教は、日本に遅れて一六〇〇年前後から始まった。中国では、思想界の中心であった儒教を挟んで、仏教とキリスト教のそれぞれが儒教との共通性を主張し、双方が綱引きする状態になった。(9) イエズス会による中国仏教批判は、ヴァリニャーノの弟子であるマテオ・リッチ（一五五二〜一六一〇）の教理書『天主実義』（万暦三十一年〈一六〇三〉か）に見える。その批判は、輪廻転生や仏性についてなど多岐にわたるが、ヴァリニャーノと本質的には同じものである。

当時の中国仏教は、いわゆる明末新仏教である。中国の仏教は明代中期に衰退するが、陽明学の流行とともに、同じ心の学として復興しつつあった。その一端を担ったのが、臨済禅僧の密雲円悟（一五六六〜一六四二）と、弟子の費隠通容（一五九三〜一六六一）である。原理的な臨済禅僧であった彼らは、宗の内外で激しい論争を繰り広げており、異教であるキリスト教のイエズス会に対してもまったく容赦がなかった(10)。

円悟は、崇禎八年（一六三五）に著したキリスト教批判『弁天説』の冒頭で、自らを恃《たの》まずに外界に神を立てることを非難する。曰く、「あなた方宣教師は、大道の根源を知らないまま、名前や様相を逐《お》って天主や仏を実体化する過ちを犯し、仏とは覚であることを知らない。覚とは悟りのことである。人が覚悟すれば、その人が仏である。あなたや私に本来内在する覚りを知らず、内なる覚悟を退けるとは、まさに自暴自棄である(11)」と。

その翌年に、弟子の費隠はキリスト教批判の論として、『原道闢邪説』を書いた。費隠は、キリスト教の神に対して「大道こそが普遍である」と主張する。大道とは、始まりなく終わりなく、平等で浩然とした全き根元であって、個々人に内在する真理とされた(12)。無限の空間と永遠の時間に行き渡る大道は、虚空に喩えられる(13)。

〔大道は〕譬《たと》えば虚空の万象を該羅するが如し。時に間離すること無く、亦た逃遁すべきこと無し。直ちに万象とともに無始無終なり。まさに全功と称すべし(14)。

「譬えば虚空が万象を含んで包むようなものである。時間的にも空間的にも途切れることがなく、万象とともに無始無終のまさに完全な働きである」と言う。この主張の基盤となるのは、インド仏教の虚空と中国思想の大道という、伝統的な普遍の概念である。インド仏教における虚空の概念は、物を妨げることも物に妨げられることもないことから、普遍的な意味を持ち、複雑に発展した。大乗仏教では、虚空は純粋で清浄なものとして、真理である如来蔵に喩えられる(15)。中国における大道も多義的であるが、まずは生物や世界を生成養育する根元であると言えるだろう(16)。すなわち費隠の言う虚空の大道は、今の私たちが思うような無意味な空間と無機的な原理ではない。虚空のように純粋で透明な大道が、海や光のようにあまねく内外に満ち溢れてゆく宇宙、いわば如来蔵の世界観をあらわすものである。

日本の臨済禅僧であった雪窓宗崔（一五八九～一六四九）は、正保四年（一六四七）に徳川幕府の命を受けて、長崎で排耶説法を行った。宗崔は、その翌年に書いた排耶論『対治邪執論』で、費隠通容のキリスト教批判をそのまま引用して、虚空の大道を理論的基礎としている。(17) イエズス会宣教師の神《でうす》（天主）に対して、中国と日本の臨済禅僧は虚空の大道を提示した。この段階で見る限り、両者は正面から論争していたと言えるだろう。

三　天道から人道へ

近世日本の排耶論の主流は、徳川幕府のキリスト教禁教を支える言説であり、明末中国のような宇宙論や存在論的な性格は正面に出てこない。その原型の一つは、文治政治の基礎を築いた一人である臨済禅僧の金地院崇伝（一五六九～一六三三）による『排吉利支丹文』である。崇伝は慶長十八年（一六一三）に、幕府からの突然の命により、一夜でそれを書して将軍秀忠に献上した。すなわち「日本は神国、仏国にして神を尊び仏を敬い、仁義の道を専らにし、善悪の法を匡《ただ》す」と、日本一国の正義と平和の拠り所は、神道・仏教・儒教の三教であり、キリシタンに対抗する原理は仁義の道と善悪の法であると宣言した。この中で「かの伴天連の徒党、みな件の政令に反し、神道を嫌疑し、正法を誹謗し、義を残ない、善を損《そこ》なう」(18) ものであって、キリスト教の宣教師は「邪法を弘め、正宗（仏教）を惑わし」、日本を奪い「己が有と為」さんとする「大禍」であるとしている。(19)

また幕臣から曹洞禅僧となった鈴木正三は、『破吉利支丹』（寛永十九年〈一六四二〉頃）で言う。

彼等〔宣教師らは〕天道を掠《かす》め奉り、偽りを構え、無数の人を地獄へ引入たる、悪逆無道の自業自滅、至極せる処眼前なり。……彼等幾度来るとも、天道のあらん限りは、皆々自滅せん事疑いなし。[20]

正三は、キリシタンに対抗する原理として、世間一般に共有されていた摂理である天道を示した。[21] 崇伝や正三の「天道」、天地と人間に行き渡る摂理は、その後の排耶論を担った儒者たちにも受け継がれていく。十七世紀の林羅山（一五八三～一六五七）は、その短い著『排耶蘇』で「理は前にして天主は後なり」と、天主《でうす》に対抗する普遍として朱子学の理を示して「太極」を言う。[22] 同じく近世前期の儒者であった熊沢蕃山（一六一九～一六九一）は、仏教を「後生を説く西仏」、キリシタンを「国を盗る南仏」[23]と呼んで論難した。「釈迦は、後生を本として、方便とし、教えたり。南仏の法は、幻術をして国をとるを本として、後生の説をかり用いて、方便としたり。実は西仏・南仏、相表裏す」[24]として、いずれも幻術を根幹としており、両者ともに「乱世の盗賊」[25]であるという。幻術による両教に対して、儒教と神道による蕃山の原理は、次のようなものである。

天は物を生ずるを以て心とし給う。春は生じ、夏は長じ、秋は実のり、冬はかくすによりて、来歳の生長収をとぐる也。……地は万物を養いそだつるを以て心とし給う。此の天地生育の心より、先祖・父母・吾出来れり。……此の生の徳は無始無終……人にありては仁愛と名付く。此の仁愛、天地生育の命をつぎたすけて、斉家治国平天下をなせり。……天道は無心にして感応あり。人道は有心にして礼報あり。……感応・報、[26] 体は一理なり。無心・有心は時なり。太虚の風物にあたりて、ひびき異なるがごとし。[27]

天地が万物を生育する普遍の徳（天道）と、人間の仁愛（人道）は、本質的に一つである。蕃山によれば、天地自然と人間社会は一つの道を踏んで運行する現実の有機体として完全であり、ここに架空の後生や幻術を説く仏やデウスが入る余地はない。

十八世紀に入ると、儒仏一致を説いた儒者の森尚謙（一六五三〜一七二一）が、主著『護法資治論』（宝永四年〈一七〇七〉成立）で、明代随筆書の「キリスト教が仏教に優れる」という言は、「大道を知らず。自ら善悪邪正を弁ずることあたわざる」[28]ものであると、大道によってキリスト教を批判している。新井白石（一六五七〜一七二五）は、宝永六年（一七〇九）に屋久島に潜伏してきた最後の宣教師、シドッティを尋問した。これをもとにして、白石が享保九年（一七二四）頃に著した『西洋紀聞』からは、彼が明末高僧や雪窓宗崔の排耶論を見ていることがわかるが[29]、尋問報告書という性格もあって、大道や天道などの形而上的な原理については、何も言わない。

日本近世を通じてキリスト教批判の原理は、大道や天道という言葉に託されるが、近世前期の大道や大道には、人間と自然を一体化する包括的な宇宙観の側面が強い。十九世紀には、幕末維新期における国家存亡の危機感を背景としながら、大道に託して、五倫や人倫という人間社会の倫理と秩序が前面に出てくることになる。

四　虚空の忘却

幕末の水戸学は、西洋列強による日本植民地化への恐怖を背景として、キリスト教と西洋諸国を激しく攻撃した。会沢安《あいざわやすし》（正志斎・一七八二〜一八六三）は、その排耶論『闢邪篇』で、「奇を好んで」人倫をなおざりにする「愚民」に対して悲憤慷慨する。

人倫は五を過ぎず、則ち道も亦其五者を繳《つな》ぐのみ。人人その親に親しみ、その長を長す、これそれ尤も知り易き、従い易き者なり。……それ大道既に掲げれば、人倫既に明らかにして、知り易く従い易く、人をして由て行ぜしむ。……こいねがわくばそれ大道をして邪説〔キリシタン〕に害せられざらしめよ。(30)

人道は五倫（君臣の義・父子の親・夫婦の別・長幼の序・朋友の信）であって、それは「知り易く従い易き正路」にして「公平中正の大道(31)」であるという。幕末に人々が守るべき大道とは、何よりもまず人倫のことだった。その大道観は、同時期の仏教排耶論にも共通している。

幕末維新期には、浄土宗僧の鵜飼徹定（一八一四〜一八九一）による明末排耶論の刊行が相次ぎ、真宗を中心に多くの仏教排耶論が書かれた。開国後には、ジョセフ・エドキンズ（一八二三〜一九〇五）の『釈教正謬』をはじめとするキリスト教からの仏教批判書も出版されている。その中で、西本願寺を代表する護法僧であった超然（一七九二〜一八六八）は、慶応元年（一八六五）から明治元年（一八六八）にかけて、『斥邪漫筆』（三本）と『寒更霰語』の計四本の排耶論を書いた。超然は、この時期の西本願寺教団におけるキリスト教研究の第一人者とされる(32)。

西洋教ノ邪法タル所以ハ、三綱五常ヲ滅裂スルガ故ナリ。今現ニ人ノ生ヲ見ヨ。天覆ヒ地載セ、日月照臨シ、父生ジ母育シ、国君統治シ鬼神照鑑シ保護ス。……君臣父子夫婦長幼朋友ノ五倫ハ、天道ノ自然ナリ(33)。

天道とは人倫社会の五倫のこととされる。「皇国ノ僧」超然は、「皇国ニ神儒仏ノ三道アリ。協和シテ国家ヲ衛護スベシ(34)」として、皇国の一員である儒・仏・神の三教が一致団結して、外敵であるキリスト教と西洋諸国から国家を守るべきであると主張した。

超然の虚空についての言は、この時期の排耶論の特徴をよく示している。超然は、キリスト教の神（天主）が他によって存在するものではなく「自ら有りて自ら在る」とされることを非難して、次のように言う。

汝、他ヨリ生ゼズ、自有ナリト云フ。サラバ万物ヲ生ズルコトアタハジ。譬ヘバ虚空ノ如キ、他ヨリ生ゼズ、故ニマタ他ヲ生ズルコトアタハズ。汝ガ天主モ亦此クノ如シ。然ルニ自有ニシテ、而モ能ク天地万物ヲ生ズト云フ、何ゾ理ニ悖《もと》ルノ甚シキヤ(35)。

「神が自らだけで存在するならば、他を生み出すことは不可能である。たとえば虚空は他から生じないし、虚空が他を生じることもできない。神は虚空と同じである」という。ここで虚空は、何ものも生み出さない単なる空間として、明末の費隠とはまったく逆に、神の無意味さの喩えになっている(36)。神と対峙する虚空の普遍性は完全に忘れられ、虚空は無意味な近代的空間となった。これは、仏教排耶論における空の原理の忘却を示していよう。

明治時代に入ってからは、浄土律僧の福田行誡（一八〇九？～一八八八）による排耶論『外道処置法』（明治十四年〈一八八一〉、行誡七十六歳）に、普遍的原理としての空が出てくる。行誡は、キリスト教をインド古代の外道とみなす明末以来の排耶論の定型を踏襲して、仏教を空としキリスト教を執着として、両者を形式的に対比した(37)。しかしキリスト教批判もさることながら、末尾の絶筆偈「般若〔空〕の門は無所得なり　塵々法々融和に入る　強いて彼我邪正の念を存すれば　内道〔仏教〕も亦外道〔キリスト教〕の過と同じ」が示すように、むしろ僧侶の内省を呼びかけることが主眼となっている。近世の仏教排耶論では仏僧への呼びかけは見られないから、これは廃仏毀釈を背景としつつ、キリスト教が現実の競争相手となった近代初頭の状況を示している。

幕末維新期には植民地化への恐れを背景として、キリスト教と西洋列強という恐怖のセットに対抗するための尊皇攘夷が叫ばれた。同時期の仏教においても、日本の原理として皇国の道が言われている。十九世紀の厳しい現実の中で、仏教排耶論における虚空大道の宇宙観はまったく忘れられ、虚空は近代的理解としての単なる空間になったと言えるだろう。

五　排耶論から近代哲学へ

明治期に入ってからの仏教とキリスト教との関わりは多岐にわたっており、その全体像を論じることは難しい。ここでは、この時期の排耶論の代表とされる井上円了の『真理金針』全三篇（一八八六～一八八七年）を取り上げて、近世排耶論の視点から考察したい。

円了は近世の排耶論を巧みに利用しており、『真理金針』はそれまでの排耶論の集大成という性格を持っている。たとえば、神の世界創造説への批判で、「時間と空間こそ、万物すべてに先行して存在する。時間と空間によって成り立つ宇宙は無始無終であるから、神による世界創造という開始点はありえない[38]」と言う。これは、先に述べた費隠の「時間と空間は無始無終である」という時空論を利用していよう。

円了は、虚空をどのように捉えていたか。超然と同じく、円了は虚空を神の無意味さの喩えとしている。曰く、「神が虚空であれば、身体に触れる空間すべてが神ということになる。空間に物を産出する力はないから、空間である神に万物を造出する力はない。神は空間と同じものではないし、空間の中に分布しているものでもない。神が空間の外に在ると言うのであれば、空間の外の場所というものはありえないから、それは成り立たない[39]」と。虚空を単なる「空間」と考える円了は、超然の延長上にあって、虚空の大道は彼の原理ではない。円了の原理は、論理性と合理性である。

学者の天帝は、ヤソ教者の一般に用うる大工神に非ずして、純然たる絶対の理体、不可思議の妙体なり。これいわゆる仏教の真如法性にして、かの大工神〔キリスト教の神〕とは全くその性質を異にす[40]。

「古今にわたりて変ぜざるもの[41]」は理学にかなう学理であり、学者にとって絶対なるものは、絶対の理体、仏教の真如法性であるとした。円了は宗教の価値を測る学問として、論理と合理にもとづく哲学を導入する。

宗教の真理を定むるものは純正哲学にして、純正哲学の実用を示すものこれ宗教なり[42]。

余もとより知る、仏教はヤソ教のごとき愚俗一般の宗教にあらずして、哲学上の宗教なるを。……仏教はただに宗教なるのみならず、また純正哲学の一部分なるを。……けだし釈迦は哲学上の宗教を立てんと欲して、その教中一派の哲理を論定するに至る[43]。

宗教と哲学は補完し合うものであり、「仏教は哲学上の宗教」であると言う。円了は前近代排耶論の最終段階であると同時に、現実の政治や社会とは異なる論理と思弁の領域に哲学という名称を与えて、仏教における形而上的な領域を近代的な形で再び開こうとした。円了の排耶論はキリスト教を媒介として、近代以前の仏教が担っていた形而上的な領域の一部を切りわけ、近代において仏教から哲学が分節化する契機となっている。

六　おわりに

最後に、家永が評価した田辺元を紹介しておきたい。戦中の『正法眼蔵の哲学私観』（一九三九年）では、円了以来の論点である科学と宗教の整合性から、キリスト教の有神論と対比して、絶対否定・絶対無を言う禅仏教は「科学と矛盾することなく完全に之を包容する可能性」[44]があると言う。

田辺元が敗戦三年後に著した『キリスト教の弁証』（一九四八年）は、「宗教的解放即社会的解放」[45]であるキリスト教には社会を改善する実行力があるが、「現世否定の寂静主義」の仏教には現実に関わる力が欠けるとした。しかし哲学的な次元では、仏教を「無」として高く評価している。京都大学の退官後に長野で行った集中講義をまとめた『哲学入門――補説第三　宗教哲学・倫理学』（一九五二年）では、なぜ普遍で絶対なるものは無でなければならないか、ということを説明する。

民族の統一を支持するような統一観念に包括するには、神を種々なる内容属性から抽象して単に存在者と規定するより以上に、安全なる方法はなかった……主神は単に怒りの神として諸部族神を罰するばかりではなく、自己否定的にそれらを自らと和解させる如き愛の神であるのでもなければなりません。……神は、愛の自己否定性を成立せしめるものとして、無をその構造とするのでなければならぬ……[46]

神が愛としてどのようなものをも包括するためには、神はどのような特定の性質や属性も持ってはならない、神は積極的な無でなくてはならない、と言う。田辺は、すべてを包括する絶対普遍なるものは、論理的に無でなければならないと考えている。そして「キリストの懐《いだ》いた神の観念は、その外見にも拘らず内容に於て、絶対無即愛という否定的媒介統一を意味したことは、今や明らか[47]」であるとした。

最晩年の田辺は、『メメント　モリ』（一九五八年）で「クリスト教の神は旧約以来の規定に従って本来絶対存在（いわゆる「在りて在るもの」）であって絶対無ではない[48]」として、もう神は「無即愛」であるとは言わず、有である神のありかたを認めた。田辺自身は、生の哲学（キリスト教）に賛同できず、「遂に「死の哲学」まで思索を徹しようとする[49]」。死の哲学とは、自己の悟りより他者の救済を優先する「大乗仏教の中心観念たる菩薩道[50]」であるという。死後に出版された『生の存在学か死の弁証法か　補遺五』（一九五八年）は、「科学的なる西欧思想を媒介とし、その立場を特色付ける「生の哲学」を継承しながら、その行詰まりを打開して現在の「死の時代」を突破するために、自ら進んで死に身を抛《なげう》ち、復活還相して「死の哲学」に禅道を思想化せんとする[51]」と終わる。

十七世紀初頭の明末禅仏教では、キリスト教の唯一神に対峙する仏教の普遍として、空と如来蔵にもとづく宇宙観である虚空の大道が提出された。明末思想界に呼応する日本の近世思想においては、大道や天道を原理とする排耶論が展開する。近世前期の天道や大道という言葉は、人間と自然を包括する宇宙論的な側面を持つが、幕末維新期の水戸学では、植民地化への恐れを背景として、大道の内実はほぼ人倫のみに限定されている。同時期の仏教排耶論においても人倫と皇国が原理となっており、かつての虚空の大道は忘れ去られ、虚空は近代的な単なる空間となった。丸山眞男は、近世の政治思想は「自然的秩序」から「主体的作為」へ推移したと言い、近世思想史に「自然」から「作為」への道筋を見た[52]。仏教排耶論における虚空の忘却は、その大きな流れの一端でもあろう。

近代になってからの排耶論では、井上円了が西洋哲学を導入して、仏教における形而上的な領域を近代的な形で再びひらき、仏教から哲学が分節化していく契機となった。これをもって、明末以来の護教的な排耶論は終わりを告げる。第二次大戦後には、田辺元の仏教的なキリスト教観が注目される。田辺は、キリスト教の神を「無即愛」とする仏教的な理解に至っている。晩年には、キリスト教にもとづく生の哲学に対して、大乗仏教の慈悲である死の哲学を述べた。近世から近代の仏教排耶論の大きな流れを見ると、虚空の大道が持つ全体的な宇宙観が失われる一方で、理性と論理による哲学が新たに分節化していったと言えるだろう。

註

（1）吉田久一『近現代仏教の歴史』（筑摩書房、一九九八年）、三一〜五八頁。末木文美士「序章　思想史の深層」（『他者・死者たちの近代　近代日本の思想・再考Ⅲ』トランスビュー、二〇一〇年）、一四〜一七頁など。

（2）芹川博通「明治中期の排耶論」（池田英俊編『論集日本仏教史――第八巻　明治時代』雄山閣、一九八七年）、一六三頁。

（3）家永三郎「我が国に於ける仏基両教論争の哲学史的考察」（『中世仏教思想史研究』法藏館、一九四七年初刷、一九五五年改訂増補二版）。

（4）家永は、自身の研究論文について田辺と書簡のやりとりもあり、後に『田辺元の思想史的研究――戦争と哲学者』（法政大学出版局、一九七四年、総頁数四二八頁）を著している。同書では、田辺を「日本仏教・キリスト教・マルクシズムという三大古典思想の統一への理論的突破口を開いた」（四一八頁）、田辺哲学は「貴重な精神的遺産」（四一九頁）と高く評価する一方で、「社会的実践を哲学の根本問題としながらあまりにも社会の実態に無知」（三五五頁）であり「歴史の実態に盲目であったこと」（三八八頁）が、「民主主義・自由主義に対する否定的評価」（三六七頁）を招いたと厳しく批判する。その淵源は「明治憲法的天皇制の呪縛」（三八五頁）にあり、「明治後半期の思想的状況、特に小学校・中学校で田辺の受けた教育の内容がある」（三九九頁）として、明治期の教科書を引用し分析している。この田辺評価は、敗戦後の日本における知識人として教科書裁判を闘った家永の思想を示す。

（5）Urs App, *The Cult of Emptiness*, University Media, 2012, p36 など。後述する臨済禅僧の雪窓宗崔は、排耶説法の場で「念仏宗と日蓮宗とキリシタンは、口誦や儀礼という定型によって人々に執着を起こさせる。定型に頼らない禅は執着を生じない」（『興福寺筆記』〈大桑斉編著『史料研究　雪窓宗崔――禅と国家とキリシタン』同朋舎出版、一九八四年〉、七二頁）と、禅を他宗よりすぐれたものとする。イエズス会の仏教観は、こうした禅の言説が起源と思われる。

（6）App, op. cit., pp.23–75.

（7）エヴォラ屛風文書内の日本文「日本ノカテキズモ」（海老沢有道・井手勝美・岸野久編著『キリシタン教理書』教文館、一九九三年）、二二八頁。一五八六年にリスボアで刊行されたラテン文「日本のカテキズモ」（家入敏光訳編『日本のカテキズモ』天理図書館、一九六九年）、一二頁。

（8）日本文は、註（7）海老沢ほか編著、前掲書、二二八頁。ラテン文は、註（7）家入訳、前掲書、一二頁。このヴァリニャーノの理解が、その後のヨーロッパにおける仏教観、いわゆる「虚無の信仰」の第一歩となった。アップ（App）は、イエズス会による東アジア仏教観とインド哲学の知識があいまってヨーロッパの近代オリエンタリズムの初発点となり、「東洋哲学は無神論であり、世界の根源を混沌のカオスとする一元論である」というイメージが形成されてゆく過程を論証する（App, op. cit., p.186）。

（9）中国仏教とキリスト教については、横超慧日「明末仏教と基督教との相互批判」（『中国仏教の研究　第三』法藏館、一九七九年、初出は一九四九・一九五〇年）が、総合的に論じる。中国儒教とキリスト教については、後藤基巳『明清思想とキリスト教』（研文出版、一九七九年）、一一五～一二一頁がわかりやすい。儒教からのキリスト教批判の理論的中心となったのは、明末高僧の一人である藕益智旭（鍾始声、一五九九～一六五五）である。日本の仏教と中国の儒教という受容主体の違いについては、井手勝美『キリシタン思想史研究序説――日本人のキリスト教受容』（ぺりかん社、一九九五年）、一三三～一三六頁。

（10）明末における円悟らの思想的な特徴については、Jiang Wu, *Enlightenment in Dispute*, Oxford University Press, 2008, pp.135–161. 彼らのキリスト教批判については、西村玲「虚空と天主――中国・明末仏教のキリスト教批判」

（『宗教研究』三六六号、二〇一〇年）〔本書所収〕。

(11) 円悟「弁天二説」（岡田武彦・荒木見悟主編『近世漢籍叢刊　思想四編一四　闢邪集／聖朝破邪集』中文出版社、一九八四年）、一一五一八～一一五一九頁。

(12) 「無始無終は正しくこれ吾が大道の元なり。亦たこれ吾が全真の旨なり。且つ此の全真の旨は人人具足せり。……全真の体は無始無終にして、一道平等にして浩然大均なり」（費隠『原道闢邪説』〈註(11)岡田・荒木主編、前掲書〉、一一五七四頁）。

(13) 空間については、「実約多広に抛て論ずれば、則ち虚空尽ること無く、包む所の世界も亦尽ること無し」（費隠『原道闢邪説』〈註(11)岡田・荒木主編、前掲書〉、一一五七九頁）。時間については、「実約久常に抛て論ずれば、則ち虚空に終始無く、世界も亦終始無し」（費隠『原道闢邪説』〈註(11)岡田・荒木主編、前掲書〉、一一五七九頁）。

(14) 費隠『原道闢邪説』（註(11)岡田・荒木主編、前掲書）、一一五八七頁。

(15) 虚空無為を説いて、『阿毘達磨倶舎論』は「虚空但以無礙為性。由無障故、色於中行」（巻一〈大正蔵二九巻〉、一頁下段）とし、『成唯識論』では「一依識変……似虚空等無為相現。……二依法性……離諸障礙、故名虚空」（巻二〈大正蔵三一巻〉、六頁下段）とする。中国仏教で重視された『楞厳経』は、如来蔵を虚空に喩えて「当知了別見聞覚知、円満湛然性非従所。兼彼虚空地水火風、均名七大性真円融。皆如来蔵本無生滅。……汝元不知如来蔵中、性識明知覚明真識、妙覚湛然遍周法界、含吐十虚寧有方所」（巻三〈大正蔵一九巻〉、一一九頁上段）と言う。

(16) 『原人論』では「儒・道二教説人畜等類、皆是虚無大道生成養育。……故死後却帰天地復其虚無」（大正蔵四五巻・七〇八頁上段）とする。

(17) 詳細は、西村玲「近世仏教におけるキリシタン批判――雪窓宗崔を中心に」（『日本思想史学』四三号、二〇一一年）〔本書所収〕。

(18) 金地院崇伝『排吉利支丹文』（海老沢有道・H・チースリクほか校注『日本思想大系25　キリシタン書・排耶書』岩波書店、一九七〇年）、四二一頁。

(19) 註(18)海老沢ほか校注、前掲書、四二〇頁。ここに見られるようなキリスト教布教にともなう日本植民地化への危機感は、近世初頭の崇伝の段階では、ある程度はリアリティがあったと思われる。その後の林羅山の時には、すでにキリシタンは政治的な仮想敵として利用されており、排耶論は国内統一や仏教排除のための政治的な言説となっていたようだ。Kiri Paramore, *Ideology and Christianity in Japan*, Routledge, 2009, pp.52-102.

(20) 鈴木正三『破吉利支丹』(註(18)海老沢ほか校注、前掲書)、四五七頁。『鈴木正三全集』上巻(鈴木正三研究会、二〇〇六年)、九一頁。

(21) 天道については、神田千里『宗教で読む戦国時代』(講談社、二〇一〇年)、五一～六七頁。天道思想は「現実の生活・行動の総体を超自然的摂理の次元で考える観念」(同、六七頁)とされる。

(22) 林羅山『排耶蘇』(註(18)海老沢ほか校注、前掲書)、四一六頁。近世初頭から明治期までの羅山をはじめとする儒者たちの排耶論の政治思想的な役割については、Paramore, op. cit.。

(23) 熊沢蕃山『三輪物語』巻六(『増訂蕃山全集』第五冊、名著出版、一九七八年)、二六九～二七〇頁。

(24) 熊沢蕃山『夜会記』巻三(註(23)前掲書)、一七五～一七六頁。蕃山と同じく仏教を「幻術」であり「神通力」とする非難は、近世後期の富永仲基(一七一五～一七四六)にも見える(西村玲「聖俗の反転――出定如来・富永仲基」〈『近世仏教思想の独創――僧侶普寂の思想と実践』トランスビュー、二〇〇八年〉、九七～一〇三頁)。近世儒者が仏教を幻術と非難するパターンは、もしかするとキリシタン批判から生まれてきたのかもしれない。

(25) 熊沢蕃山『三輪物語』巻六(註(23)前掲書)、二七〇頁。

(26) 「報」は、山本信哉編『神道叢説』(ゆまに書房、一九九三年、初版一九一一年)、八三頁による。

(27) 熊沢蕃山『三輪物語』巻四(註(23)前掲書)、二四五～二四六頁。

(28) 森尚謙『護法資治論』巻五(『日本思想闘諍史料』第二巻、名著刊行会、一九七〇年)、一九六頁。森は、明代の随筆書『五雑俎』(正しくは五雑組、万暦四十七年〈一六一九〉成立)が仏教を非難してリッチの『天主実義』を称揚することを批判する。

(29) 白石があげる明末排耶論として、鍾子が確認できる(『西洋紀聞』下巻〈松村明・尾藤正明・加藤周一校注『日本思想大系35　新井白石』岩波書店、一九七五年〉、八一頁)。鍾子とは藕益智旭の出家前の儒者名である鍾始声であり、智旭はその名前を使って、儒教の立場からキリスト教の批判書『天学初徴』『天学再徴』を著した。また白石のキリスト教批判として、①キリスト教の自称である天主教の語は最勝王経にもとづくこと(同、七九頁)、②キリスト教の天地創造に仏教の世界劫初説を対比すること(同、七九頁)など、いずれも宗崔の『対治邪執論』(註(5)大桑編著、前掲書、①八九頁、②一〇四頁)にある。『対治邪執論』は幕府に秘蔵されていたから、白石は読んだと思われる。

(30) 会沢正志斎『闢邪篇』(神崎一作『破邪叢書』第一、哲学書院、明治二十六年〈一八九三〉、一一四〜一一五頁、一一三頁)。国立国会図書館近代デジタルライブラリーには『闢邪篇』写本がある(http://kindai.ndl.go.jp/info:ndljp/pid/754814、二〇一三年四月三十日アクセス)。

(31) 会沢正志斎『闢邪篇』(註(30)前掲書)、一一六頁。

(32) 当時の真宗教団と超然については、岩田真美「近代移行期における真宗思想の一断面——超然の護法思想を中心に」(『龍谷大学論集』四八〇号、二〇一二年)。

(33) 超然『斥邪二筆』(『明治文化全集』第二三巻、思想編、日本評論社、一九六七年)、一六四頁下段。

(34) 超然『斥邪三筆』(註(33)前掲書)、二〇五頁上段〜二〇六頁上段。

(35) 超然『寒更霰語』(註(33)前掲書)、二〇一頁下段。

(36) 超然は明末仏教のキリスト教批判(破邪論)を見ていたので、費隠の虚空を改変した可能性がある。超然と明末破邪論については、吉田寅「『寒更霰語』と幕末期仏僧の中国語キリスト教書批判」(『駒沢史学』五二号、一九九八年)。

(37) たとえば、「一、仏は人法二空の理を明かに了達し、彼は二執に繫着す」、「二、仏は一切法を如幻虚疎と説き、彼は真実不虚と執す」「九、仏は作者・使作者なしと説き、彼は自ら造物主と執す」などである。『平成新修 福田行誡上人全集』第二巻「論稿篇」(USS出版、二〇〇九年)、一三五〜一三八頁。

(38) 「第六 時空終始説 ……時間と空間は、万物にさきだちて存し、たとえ万物滅尽するも、この二種ひとり依然として存すべきなり。……宇宙も世界も共に始めもなく終わりもなきなり。宇宙も世界も果たして始終なきにおいては、天帝これを創造すべき理なし」(『井上円了選集』第三巻、学校法人東洋大学、一九八七年〉、五六〜五七頁)。

(39) 「第八 物外有神説 ……あるいは虚空の全体すなわち天帝なりといわんか。わが身体の周囲咫尺みな虚空なるをもって、天帝わが周囲にありというべし。またかくのごとき虚空は自ら物を生じる力なきをもって、天帝万物を造出すべき理なし。これによりてこれをみれば、ヤソ教の天帝は虚空と同体にも非ず、またその中に存するにもあらざるべし」(『真理金針』〈註(38)前掲書〉、六三〜六六頁)。

(40)『真理金針』(註(38)前掲書)、一一九頁。
(41)同書、七一頁。
(42)同書、一七二頁。
(43)同書、一七三頁。
(44)『正法眼蔵の哲学私観』(『田辺元全集』第五巻、筑摩書房、一九六三年)、四五〇頁。
(45)『キリスト教の弁証』序(『田辺元全集』第一〇巻、筑摩書房、一九六三年)、一〇頁。
(46)『哲学入門——補説第三　宗教哲学・倫理学』(『田辺元全集』第一一巻、筑摩書房、一九六三年)、五二五~五二六頁。
(47)同書、五二七頁。
(48)「メメント　モリ」(『田辺元全集』第一三巻、筑摩書房、一九六三年)、一七二頁。
(49)同前。
(50)同前。田辺の死の哲学については、末木文美士「死者とともに」(『哲学の現場——日本で考えるということ』トランスビュー、二〇一二年)、九六~一一五頁、末木文美士『他者・死者たちの近代　近代日本の思想・再考Ⅲ』(トランスビュー、二〇一〇年)、一七七~二二〇頁など。
(51)「生の存在学か死の弁証法か　補遺五」(註(48)前掲書『田辺元全集』第一三巻)、六四一頁。
(52)丸山眞男「近世日本政治思想における「自然」と「作為」」(『日本政治思想史研究』東京大学出版会、一九五二年)。

※熊沢蕃山の史料は、適宜に読点を施した箇所がある。

【付記】　本稿は、二〇一三年一月二十七日に開催された仏教史学会一月例会(共催:幕末維新期護法思想研究会)のミニシンポジウム「近世仏教とその彼方——他者としてのキリスト教と思想の再編成」での発表をもととしている。多分野から有益なご教示をいただいたことに心より感謝申し上げる。本稿は、科学研究費「基盤研究(A)インド的共生思想の総合的研究——思想構造とその変容を巡って」(課題番号　25244003)による研究成果の一部である。

第Ⅳ部

教学の進展

中世における法相の禅受容
——貞慶から良遍へ、日本唯識の跳躍——

一

戦後、家永三郎や井上光貞らから始まった中世仏教の研究は、黒田俊雄の顕密体制論以来、寺院史を中心に飛躍的に発展し新たな段階を迎えた。その中で、当時の禅・律・念仏僧が注目され、彼らの社会的活動や社会的位置については、現在徐々に明らかにされつつある[1]。しかし、禅・律・念仏僧の社会的側面に関する研究が進む一方で、彼らの思想については、研究がそれほど進んでいるとは言い難い。禅律僧の中でも元来、いわゆる旧仏教の各宗に属していた者たちは、従来の伝統的な宗派の思想に加えて、なぜ新たに禅や律を必要としたのか。それらの新しい思潮を受け入れる際の、彼らの内面の葛藤やせめぎあいは、どのようなものだったのか[2]。

ここではそのような観点から、中世の南都の学僧であり法相宗に属する貞慶（一一五五〜一二一三）と、貞慶の法孫であり同じく法相宗に属する良遍（一一九四〜一二五二）が、それぞれの時代的要請と潮流の中でどのように禅を受け止め、吸収していったのかを考えたい。

彼らの禅についての研究史を振り返ると、貞慶の禅について最初に述べた者は島地大等である[3]。島地は、貞慶における禅の影響は、心を静める唯識観の実践において、思惟対象を立てない観行（空観）を導入したことである、とする。これ以後、勝又俊教、鎌田茂雄も同じく貞慶の空観の重視を指摘し、山崎慶輝は、貞慶は華厳から禅を学んだかもしれないという見通しを述べた。さらに太田久紀は、貞慶が使う「禅・坐禅・禅宗」といった言葉に限定して禅の影響を論じ、貞慶は少なくとも中国禅宗を知っていたことを指摘する。また良遍の禅については、太田によって、空を重視する良遍の教学と密接な関係を持つことが明らかにされ、さらに教禅一致の兼修禅の風を持つ円《えん》爾《に》弁《べん》円《ねん》（一二〇二～一二八〇）の講義を良遍が直接に受けたこと、『宗《す》鏡《ぎょう》録《ろく》』の影響のあることが明らかにされた(4)。

では、貞慶・良遍はなぜ禅を必要としたのだろうか？　従来の研究は、禅と法相宗が一致する部分の理論的指摘と紹介にとどまり、なぜ彼らが新たに禅を必要としたのかという、内面的必然性からの視点はほとんどなく、彼らがどのような主体的欲求を持って禅と取り組んでいったのかという点については、いまだあいまいである。

まず彼らが、時代的にどのような状況にあったかということを示すために、良遍が当時の学僧をどのように捉えていたかを紹介しておこう。

しかるに有る人云く、汎爾の学問と唯識観と只だ同じ事なり。これを学解するが如く、意中に思惟すれば、これ則ち観法なり。しからざれば学なりと云々。尤も不審なり。……まさに知るべし、学に着して修行を押すなり。仏法の本意、あに然るべけんや。教を学ぶ本意はこれを修行せんが為なり(5)。

ある人の意見として、いわゆる学問と実践である唯識観行とは、まったく同じことであるという。これに対して良遍は、「尤も不審なり」と疑念を呈し、これは学問に執着して修行を軽視することであり、仏法の本意はそんなことではなく、学問の目的は実際に修行することにあるとする。程度の差はあれ当時の学僧の多くは、このように学問を重視して実践をないがしろにする傾きがあったと思われる。その中にあった貞慶や良遍にとって、禅は実践修行を与えるものとして、そのような状況を打開するものとして、あらわれたのではなかったか？

当時禅は、宋から渡ってきた新しい仏法であった。法相唯識が抽象的で思弁的な学問であるのに対して、禅は「不立文字・教外別伝」として、実践の坐禅を重んじる性格を持つと言ってよいだろう。抽象的な思弁に浸っていた法相宗の学僧にとって、実践を主張する禅はどのようなインパクトを持っていたか。法相宗の唯識思想が持つ論理的厳密さを保持しつつ、彼らはどのように実践行を取り入れていったのか。

古代より続く南都の思想は、中世に禅という新しい思想に出会って、どのように対応していったのか探りたい。

二

法相側の禅理解に入る前に、その前提として、新しい仏法として入ってきた当時の禅について若干見ておきたい。貞慶における禅の影響の出所ははっきりしていないが、良遍は東福寺をひらいた円爾弁円から禅の講義を受け、その影響を直接受けたとされている。(6)

ここでは、その関連からも円爾の禅を示しておこう。円爾の思想は、没後に弟子によってその発言をまとめられた『聖一国師語録』に加えて、著述年代は不明であるが彼自身の著書『十宗要道記』によって近年注目されつつある。(7) ここでは『十宗要道記』の内容を教と禅の関係から検討しておきたい。まず円爾の宗である禅の仏心宗がどのように言われているか。

問いて曰く、仏心宗の中には幾ばくの時節を経、生死を出離し、何の行業か修して菩提を証するや。心解して云く、本無煩悩宗なれば時節を用いず。元これ菩提法なれば行業を修せず。ここをもって直指人心・見性成仏・不立文字も猶これ□□□書足談なり。(8)

禅である仏心宗では、本来煩悩がないのであるから修行をしないというのである。また「直指人心不立文字」といった言葉も余計なことであるという。では、円爾の言う禅の心とは、いったい何か。

その禅とは仏陀素懐の心なり、定に非ず恵に非ず。禅意を悟れば顕密所依の体にして即ち真の無門無法なり。(9)

その禅というのは、仏陀が素より懐いていた心そのものであって、ことさらに努めて行う修行でもなく、知恵でもない。この禅の意を悟れば、これこそが悟るべき法も迷っている自己もないという、真の悟りの境地なのである、という。以上が円爾の「禅」に関する主張であるが、では「教」はどのように考えられているのだろうか。『十宗要道記』の最後に、教についての一連の言葉がある。ここで教と禅の関係を確認しておこう。

故に見性達道の説黙は即ち牟尼の意なり。是心是仏の談論は実に多羅の素懐なり。『宗鏡録』に云く、「教はこれ仏語、禅はこれ仏意」と。(10)

教は仏の言葉であり、禅は仏の意であるという。禅こそ仏の真意を直接に伝えるものであり、教は仏の意の周縁を踊っている言葉にすぎない、ということになろうか。しかし教の存在意義は、どのような形であれ認めていることに着目したい。さらに禅宗の立場からの教の認識を端的に示す言葉は、次のものである。

哀れなるかな、愚痴の学徒は実相を悟らざるが故に、非□□。□愚の行者は仏意に闇きが故に、文字の源に迷い、言語の流れに溺る。これ□を心の遮詮と説けば、断見但空に堕在し、心は本有と談ずれば十界常見の執に住す。……昔の悟人を語れば徳を権者に譲り、今の得解を宣れば世の談話に翫《もてあそ》ぶ。即心仏と説けば妄りに理具に摂して遠ざかり、万法一如と談ずれば中道なりと称して自心とは知らず。口に心仏を談ずれども仏を十方に求め、自心法なりと説けども法を三世に尋ぬ。……その実相の解なき修行は泥をもって泥を洗う(11)。

愚かな学徒は、空と説けば無と誤解し、有と説けばまた常有と執着する。昔悟った人について語ればそれはすぐれた人だからだとし、今の悟った人について述べれば世間話にもてあそぶ。心が即ち仏なのであると説けば、「理具」という教説だけで理解する。すべては真理であると説けばそれは「中道」であるとうそぶき、理具も中道も自身の心であるとは理解しない。自分自身が悟るのであると説いても、言葉で理解するばかりであって、自身の問題とは理解しない。実際の理解がない修行をいくらしても泥を泥で洗うようなものであって無意味である、と円爾は言う。凡人における言葉と実際の自己との乖離を弾劾したものであり、言葉によって現実から疎外されていく者たちへの円爾のいらだちがうかがえよう。さらに円爾は、禅こそが信ずべき教えであると『十宗要道記』を結ぶ。

但だ万事を抛って、仏心宗を信ずべし。禅法は本来無一物と説きて因果を明かさず。断証の観・止を用いず。

智愚を嫌わず、凡聖を弁ぜず、高く任運の知を顕して外に仏を求めざるなり。……『宗鏡』には「一字を明かして識らずともただ見性を得」と。その義、文多しと雖も繁きを恐れてこれを略す。[12]

すべてをなげうって仏心宗を信じ、複雑な観行を用いず、智者・愚者を問わず外に仏を求めない禅こそを修行せよ、と言う。『宗鏡録』の「一文字も知らなくとも悟るのである」という言葉は、教に対する円爾の結論であると思われる。

三

では、このような禅の問題提起から、教を自己本来の立場とする学僧たちは何を受け止め、どのように答えていったのだろうか。

貞慶に関しては、これまで多くの研究[13]によって、その多面的な活動が明らかにされている。ここではまず、『愚迷発心集』から見たい。『愚迷発心集』は、貞慶三十八歳の時に笠置《かさぎ》に隠遁した後の著作ということしかわかっていないが、数多くある貞慶の表白の中でもことにすぐれたものとして、後世に広く流布された。自らを深く懺悔し、道心が起こることを仏神に祈り、誓い続けるその内容からは彼の切々たる心情が伝わってくる。貞慶の心情は、円爾が糾弾したような当時の状況の中で、最も真摯なものの一つでもあろう。貞慶の心情を理解する前提として、彼の懺悔をいくつか取り出してみよう。まず、貞慶は自分をどのような人間として考えていたか。

発心修行の計、内と外と共に乖けり。無益の語を囂《かまびす》しくすと雖も、出世の事をば談ずることなし。居ながら他人の短をば斥《そし》るとも、身上の過をば顧みず。自ら人目を慎むと雖も、全く冥の照覧を忘れぬ。希に一善を勤むと雖も、多くは名聞の思いに穢れる。……夜は則ち睡眠のために侵され、昼はまた塵事のためにけがさる。秋の夜長し、夜長けれども徒らに明かし、春の日遅し、日遅けれども空しく暮れぬ。自行敢て勤めず、況や他人を益するに及ばんや。……かの乞匃非人の門に望むに、賜わずして悪厭せしめ、烏雀犬鼠の食を求むるに、情を廃てて慈悲もなし。……身は生死に処すと雖も、未だ生死の源を知らず。心は妄執より起ると雖も、また妄執の基を弁うることなし(14)。

私は自らの発心修行の志を常に裏切っており、あり余る時間も無駄にすごし、慈悲を求める乞食や犬などに対しては嫌悪し厭うばかりである。私は生死に囚われ妄執のよって来《きた》るもとを知らない者である、と貞慶は言う。現在無自覚に罪深く過ごしているというのであるが、さらに自分の過去・未来をどのように考えていたのか。

仏前仏後の中間に生まれて、出離解脱の因縁もなく、粟散扶桑の小国に住して、上求下化の修行も闕けたり。悲しみてもまた悲しきは、在世に漏れたるの悲しみなり。恨みてもさらに恨めしきは、苦海に沈めるの恨みなり。……

過去に未だ発心せざるが故に、今生既に常没の凡夫たり。今生もし空しく送りなば後もいよいよ悪趣の異生たらん。……今生の所行愚にして、未来もまた地獄鬼畜の生を受けんか。況や先の因たる戒善の力は、今身に既に果し畢んぬ。後生善処の貯えは、望むところ何事ぞや。数十余年の日々の所作は悪業実に多く、百千万億の念念の思惟は妄想至って深し。……

常に地獄に処することは、園観に遊ぶがごとし。余の悪道に在ることは、已れが舎宅のごとし。我いかなる処よりか来れる、また去りていかなる身をか受けんとする。(15)

貞慶は、自分は仏のいない時・場所に生まれた者であり、過去の善も今生で使い果たし、未来のための善は今生に行っていないと言う。無仏の世という時代認識に加えて、無始よりの暗い過去を引き継いで現在の自分が存在し、現在からさらに暗い未来がひろがっていくというヴィジョンが、貞慶の延々たる懺悔の基盤となっている。貞慶の神仏への祈りは、以上のような時代認識と罪の自覚をもととして生まれてきたものである。

『愚迷発心集』の後半部分において、懺悔に混じりつつ出てくる彼の祈りと誓いを見てみよう。

早くこの身を捨てて、以てこの身を助くべし。徒に野外に棄てんよりは、同じくは仏道に棄つべし。……しからば則ち今日より始めて未来際に至るまで、苟も我が身命をもって仏法僧に抛ち、以て仏道を求め、以て有情を利せん。……

仰ぎ願わくは三宝の神祇、愚意を哀泯して、道心を発さしめたまえ。一要もし成就せば、万事皆足りぬべきのみ。……伏して乞う、冥衆、知見証明したまえ。(16)

空しくこの身を棄てるよりは、仏道を志して身を棄てた方がまだましであり、今日から発心するのであると貞慶は誓い、仰ぎ願わくば三宝神祇、我を哀みたまえ、という願いで締めくくる。『愚迷発心集』全体を通して、貞慶は自らの至らなさと罪深さを自覚しかつ懺悔して、神仏を渇仰し、修行を決心する。しかし、自らの罪の自覚は止むたぐいのものではなく、再び懺悔に立ち戻らざるを得ない。このような懺悔と渇仰・誓願の往還は、貞慶の他の表白などにもしばしば見られるものであり、貞慶の特徴であろう。

観行実践の論理においても、その構造は明らかに見て取れる。従来の研究によって禅の影響とされている観行（廃詮観）について、実践を勧める入門書である『勧誘同法記』の言葉を見てみよう。

まず、この観は何であるのか。

問う。もし直ちに真性を指して自心を観ずれば、その相如何。

答う。二に廃詮なるが故に。慮を忘れて念を息めて外に向かいて求めず。不念の念はこれ妄を絶するの利剣なり。不観の観は則ち真を見るの明眼なり。機有りて時有り、忽然として悟解す。一念不生、即ち名けて仏と為す。分証もまた同じ。(17)

これは心の真性を直接観ずる行だというのだが、これは観ずる対象を立てない観行であり、無分別の観と言ってよいだろう。法相唯識においては、かなり修養の進んだ者のための観行である。

いわゆる悟りに相当する根本無分別智は、唯識教学の中では、凡人が菩薩になる時に生まれるものであり、無限の時間とも言うべき一大阿僧祇劫をかけて、ようやく至ることのできる境地とされている。現実的には、悟りに至るのは不可能であると言っているのと同義であろう。さらに、根本無分別智に至った後、成仏までには二大阿僧祇劫がかかるとされている。

しかし貞慶は、「直ちに真性を指して自心を観ず」ることを提唱する。つまり貞慶の主張した行は、悟りすなわち根本無分別智の観であり、一大阿僧祇劫を飛び越えようとする行であった、ということになるだろう。これは、仏と凡人との境界、有為と無為との境界を截然と区別する法相唯識にとっては、その根幹から揺るがす主張である。貞慶がなぜ一大阿僧祇劫を飛び越えられると信じたのか。彼の廃詮観導入の理由を見たい。

問う。無相の空義なお思量し難し。いわんや諸分別を絶して、凡夫の前においてすべて相応せず、仏号を称えず、経典を読まず。無記の心、闇昧にして徳無し。あに只だ眠りの如くして徒らに日夜を送らんや。答う。……もし仏説を信ずればこれまた疑い無し。……況や菩薩の妙行の無相の理観、善縁開発して機感相応す。切々祈願して、念念薫修すれば、虚妄分別一念に蓋し絶せん。一生の中にたとい勝利無くとも、二生三生にはかならず成就すべし。自行の功たとい広大ならずとも、仏力法力定めて加被すべし。過去・現在の諸仏菩薩、皆この道を修して既に悟証を得。未来の菩薩もまた爾なるべし。あに一身に至りて独り法徳を失せんや。……もし信じて虚実有らば、すべからくその信を勤むべし。あにその行を誡めんや。もし行に謬正有らば、すべからくその行を正すべし。誰かその果を疑わんや。これを推してこれを責むるに、我において不動なり。(18)

貞慶が設定した問いでは、無相の空義・分別を絶する観行というのは、凡夫には眠りのようなものとなって単なる時間つぶしになり、凡夫にはふさわしくない、という。この問いは、悟りに至るまで一大阿僧祇劫がかかるという、通例の法相教学を踏まえて提出されていると考えてよい。この自らの問いに、彼は自らの仏菩薩への信頼で答えようとする。自分の力が劣っていても、仏や教えが力を貸してくれるだろう。仏菩薩が修されたこの道・観行が、私一身には適用されないということがあろうか。信じて行じてその結果がないとすれば、それは信心・修養が足りないからである、と。これが、彼に言えるおそらく唯一の答えであった。

はたして彼に、この観行ができるという自覚、あるいは自信があったかどうか。最晩年の著作に見える言葉をあげる。

坐禅作法は文釈これ多し。……しかるに小僧等その作法を問う。頗る勿論の処なり。これを示すことあたわずして東西を失する。すべて不念不望にして、すなわち恣にこれを記す。誠に盲の盲を導くが如し。恐るべし。痛むべし。この中に成就の人出で来らば、もってその師と為す。予もまた学ぶべし。(19)

心広大の門に入らんと欲すれば、我が性堪えず。微少の業を修せんと欲すれば、自心頼み難し。賢老に遇うたびに問うと雖も答えず。(20)

坐禅の作法の説明は数多いけれども、具体的に示すことは難しい。もし坐禅を成就した人がいるのなら私も教えてほしい、と貞慶は言う。自分は観行を完成させたわけではなく、必ずしも観行に堪えられるわけではないという自覚を、彼は最後に持っていた。

彼の生涯にわたるさまざまな信仰の形は、彼がいかに救いを求め続けたかをよく示しているが、その様態を言えば、彼が神仏に求めたものは永遠に終わることのない懺悔と罪の自覚がもたらす内省の、ほとんど麻痺とさえ言っていいものではなかったか。しかし彼がその内省から逃れられることは生涯なかったと思われる。自己の未熟・自己の悪を自覚するからこそ神仏を願い、願えば願うほどさらにそれが自覚されるという彼の構造は、観行においても一貫している。悟りに相応する根本無分別智の修行が内包し自ずから意味するところの、人と仏の越えがたい溝は、自己の未熟の自覚によってより深くうがたれると同時に、貞慶においてはよりいっそう仏にすがることで越えられようとしたが、ついに越えられることはなかったと思われる。

四

さて、良遍の思想は、「何況形の如くも唯識の教を習ひ、又悟らんと云ふ願をも発すほどの人は、定で仏の種子を具せる衆生なり[21]」という、唯識を学ぶ者は皆成仏するという唯識への信頼を基盤としている。その思想の核心は、「事相もし無ならば、真理も亦無なるべし[22]」というものであり、事相という現実の具体的なものを通じてのみ真理に至ることができるという、唯識の正当性へのゆるぎない確信だったとされる。[23]そのような確信によって、実践行、ことに観行は、どのように理解されたのか。四十九歳で隠遁した良遍が隠遁後に書いた『真心要決』を題材として、そのことを考えてみたい。

『真心要決』は法相宗の立場から禅を考えたものであり、「前抄」一巻と「後抄」二巻からなっている。「前抄」は寛元二年（一二四四）十一月、「後抄」は寛元四年（一二四六）二月に書かれたようである。寛元四年は、良遍が自らの思想の最終的結論を示した『応理大乗伝通要録』を書いた年でもあり、この時期は心身ともに気力にあふれていたものと思われる。

まず、良遍が貞慶と同じく実践の観行を重視していたことを確認しておこう。

ここを以て一代の教跡、無尽の法門、無尽と云うと雖も、詮ずる所は只だこれ機執を除かんが為なり。その執を除くとはいわゆる即ち無分別智を修するなり。無分別智とは即ち一切有無等の想を離るる明了の明慧なり。……諸教の至極は唯だこの一事なるか。恒沙の塵数、万差の法門は唯だこれを得んが為の種々の方便なり。これにおいて誰か敢えて一念の疑いを生ぜんや。(24)

引用の冒頭で述べられるように、さまざまな教えは煎じ詰めれば、執着を除くために「無分別智」を修練することを目的とする、というのが良遍の考えである。先ほど見たように、従来の法相の理解では、「無分別智」は最終的目標としてはるか彼方におぼろげに浮かぶものであり、自己の行として行える卑近なものではなかった。その設定は、自己の未熟な現実に即していこうとする唯識教学の姿勢から導き出される真摯さではあったけれども、現実には学解のみ可能ということになり、修行に対する怠惰の弁解ともなっていた。良遍にとって禅宗は、実践修行を与えるものとして、このような怠惰に対する警鐘としてあらわれたと思われる。まず良遍は、禅宗を次のように理解する。

余宗は皆これ境より心を証す。禅宗は他と異なり心より境を証す。謂う所は所観の法門を立てずに直ちに分別を止む。分別止むを得れば心境自ら現れず。これその勝徳なり。(25)

禅は直ちに分別を止め、心を静める修行法として理解される。良遍は、自身が理解した禅の「無分別観」に対して、次のような疑問を立てる。

謂うべし、この事〔無分別観〕我等の分においてはすべて不可得なり。……初心の始行、定めて所観有り。いわゆる三性唯識等なり。常にこれを観察し、漸漸に心を練る。所取・能取を次第に伏し離れて、遂に実証無分別に入るなり。心分別を忘れてすべて所観無しとは、恐らくは信じ難きなり。人もしこれを信ずれば一期空しく過ぐるか。恐るべし恐るべし。……すべて思惟を止むとは何なる証拠有らんや。(26)

良遍はまず、無分別観は我々の分際では不可能であると述べたうえで、初心者の観行では通常必ず対象を立てるものだと言う。その対象を立てることによって、初めて心の境地が進んでいき、最後に無分別観に入るのである。初めから分別を忘れて、まったく対象を立てないという行は信じ難い。そのような現実には不可能な行を信じて行えば、一生を空しく過ごすことになろう。恐るべきものである、と良遍は言う。

最終的な目標であるべきものを、初めから自己の行として行うことは、未熟な自己の現実に目をつぶることになりはしないか。自己の未熟さに対する感度を鈍らせ、修行が形だけとなる危険を孕んでいるのではないか。それは自己の現実からの逃避を意味し、行は単なる自己満足となって、実際には一歩も進まないままで終わるのではあるまいか。良遍は「無分別行」という観念それ自体の内に、結果として、自己の現実からの逃避をもたらすものがあることを感じ取り、本能的警戒心を抱いたと言えるだろう。教学の言葉で言えば、根本無分別智と、それ以前に修練する加行無分別智とを混同してはならないということになる。

そのうえで、「無分別行」は未熟な者にとっては修行とはなり得ないとして、「単なる放心ではないか」という問題が提出される。その疑問はすでに貞慶によって出されており、前に見たとおり、貞慶は仏菩薩を証人とすることによってのみ、その行の正しさ・有効性を主張した。だが、仏菩薩を証人とする根拠は、その仏説を信ずることで初めて成立するものであり、無分別行を修する方法そのものの有効性への根拠とするには、ある短絡があろう。つまり貞慶の場合には、絶対的信という前提以外に、無分別行の正しさと有効性を保証するものはなくなってしまう。絶対的信なるものは、その修行を通じて初めて至れるものでもあり、信を保証するのは、遂には己れの保証しかあり得なくなるのではないか。こうして、自己の同一平面上で回り続ける論理に、貞慶の陥った不透明で深刻な矛盾があったと思われる。

この問題に、良遍はどのように問い、答えたのか。良遍の問いは、貞慶のそれよりもはるかに論理的なものとなっている。まず無分別心そのものについて、すべての者が生得のものとして持っていると規定する。

> 次に一切凡夫ないし嬰児・畜生等の類まで、無始より皆無分別心有り。謂う所は、五・八と及び第六識五倶等なり。今の義の如きは、彼あに皆これにしてそれ深観ならんや。(27)

凡夫・畜生の皆にこの無分別心はある。日常的には五感の感受とそれにともなう心の状態（前五識・第八識・前五識とともにはたらく第六識など）そのもののことである、とする。つまり五感の感受・直接知覚は、畜生に至るまで皆持っているのであり、このような心は決してそのまま深い修行の境地ではあり得ない、と良遍は述べる。

こうして貞慶によって「闇昧にして徳無し」と言われた無記の心（註(18)の箇所）は、良遍によって、法相の体系にもとづく分析と定義によって、五感の感受とそれにともなう感情として捉え直された。このような作業を経て、問いは次のように答えられる。

次に一切凡夫嬰児等の類にこの妙心有るは決然として疑い無し。伝え聞くに禅宗はこれを以て即ち本有の仏心と為す。心と仏と衆生と本来別無しと云々。今法相宗にその義異なりと雖も遂には違わざるか。その異なれる分とは、我が宗の意には、かの本と所有の不念の心はこれ有漏中の現量心なり。即仏心にあらず。然れどもや相似するが故に、好んで常にこの心に住すれば、次第に修せられて無漏智を引く(28)。

すべての者にこの無分別心があることは、疑いの余地がない。初めから無分別の行を説く禅宗では、この心を仏心としていると聞く。法相宗でも修する目標としては同じであって、それは日常の直接知覚である有漏現量心としてあり、即仏心ではないが、仏心相似の心としてあるのである、と良遍は言う。有漏現量とは、対象を認識する一瞬の知であり、たとえば赤色を見て赤という言葉が浮かぶ前の一瞬の認識にあたる。良遍は、この有漏現量心に慣れ親しむことによって悟りに至りうると主張するのである。教理にもとづく厳密な問いと答えは、すべての者が本来的に持っている日常的な直接知覚・有漏現量を、仏心に相似する心として捉え直し、修行の理論的根拠とし得た。そうして、正確な輪郭を持つ認識、貞慶にはなかった明確な修行の根拠と形(29)を導き出した。その際に、自分の考察を保証するものとして、禅が引き合いに出される。

これらのことを考え合わせると、良遍にとっての禅は、自己の考察・体験の普遍性を裏づける証拠として、行の実践を導く道しるべの役を果たしたと言えるだろう。良遍は、この現量・直接知覚の考察によって、無分別智の行を凡人に可能な行としてたぐりよせ得た。

一宗の性相学者、常に言う。その心〔現量無分別心〕未だ必ずしも入聖以去ならず。いまだ必ずしも定心ならず。未だ必ずしも五八ならず。我等凡夫の散心の第六に、数数《しばしば》常にこの心現に起こること有り。いわゆる五倶現量意識にして、この現量心は五識に対して有為有分別なり。まさに知るべし、この心明了不念なり。……今欣求する所は常に此の心に住す。この心妙に唯識の悟りに符するが故に。(30)

法相宗の学者は、この無分別心は凡人に常にあるものである、という。それに対して、この心こそ修行すべき観である、と主張したのが良遍であった。良遍は、法相宗が実践行として禅を取り入れる際に、修行の観となる「無分別心」を明確に根拠づけ、そのことによって前述した貞慶の矛盾を突き抜けたと言えるだろう。「性相学者」の意見をあえて示したところには、仏（性）と凡人（相）、本質と現象の区別を厳密に言う、従来の法相教学が強く意識されている。それを踏まえて良遍は、彼が禅として理解したこの直接知覚の修練こそ、仏へと通じる道であり修行方法であると主張するのである。

しかし、良遍によって同時に付け加えられたところの、この無分別心が決して仏と等しい心ではなく第一歩の相似にすぎないということこそが、肝要であろう。

次に諸の非執心は皆仏心に似る、全くこれを遮せず。……殊に五倶現量意識白浄の位に在り。故に今これを取りて修習する所なり。……我等凡夫無上覚に対して、迷より悟に至るに無量の重有り。一には執見相応の心なり。……六には現量白浄の心なり。……且く第六位を大いに分ちて二と為す。白浄無記と白浄善心となり。白浄の中に亦大いに二を分つ。散位と定位となり。定分の中に亦二位有り。……(31)

執着心ではない心は皆仏心に似るが、その中でもことに現量の心が似ているから、この心を修練して迷いから悟りに至る。さらに現量心の中でも白浄心、さらにその中でも善心、さらに善心の中の定心といった多くの段階を経ていくのだとして、良遍は修行の段階を想定する。

良遍は、「無分別行」を直接知覚・有漏現量と捉え直すことにより、はるか遠くにあった修行をすべての者に手の届くものとすると同時に、それを即仏心ではなく相似の仏心と定義することによって、安易に人と仏との溝を飛び越えることを、厳に誡めた。この仏心相似という考えによって、修行がすべての者に可能であり、しかもなおかつすべての者にとって修行が生涯にわたって行わざるを得ない義務であることが、明確に位置づけられた。ここにおいて、「仏菩薩が修されたこの道が、私一身に適用されないならば、修養が足りないのだ」として、しかし遂に「盲が盲を導くが如し、痛むべし」とした貞慶の深刻な矛盾・無限の懺悔の回路は断ち切られ、貫かれるべき行への一歩を進めたと言えるだろう。

つまるところ良遍は、唯識への信頼と確信を、禅との共通性を見ることによって、いっそう強固なものにしたと言うことができよう。このような追求とその結果として至った信頼によって、自宗に対する次のような言葉が生まれたものと思われる。

我等既に護法の門葉〔法相〕に入り、唯識中道の妙理を学ぶ。これを以て実と為し、これを以て本と為す。法爾の根縁、多生の繋属、あに所以無からんや。我にもし仏性を成ずること有らば、必ずこの門より出離して仏性を成ずること有るべし。(32)

私が成仏することがあるならば、必ず法相によって成仏するという。良遍の人と仏へのゆるぎない信頼を示す言葉であり、彼の宣言と言えるだろう。

五

良遍は禅を直接授けられたことはなく、直接には円爾弁円との交流から知っただけと思われる[33]。禅との関係を考える『真心要決』の中での禅への言及も、自己の主張の部分では、すべて「風聞」「伝聞」の形をとっている。また、円爾は良遍の『真心要決』に対して跋を書いているが、そこでは「仏語仏心不即不離」という、とおりいっぺんの挨拶に始まり、宗派によって争っている現状を誡めた後に、「鈔記〔『真心要決』〕述ぶる所は唯だこの旨に在り」としている。円爾にとっては良遍の『真心要決』は宗派の争いを誡めるだけの意義しか認められなかったわけであり、この跋は良遍の切実な気持ちに応えたものではなく、敬遠の態度を示すものと言ってよかろう[34]。禅の立場から見れば、良遍が行ったように、禅を有漏現量という、心のある種の状態に還元することは、無論本意ではあるまい。

結局のところ、良遍は禅の方法をどのように学んだのか。円爾の主張によれば言葉を否定する禅の思想は、彼に何をもたらしたのか。良遍がどのように言葉を理解したかを紹介して結びとしたい。

まさに知るべし、諸法は一切性相にして一切無礙なり。かくの如く一切の性相決判して、法の不思議を知らしむるなり。これ我が宗の意なり。かくの如く知り已れば即ち思議を絶してこの法を修すべし。何ぞこの法を学んであまつさえ思議を増さんや。一期の執慕、四生止むこと無し。哀れなるかな、恨みなるかな。これを為すこと如何。それ毘尼無くんば則ち罪悪の雲起こり、禅那を欠けば則ち見慢の岳峙せり。無上の妙薬、このために験を失う。博学深解にして空しく三途の患に沈む。愛恚の毒種これによっていよいよ萌る。久しく修練する行忽ちに四魔の奴と成る。先賢尚おかくの如し。況や我等においてをや。[35]

法相宗の教学は、この世のすべてのものが思議を絶していることを知らせるためのものである。そのことが本来の目的であると知ったならば、そのことを体得するように行を修さねばならない。どうして教学を学んで迷いを増やしてしまうのか。それは実践行がないためである。戒律や禅定を行わないから学問は煩悩の手先となり、博学でありながら虚しく地獄に堕ちるのである、と良遍は言う。ここに見られるのは、実践が欠けることによって教学がその有効性を失い、かえって仇となるという認識である。言葉を真の言葉たらしめるために実践行が必要となるのであって、ここではあくまで言葉への信頼が基盤となっている。抽象と現実の乖離を埋めるために修行の体験の導入が提唱されるのであって、言葉を捨てることがその解決法ではない。実践行としての禅は、教の補強として取り入れられる。禅はあくまで教の補強であったという点が、良遍以後の法相宗において禅が根付かなかった理由と思われる。

また、このような禅理解の結果もたらされたものとして、実践と教学両面での良遍の特徴を整理しておきたい。実践面におけるその新しさは、貞慶・良遍によって体系化された日本的唯識観とされる依詮・廃詮の二重の観である。[36]それは、対象を思惟する観と無分別観の二つを往復して、境地を深めていくものである。

問う。不念の位の行相云何。答う。……明了の心の中に諸の分別を止む。これ欣《ねが》う所か。これ則ち先ず依詮の観を作して終に廃詮一実観に入るなり。或いは必ずしもこの次第を存すべからず。人々の欣いに随って直ちに廃詮に入るも亦失無きか。(37)

ここで良遍は、直ちに廃詮観・無分別観を修してもよい、と言っている。分別を止める観行を唯識観の一環として取り入れたことによって、従来の複雑で抽象的な観行が実修可能なものとなった。その根拠は、良遍自身が「教学の力」、「上人〔貞慶〕御記」、「禅宗の伝説」(38)と言っているが、直接的にはこれまで述べてきたように『真心要決』で考えられてきた直接知覚〔有漏現量〕の発見であったと思われる。(39)良遍にとっての禅の発見は、禅そのものの価値を見出したのではなく、法相宗における無分別の行を根拠づける道しるべとして、自己の実践行を保証する確証として理解されるべきであろう。自己の考察を深めていった結果として禅に行き当たったことに、彼の思想の同時代性を見たい。

また、教学面における実践の影響として、次の文章をあげておく。

抑三大僧祇の修行の久しさは、あぢきなく候へ共、覚りの前には是を一刹那にをさむ。三僧祇定めて久しと思ふ、是無明長夜の未だ明けざる程、堅執の夢さめざる間也。此のまどひ一度び覚ては、三祇則一念、一念則三祇也と申せば、などか修行せざらん、などか至らざらん。(40)

法相教学で通常、成仏までに必要とされる永遠の時間であるところの三大阿僧祇劫〔悟り・無分別智までの一大と、それから成仏までの〈三大〉は一刹那に収められる、と良遍はする。この説は、『観心覚夢鈔』ではより詳しく説明される[41]。この三大阿僧祇劫を一刹那に収めるという説の強調は、体験が教学に還元されて、新たな認識を導いていったことを示唆しているのではないだろうか。

貞慶が仏菩薩の権威によってその有効性を保証し、信じようとした無分別智の修行は、良遍によって直接知覚〈有漏現量〉として認識され、万人に普遍的な心であると同時に仏心相似の根拠として、明確な輪郭を持つに至った。貞慶がその重要性に着目した実践行は、良遍によって明確に論理化され普遍化されたと言えるだろう。

註

（1）細川涼一『中世の律宗寺院と民衆』（吉川弘文館、一九八七年）、永村眞『中世東大寺の組織と経営』（塙書房、一九八八年）、松尾剛次『勧進と破戒の中世史――中世仏教の実相』（吉川弘文館、一九九五年）、追塩千尋『中世の南都仏教』（吉川弘文館、一九九五年）、林譲「黒衣の僧について」（小川信先生の古稀記念論集を刊行する会編『日本中世政治社会の研究――小川信先生古希記念論集』続群書類従完成会、一九九一年）など。

（2）そのような観点からの研究は、西山厚「鎌倉期における遁世の論理」（岸敏男教授退官記念会編『日本政治社会史研究　下』塙書房、一九八五年）、苅米一志「遁世僧における顕密教の意義――廻心房真空の活動を一例として」（『年報中世史研究』二二号、一九九七年）。

（3）貞慶における禅の影響については、島地大等『日本仏教教学史』（明治書院、一九三三年）をはじめとする。その後、勝又俊教「鎌倉時代における唯識観の実践――貞慶の唯識観」（『印度学仏教学研究』一五―二、一九六七年）では、『勧誘同法記』の「直指直性　観自心」という一節を取り上げて「これは直指人心　見性成仏という禅宗の考え方ときわめて類似した考え方」と言う。また鎌田茂雄「南都教学の思想史的意義」（鎌田茂雄・田中久夫校注『日本思想大系15　鎌倉旧仏教』岩波書店、一九七一年）も同趣旨であり、貞慶の観行について「禅宗の影響によって、透徹した観心論を展開する」として、唯識観の空観を実践面において重視したことを指摘する。さらに

山崎慶輝「法相唯識の改革者貞慶」（『龍谷大学仏教文化研究所紀要』一七号、一九七八年）、太田久紀「鎌倉時代の唯識」（『金沢文庫研究』二七一号、一九八三年）がある。

（4）太田久紀「良遍の「真心要決」と禅」（『日本仏教』二五号、一九六六年）、同「法相宗にみられる禅の影響——特に良遍の場合」（『駒沢女子短大研究紀要』一号、一九六六年）。なお良遍の思想全体の中で禅の影響を論じたものは註(3)鎌田、前掲論文。

（5）『信願上人小章集』中の「唯識観用意」（『日本大蔵経』六四、一八九頁上）。より校訂が確かと思われる北畠典生『観念発心肝要集』の研究』（永田文昌堂、一九九四年）に拠った。

而有人云、汎爾学問与唯識観只同事也。如学解之、意中思惟、是則観法。不爾学也云々。尤不審也。……当知、着学押修行也。仏法本意、豈可然耶。学教本意為修行之也。

（6）註(4)太田、前掲論文「法相宗にみられる禅の影響」。

（7）『十宗要道記』は高野山宝亀院所蔵の寛正二年（一四六一）写本が、『禅宗』二一〇号付録（一九一二年）に翻刻紹介された。関連論文は、島地大等「十宗要道記及び八海含蔵に就て」（『教理と史論』明治書院、一九三一年）、Bielefeldt, Carl〔1993-1994〕Filling the *Zen syu*: Notes on the *Jissyû yôdôki*. *Cahiers d' Etrême-Asie7* (1993). 末木文美士『鎌倉仏教形成論——思想史の立場から』（法藏館、一九九八年）。以下の『十宗要道記』の本文は『禅宗』二一〇号の翻刻に拠っている。しばしば見られる空郭は、虫損箇所を示す。

（8）問曰、仏心宗中経幾時節、出離生死、何修行業証菩提耶。心解云、本無煩悩宗不用時節。元是菩提法不修行業。爰以直指人心・見性成仏・不立文字猶是□□□書足談也。（一五～一六頁）。「□□□」の箇所、これより後の文に「禅家には不立文字というも蛇を絵きて足を安ずるなり」とあり、それを同意と思われる。

（9）其禅者仏陀素懐之心、非定非恵。悟禅意顕密所依体即真無門無法也。（一七頁）。

（10）故見性達道之説黙即牟尼意也。是心是仏之談論実多羅素懐也。宗鏡録云、教是仏語、禅仏意。（一八頁）。

（11）哀哉、愚痴之学徒不悟実相故、非□□。□愚之行者闇仏意故、迷文字源、溺言語流。是□説心遮詮、堕在断見但空、談心本有住十界常見執。……語昔悟人讓徳権者、今宣得解翫世談話。説即心仏妄摂理具遠、談万法一如称中道不知自心。口談心仏求仏十万、説自心法尋法三世。……其無実相解修行以泥洗泥（二一頁）。

（12）但抛万事、可信仏心宗。禅法説本来無一物不明因果。不用断証観・止。不嫌智愚、不弁凡聖、高顕任運知外不求仏也。……宗鏡明一字不識但得見性。其義、文雖多恐繁略之矣。（二二頁）。

(13) 貞慶の研究は数多くあるため、ここでは代表的なものだけあげておく。平岡定海『日本弥勒浄土思想展開史の研究』（大蔵出版、一九六〇年、復刊一九七七年）、三﨑良周「神仏習合思想と悲華経」（『印度学仏教学研究』九―一、一九六一年）、勝又俊教「貞慶の教学と信仰」（『東洋大学紀要』二〇号、一九六六年）、上田さち子「貞慶の宗教活動について」（『ヒストリア』七五号、一九七七年）、田中久夫「解脱上人の信仰について」（『鎌倉仏教雑考』思文閣出版、一九八二年）、細川涼一「第六天魔王と解説房貞慶」（『逸脱の日本中世――狂気・倒錯・魔の世界』ＪＩＣＣ出版局、一九九三年）等々。

(14) 『愚迷発心集』（註(3)鎌田・田中校注、前掲書）。以下の『愚迷発心集』は、すべて思想大系による。

発心修行之計、内外共乖。雖囂無益之語、無談出世事。斥居他人短、不顧身上過。自雖慎人目、全忘冥照覧。希雖勤一善、多穢名聞思。……夜則為睡眠所侵、昼又為塵事所汙。秋夜長、々々徒明、春日遅、々々空暮。自行敢不勤、況及益他人乎。……彼乞匃非人望門、不賜而令悪厭、烏雀犬鼠之求食、廃情而無慈悲。……雖身処生死、未知生死之源。雖心起妄執、亦無弁妄執之基。（三〇八頁上）。

(15) 生仏前仏後中間、無出離解脱因縁、住粟散扶桑之小国、闕上求下化之修行。悲又悲、漏在世之悲也。恨更恨、沈苦海之恨也。……過去未発心故、今生既為常没之凡夫。今生若空送後弥悪趣之異生。……今生所行愚、而未来亦受地獄鬼畜之生歟。況先因戒善之力、今身既果畢。後生善処之貯、所望何事哉。数十余年日々所作悪業実多、百千万億念念思惟妄想至深。……常処地獄、如遊園観。在余悪道、如己舎宅。我自何処来、又去受何身。（三〇六頁下・三〇七頁下～三〇八頁上・三〇六頁下）。

(16) 早捨此身、以助此身。徒自棄野外者、道可棄仏道。……然則始自今日至未来院、苟以我身命恭抛仏法僧、以求仏道、以利有情。……仰願三宝神祇、哀泯愚意、令発道心。一要若成就、万事皆可足而已。……伏乞、冥衆、知見証明。（三一〇頁上～下・三一一頁上～下）。

(17) 『勧誘同法記』（『日本大蔵経』六四、九頁下）

問。若直指真性観自心者、其相如何。答。二廃詮故。忘慮息念不向外而求。不念之念是絶妄之利剣。不観之観則見真之明眼。有機有時、忽然悟解。一念不生、即名為仏分証亦同。

(18) 『勧誘同法記』（『日本大蔵経』六四、九頁下～一〇頁上）

問。無相空義尚難思量。況絶諸分別、於凡夫前都不相応、不称仏号、不読経典。無記之心、闇昧無徳。豈只如眠徒送日夜。答。……若信仏説此亦無疑。……況菩薩妙行無相理観、善縁開発機感相応。切切祈願、念念薫修、虚妄分別一念蓋絶。一生中設無勝利、二生三生必可成就。自行之功設不広大、仏力法力定可加被。過去現在諸仏菩薩、皆修此道既得悟証。未来菩薩亦復可爾。豈至一身独失法徳。……若信有虚実者、須勧其信。豈誡其行。若行有謬正者、須正其行。誰疑其果。推之責之、於我不動。

(19)『閑寂隙』(『日本大蔵経』六四、一八頁上〜下)

坐禅作法者文釈多之。……而小僧等問其作法。頗処勿論。不能示之而失東西。都不念不望、仍恣記之。誠如盲之導盲。可恐。可痛。此中成就人出来者、以為其師。予又可学。

(20)『観心為清浄円明事』(『日本大蔵経』六四、一三頁上〜下)

欲入心広大之門者、我性不堪。欲修微少之業、自心難頼。毎遇賢老雖問不答。

(21)『法相二巻抄』(註(3)鎌田・田中校注、前掲書)、一四八頁。

(22)『観心覚夢鈔』(『日本大蔵経』六四、一一五頁下)。

(23)良遍の研究について代表的なものをあげておく。太田久紀「良遍の思想――廃詮談旨の強調」(『印度学仏教学研究』一五―一、一九六六年)。山崎慶輝「日本唯識の一乗化」(『仏教学研究』二二号、一九六六年)、田中久夫「仏教者としての良遍」(『千葉大学教育学部研究紀要 第一部』二七号、一九七八年、後に註(13)田中、前掲書所収)、北畠典生「良遍教学の研究」(『仏教文化研究所紀要』一七号、一九七八年)、楠淳證「日本唯識における空思想の発揮」(北畠典生教授還暦記念論集刊行会編『北畠典生教授還暦記念 日本の佛教と文化』永田文昌堂、一九九〇年)等々。

(24)『真心要決』(『日本大蔵経』六四、二二四頁下〜二二五頁上)

是以一代教跡、無尽法門、雖云無尽、所詮只是為除機執。其除執者所謂即修無分別智。無分別智即離一切有無等想明了妙慧。……諸教至極唯此一事歟。恒沙塵数、万差法門唯為得之種種方便。於是誰敢生一念疑。

(25)『真心要決』(『日本大蔵経』六四、二二七頁上)

余宗皆是従境証心。禅宗異他従心証境。所謂不立所観法門直止分別。分別得止心境自不現。是其勝徳。

(26)『真心要決』(『日本大蔵経』六四、二二六頁上)

可謂、此事於我等分都不可得。……初心始行、定有所観。所謂三性唯識等也。常観察之、漸漸練心。所取能取次第伏離、遂入実証無分別也。忘心分別都無所観、恐難信也。人若信之一期空過歟。可恐可恐。……都止思惟者有何証拠耶。

(27)『真心要決』(『日本大蔵経』六四、二二六頁上)

次一切凡夫乃至嬰児畜生等類、無始皆有無分別心。所謂、五・八及第六識五俱等也。如今義者、彼豈皆是其深観耶。

(28)『真心要決』(『日本大蔵経』六四、二二八頁上)

次一切凡夫嬰児等類有此妙心決然無疑。伝聞禅宗以之即為本有仏心。心仏衆生本来無別云々。今法相宗其義雖異而遂不違歟。其異分者、我宗意者、彼本所有不念之心是有漏中現量心也。非即仏心。然稍相似、故好常住於此心者、次第被修引無漏智。

(29)『唯識観作法』(註(5)北畠、前掲書)、二六三〜二六六頁。坐禅作法が細かく、結跏坐・定印・気息等々の方法として、指定されている。

(30)『真心要決』(『日本大蔵経』六四、二三三頁下〜二三四頁上)

一宗性相学者、常言。其心未必入聖以去。未必定心。未必五八。我等凡夫散心第六、数数常有此心現起。所謂五俱現量意識、此現量心対於五識有為有分別。方知、此心明了不念。……今所欣求常住此心。此心妙符唯識悟故。

(31)『真心要決』(『日本大蔵経』六四、二三六頁下〜二三七頁下)

次諸非執心皆似仏心、全不遮之。……殊在五俱現量意識白浄之位。故今取之所修習也。……我等凡夫対無上覚、従迷至悟有無量重。一者執見相応之心。……六者現量白浄之心。……且第六位大分為二。白浄無記白浄善心。白浄善中亦大分二。散位定位。定分中亦有二位。……

(32)『中道事』(『日本大蔵経』六四、一九五頁下。註(5)北畠、前掲書、二一〇頁)。

我等既入護法門葉、学唯識中道之妙理。以之為実、以之為本、法爾根縁、多生繋属、豈無所以哉。我若有成仏性者、必従此門可出離有成仏性。

(33)註(23)田中、前掲論文、註(4)太田、前掲論文。

(34) 円爾の敬遠の態度はすでに註(23)田中、前掲論文によって指摘されている。なお、円爾の思想については、すでに古田紹欽氏が（台・密・禅の）「三教併置の名をかりて、禅の実を取る」と指摘されており、妥当な見解と思われる（古田紹欽「中世禅林の成立――円爾と蘭渓との間」〈『印度学仏教学研究』二七―二、一九七九年〉）。なお円爾の研究史については、田口幸滋「京都における中世禅宗の展開――東福寺を中心として」（『花園史学』一七号、一九九六年）を参照されたい。

(35)『真心要決』（『日本大蔵経』六四、二四六頁上～下）

当知、諸法一切性相一切無礙。如是一切性相決判、而令知法之不思議。是我宗意也。如是知已即絶思議可修此法。何学此法剰増思議。一期執募四生無止。哀哉、恨哉。為之如何。夫無毘尼則罪悪雲起、闕禅那則見慢岳峙。無上妙薬、為此失験。博学深解空沈三途之患。愛恚毒種因此弥萌。久修練行忽成四魔之奴。先賢尚如是。況於我等乎。

(36) 体系化については、註(5)北畠、前掲書に要領よくまとめられている。日本的唯識観の意義は、楠淳證「日本における唯識観の展開」（『仏教学研究』四五・四六合併号、一九九〇年）、同「法相と唯識観」（『日本仏教学会年報』五七号、一九九二年）参照。

(37)『唯識観作法』（註(5)北畠、前掲書）、二六五～二六六頁。

問。不念之位行相云何。答。……明了心中止諸分別。是所欣歟。是則先作依詮之観終入廃詮一実観也。或不可必存此次第。随人々欣直入廃詮亦無失歟。

(38)『唯識観事』（『日本大蔵経』六四、一九二頁下。註(5)北畠、前掲書、一五八頁）。

(39) 円爾の弟子であり禅僧とされる、『沙石集』の著者である無住（一二二六～一三一二）が、その教学の著書『聖財集』で、修行の心について次のように述べていることは大変興味深い。「三量の法門、法相宗の談、修行の肝要なり。一、現量は無差別の心なり。……これに似の現量、真の現量有り。似は五・八識の陰界の中ながら無分別なり。真は無縁の智、無明の境を照らす真なり。真実にはその体同じけれども、凡聖の位をもって一往分別すれば真似の差別あり。……これは法相家の談に少しき異なるか。『宗鏡録』の中の一義なり。……行人、常の用心は現量無分別の心なるべし」（東北大学狩野文庫所蔵『聖財集』巻中）。

修行の心は現量心であること、現量心に真と似の区別を設けることを、法相家とは異なる『宗鏡録』の説として述べている。これは良遍の主張に類似しており、解釈の違いはあれ「修行時現量心」の説は、円爾周辺の者の共通理解であったかもしれない。なお『宗鏡録』の真似現量説の該当箇所（大正蔵四八、七〇四頁中・二二～七〇五頁上・七）に「相似仏心」の言葉はない。

(40)『法相二巻抄』（註(3)鎌田・田中校注、前掲書）、一五八頁。

(41)『観心覚夢鈔』（『日本大蔵経』六四、一二七頁下～一二八頁上）。良遍が、三大阿僧祇劫の間の修行を説明する際に、修行の内省を重視する学説（道理三世観）も採用したということが、すでに太田久紀氏によって指摘されている（『仏典講座42　観心覚夢鈔』〈大蔵出版、一九八一年〉、三九三～三九五頁）。

【付記】　なお漢文はすべて読み下し、仮名法語『法相二巻抄』の片仮名は平仮名に改めた。

可知と不可知の隘路
――近世・普寂の法相批判――

一　はじめに

近世中期にあたる十八世紀半ばには、近世仏教における寺檀制度の確立をはじめ寺社の社会的な基盤が確立されたことを背景に、仏教諸宗における学問的・思想的な活動が盛んになったとされている。[1]その間の社会的制度の確立や民衆への教義の普及については明らかにされつつあるが、しかし思想それ自体の研究は遅れており、仏教者それぞれの思想について、考察はほとんどなされていないと言っていい。本論では、近世を代表する学僧の一人である徳門普寂（一七〇七～一七八一）の法相批判を題材として、彼がいかに時代の価値観と相対したかを探りたい。

徳門普寂は、性相学・華厳学に通じた浄土宗の学僧である。ことに華厳学では、同時代の鳳潭と並び称される碩学であった。普寂は伊勢の地、浄土真宗源流寺の長男に生まれたが、真宗の教義に疑問を抱き二十八歳で生家を出て、尾張の八事北山で浄土宗の高麟から菩薩戒を受けた。京都・大坂などで学び修行した後、五一七歳（宝暦十三年〈一七六三〉）の時に、請われて江戸目黒の長泉院に入った。その後もたびたび京都に招かれて講義を行いつつ多くの著作を著し、七十五歳で亡くなるまで長泉院に住した。

普寂についての研究は護法論に関するものと、教理思想に関するものとがある。まず護法論について見ておきたい。普寂の生きた十八世紀半ばは、西洋科学の流入が始まり、時代精神としていわゆる近代的な合理性があらわれ始めた頃であった。[2] この時期の排仏論は、仏教の宇宙像を否定する須弥山説批判と、大乗仏教は釈迦の説ではないとする大乗非仏説論が中心となるが、これらの論題自体がその時代精神をよく示していると言える。[3] 普寂の思想は、これらの仏教批判を自己の問題として捉えた三大疑問と、それへの解明に集約される。[4] ここではその中から、法相批判に関わる大乗非仏説論の問題について取り上げたい。普寂の大乗仏説論は、明治期、村上専精によって富永仲基の大乗非仏説論と類似したものとして論じられている。[5] 村上の研究は、大乗仏説の根拠となる原典とその展開を、インドから中国・日本の近世・近代にわたって追った大作であり、これ自体が近世護法論の延長上で考えられるべき研究である。ここでの普寂は、富永仲基に先駆けて大乗仏教を歴史的発展段階から実証的に考察した学僧とされ、その近代的な合理性が高く評価されている。普寂の大乗仏説論は、大乗仏教は釈迦滅後の龍樹らによってつくられたとはするが、大乗の源となる言葉は釈迦から大衆部に密伝されたものとして、大乗仏説を守るものである。[6]

また、普寂の教理思想についての研究では、普寂がなした教学への合理的な解釈は、伝統的な各宗学の立場から異端とされた。たとえば法相宗学からは結城令聞によって、普寂は荻生徂徠をはじめとする古文辞学派の影響を受けた、いわゆる自由討究派の極点に位置しており、つまるところ華厳学者であって、唯識学としては受け入れ難いとされた。[7] 他方、華厳宗学からは亀谷《かめや》聖馨《せいけい》らによって、華厳学を倶舎・法相の性相学の立場から簡略化した、極端なる独断論者であるとされており、[8] 総じて各宗学からは異端とされてきたと言ってよいだろう。事実、明治末期においても、宗学の正統派からは異端として蛇蝎のように忌み嫌われ、表立って読むのははばかられたとされている。[9] 逆に近代仏教学の立場からは、その激しい祖師批判と文献学的方法によって近代的学問の先駆けと位置づけられ、その実証性・批判性が高く評価されている。[10]

これらの研究は、是非いずれにせよ、普寂のいわゆる近代的な合理性を認めるものであるが、しかしたとえば中村元は、近代の啓蒙主義の立場から富永仲基や鈴木正三と比較して、普寂の近代性は不十分であったと言う。中村は普寂の護法論を取り上げ、普寂は大乗仏説を論証しようと試みているが、既成宗派の僧侶であったために大乗非仏説を反証する力はなかったとし[11]、彼の思想は批判的ではあったが一般に知られず、社会性はなかったとしている[12]。この見方は、中村の「〔徳川時代の仏教の学問は〕各宗派の権威のもとに是認されている教学体系をただ敷衍し、精細に論議するだけのものにすぎなかった[13]」という認識にもとづいており、近世仏教の教理に思想的な価値はないとする近世仏教堕落史観に沿ったものである。辻善之助の提出した近世仏教堕落史観は、社会史・国制史などにおいては確実に見直されつつあるが、思想面、ことに伝統的な教理思想は単に封建体制を支える宗学として片づけられた点について、新たな進展はほとんどない。その結果、古代から連綿と伝えられてきた伝統的な教理は、近世にはまったくの桎梏となり果て、時代から乖離して完全に凝固していた、というのが現在の通説となっている。

しかし普寂の大乗仏説論は、科学への理解を拒んだ迷妄の説とされた彼の須弥山説護法論と同じく、それ自体が時代への回答である[14]。その護法論は教理思想と深く結びついており、彼の教理思想を抜きにして、その大乗仏説論だけを切り離して、合理性や批判性を持つものとして論じることはできない。普寂を近代の先駆けと見る諸研究からしても、普寂の思想の中で、いわゆる近代的な合理性がどのような意味を持っていたのか、その時代を生きた普寂自身の思想的営為と意図がどのようなものであったのかは、まったく顧みられていない。

法相宗の根本論典『成唯識論』には、大乗が部派仏教に対して釈迦の説、仏説であることを論証する箇所があり、それは伝統的に大乗仏説を論証する箇所とされてきた[15]。本論では普寂の『成唯識論略疏』における法相批判を対象として、護法論と法相批判に一貫する彼の論理を明らかにしたい。普寂の法相批判については、すでに太田久紀によって華厳の立場を踏襲するものであることが明らかにされている[16]。具体的には、普寂は華厳の始・終二教の位置づけに沿って、玄奘訳の『成唯識論』にもとづく法相教義を大乗始門と位置づけ、真諦訳の『摂大乗論』を終教により近いものとする。さらに、法相教義の欠点は、李唐以後、宗祖である慈恩大師基以降につくられたものであり、インド論師の中で安慧を終教に近い者として高く評価する。

では、普寂の華厳からの法相批判と大乗仏説論とは、どのような関係にあるのだろうか。古い宗教的観念が解体し始める時代、近代への予兆が胎動し始めた時代において、いわゆる近代的な合理性を目の前にした僧侶たちは、動揺し途方に暮れ、孤立の度合いを深めつつあった。大乗仏教は釈迦の説ではないという大乗非仏説論は、仏教内部においてこそ深刻な問題であった[17]。普寂は昔抱いた大乗仏説への疑問を、門人に与えた仮名書『香海一渧』[18]で次のように語る。

> 寂、昔時、三大疑を抱く。その一に謂く、仏在世及び滅後結集過五百歳、弘化ただ三蔵のみ。未だ顕了に大乗法を説くを見ず。大衆部の中、密かに大乗を伝ふるに似たりと雖も、事跡明らかならず。馬鳴・龍樹等の大士に至って、盛に大乗を弘め、方等経典、是に於て公然たり。小乗の師あり、即ち言ふ、大乗は仏説に非ずと。荘厳経論に出るが如し。大乗もし究竟の説ならば、則ち仏在正法の間、何ぞ公然として弘めざらんや。
>
> （『香海一渧』第三章「教法義」、三二頁）

普寂の抱いた疑問とは、仏在世中に説かれた教えはいわゆる小乗仏教のみで大乗は説かれていない、大乗が仏の究極の教えならば、どうして仏が在世中に大乗を説いていないのか、というものである。大乗仏教は釈迦の説ではなく、したがって真理ではないのだろうか。だとすれば、僧侶の依って立つ真理とは何か。それはそもそも真理たりうるのか。これらの問いは、僧侶が時代から問われたものであり、普寂はそれに答えるべく苦闘した。普寂が見出した自己存立の道とは、どのようなものだったのか。彼とともに可知と不可知の隘路をたどってみたい。

二　因明批判と大乗仏説論

普寂の著書『成唯識論略疏』は『成唯識論』への批判的な注釈書であるが、奥書がなく、正確な著作年代はわかっていない[19]。ただし自伝によれば、普寂が「略疏」という言葉を使い始めたのは、体力の衰え始めた晩年である[20]。また、『成唯識論略疏』の中に『摂大乗論』の解釈を基本とした言葉があることから判断すると、『摂大乗論略疏』を書いたとされる安永二年（一七七三）前後であったかもしれない[21]。いずれにせよ晩年の著作と思われる。

まず最初に普寂は、法相教義の欠点を五つ数え上げるが、内容の点から、それはおおむね二つにわけられる。一つは、法相の学は煩瑣であり論理学である因明に頼っているというもの（一「名相煩費之弊」、二「濫用因明之弊」）である。もう一つは、華厳一乗の立場から法相三乗を批判するもの（三「妄廃一乗之弊」、四「倒判三一之弊」、五「嫌斥空法之弊」）である。本論ではこの五カ条から、第二の「因明を濫用する弊」と第五の「空法を嫌い斥ける弊」を取り上げる。第二条を取り上げるのは、普寂の因明批判は彼の大乗仏説論と密接な関係があり、彼の思惟方法をよく示しているからである。また第五条の法相は空を理解しないという批判は、すでにインドにおいて空教の側から言われ、日本においても古代から連綿と言われ続けてきた法相批判の根幹である。これによって普寂の法相批判がいかなる立場からなされているのか、より本質的に理解できるだろう。

まず因明批判から見ていこう。法相宗は真理を証明する方法として、因明・論理学を伝統的に重視する。論理を真理に至る重要な道の一つとすることは、法相の根幹である本質と現象、真と俗とを厳密に区分する論理性から生まれてきているものである。普寂が法相を煩瑣と評するように、たしかに法相を特徴づけるものは、真実へ至る道としての言葉と、その意味と法則の細密な吟味である。『成唯識論』において神秘的で超越的な真理を示す時、論理的明晰さと論議の厳密さは、過酷なまでに要求される。究極的な悟りである根本無分別智を示す時でさえ、主観と客観がいかなる状態となっているか、その時の悟者の心理状態が細かく分析され、あくまでも追究される。因明を重視する法相の姿勢はその論理性から生まれる必然的なものであり、普寂の因明への疑義は、法相自体への疑義に当然つながるものなのである。

普寂の因明批判はどのようなものか？　彼は、因明はインド古来の論理学であったという歴史的な事実に即して、まず次のように説明する。

因明は源は足目仙の説なり。印度外道の旧来習学なり。仏の在世時には、聖弟子の輩は全くこれを用いず。……仏滅四、五百年後に、僧徳寝衰し外学勃起す。動やもすれば論場を張り、宗計を捔論す。王・大臣及び婆羅門の梵志の輩にしてこれを証と為す者は、宗・因・譬喩の因明を以て評量判断して、これを定格と為す。この時に当たって、仏弟子は因明に達せざるに由て、動やもすれば堕負に至る。……後に世親・陳那・天主の三大士らに曁って、外計を降伏し仏教を扶護せんが為に、漸く是の学を興盛し、遂に乃ち外道の異学悉く来りて聴習するに至る。ここに於いて学徒をして因明に通達し外論を析伏せしめんが為に、荏苒として因明学を資して内教に寓属せしむ。蓋し斯れ一時の適化なり。(22)

（『成唯識論略疏』〈大正蔵六八巻〉、四頁上）

ここで普寂は、因明はもともとインドの外道の学問であり、釈尊の在世時は仏弟子はまったくそれを用いなかったと言う。普寂の説明によれば、仏が滅して四〇〇～五〇〇年後、仏僧の徳が衰えた時、外道の学者が自己主張のために論争を行うようになった。この時、王らが因明を勝敗の判断基準と定めたが、仏者は因明に習熟していなかったため論争に負けることがあった。そこで世親ら論師たちは、仏教を擁護し、外道を折伏するために因明を盛んにして、ついに外道を折伏するに至った、とする。つまり因明を仏教に取り入れたのは、外道折伏のための一時の方法であり、因明はインドの地の風習にすぎず仏教本来のものではない、というのが普寂の主張である。そしてこの理解にもとづいて、因明を次のように規定する。

蓋し夫れ因明は、これ外道の法にして定めて仏教に非ず。……因明は乃ち第二学の所知にして、既に大・小両乗に非ず。豈にこれ仏教ならんや。……我が仏の教を垂るるや、情に随う有り、智に随う有り。情に随う法門にして尚お世間の学の知る所の境に非ず。況んや智に随う法門に於いてをや。……四句永絶し百非洞遣するは、唯だ聖者の二智の照す所なるのみ。豈に因量を以て窮尽すべけんや。因明は是れ内教に非ざること、断乎として知るべし(23)。（『成唯識論略疏』〈大正蔵六八巻〉、三頁下～四頁上）

因明は外道の法、世俗の学問・第二学(24)の対象であって、大乗・小乗ではないのだから仏教ではあり得ない、という。仏の教えは衆生の理解に合わせて説いた教えでさえも世間の学問の対象ではなく、まして仏の智慧をそのままあらわした教えは、あらゆる言語・論理を超えて聖者の智慧のみが照らすものであり、論理などによってどうして窮め尽くすことなどできようか。世間の学問である因明が仏教ではないことを断固として知るべきである、と主張する。

別の場所で普寂は、西洋天文学も因明と同じく第二学・世俗の学問としている。[25]普寂にとっては、当時新しく入ってきた西欧科学と、古代より仏教内部で伝えられてきた論理学は、同じ世俗知の範疇にあった。両者に共通している点は、真理は言葉や事実による正しい論理・認識によってのみ知られるという理性への信頼であるが、普寂にとっては、そのゆえをもって両者は同質に見えたと思われる。では、その世間世俗の学によって仏教を考えると、どういう弊害が生まれるのだろうか。

其れ世間因量を将いて我が至玄・至微・至大・至広の道に於いて籌度するは、恰も泰山を寸尺し大海を斗斛するに似るなり。豈に我が教をして浅陋且つ狭小の極みにせしむるに非ざらんや。[26]

（『成唯識論略疏』〈大正蔵六八巻〉、四頁下）

普寂は、世間の論理によって仏教を測ることは、泰山を物差しで測り大海を升で量るのに似る行為であり、これは仏教を浅陋且つ狭小にする極みであると結論づける。そしてその例として、『成唯識論』における大乗仏説の論証があげられる。

『成唯識論』のその箇所は、部派仏教に対して七つの論拠（七因）によって大乗が仏説であることを論証したものであるが、普寂が大乗仏説についての自説を述べるのは、第二因と第三因が中心となる。まず第二因であるが、『成唯識論』の本文は「仏在世中には大乗と小乗が共に説かれていたのだから、小乗が釈迦の説ならば大乗も釈迦の説である[27]」というものである。歴史的事実としては大乗と小乗とが釈迦によって説かれたことはなく、大乗は直接の仏説ではない。一章で見たように普寂の疑問はそこから生まれており、彼にとっては大きな問題であった。彼はそれをどのように解決したのか。

大乗経は乃ち甚深の秘蔵なり。仏及び諸菩薩、聖聖迭いに共に三摩地に説くなり。方・時・主伴思議すべからず。小機は座に在るも聞かず知らず。……然るに仏滅後、上座部宗は秘して伝えず。大衆部の中に密かにこれを結集す。これを密伝すと雖も未だ顕露には行なわず。所以に上座有部師の間に一向に大乗秘密有りと知らざる者有りて、頻りに大乗は仏語に非ざるを以てこれを遮遺す。大衆部等は率《おおむ》ね仏に大乗秘蔵有りと信ず。(28)

(『成唯識論略疏』〈大正蔵六八巻〉、四八頁上)

普寂は、大乗は仏・菩薩の聖者たちが互いに、ともに瞑想の中で説いたものであり、時間と空間を超え、説法者と聴聞者の区別を超えた思議不可能な教えであり、機根の劣った者はその場にいても大乗を聞かなかったのだと言う。そして、仏滅後に大衆部では密かに大乗を伝えたが公けにはしなかったため、有部師の中には大乗をまったく知らず、大乗は仏語ではないとして退ける者がいたというのである。この大衆部起源の経緯は、文献から確認できる史学的な事実であり、普寂の大乗仏説論が近代の史学的方法をとっている、と言われるゆえんである。(29)

しかし同時に普寂は、大乗は釈迦から密伝されたとする。大乗とは、聖者の瞑想の中で説かれる凡人にはわからない説であり、時間と空間、主体と客体を超えたものであるとされるが、これはいったどういう意味か。普寂は大乗を、どういう真理として考えたのか。

『成唯識論』の第三因は、「大乗仏教は深い教えであるから外道等の理解の対象ではない。理解できない彼らの経に大乗の教えが無くとも大乗非仏説とは言えない[30]」というものである。つまり大乗は外道らには理解できないというのであるが、普寂はこれをどう理解したか。

此の一因は道理明著なり。阿頼耶の教はこれ証智の境なり。教に依る智境に非ず。亦た不定の智境にも非ず。亦た俗智の周遍する智境にも非ず。亦た忖度する智境にも非ず。唯だこれ菩薩大人のみ知る所の境界なり。豈に外道等の所説に此の広大甚深にして不測なる法義有るべけんや。[31]（『成唯識論略疏』〈大正蔵六八巻〉、四八頁上）

普寂によれば、大乗唯識の教えは真実智による証得の対象であって、教によって知られるものではなく、推測忖度する世俗の知恵の対象でもない。大乗の教えは、菩薩のみが理解できるものであるとしている。つまり大乗仏教は不可知の教えということになるが、その不可知とはどのような質のものだったか。第七因「大乗の教えは深いから言葉通りに理解して大乗は仏語ではないとしてはならない[32]」に付けられた、普寂の説明を見てみよう。

大乗経は乃ち諸仏及び大菩薩の甚深三摩地の法智の印なり。文の如く義を取る者の境界に非ず。外人は未だ大乗はこれ何等の境界なるかを領せず。豈にこれ仏説か非仏説かを論ずるを得べけんや。[33]（『成唯識論略疏』〈大正蔵六八巻〉、四八頁下）

普寂は、大乗は仏・菩薩の深い境地の瞑想を示すものであって、言葉どおりに意味をとるしかない者の対象ではないとする。仏者ではない学者は、そもそも大乗がそういう智慧の対象であることを理解していないのだから、彼らに大乗が仏説か非仏説かを論じることはできない、という[34]。つまり普寂によれば、大乗はそもそも言葉を超えたものであるから言葉によっては論証できないのである。彼の主張する大乗密伝は、すでに言葉と論理で示しうることではない。では、大乗がそのように仏説であることは、いかにして知られるのか。

若し大乗は真に仏語究竟なることを成立せんと欲すれば、応にすべからく此の論の五教十理を以て本識を成立し、且つ『摂大乗』の十種殊勝及び『荘厳論』の七因等を循環研覈し、以て其の大体を弁じて、而る後に摂心凝思して大乗三摩地秘密の教に悟入すべし。是くの如く此くの如く万牛も回すべからざるの大決定心を成就せよ[35]。
（『成唯識論略疏』〈大正蔵六八巻〉、四七頁下）

普寂が命じるのは、学習と凝思である。大乗が真に仏説であることを理解するためには、この『成唯識論』の唯識説を了解したうえで、『摂大乗論』と『大乗荘厳経論』の大乗仏説の論証を理解せよ、というものである。その後に心を整え思いを凝らし、大乗が瞑想における秘密の教えであることを悟って大決定心に至れ、という。ここで思惟すべきことは、大乗が仏説であることは論証できないと知ったうえで、論証それ自体の無効性についてである。だから法相のように、大乗が仏説であることを論理によって証明しようとするのは、大乗が言葉と論理を超えた真理であることを知らず、そもそも真理がいかなるものであるかを理解していない証拠なのである。

豈に因明一量を以て此の義を成立するを得べけんや。ああ世間麁浅の因明韋陀法もて、将に我が至玄・至妙・至大・至高の教理を究明せんとするはこれ教中の大弊なり。学者惑うこと勿れ[36]。

（『成唯識論略疏』〈大正蔵六八巻〉、四七頁下）

普寂によれば、論理学によって大乗教が仏説であることを証明することはできない。普寂が指弾するのは、真理が言葉と論理によって証明されるという前提であり、真理は理性によって証明しうるという確信である。

以上見てきたように、普寂の因明と大乗仏教の理解の方法は、それらの歴史的な発展段階を解明しようとするものであり、いわゆる史学的な方法論と言ってよいだろう。それはたしかに古い宗教的観念を解体する方法であり、従来指摘されてきたとおり、近代の予兆を感じさせる理性の目である。

しかし彼の史学的方法と合理性は、何よりもそれらの限界を指摘するためであった。大乗は論証と史実に依る限り非仏説でしかあり得ない。彼が大乗仏説義の論拠を凝思せよと命じるのは、大乗は瞑想の中の真実であるという認識にもとづいて、仏説かどうかという疑義を超え、論証という方法それ自体が持つ限界を知るためである。論理と事実の有効性と同時に、その限界を知るためにこそ、それらは学習されねばならない。学習によって初めてその有効性と限界が明らかになり、理性の彼方が理性によって与えられる。それこそが普寂の方法であった。彼にとって大乗仏説か非仏説かという課題は、そうした現実の合理性を超えた次元をひらく扉となったと言えよう。

では、このような答えは普寂のいかなる立場からもたらされたものか。普寂があげる法相批判の第五条「法相は空を理解しない」という批判について見ていこう。

三　如来蔵の立場

普寂の法相批判の第五条は、法相は空を嫌うというものである。普寂の考える空とは何のことだったか。第五条を見てみよう。

五には空法を嫌い斥くるの弊は、……所謂る真空とは即ち真如実相にして第一義空なり。如来蔵の自性清浄心なり。其の尊極なるや言を待たず。……当に知るべし、空性の真理は仏教の綱領にして、凡て一乗・三乗乃至無量乗まで、この空宗に由て安立せざるものは無きなり。(37)

（『成唯識論略疏』〈大正蔵六八巻〉、五頁下）

普寂によれば、真なる空とは真如実相であり、生物に本来内在する清浄な心・真理、如来蔵のことである。この空が尊いことは言を待たず、この空性の真理こそがすべての仏教の綱領であると知るべきである、という。このことを認めない法相は、生物に真理が内在することを理解しないということになろう。では、それはどういうことになるのか。法相が如来蔵を嫌うという批判の直接の根拠となる部分は、『成唯識論』の以下の部分である。

分別論者、雖作是説、心性本浄、客塵煩悩、所染汚故、名為雑染。離煩悩時、転成無漏。故無漏法、非無因生、而心性言、彼説何義。若説空理、空非心因。常法定非諸法種子、以体前後、無転変故。

（『成唯識論』巻二〈大正蔵三一巻〉、八頁下）

分別論者は「心の性は本来清浄であるが、客塵の煩悩によって汚染されているから、心を雑染とする。心が煩悩を離れる時には、〔汚染されていた〕心は清浄無漏に転じる。だから〔仏果である〕無漏法は無因から生じるのではない」と言う。しかしこの「心性」という言葉は何のことか。もし（心性とは）空理のことであるならば、（普遍の真理である）空は（生滅変化する）心の原因ではない。普遍の真理は決して諸現象の原因とはならない。（普遍の真理の）本体は時間の経過にともなって変化することはないからである。

空は普遍の真理であるから、無常なる凡夫の心の直接的根拠とはなり得ないことを示した箇所であり、伝統的に法相が如来蔵を認めない箇所（空理非因）とされている。[38] 事象（相・事）である凡夫の心と、真理（性・理）である空理との関係を直接に保証しないということは、現象と本質が直接には結びつかないということを意味している。法相から見れば、直因でないからといって現象と本質が断絶しているというわけではないのだが、[39] 現象と本質の関係を直接には保証しないその厳密さは、真理と現象が相互に絶縁しているという他宗の非難を容易に生むことになった。[40] その批判にもとづくならば論理的必然として、永遠不変である真理は転変する事物を生み出し得ず、一瞬の変化である現象とは決して交錯し得ないことになる。現象がその存在を保証する本質と断絶するならば、現象なるものは存在し得ない。凡夫の成仏はおろか、一切衆生も三千大千世界もあり得ない。永遠不変の本質と有為転変の現象は排除的に対立するという論理的な要請が、すべての存在の次元に及ぼされる時、生成や変化さえも無意味となり、我々の日常である現象は意味をなさなくなる。論理の必然の鉄鎖は、現象世界を抹殺する。法相側がどのように考えていたにせよ、他宗の批判はそういう意味を持っている。普寂は、この箇所を次のように非難する。

心性本浄の義はこれ大乗終極の説なり。即ち華厳・楞伽・勝鬘・無垢称・法華・涅槃等所説の如きは并びに皆この理を以て宗献を建立す。豈にこれを非と謂うべけんや。自下の破斥は、全く相宗の教限に依て思議薫変の分際にて破立せり。若し不思議薫変に拠て論ずれば、則ちこの破は彼の宗に当らず。恰も棒を以て水中の影を打つ如し、と知るべし。……この難は乃ち思議薫変・常途の道理を以て、不思議薫変・超情の玄献を徴す。豈に允当を得んや。この難若し成ずれば則ち一切方等の超情不思議の玄宗一時に壊滅せん。(41)

（『成唯識論略疏』〈大正蔵六八巻〉、三三二頁下）

心性本浄の説は『華厳経』などの根幹をなすもので、大乗の究極の説であるという。法相の如来蔵批判は、法相宗の教えの限界を示すものであり、人間の思議・世俗の論理によって思議不可能な玄妙の真理を批判すること、それは水中の影を棒で打つようなことである。もし法相の批判が正当ならば、すべての大乗の「超情不思議」の教えは、一時に壊滅してしまうだろうという。不変の性と生滅する相の一致は、論理的には不可能である。普寂によれば、その論理性を固守する法相は、人間の思惟を超えたことまでを人間の理性をもって考えているのであって、その結果、言葉と実際の現象とを同一視することになり、言葉があたかも実体そのものであるかのような過ちを犯している。その誤りは、実体を言葉に従属させ、論理を超えた存在に目をつむっている点で、水中の影を実体としているのと同じことである。普寂は、法相宗の教えの限界を次のように示す。

但だ相宗の教限は未だ如来蔵を説かず、未だ相性相即・事理不二を談ぜざるが故に。(42)

（『成唯識論略疏』〈大正蔵六八巻〉、六四頁下）

それは如来蔵を説かず、相と性とが相即し、事と理とが不二であることを説かないことにある、と明言する。普寂は、諸現象と本質の関係は不可知のあり方で結びついているとするが、人の心において、その関係はどのように説明されるのか。

若し大乗終門の説に依らば、則ち仏果は唯一真識なり。……一切異生に六種識有り。如来蔵識は隠覆して現れず。但だ如来蔵識、無明と合するに由て阿梨耶を成じ、能・所取を生ず。これ法執と名く。染汚の意識、我見を帯して起こる。これ我執と為す。かくの如きの法・我、内縁微細にして、凡の知る所に非ず。妄動転麁すれば乃ち六識と為る。……この故に諸八識は皆一如来蔵の転変にして、一異不可得なり[43]。

（『成唯識論略疏』〈大正蔵六八巻〉、六二三頁下）

普寂は、心の成り立ちとその性質について語る。すべての生物の感覚と心理とさらなる深層の意識、すなわち自己の心のすべては、ただ一つの内奥の真理が、無知という誤謬によって変化したものである。浅々たる感受から自覚さえできない意識の深淵に至るまでの心の諸要素は、異なるものでも同一のものでもなく、分析し難いものであると言う。心のすべてが真理から流出しまた収斂していくという、この構造自体はよく見るものであって、普寂が如来蔵の立場に立つことを端的に示している。この説明では、自己の心の諸要素と超越的真理はなだらかに切れ目なく連続している。自己の深奥には自己を超えた超越的なものがあり、それは自己の原点であると同時に自己の到達点となっている。自己の心は真如と不可知のあり方で結びついており、真如が測り難いように自己の心もまた測り難いのである。なぜなら、心は真如の一変形であるから。

心は分析不可能であるというこの立場から、では法相の特徴である心の細密な分析は、どのように批判されるのか。普寂は、『成唯識論』の一文「心の諸要素の分析は世俗においてなされることであり、勝義（真理）においては諸要素は非即非離であって分析し難い(44)」という箇所に同意して、次のように言う。

勝義とは即ち色心離言の法体なり。蘊・処・界の門に於いて色・心及び心所の異同を判ずと雖も、唯だこれ道理世俗にして意言分別の境なり。真実義に非ず。その真実義は則ち心と心所と一・異を得べからず。諸識相望するも亦復た是くの如し。……奇なるかな、李唐已来唯識を学ぶ者は唯だ世俗に於いて名相を恢張し、非即離等を以て如性と為す。殊に蘊・処・界の当体も非即非離非一非異にして不可思議なることを思わず。豈にこれ唯識正宗たらんや(45)。

（『成唯識論略疏』〈大正蔵六八巻〉、七九頁下）

普寂は、真実における心の諸要素は一異を論じ難く分析不可能であるとする。しかし、李唐以後に唯識を学ぶ者は、ただ世俗のレベルで名前と事相を殖やすばかりである。彼らは真如を非即離と言葉で表現したうえに、事象のすべては言いあらわせるものだと思っている。これが正しい唯識宗であろうか、と。

ここで普寂が言う「唐以後」とは、具体的には法相宗の宗祖・慈恩大師基を指している。普寂によれば、事象もまた論理と理性によって測りうるものではない。なぜなら、事象はそのはるか奥底に何らかの仕方で真理を内在するからであり、目に見え手で触れうるこの現実とこの心が、修学と修行によって超越的なものへの通路となるからである。それに対して、事象を真理と切り離すことで対象を固定化して矮小化し、自分の尺度で考えて自己と同一化すること、それこそが世俗である。普寂が言う法相の誤りは、さらに次のように言われる。

七・八二識は最極微細にして未見諦の者の測知する所に非ず。故に古対法の中には、只だ綱紀を提げるのみにして名相の域を規規とせず。李唐以来、学風大いに変じて往往にして意量を以て不可知の境を計度す。忽ちに視れば則ちこれ精密に似るも、篤論すれば則ちこれ名相堕なり。種・現同時、三法展転は、最極深細にして唯だ仏のみ照らす所なり。(46)

（『成唯識論略疏』〈大正蔵六八巻〉、一二頁下）

普寂は、人間の深層心理は最も奥深く微妙なものであるから、仏のみ知ることができるとする。だから真諦三蔵の古唯識では、ただ綱紀を示すだけで、その名前や様相といったことは定めなかった。しかし唐以後の唯識は、不可知のことを自己の計量をもって推量する。これは一見精密に見えるが、実際のところは名前や様相といったことに汲々とする、それは堕落である、という。

この断罪に、世間世俗に対する彼の宣言を聞くのは、さほど無理ではないだろう。大乗は釈迦の説ではないから、また須弥山は事実ではないから、真理ではないとし、論証と事実によってわかることだけが唯一の真理であると信じる者、それしか知ろうとしない者たちは、事象と真理の切断どころか、真理それ自体の独自の存在をも否定し去る者である。普寂の世間世俗の者たちへの異議申し立ては、法相への指弾を基盤として、こうして提出された。知を超えるものを最高原理に置こうとすること、性（本質）と相（現象）とは不可知のありかたで結びついているとすることは、むしろ人間の知の可能性をひろげることではないのか。事象もまた不可知であることを保証する方が、より広く深い知ではないのか、というのが彼の主張であった。

しかし、論証と事実を唯一の判断基準とする精神、近代の合理性は、その影響の広さと深さを増しながら、現在に至るまで私たちを規定している。その精神があらわれようとするまさにその時、その時代を生きる者たちにとっては、それがいかなるものであるかの見当もつかなかったと思われる。多くの仏者は途方に暮れて、ある者は攻撃的になり、ある者は目を閉じ耳をふさいで古い殻に閉じこもり、またある者は新しい流れに身を任せた。今に遺る近世後期の排仏論と護法論の多くのやりとりには、初めて見る事態に対する彼らの敵意と共感とが複雑に入り混じっており、彼らがそれぞれの立場で果敢に立ち向かい、その精神を理解するために全力を尽くしたことが見て取れる。その後、数世代にわたる人々の成功と失敗の、それらの努力が始まったばかりの頃、普寂は法相の論理性を梃子としてその精神を発見し本質を捉え得て、合理性を唯一の判断基準にしようとする時代と未来のありようを断固として認知しなかった。最後に、仏身論についての普寂の言を見ておこう。

三身常住の義は一準ならず。……然るに相学の流れは往往にして自宗の分際を局守し、他の深義を破して動やもすれば左謬を致す。甚だしきは世間因量を以て秤量計度せり。謬りの極みなり。豈に世間所知の証誠道理を以て仏果唯智不思議冲玄の密境を究了すべけんや。(47)

（『成唯識論略疏』〈大正蔵六八巻〉、一一二頁下）

仏身の三身常住について、法相宗では往々にして自分の理解のみを固守して誤謬に至る。ことに世間の知恵、論理によって仏を推し量るとは誤りの極である。仏のみが知る思議不可能・玄妙な秘密を、世間にわかる証拠や論理によって知ることなどできるわけがないという。この言葉は、法相への普寂の最終的な結論であると同時に、世間世俗に対してなされた、自身の存在を賭けた宣言であったと思われる。

四　おわりに

「一　はじめに」で見た仮名書『香海一滴』における普寂の大乗仏説への疑義は、次のように結ばれる。

後ち参究思惟逼拶する時、忽然として中心此の図相を自得し、的らかに大乗は是れ二空所見の真理、性海曼陀羅にして、偏計名言を以て説くべからざる智印なり。仏在正法の世、聖聖密伝し、未だ嘗て諸れを文言に落さず。……今、現流の大乗経は、乃ち時処主伴に藉て、おのおの一種の三昧を表顕す。所以に文文句句、無窮の深趣を含摂す、凡識の得て知る所にあらず。……冀ふ所は、学者博く経論及び古籍を読み、思惟年を積み、如何ん如何んと看れば、一旦今言ふ所に於て、点頭するの日あることあらん。

（『香海一滴』第三章「教法義」、三三一～三三四頁）

普寂は後に参究思惟して考え抜いた末に、大乗は凡夫の言葉では言いあらわせない真理であると悟ったとして、学者は広く学んで思惟し、如何如何と看ればこのことに同意する日が来るであろうと言う。

普寂の大乗仏説論の論理だけを取り上げれば、大乗は言葉ではあらわせない真理だから論証できないものである。ここに見られる言葉の限界への認識は、「仏果は説くことができない（果分不可説）」を掲げる、華厳の姿勢から生まれてくるものでもあるだろう。また、普寂の法相批判の趣旨は、基本的には従来指摘されている華厳の始教解釈、普寂の拠り所となった中国・唐代の法蔵のそれをもととしている。それはたとえば、法蔵が始教を評して引用した

「智障極まって盲闇なるもの、真と俗とを別執す(48)」という言葉を見れば、了解されよう。真・俗を別ものとすることに執着する盲闇なる知者・法相への非難は、普寂の世俗への批判の根幹となるものである。

普寂が大乗非仏説論に見られるいわゆる近代的な合理性を世俗と位置づけて、本質的な地点から答え得たのは、華厳の法相批判をはじめとする、精神の伝統的な形式を指標とし得たからである。法相の論理性は彼に論理と合理の形式を与え、華厳の不可知性は普遍なるものへの確信を与えて、彼の定点となった。普寂においては、伝統的な教理思想は時代の状況から乖離し凝固して桎梏となっていた、という従来の見方は誤っている。そうではなく、古代から伝統と記憶に留められてきた精神の形式に即することによってのみ、彼は初めて時代に答え得たのである。また、因明と大乗の起源の考察に見られるような、実証と理性にもとづく普寂の思惟方法は、荻生徂徠や富永仲基と類似する近世的なものであり、彼が生きた時代の現実に忠実であったことを示している。普寂においては、受け継がれた古い伝統的形式が時代精神の特性を刻印して、新たな意味を持ってあらわれており、創造は伝統と不可分の形でなされている。

近代を経て、西欧的知の合理性への疑義とそれが持つ限界が語られ始め、再び新たな統合と認識が必要とされている今、近世日本におけるその端緒の時を生きた普寂の言葉は、我々自身の精神史の一里程標であると同時に、我々の明日への指標の一つを示しているのではないだろうか。

註

（1）辻善之助「江戸時代中期に於ける仏教の復興　其二諸宗の復古　其三高僧の輩出」（『日本仏教史　第九巻　近世篇三』岩波書店、一九五五年）、四一七～六二二頁。

(2) 源了圓「江戸後期の比較文化論的考察」(同編『江戸後期の比較文化研究』ぺりかん社、一九九〇年)、六～九頁。
(3) 柏原祐泉「近世の排仏思想」、五一四～五三二頁、同「護法思想と庶民教化」、五三六～五四四頁(ともに柏原祐泉・藤井学校注『日本思想大系57 近世仏教の思想』岩波書店、一九七三年)。同「仏教思想の展開」(家永三郎・赤松俊秀・圭室諦成監修『日本仏教史Ⅲ 近世・近代篇』法藏館、一九六七年)、一〇〇～一五五頁。
(4) 普寂が抱いた三大疑問とは、一「須弥山説の是非」、二「大乗非仏説について」、三「因果応報について」である(普寂自伝『摘空華』〈『浄土宗全書』一八巻、二八五頁上〉)。三大疑問についての詳細は、普寂の須弥山説護法論についての拙稿、西村玲「合理の限界とその彼方――近世学僧・普寂の苦闘」(『宗教研究』三三〇号、二〇〇一年)五五～五六頁を参照。
(5) 村上専精「普寂律師の大乗仏説論」(『大乗仏説論批判』光融館、一九〇三年)、八四～一〇五頁。
(6) 『顕揚正法復古集』(『大日本仏教全書』三巻、三頁上～一二頁上)。
(7) 結城令聞「江戸時代における諸宗の唯識講学と其の学風」(小野清一郎・花山信勝編『日本佛教の歴史と理念』明治書院、一九四〇年)、四五八～四六〇頁。同「近世唯識研究の或る系譜についての評論」(仏教史学会編『仏教史学会三十周年記念 仏教の歴史と文化』同朋舎出版、一九八〇年)、九〇二～九〇三頁。同「近世唯識研究の系譜(講演録文)」(『仏教学研究』三七号、一九八一年)、一一二～一一三頁。
(8) 龜谷聖馨「元禄享保已後の華厳宗」(龜谷聖馨・河野法雲『華厳発達史』名教学會、一九一三年)、四五五～四六八頁。湯次了榮「普寂同別二教説」(同『華厳大系』国書刊行会、一九七五年復刻)、一三二一～一三三三頁。
(9) 佐々木憲徳「普寂の『妙玄復真』を読む――普寂の台学思想」(『六條学報』一一六、初出一九一一年〈明治四四〉、復刻一九七五年)、五一頁。
(10) 普寂の祖師批判については仲尾俊博によって、天台大師智顗、章安大師灌頂らへの批判が紹介されている。仲尾俊博「普寂徳門の天台教義批判」(『印度学仏教学研究』四―一、一九五六年)。また神田喜一郎は、鳳潭を文献にもとづく近代的仏教研究のはじめとして高く評価する中で、普寂との関わりについて述べている。神田喜一郎「鳳潭・闇齋・徂徠」六八頁、同「鳳潭余話」八一～八三頁(ともに『墨林閒話』岩波書店、一九七七年)。最近では加藤純章が、現代の仏教学の文献操作と同じ批判的研究方法をとるものとして、普寂の『倶舎論』の注釈に言及している。加藤純章「東アジアの受容したアビダルマ系論書」(高崎直道・木村清孝編『シリーズ東アジア仏教2

仏教の東漸　東アジアの仏教思想Ⅰ』春秋社、一九九七年）、七三頁。
(11)『中村元選集［決定版］別巻7　近世日本の批判的精神　日本の思想Ⅲ』（春秋社、一九九八年）、七三頁。
(12)『中村元選集［決定版］別巻8　日本宗教の近代性　日本の思想Ⅳ』（春秋社、一九九八年）、一六〇〜一六一頁。
(13)同書、一六〇頁。
(14)普寂の須弥山説護法論については、註(4)西村、前掲論文。
(15)『成唯識論』の七因（大正蔵三一巻、一四頁下〜一五頁上）は『大乗荘厳経論』の八因（大正蔵三一巻、五九一頁上）をまとめたものであり、『顕揚聖教論』の十因（大正蔵三一巻、五八一頁中）、『摂大乗論』の十種殊勝（大正蔵三一巻、玄奘訳一三二頁下〜一三三頁上、真諦訳一一三頁中）とともに大乗仏説の論拠とされる。中でも『成唯識論』は最も整理されたものとされた。詳細は、村上専精「古代印度に於ける大乗仏説論の概況　第二節　弁論」（註(5)村上、前掲書）、二〇〜二七頁。
(16)太田久紀「日本唯識研究――普寂の法相教義批判」（『印度学仏教学研究』三〇―一、一九八一年）。
(17)柏原祐泉「明治における近代仏教の歴史的形成」（『印度学仏教学研究』一五―一、一九六七年）、五四八〜五四九頁。
(18)『香海一渧』（『願生浄土義』報恩出版、一九一一年）。
(19)本論では大正蔵六八巻所収の『成唯識論略疏』をもとに、東洋大学附属図書館所蔵の写本と東北大学附属図書館狩野文庫所蔵の写本を参照した。
(20)普寂自伝『摘空華』（『浄土宗全書』一八巻、二九五）によれば、安永八年（一七七九・七十三歳）『首楞厳経略疏』、安永九年（一七八〇・七十四歳）に『遺教経略疏』を書いており、これが最後の制疏となった。
(21)『普寂徳門和上伝』（『願生浄土義』報恩出版、一九一一年）、三九頁には、安永二年（一七七三）に『摂大乗論略疏』を書いたとあるが、その出典は不明である。
(22)「因明者、源足目仙説、印度外道、旧来習学。仏在世時、聖弟子輩、全不用是。……仏滅四・五百年後、僧徳寖衰、外学勃起、動張論場、掎論宗計。王・大臣及婆羅門、梵志之輩、為之証者、宗・因・譬喩以因明、評量判断、是為定格。当是時也、由仏弟子、不達因明、動致堕負。……後曁世親・陳那・天主三大士、為降伏外計、扶護仏教、漸興盛是学。遂乃至於外道異学、悉来聴習。於是為令学徒、通達因明、析伏外論、荏苒乎資因明学、寓属内教。蓋斯一時之適化也」（『成唯識論略疏』〈大正蔵六八巻、四頁上〉）。

(23)「蓋夫因明者、是外道法、定非仏教。……因明乃第二学所知、既非大・小両乗。豈是仏教耶。……我仏之垂教也、有随情焉、有随智焉。随情法門、尚非世間学、所知境。況於随智法門乎。……四句永絶、百非洞遺。唯聖者二智之所照而已。豈容以因量、而窮尽哉。因明非是内教、断乎可知」（『成唯識論略疏』〈大正蔵六八巻、三頁下～四頁上〉）。

(24) この第二学とは瑜伽論等にあげられる四真実である。煩雑を避けるため前掲史料では文証を省いたが、その詳細は以下のとおりである。「瑜伽・顕揚等中、説四真実。一世間所知真実。二学所知真実。三煩悩障浄智、所行真実。四所知障浄智、所行真実。初二乃世間法。第三乃声聞法教。第四是大乗法教。因明乃第二学所知」（『成唯識論略疏』〈大正蔵六八巻、三頁下〉）。なお原出典は『瑜伽師地論』巻三六（大正蔵三〇巻、四八六頁中～下）。

(25) 普寂が西洋科学を四真実中の第二真実とすることの詳細は、註(4)西村、前掲論文、六二～六三頁。

(26)「其将世間因量、籌度於我至玄・至微・至大・至広之道者、恰似寸尺於泰山、斗斛於大海也。豈非使我教、而浅陋且狭少之極乎」（『成唯識論略疏』〈大正蔵六八巻、四頁下〉）。

(27)「二本倶行故。大・小乗教。本来倶行。寧知大乗、独非仏説」（『成唯識論』〈大正蔵三一巻、一四頁下〉）。

(28)「大乗経乃、甚深秘蔵。仏及与諸菩薩、聖聖迭共、三摩地説。方・時・主伴、不可思議。小機在座、不聞不知。……然仏滅後、上座部宗、秘而不伝。大衆部中、密結集之。雖密伝之、未顕露行。所以、上座有部師間、有一向不知、有大乗秘密者、頻以大乗非仏語、遮遺之。大衆部等、率信仏有、大乗秘蔵」（『成唯識論略疏』〈大正蔵六八巻、四八頁上〉）。

(29) ここで普寂があげる文証は、玄奘訳『異部宗輪論』の異訳である真諦訳『部執異論疏』の真諦自身の注釈『部執疏』である。普寂の本文をあげておくと、「真諦三蔵、部執疏言。大衆部、住央掘多羅国、在王舎城地。此部弘華厳・涅槃・勝鬘・維摩・金光明経等経云々。本倶行可知」（『成唯識論略疏』〈大正蔵六八巻、四八頁上〉）。また普寂はほかのところでも、大乗が大衆部起源であることの文証として『部執疏』の同一箇所をあげている（『顕揚正法復古集』巻一〈『大日本仏教全書』三巻、五頁上〉）。なお『部執疏』の原文は散逸しており、この出典は澄禅『三論玄義検幽集』巻五（大正蔵七〇巻、四五九頁中）である。

(30)「三非余境故。大乗所説。広大甚深、非外道等、思量境界。彼経論中、曾所未説。設為彼説、亦不信受。故大乗経、非非仏説」（『成唯識論』〈大正蔵三一巻、一四頁下〜一五頁上〉）。

(31)「此一因、道理明著。阿頼耶教、是証智境、非依教智境、亦非不定智境。亦非俗智周遍智境。亦非忖度智境。唯是菩薩大人、所知之境界。豈可外道等所説、有此広大甚深不測法義哉」（『成唯識論略疏』〈大正蔵六八巻、四八頁上〉）。

(32)「七義異文故。大乗所説、意趣甚深。不可随文、而取其義、便生誹謗、謂非仏語」（『成唯識論』〈大正蔵三一巻、一五頁上〉）。

(33)「大乗経乃、諸仏及大菩薩、甚深三摩地法智印。而非如文取義者之境界。外人未領、大乗是何等境界。豈可得論、是仏説非仏説哉」（『成唯識論略疏』〈大正蔵六八巻、四八頁下〉）。

(34) ここで普寂が言う「外人」というのは、直接には富永仲基を指すと思われる。須弥山説否定論と大乗非仏説論については、浄土宗僧侶・了蓮寺文雄が最も早く反論を出した。文雄は須弥山説否定論の根拠となった『天経或問』（享保十五年〈一七三〇〉）の注釈の形で『非天経或問』（宝暦四年〈一七五四〉）を、大乗非仏説論に対しては仲基の『出定後語』（延享二年〈一七四五〉）の注釈として『非出定後語』（宝暦九年〈一七五九〉）を出している。このことから文雄は明らかに仲基の著を知っていたことがわかるが、普寂は文雄と同じく浄土宗門であり、須弥山説については文雄に続いて『天文弁惑』（安永六年〈一七七七〉）を著していることから、大乗非仏説論に関しても仲基の著を知っていたと思われる。なお普寂が富永仲基を知っていたということは、村上専精や神田喜一郎が推測の形で述べている。

(35)「若欲成立、大乗真仏語究竟者、応須以此論五教十理、成立本識、且循環研覈、摂大乗十種殊勝、及荘厳論七因等、以弁其大体、而後摂心凝思、悟入大乗三摩地、秘密之教。如是如此成就、万牛不可回之大決定心」（『成唯識論略疏』〈大正蔵六八巻、四七頁下〉）。

(36)「豈可以因明一量、得成立此義哉。於乎以世間麁浅因明韋陀法、将究明乎我至玄・至妙・至大・至高之教理。是教中之大弊也。学者勿惑」（『成唯識論略疏』〈大正蔵六八巻、四七頁下〉）。

(37)「五者、嫌斥空法之弊者。……所謂真空即真如実相、第一義空。如来蔵、自性清浄心。其尊極也、不待言焉。……当知、空性真理者、仏教之綱領、凡一乗三乗、乃至無量乗、無有不由此空宗、而安立也」（『成唯識論略疏』〈大正蔵六八巻、五頁下〉）。

(38) 太田久紀「日本唯識研究——如来蔵思想の位置づけ」（『印度学仏教学研究』二九—一、一九八〇年）、五二頁。

(39) 法相内部において性・理と相・事の関係は、「不変の真如を保持しつつ、転変する諸法の存在を確保するにはどうすればよいか」という難問として考えられている。日本中世、鎌倉期の法相宗の学僧である良遍は、理と事の関係は増上縁であるとしており、これは法相が提出した解答の一つであると思われる。良遍の文を示しておく。「問。我宗何故不云真如為種子耶。答。夫種子者、必是滅壊無常法也。若不爾者。親因縁義、不可得故。由此即立有為種子。是望事果、最親因故、判為因縁。真如常住、無此義故、名増上縁。彼此軽重、豈及疑耶」（『応理大乗伝通要録』〈『日本大蔵経』六四、法相宗章疏三、七三頁上〜下〉）。また結城令聞が、日本中世の法相唯識を対象としてこの問題について考察を試みている（「日本唯識家に於ける真如説の新展開」〈花山信勝ほか編『宮本正尊教授還暦記念論文集　印度学仏教学論集』三省堂出版、一九五四年〉）。簡単にまとめれば、院政期の法相宗学僧・貞慶は理と事とをつなぐものとして如（道理真如、道理真理）を考えたというのであるが、それでは理とも事ともなる道理真如とはいかなるものかは明確にされていない。結城論文末尾に、貞慶の道理真理についての室町期の光胤による議論が紹介されている（『唯識論聞書』〈大正蔵六六巻、六二二頁下〜六二三頁上〉）。いずれにせよ、理と事との関係はさまざまな角度から考えられ続けた問題であったと思われる。

(40) このことは「真如凝然不作諸法」（この趣意は『華厳五教章』〈大正蔵四五巻、四八四頁下〉）という言葉で示されるが、この言葉自体に「事理永別」「性相隔歴」という批判の意図があることが、結城令聞の註(39)前掲論文、一一〜一二頁によって簡潔にまとめられている。

(41) 「心性本浄之義、是大乗終極之説。即如華厳・楞伽・勝鬘・無垢称・法華・涅槃等所説、并皆以此理、建立宗献。豈可謂之非哉。自下破斥、全依相宗教限、思議薫変、分斉破立。若拠不思議薫変、而論焉、則此破、不当於彼宗。恰如以棒打水中影、可知。……此難乃以思議薫変、常途道理、徴不思議薫変、超情之玄献。豈得允当乎。此難若成則、一切方等、超情不思議之玄宗、一時壊滅」（『成唯識論略疏』〈大正蔵六八巻、三三二頁下〉）。

(42) 「但相宗教限、未説如来蔵、未談相性相即・事理不二故」（『成唯識論略疏』〈大正蔵六八巻、六四頁中〜下〉）。

(43) 「若依大乗終門之説、則仏果唯一真識。……一切異生、有六種識。如来蔵識、隠覆不現。但由如来蔵識、与無明合、成阿梨耶、生能・所取。是名法執。染汚意識、帯我見起。是為我執。如是法・我、内縁微細、非凡所知。妄動転麁、乃為六識。……是故諸八識、皆一如来蔵転変、一異不可得」（『成唯識論略疏』〈大正蔵六八巻、六三頁下〉）。

（44）「此依世俗。若依勝義、心所与心、非離非即。諸識相望、応知亦然。是謂大乗真・俗妙理」（『成唯識論』〈大正蔵三一巻、三七頁上〉）。

（45）「勝義即色心離言法体。雖於蘊・処・界門、判色・心及心所異同、唯是道理世俗、意言分別境。非真実義。其真実義則、心与心所、一・異叵得。諸識相望、亦復如是。……奇哉、季唐已来、学唯識者、唯於世俗、恢張名相、非即離等、以為如性。殊不思蘊・処・界当体、非即非離、非一非異、不可思議。豈是唯識正宗哉」（『成唯識論略疏』〈大正蔵六八巻、七九頁下〉）。

（46）「七・八二識、最極微細、非未見諦者之所測知。故古対法中、只提綱紀、不規規乎名相之域。李唐以来、学風大変、往往以意量、計度不可知境。忽視焉則、似是精密、篤論焉則、是名相堕也。種・現同時、三法展転、最極深細、唯仏所照」（『成唯識論略疏』〈大正蔵六八巻、一二頁下〉）。

（47）「三身常住義、不一準。……然相学之流、往往局守、自宗分斉、破他深義、動致左謬。甚者以世間因量、秤量計度。謬之極矣。豈容以世間所知証誠道理、而究了仏果唯智不思議冲玄之密境哉」（『成唯識論略疏』〈大正蔵六八巻、一一二頁下〉）。

（48）『華厳五教章』（大正蔵四五巻、四八五上）、原出典は『摂大乗論釈』（真諦訳世親釈）、大正蔵三一巻、一五三頁下。

【付記】 東洋大学附属図書館所蔵の『成唯識論略疏』写本（複写）は、東洋大学東洋学研究所研究員・橘川智昭氏より譲り受けた。記して感謝申し上げる。

第Ⅴ部

伝統から近代へ

釈迦信仰の思想史的展開

――『悲華経』から大乗非仏説論へ――

一　江戸と明治の出会い

日本近世（江戸時代）における大乗非仏説論とは、「大乗仏教は釈迦仏の説ではない」という主張のことである。この主張の是非をめぐる論争は十八世紀半ばから始まり、仏僧と儒者・国学者らの論争となって、二十世紀の初頭まで約一五〇年間にわたって続いた。近世後半から明治三十年代まで続く論争であり、日本仏教思想近代化の歴史的過程を如実に示すトピックである。

大乗非仏説論の歴史的展開は、近世中期の富永仲基（一七一五～一七四六）から、明治時代の仏教学者・村上専精（一八五一～一九二九）や清沢満之（一八六三～一九〇三）の精神主義に至る。その思想史的な過程は「近代科学的な合理性にもとづく大乗非仏説が、仏教徒の迷信である大乗仏説を打倒する」という、単線的な図式として描かれてきた。しかし大乗非仏説を主張することで僧籍を離脱するに至った近代の村上専精が、「非仏説論者にして而も又仏説論者なり」[1]と最も高く評価したのは、近世律僧の普寂（一七〇七～一七八一）の説であった。村上は、普寂と仲基の両者を止揚することにより、近代独自の新しい展開へと踏み出していった。大乗非仏説に見られる近世から近代への仏教思想の推移は、学者の仲基に見られる合理性のみならず、仏僧の普寂に見られる宗教性があって

こそ初めて可能であり、両者があいまって近代仏教の精神を形づくる源流の一つとなったと言える。(2)

それでは近代仏教における大乗仏教観の母胎となった近世仏僧、なかんずく律僧の思想は、どのような源流から生まれ、歴史的にいかに展開してきたのだろうか。近代以後の研究において普寂ら近世仏僧が抱いた大乗仏説への疑問は、同時代の富永仲基に対応するような批判意識のあらわれであり、いわば未熟な近代的合理性と理解されてきた。(3)たしかに彼らは近世の批判精神を時代的に共有しているが、その思想は律僧としての釈迦信仰とその実践から生まれたものであって、「大乗仏教は仏説か非仏説か」という近代的な基準と枠組みだけで理解することはできない。

江戸時代の鎖国を現実に生きた僧侶たちの、インドと釈迦への想いは、今の私たちの想像を超える。幕末から明治にかけての浄土宗僧であり、学行兼備の高僧として廃仏毀釈に抗した福田行誡（一八〇九?～一八八八）は、イギリスに留学した南条文雄《ぶんゆう》（一八四九～一九二七）がインドに渡ったと思い違いをして、その足を礼拝した。南条の自伝『懐旧録』に、その様子が描かれている。

〔行誡は〕「よくお出でた」と云ひつつ、私〔南条〕の両膝に両手を差し出し、之を頭上に推し頂きて直ちに退出されてしまった。一体何う云ふ意味であらうかと考へてゐる中に、上人は再び私の前に進み、一枚の短冊を持し、「これを御進上致します」と云ひ乍ら、非常な悦びの御面持であった。おし戴いて開いて見ると、

接足　御仏の御跡ふむ足尊としな

作礼　我戴かん御跡ふむ足

行誡　八十一(4)

イギリス留学から帰国した南条は、この時点ではインドには渡っていないのだが、行誡は南条が「印度仏跡をも巡拝したものと考へられた」。あまりの喜びように、南条は自分がインドに行っていないことを、言い出せなくなってしまった。そして行誡は「昔笠置の解脱上人が、渡天の志を得ず、泉州堺の浜に出で、海水に足を浸して、此水も天竺の方から流れてきたと思へばせめて渡天の思が慰められると云って、海水にその思慕を寄せられた話を挙げて、切に私〔南条〕を尊ばれるのであった[5]」。

耳がまったく聞こえなくなっていた行誡は、この後に、あらかじめ用意していた印度に関する十五の質問を、南条に筆談で訊ねた。さらに次の日に、行誡は浅草観音への参詣の途中に、わざわざ南条のもとを訪ねている。八十一歳にして「御仏の御跡踏む」人に出会った行誡の喜びが伝わってこよう。行誡に見られるような釈迦への真情は、新しい時代の空気となって、近代の仏教を生み出していく情熱の一つになったと思われる。

行誡の十五の質問とは、中国の玄奘（六〇二？〜六六四）や法顕（三三九？〜四二〇？）による仏跡報告の確認や、インドにおける梵語・梵字の使用状況、日本古代の最澄（七六七〜八二二）が言う大乗寺の存在などであり、それらはいずれも江戸時代の仏教者の知識と関心にもとづいている[6]。たとえば「インドの僧侶の服は、日本に伝わっている服と異なるかどうか」と尋ねているが、これは江戸時代を通じて展開された、釈迦当時の正しい袈裟についての議論から生まれたものである[7]。行誡は、近世に開始された釈尊復古の志と実践の直線上にいる。

行誡が、笠置の解脱上人貞慶（一一五五〜一二一三）のこととして語った話は、正しくは明恵（一一七三〜一二三二）のことである。明恵は、天竺へ渡ろうとして春日明神に制止された。紀州の島に逗留した際に、西の沖にかすむ島を天竺になぞらえて、「南無五天諸国処々遺跡」と泣く泣く礼拝した。そこで磯の石を拾って、天竺の釈迦仏遺跡がある河の水が入った海と「同じ塩に染まりたる石なれば」と釈尊の形見として愛し、「遺石を洗へる水も入海の石と思へばなつかしき哉」と詠んだ。[8] 貞慶は南都の釈迦信仰を始めた一人であり、行誡や南条の誤りもまったく故のないことではない。

また近年の近代仏教研究の進展により、近代仏教当初よりインドへの熱烈な憧憬のあったことが明らかになってきた。[9] 具体的には、明治初期の廃仏毀釈を経て以後、各宗が派遣したヨーロッパ留学僧によって、インド古代のゴータマ・ブッダを中心とする西欧仏教学が輸入され、[10] 東京帝国大学を中心にインド仏教を中心とする印度学仏教学が近代的な学問として確立されていった。[11] その一方で、インド・スリランカ・チベットなどのアジアへ、釈尊由来の生きた仏教を求める僧が、巡礼と留学に陸続と旅立っていった。[12] 留学僧らの行く先は、ヨーロッパ・アジアとそれぞれに異なり、もたらした結果もさまざまであったが、その志を支えたものは各宗への使命感であると同時に、古代インドの釈尊への熱い思慕が根底にあったと思われる。

本論では、近代の大乗論と釈尊観を生み出す源流の一つとなった、律僧における釈尊信仰について、その発生と展開をたどってみたい。江戸時代の幕末から生きた行誡は、イギリスに留学した明治時代の南条文雄の足を礼拝し、鎌倉時代南都の釈迦信仰を自らのよすがとして語る。なぜ行誡のような存在が、思想史的にあり得たのか。近世から近代にかけての仏教における大乗仏説論の疑問と解決は、どのような希求から生まれてきたか。まずは、その発端となった中世南都の『悲華経《ひけきょう》』による釈迦信仰から見ていこう。

二　慈父釈迦牟尼如来——中世南都の釈迦信仰

中世南都の釈迦信仰については、先学によって研究が進められており、おおよその内実を知ることができる。[13] それは『悲華経』を根拠として、釈迦仏をモデルに穢土成仏を目指す信仰と実践であり、法然（一一三三～一二一二）が提唱した専修念仏による阿弥陀仏の浄土往生に対置される。貞慶に始まって、明恵、覚盛《かくじょう》（一一九四～一二九〇）、良遍（一一九四～一二五二）、叡尊（一二〇一～一二九〇）、忍性（一二一七～一三〇三）らにあり、貞慶以来の戒律復興にもとづく南都改革派の特徴の一つであった。

貞慶が法然教団排除のために朝廷に上奏したとされる「興福寺奏状」には、阿弥陀仏に対置される釈迦仏の特徴が見て取れる。貞慶は、法然を批判する第三条に、釈尊を軽んじる過失をあげる。曰く、「三世諸仏の慈悲斉しと雖も、一代教主の恩徳独り重し」として、「心ある者で、釈尊の恩を知らないものがあろうか。しかし専修念仏の徒は、阿弥陀仏以外の仏を礼拝しないし、阿弥陀念仏以外は唱えない」と言う。彼らの言う「阿弥陀仏以外の仏と名号」とは、釈迦などの諸仏のことである、と難じる。続けて、「専修専修、汝は誰の弟子ぞや。誰か彼の弥陀の名号を教えたる、誰かその安養浄土を示したる」とその忘恩を強く批判して、「憐れむべし、末生にて本師の名を忘れたることを」[14]と結ぶ。はるか彼方の西方十万億土より死後の凡夫を迎える阿弥陀仏とは異なり、釈迦仏はこの現世、娑婆苦界の教主である。

さらに、明恵の言を見てみよう。建久九年（一一九八）、明恵二十六歳の折に書かれた『随意別願文』は、「我が大慈父大恩教主、釈迦牟尼如来」という語で始まる[15]。願を述べるにあたって、曰く「我が大慈父、大恩教主の釈迦牟尼如来が亡くなって何百年も後に、この辺境の小国に生まれた遺法の幼子……我が身を省みて大慚愧を起こし、慈父釈迦牟尼仏を恋慕して涙を雨降らし、無明の殻の中から悲哀して申し上げる」と懺悔する[16]。これより以下は、華厳の教えを体得することを願う内容が続くが、ここでは明恵が釈迦仏を慈父とたのむ根拠となった『悲華経』を見たい。釈迦の慈悲とは、どのような性格のものであったか。

『悲華経』は、釈迦が仏として生まれる以前の前生譚であり、釈迦が宝海梵志という大臣であった時に、大悲菩薩という名前を得た経緯が中心となっている。『悲華経』の主人公である宝海梵志は、周囲のあらゆる者に未来世において仏となることを勧めて、その場の仏である密蔵如来から許し（授記）を得る。自分に関わるすべての者が、いずれは清浄な国土の仏となることの確証を得た後に、宝海梵志は自らの志願を述べる。

この諸の衆生、已に各願って浄妙の世界を取り不浄の土を離る。……この諸の菩薩、大悲を生ずと雖もこの五濁悪世を取ること能わず。今かの諸の衆生、痴の黒闇に堕す。(17)

未来に仏となることを願うこれらの人々は、清らかで妙なる浄土を取り、不浄な世界を離れた。彼らは大悲を生じても、この五濁悪世に生まれることを願わなかった。見捨てられた娑婆の衆生は、痴の黒闇に堕ちている、と。『悲華経』が述べる黒闇に堕在する人々とは、とりもなおさず娑婆に住む我々のことであり、その描写は真に迫っている。その衆生は「恩義を識らず正念を失いて、善法を軽蔑し智慧有ること無く」、「得る所の物に於て他と分たず、互いに相い軽慢して恭敬有ること無く、懶惰・懈怠」にして、「悪を作すを以ての故に称嘆を得」る。このゆえに「諸仏世界の容受せざる」者として、諸仏の世界から擯《しりぞ》けられて、この娑婆世界に来り集まった者である。こうした衆生は常に怒りを抱いて「娑婆に充満」し、「肉をくらい血を飲み皮を剝ぎて衣とし」、殺し合っている。当然、この世界もまた苦しみに満ちている。「娑婆世界はその地多く…土砂・礫石・山稜…蚊虻・毒蛇・諸悪の鳥獣、その中に充満し」、「常に非時に於いて悪雹・雨水あり」。この雨水は毒であって、それで育つ穀物も「皆悉く雑毒」しており、これを食べる衆生は怒りを増し、顔色は憔悴している。(18)

諸仏の世界からはじき出された黒闇の衆生が充満する世界、諸仏から見捨てられ荒廃しきった世界が、この娑婆である。宝海梵志は、「世尊よ、願わくは我その時兜術天より下りて最勝の転輪王の家に生まれん。……人寿百二十歳の時に於いて成仏し出世し……仏世尊ならん」(19)と、その世界を自らの世界とすることを願って、大悲菩薩という名前を与えられる。大悲菩薩の後身が、今の釈迦仏である。

善男子よ、汝、今まさに知るべし。その時の大悲菩薩とは豈異人ならんや。……則ち我が身〔釈迦仏〕これなり。(20)

釈迦仏は、あらゆる仏から見捨てられた世界と我々、この苦界と黒闇衆生を自ら選んで生まれた仏であるから、「諸仏の慈悲斉しと雖も、一代教主の恩徳は独り重」いのであり、「慈父釈迦牟尼如来」と仰がれる。釈迦の性格は、何よりもこの現世、過酷な現実を引き受けることにある。『悲華経』の釈迦は、はるか古代のインドで現実に生きた人としての面影を保ちながら、時空を超える大悲の菩薩として止揚される。それはたしかに、西方浄土の阿弥陀仏とは異なる種類の慈悲であり、浄土を願う道とはまた違う、もう一つの人の生き方を示すものだった。

中世南都で初めて律僧となるために自ら受戒した（自誓受戒）覚盛が、大悲菩薩と諡号されたことは象徴的である。また叡尊が四十七歳（宝治元年〈一二四七〉）の時に書いた願文は、宝海梵志の誓願をトレースするものであり、忍性も名を連ねている。(21)

ここを以て誓願して、敬して本師往昔の誓願を学んで、穢悪充満の国土に処して、恒に仏刹に擯棄せらるる衆生に対して、利益安楽の方便を設け、諸仏に値遇し、利生の法を学んで、無仏の国に住して大饒益を作さん。
小比丘叡尊、曾てこの願を発す。(22)

ここに誓願する。私小比丘叡尊は、本師釈迦がはるか前生に立てた誓願に学んで、穢悪充満の国土で、他の仏土にしりぞけられ（擯）棄てられた衆生に、つねに利益安楽の手だてを設ける。諸仏に値遇して衆生を利する法を学び、仏のいないこの娑婆国土に住んで、大利益を施すことを、と。ここで叡尊は『悲華経』の「擯棄」の字を使って、釈迦仏と同じくこの穢土で仏となることを誓う。

文永六年（一二六九）に、六十九歳の叡尊は大和の般若寺を再興し、文殊菩薩像の供養のために非人二〇〇〇人に施しを与えた。中世における非人とは、ハンセン病患者を中心とする集団であり、施物には米や鍋・糸などに加えて、ハンセン病患者が頭を包む白い「包みの布」も入っていた。叡尊は、その折の願文で「ただ切なる哀情によって、永代に供養したいと願っても、現実には彼らの鉢は空っぽである。この施しは一日の糧にも堪えない」と述べる。娑婆に生きる彼は、その日を凌ぐだけに終わる施しの空しさを知っている。そのうえで、なお「施者も受者も平等に貪欲を離れ、禅悦の味を嘗めんことを願う(23)」ところに、南都の律僧が目指した慈悲の性質、穢土を引き受ける釈迦の自覚を見るべきだろう。

八十四歳の弘安七年（一二八四）に、叡尊が雨乞いを行った時の言葉は、彼がかつての誓願を果たし続けていることを示す。

凡そ某〔叡尊〕、当寺〔西大寺〕に住して已来、……三時の行法等、偏に皆国土泰平利益衆生の為なり。本より浄土に生まれんとも楽わず、都率に生れんとも楽わず。只衆生の安楽を以て本意と為し、都て私無し。[24]

もとより浄土も都率も願わないと言い切った八十四歳の老比丘は、この六年後に九十歳で亡くなった。貞慶を嚆矢とする釈迦信仰は、神祇と結びつきながら、舎利信仰をはじめとして、南都のみならず叡山にもひろがって、中世の特徴的な信仰の一つとなった。法相宗擁護の神である春日明神の本地仏は釈迦であり、『悲華経』の釈迦信仰を背景として慈悲万行菩薩と仰がれる。[25]その具体相は、人によってさまざまだけれども、共通するのは三世を踏まえた現世の重視であり、釈迦仏をモデルとして穢土における個人の修養と完成を目指すことにある。叡尊らが選んだ修行方法である戒律（具足戒）は、古代天竺で釈迦仏が実行したものと信じられ、律僧となることは、実在した釈迦の生をたどろうとすること――それぞれの能力と資質に応じた形で――だった。それは個人の能力や努力といったものを信じ、そこに重きを置く、南都の貴族的な思想と文化のあらわれでもあったろう。

鎌倉時代以後、南都の戒律は社会的な勢力としてはほぼ途絶えたと思われる。[26]近世の慈雲飲光（一七一八～一八〇四）は、律僧不在の間の戒脈は春日明神お預かりとする。[27]近世初頭の慶長七年（一六〇二）、叡尊らに倣った真言宗の明忍の自誓受戒によって、戒律は再び人の行うものとなった。近世律僧における釈迦信仰は、どのようなものだったか。

三　釈尊正法五〇〇〇年――近世律僧の釈尊復古

近世国文学を専門とした日野龍夫は、江戸人にとってのユートピアは、幻想の古代であったと言う。[28]その心性は、学芸分野においては古代に範を求める復古主義となってあらわれた。近世の仏教・儒教・国学神道などの思想家は、それぞれの古代像に理想を託す復古主義の形式をとることで、新しい独創的な思想を展開しており、文献学的方法によって自らの古代像を明らかにしようとする。儒者のユートピアは中国古代であり、国学者のそれは日本古代だった。そして近世律僧の理想は、インド古代の釈迦仏である。仏教と他思想との最大の違いは、律僧の場合は、その理想を律院ないし個人において、ある程度まで現実化することが可能だったことである。

近世戒律は、真言宗の明忍（一五七六〜一六一〇）らが、自ら誓って戒を受けたことに始まる。『律苑僧宝伝』によれば、二十一歳で出家した明忍は「戒は三学の首である。戒が廃れて、どうして禅定や智慧が生れようか。この国には戒律が廃れて久しい。あに坐視するに忍びんや[29]」と言い、戒律を学ぶために南都の西大寺に入った。二十七歳の時に、明恵ゆかりの京都高山寺で、同志二人とともに「大乗三聚の通受法に依って自誓受戒[30]」して律僧となり、槇尾山西明寺を再興した。

日本律僧の通受法とは、大乗戒として三聚浄戒（摂律儀戒・摂善法戒・摂衆生戒）を一度に自誓受戒することであり、そのうちの摂律儀戒として具足戒を受けることになる。通受法では、夢や三昧中などで得た好相（仏に頭を撫でられるなど）を受戒の契機として、仏前で自ら誓って戒を受けるために、すでに具足戒を受持している他の僧侶から戒を受ける必要がない（通受自誓）。これに対する別受法は、三聚浄戒の摂律儀戒のみ、すなわち具足戒だけを受けることである。別受法の場合は、律の規定に従って、すでに具足戒を受持している僧から戒を受ける（別受相承）。日本中世の叡尊ら以来、僧侶が具足戒を受けて律僧となる時には、自誓受戒の通受法に依るのが一般的であった。

明忍は、三十一歳で「通受自誓の願いを遂ぐと雖も、尚未だ別受相承の望みを果たさず[31]」として、日本にはいない具足戒受持の僧を求めて「海を越えて法を求め……毘尼〔律〕を興隆(32)」するために、中国大陸に渡ることを決意する。高雄の弘法大師像の前で護摩法を百座修して、伊勢・八幡・春日に詣でた後に対馬まで渡るが、海外に渡ることを止められる。そのまま対馬で赤貧のうちに過ごし、京都からの母の手紙を受け取った時には、慇懃に拝戴して読まずに渓流に流した。『往生要集』に親しんで、慶長十五年（一六一〇）の六月七日に、三十五歳で亡くなった。臨終の時には、病苦で「小杖を以て畳を打、称名念仏して魂を安養にうつさんと乞い」ながら念仏して、紫雲の来迎を観たという(33)。

明忍は、亡くなる半年ほど前に、次のような「通受血脈」という図を書いている。

釈迦弥勒
　玄奘—慈恩
　道宣—元照
叡尊

拼呑三聚
長養戒身
耀法利生
千古未開

慶長十五年正月廿六日(34)

これは具体的な相承をたどる通常の血脈や法系図とまったく異なっており、律僧明忍の精神的系譜、彼を支える魂のアイデンティティとして理解すべきだろう。叡尊は、釈迦仏・弥勒菩薩の直系とされる。右には通受法の論拠である『瑜伽師地論』を翻訳した中国法相宗の玄奘とその弟子慈恩基（六三二～六八二）、左には中国四分律（南山律）宗の道宣（五九六～六六七）と元照《がんじょう》（一〇四八～一一一六）が並ぶ。下の四句は、通受法を讃歎するものだろう。

第四句「千古未開」の意味はわかりにくいが、通受法が歴史的には叡尊に始まるということだろうか。明忍がそのルーツを、釈迦・弥勒・叡尊として空海を入れないことは、近世戒律の発端における釈迦仏の意義を示すものとして重要である。

明忍に始まった戒律は、浄土宗をはじめ禅宗や法華宗にもひろがった。さらに最澄以来、大乗戒を重視する天台宗においても小乗戒の実行を主張する安楽律派が勃興した。浄土律は、浄土宗における本来の戒（円頓戒）を求める形として、天台安楽律では中国宋代の天台宗を理想として、近世独自の展開を示した。時代は下るが、享和元年（一八〇一）に各宗から寺社奉行所へ提出した規定から各宗付属の宗として確認できる律宗は、真言宗付属の真言律、浄土宗付属の浄土律、天台安楽律である。(35)

そうした流れの中で、古代インドと釈迦仏への直接のアプローチは、一七〇〇年代に入ってから少数派としてあらわれる。その嚆矢と思われるのは、浄土律の敬首（一六八三〜一七四八）である。武蔵国の神田に生まれた敬首は、十五歳の時に増上寺で出家した。十九歳から二十四歳までの五年間、関西で天台や南都の諸学と戒律を学び「甚深にして未曾有の説」(36)を抱き、師から「自秘して他に向て説くことなかれ」と言われる。二十四歳で具足戒を受けて正式に律僧となり、律院住職となった。その後、隠遁して授戒と講義で日を送り、六十六歳で亡くなった。その思想は、あまりに通常とは異なるため、「聴く人耳を驚かし、或いは讃え、或いは嘆ず」るありさまで、その教えを理解した弟子はいなかったという。敬首の思想は、次のように言われる。

上は釈尊を本師とし、龍樹・天親の二大士を依怙とし、其の余は天台・華厳・真言・法相・三論の諸祖と雖も、其の訾謬を匡し、其の正につき、其の非を弁斥す。(37)

釈尊を本師と仰ぎ、インドの龍樹と世親（天親）を拠り所とした。その他の祖師に対しては謬りを正し、正しいところは受け入れ、非なるところは排斥したという。敬首は、古代インドの僧侶を理想としている。律僧となった時に敬首と改名したが、「天竺の法は只一名なれば敢えて字《あざな》を用い」なかったという。

敬首の思想の一端は、五十五歳（元文二年〈一七三七〉）の時に、弟子が書写した敬首の秘密の手控えからうかがえる。敬首は、釈迦が大乗を説いたという大乗仏説に対して、以下のような疑問を抱いた[38]。

曰く、「〔疑問一〕釈迦仏が『法華経』を説法するのを聞いた声聞は、皆大乗に転向したはずであるのに、釈迦仏の滅後に声聞の小乗が仏典を結集するのはおかしい。〔疑問二〕仏典を結集した洞窟の外でまとめられた大乗経典でも、冒頭に「如是我聞」〔私はこのように釈迦仏から聞いた〕とあるのもおかしい。〔疑問三〕仏滅後に小乗仏教はわかれて二十部になったが、大乗仏教がわかれていないのはおかしい。〔疑問四〕小乗仏教の伝持は絶えていないのに、大乗仏教は誰が伝えたのか。〔疑問五〕大乗仏教は大乗論師の馬鳴から始まり、それ以前に大乗について述べられないのはおかしい」と[39]。これらの疑問に対して、敬首は、次のように考える。

天竺の仏法は、先づ華厳を説き自証報仏の境界を説て衆生に願望せしめんと欲す。然るに欲界にして人根相応ぜず。故に相止て小を説て其戒を律す。次に漸く浅般若を説き、次に深般若を説く、法華これなり。次に総説す、涅槃これなり。総説了てみたれば、穢土なれば其機相応は小乗なり。故に伝法の聖者皆内秘外現を守る者なり。剃髪染衣これなり[40]。

敬首は、釈迦仏は華厳・小乗・戒律・般若・法華・涅槃という順番で説いたとしながら、この世は穢土であるから、大乗ではなく小乗がふさわしいと言う。だから聖者は、内心は大乗菩薩であるが、外見は小乗比丘として髪を剃り衣を着ている、とした。

大乗を優位に置く教相判釈説に従って、この苦界には劣った小乗がよりふさわしいとする主張である。ここで戒律をはじめとする小乗仏教に積極的な意義を認めることにより、大乗仏説は後景に退いていく。敬首は、釈迦仏の説法時には「聴衆に一向大乗と内秘の者と一向小乗との三衆」がいたとして、公けに伝えた小乗仏教（三蔵）は「公法・公伝」であるのに対して、私に伝えた大乗仏教は「私法・私伝」であるとする(41)。

敬首のあとを承けるのは、同じく浄土律僧の普寂である。普寂は、インドの釈尊正法を基準とする戒定慧の三学均修を主張し実行して、日本の諸宗祖師を問題としない。釈尊と南山律宗の宗祖とされる中国唐代の道宣を仰ぎ、明確に釈尊復古を主張する。敬首は釈尊と併せて宗祖である法然を尊敬の対象とするが、普寂においては、法然に対する格別の尊敬は見られない(42)。

敬首と同じく普寂も、仏在世から滅後の五〇〇年間に弘められたのは小乗仏教のみであることから、なぜ釈迦仏は大乗仏教を説かなかったのか、という疑問を抱く。曰く、「〔仏滅後の五〇〇年を過ぎた後に〕馬鳴・龍樹等の大士に至って、盛に大乗を弘め、方等経典、是に於て公然たり。……大乗もし究竟の極説ならば、則ち仏在世正法の間、何ぞ公然として弘めざらんや(43)」と。普寂の答えは敬首と同じく、この娑婆の末世には小乗仏教がふさわしいというものである。

閻浮提は、五濁増時なるゆへに、本格なれば人空から入るべき也。それゆへ仏在世正法五百歳にいたるまでは、四阿含の教、四諦無我の理のみ、をしえ玉へるとみえたり。……大乗を表に出さず。大乗は、聖聖密伝し玉へるとみえたり。[44]

普寂は、娑婆にふさわしい教えは小乗であり、大乗仏教は聖者の瞑想中で密伝されたものとする。[45]敬首や普寂は、律僧として小乗戒を実行する根拠を、戒律が釈尊の正法であることに求めた。釈尊当時の仏法を文献の中から探るうちに、「釈尊が亡くなって数百年の後に、なぜ初めて大乗仏教があらわれるのか」という問い、大乗仏説への疑問が生まれてきたと思われる。彼らの疑問は、伝統的な理論を根底に置きながら大乗密伝という形をとって、「大乗仏教は凡人の手に届かないから、凡人であれば小乗仏教を実行するべきだ」という釈尊正法としての戒律実践への根拠を導いた。

管見の限りであるが、近世律僧は『悲華経』には言及せず、叡尊に見られるような経典そのものにもとづく誓願はうかがえない。彼らは中世律僧と同じく釈迦仏への信仰を基盤としているが、そのアプローチの方法は「諸祖と雖もその正につき、その非を弁斥す」という取捨選択を特徴としており、いわゆる近世的な合理性にもとづいている。彼らの釈迦信仰においては、もはや大悲菩薩の神秘性と抽象性は顧みられず、凡人にも実行可能な戒律をはじめとする教えを説いた現実性と具体性こそが、その信仰の理由となる。

最後に、近世後期の慈雲飲光に触れておきたい。真言律僧であった慈雲は、釈尊復古を掲げて僧侶と俗人に正法律を広く提唱し、晩年には神道を研究した。慈雲の正法律は、近代に至って釈雲照（一八二七～一九〇九）の十善戒運動に引き継がれ、近世戒律運動の掉尾を飾った。沈仁慈は、慈雲の正法思想を分析して、その「正法」概念が神道研究以前は「仏在世及び賢聖在世の世」であり、後には「自然法爾」となったことを明らかにしている。[46]慈雲が、どのように「仏在世」を目指したかを見ておこう。

毎に学徒を誡めて曰く、大丈夫児、出家入道す。須く仏知見を具し、仏戒を持ち、仏服を服し、仏行を行じ、仏位に躋るべし。切に末世人師の行う所に倣うことなかれ。須く淳粋の醍醐を飲むべし。雑水の腐乳を歠ることなかれ。これ尊者、終身履践する所、故に亦これを用いて以て人に誨ゆ。(47)

慈雲は学徒に対して常に、いったん出家したならば、仏の智慧を持ち、仏の戒を護り、仏の服を着て、仏の行動を行い、仏の位に昇るべきである。決して仏以外の末世の人師に倣ってはいけない、と誡めたという。

十八歳の時に天竺渡航を志した慈雲は、釈尊教団の復活を企図して、この言葉のとおりに実行した。慈雲は、「一切経の初に如是我聞の字」とは、是くの如く我聞けりということであるから、経は「弟子の宣伝なることを示」し、経典は弟子の聞き書きであると言う。それに対して、戒律は「唯金口の親宣」であって、律文の冒頭には「直に仏在某処と標して」いるから、よりすぐれているとする。(48)

慈雲にとっての戒律は、経典に優先する絶対的な真理であって、古代天竺に実在した釈尊教団を直接に示す言葉であり、教団復活の現実的な方法であった。彼は、古代天竺の釈尊の教えと教団生活を文献による梵語研究によって探究して、『梵学津梁』一〇〇〇巻を著した。その成果の一つが、仏服として釈尊当時の袈裟を復元し、一〇〇〇枚を作製して普及したことである。慈雲の教団では、仏行としての瞑想が義務づけられた。

しかし慈雲は、前世代の敬首や普寂とは異なり、大乗仏説への疑問は抱かない。釈迦「仏在世には小乗の法を多く説かせられ」、日本では「皆大乗を奉持する」(49)と言うが、そのことは大乗への疑問にはつながらない。慈雲はたしかに、釈尊滅後の大乗仏教の歴史的展開を認識しているが、心情において、釈尊正法の絶対性と大乗仏教への尊崇は一体化しており、そこに論理的な矛盾を感じない。その仏教理解は、その点において伝統的な教相判釈の規範を出るものではなく、終始一貫して「聖教の中に勝劣を見るべきことではないぞ[50]」という姿勢を堅持する。戒律についても、「菩薩は声聞行を兼ね[51]」るから、大乗戒と小乗戒の両方を修すべきであるとしている。

慈雲の正法律は釈雲照へ、普寂の大乗仏説論は村上専精へ、それぞれ形と質を変えながら近代に引き継がれた。釈尊を憧憬する江戸の律僧の精神は、近代の仏教者を広く覆う空気となった。

四　おわりに――ゴータマ・ブッダへ

明治三十年代に、大乗非仏説論争に学問的な終止符を打った村上専精は、富永仲基を高く評価すると同時に、普寂の主張をそのまま援用して、大乗仏教は歴史的現実とは別次元の真理であるとした。村上は、「大乗仏教は歴史的には非仏説であるが、歴史を超越した真理において大乗は仏説である[52]」と結論する。彼は歴史と信仰を切り離すことにより、大乗仏教を歴史から超越する絶対的なものとして、当時問題となっていた信仰と歴史の矛盾を棚上げすることに成功した。村上は仏教における信仰と学問を分離して、客観的・歴史的な仏教史の研究を可能にし、近代仏教学への道を内面からひらいたと言えよう。

その後の日本の近代仏教学は、ヨーロッパから輸入された文献学と伝統的な漢訳仏典研究を車の両輪として展開された。下田正弘が明らかにしたように、その大きくひろがる扇の要となったのは、古代インドのゴータマ・ブッダ研究であった[53]。仏教の開祖であり現実の歴史的存在である釈迦は、近代の知識人が求める信仰と科学の要請を二つともに満たしうる存在として、その絶対的な位置を保ち続けた。たとえば、一九五八年に『ゴータマ・ブッダ』(法藏館)を出版した現代仏教学の泰斗であった中村元(一九一二～一九九九)の言は、そのことを如実に証左する。

歴史的人間としてのゴータマ・ブッダが、やはり生まれて、生きて、そして死んだ人間でありながら、「人間」を超えていたところに、われわれはその偉大さとありがたみを覚えるのではなかろうか。[54]

同じく日本の現代仏教学の泰斗であった平川彰（一九一五〜二〇〇二）や中村が、釈迦に言及する折に通常「釈尊」という尊称を用いることは、現代知識人の思想と信仰のありようを示して、象徴的と思われる。[55]釈迦という型は、その時々の人々の希求に応じて、幾層にも鋳直されてきた。現代の我々が見る、古代インドを生きたゴータマ・ブッダは、かつては末法万年以前のユートピアである釈尊正法時の主人であった。さらにその底には、この苦界と黒闇の我々を自ら選んだ大悲菩薩、慈父のおもかげがおぼろげに透けて見えてくる。

註

（1）村上専精『大乗仏説論批判』（光融館、一九〇三年）、一四六頁。
（2）西村玲『近世仏教思想の独創——僧侶普寂の思想と実践』（トランスビュー、二〇〇八年）、一四四〜一七六頁。
（3）註（2）西村、前掲書、六二頁、一四五〜一四六頁。
（4）南条文雄『懐旧録』（大雄閣、一九二七年）、二五一頁。南条のインド旅行については、小川原正道「南条文雄」（同編『近代日本の仏教者——アジア体験と思想の変容』慶應義塾大学出版会、二〇一〇年）、一四〇〜一六三頁。
（5）註（4）南条、前掲書、二五一頁。
（6）十五の質問については、註（4）南条、前掲書、二五五〜二五七頁。
（7）行誡の袈裟に関する質問は、慈雲の袈裟復古運動に代表される近世の袈裟論から生まれている。袈裟論争については、川口高風『法服格正の研究』（第一書房、一九七六年）、三四〇〜三六〇頁。註（2）西村、前掲書、一七七〜二三三頁。

（8）「栂尾明恵上人伝記」（久保田淳・山口明穂校注『明恵上人集』岩波文庫、一九八一年）、一四八頁。

（9）近代における日本僧のインドへの情熱については、佐藤哲朗『大アジア思想活劇――仏教が結んだ、もうひとつの近代史』（サンガ、二〇〇八年）が、明治期から昭和期までを対象に時代の熱気を幅広く伝える。

（10）近代仏教学の歴史的経緯については、下田正弘「仏教研究と時代精神」（『龍谷史壇』一二二号、二〇〇五年）、二九～五一頁をはじめとする下田の諸論考がある。理想像となったブッダの性格については、同「〈物語られるブッダ〉の復活」（『長崎法潤博士古稀記念論集　仏教とジャイナ教』平楽寺書店、二〇〇五年）、三六五～三六八頁。島岩は、近代から現代までのアジア全域と西欧における仏教の展開と受容についての全体像と流れを大きく描き、西欧の仏教受容はロマンティシズムとオリエンタリズムが基調であるとする（島岩「西欧近代との出会いと仏教の変容――仏教の未来に関する一考察」〈『北陸宗教文化』一〇号、一九九八年〉、一七頁）。総論として、オリオン・クラウタウ『近代日本思想としての仏教史学』（法藏館、二〇一二年）。

（11）日本近代の大学制度における仏教学の形成については、林淳「近代日本における仏教学と宗教学――大学制度の問題として」（『宗教研究』三三三号、二〇〇二年）、三三～四三頁。

（12）明治期の留学僧と釈尊信仰については、リチャード・ジャフィ「釈尊を探して――近代日本仏教の誕生と世界旅行」（前川健一訳、『思想』九四三号、二〇〇二年）、同 "Buddhist Material Culture, "Indianism," and the Construction of Pan-Asian Buddhism in Pre-War Japan", *Material Religion* 2/3, 2006（日本語訳は、桐原健真、オリオン・クラウタウ共訳「戦前日本における仏教的物質文化、〈インド趣味〉、および汎アジア仏教の形成」〈『東北宗教学』四号、二〇〇八年〉）、石井公成「明治期における海外渡航僧の諸相――北畠道龍、小泉了諦、織田得能、井上秀天、A・ダルマパーラ」（『近代仏教』一五号、二〇〇八年）。

（13）南都の釈迦信仰に関わる研究は数多いが、ここでは『悲華経』を対象とする論考をあげておく。成田貞寛「鎌倉時代に於ける南都仏教――貞慶の釈迦信仰と戒律興行を中心として」（『日本仏教学会年報』二三号、一九五八年）。同「釈迦如来五百大願経の成立」（『印度学仏教学研究』一三―二、一九六五年）。同「鎌倉期南都諸師の釈迦如来観と利生事業」（『仏教大学研究紀要』四四・四五合併号、一九六三年）。三﨑良周「神仏習合思想と悲華経」、「鎌倉期の南都仏教における穢土思想と春日明神」（いずれも『密教と神祇思想』創文社、一九九二年）。鈴木善鳳「中世の神祇観――舎利信仰と神祇」（『印度学仏教学研究』四八―二、二〇〇〇年）。石上和敬「穢土と浄土」（『シリーズ大乗仏教5　仏と浄土　大乗仏典Ⅱ』春秋社、二〇一三年）など。

（14）「興福寺奏状」（鎌田茂雄・田中久夫校注『続・日本仏教の思想3　鎌倉旧仏教』（岩波書店、一九九五年）、三一二頁下段～三一三頁上段。

（15）明恵の釈迦信仰については、末木文美士「明恵の釈迦信仰」（『鎌倉仏教形成論――思想史の立場から』法藏館、一九九八年）、二二八～二五四頁。

（16）『随意別願文』は、田中久夫「建久九年の明恵上人」（『鎌倉仏教雑考』思文閣出版、一九八二年）の翻刻による。この冒頭部分は、三〇九～三一〇頁。

（17）大正蔵三巻、二〇四頁下～二〇五頁上。

（18）衆生と娑婆世界については、大正蔵三巻、二〇六頁中～二〇七頁上。

（19）大正蔵三巻、二〇七頁上～二一三頁上。この間にいわゆる五百大願が述べられる。

（20）大正蔵三巻、二二四頁中。

（21）叡尊の釈迦信仰と『悲華経』については、松尾剛次『救済の思想――叡尊教団と鎌倉新仏教』（角川書店、一九九六年）、九〇～九五頁。同「叡尊の思想と諸活動」（同編『日本の名僧10　叡尊・忍性――持戒の聖者』吉川弘文館、二〇〇四年）、三九頁など。

（22）「夏安居誓願状」（寛治元年五月十日）（奈良国立文化財研究所監修『西大寺叡尊伝記集成』法藏館、一九七七年）、一三二頁。

（23）「般若寺文殊菩薩像造立願文」（文永六年三月二十五日。註(22)前掲書）、一五七頁。

（24）「興正菩薩御教誡聴聞集」（註(14)鎌田・田中校注、前掲書）、一九七頁。

（25）春日明神と釈迦信仰における法相宗の貞慶および良遍の関わりについては、註(13)三﨑、前掲書、二八三～二八五、二八九～二九五頁。貞慶の舎利・釈迦信仰は、舩田淳一「貞慶撰五段『舎利講式』の儀礼世界」（『神仏と儀礼の中世』法藏館、二〇一一年）、一五一～一六八頁。

（26）上田霊城「江戸仏教の戒律思想（一）」（『密教文化』一一六号、一九七六年）、二四～二五頁。中世後期の戒律については、大谷由香が室町期の泉涌寺の実態を明らかにしている（大谷由香『平成二四～二六年度特別研究員奨励費研究成果報告書　中世後期における戒律研究の展開』二〇一五年、八三頁）。

(27) 沈仁慈『慈雲の正法思想』(山喜房佛書林、二〇〇三年)、九六～九九頁。慈雲は、その提唱する正法律の正統性を得るために、律僧不在の戒脈を春日明神お預かりとしている。
(28) 日野龍夫「貴女流離」(『江戸人とユートピア』岩波現代文庫、二〇〇四年、初出は一九七七年)、序v頁。
(29) 『律苑僧宝伝』(『大日本仏教全書』一〇五巻)、二八九頁上段。『開山明忍律師仮名行状』(『大日本史料 第十二編之七』、二七六頁)では、年齢が二十四歳とされる。
(30) 『律苑僧宝伝』(『大日本仏教全書』一〇五巻)、二八九頁上段。
(31) 同書、二八九頁下段。
(32) 明忍の航海「立願状」(註(29)前掲史料『開山明忍律師仮名行状』、二七九頁)。
(33) 註(29)前掲史料『開山明忍律師仮名行状』は、「小杖を以て畳を打、称名念仏して魂を安養にうつさんと乞い、時に忽に紫雲たなびき、宝花降、苦悩中に筆端を染む、其辞曰く、「この苦はしばらくの事、あの聖衆の紫雲清涼雲の中に若しまじわりたらば、いか程の喜悦ぞや。絵に書かるは万分の一、八功徳池には七宝の蓮華、樹林には流璃の枝葉等也」」と伝える(二八〇～八一頁。旧仮名を新仮名として句読点などを補った)。同箇所は『律苑僧宝伝』二九〇頁上段。
(34) 註(29)前掲史料『開山明忍律師仮名行状』、二八二頁。
(35) 「諸宗階級」上(『続々群書類従』巻一二宗教部)。
(36) 以下の敬首の伝記は「敬首和上略伝」(『浄土宗全書』続一二巻)による。
(37) 同書、四八六頁上。
(38) 仲基の『出定後語』出版は延享二年(一七四五)であるから、敬首と普寂は少なくとも疑問を抱いた時点では、仲基の加上説を知らない。どちらが先であるにせよ、当時の仏教者と世俗的知識人の両者が、ほぼ同時に大乗仏説への疑問を抱いたことが重要だろう。詳しくは、註(1)村上、前掲書、一〇五～一一三頁、註(2)西村、前掲書、六二頁。
(39) 敬首「真如秘稿」、村上専精「敬首律師の大乗仏説論」(註(1)村上、前掲書)、一〇七頁。村上専精は、当時の東京帝国大学図書館所蔵本を引用しているが、その後この書は関東大震災で焼失したと思われ、現在の東京大学には見当たらない。敬首の秘稿を書写したという経緯からも、おそらく唯一の孤本であったと思われる。本論では、村上の引用した漢文を現代語に訳した。元文二年の奥書については、同書、一一二頁。カタカナを平仮名に改め、適宜句読点を加えた。
(40) 註(1)村上、前掲書、一〇八頁。
(41) 同書、一〇九~一一〇頁。敬首については、註(2)西村、前掲書、五八頁。
(42) 註(2)西村、前掲書、三一~三二頁、八二~八四頁。
(43) 「香海一渧」(『願生浄土義』報恩出版、一九一一年)、三二頁。
(44) 「諸宗要義略弁」(『諸宗要義集』〈『大日本仏教全書』三巻、オンデマンド版〉)、四七三頁上段。
(45) 普寂の大乗仏説については、註(2)西村、前掲書、一四四~一七六頁。
(46) 註(27)沈、前掲書、三一~三五、一九二頁。
(47) 「正法律興復大和上光尊者伝」(『慈雲尊者全集』首巻)、四五頁。
(48) 「慈雲尊者法語集」(『慈雲尊者全集』一四巻)、三六四~三六五頁。同趣旨の戒殊勝五義は「南海寄帰伝解帰鈔」(『慈雲尊者全集』四巻)、四一~四二頁。
(49) 「慈雲尊者法語集」(『慈雲尊者全集』一四巻)、三七六頁。
(50) 同書、三六五頁。
(51) 「南海寄帰伝解纜鈔」(『慈雲尊者全集』四巻)、一九二頁。
(52) 註(1)村上、前掲書、自序四~五、二四五頁など。
(53) 下田正弘は、現代日本の仏教学においても「ブッダの説いた純粋な仏教が思想として古代インドの文献から復元されるべき」であり、「仏教の意味は源泉でありはじまりである〈歴史的ブッダ〉という一存在に収斂されてしまう」と考えられているとする。註(10)下田、前掲論文、四五頁。
(54) 中村元『学問の開拓』(佼成出版社、一九八六年)、一三七頁。
(55) たとえば、一般仏教史の教科書として用いられる平川彰『インド・中国・日本　仏教通史』(春秋社、一九七七年)は、冒頭「仏教が成立したのは、釈尊が菩提樹の下で悟りをひらき、その悟りを人々に伝えたからである」(三頁)と始まる。

【付記】 本稿は「釈迦信仰の思想史的展開——大乗非仏説をめぐる近代化とは何か」(『東方』二六号、財団法人東方研究会、二〇一一年三月)、一〇七~一一八頁、「The Intellectual Development of the Cult of Śākyamuni: What is "Modern" About the Proposition that the Buddha Did Not Preach the Mahāyāna?」(*The Eastern Buddhist new series* 四二―一、二〇一一年一月)、九~二九頁、「近世律僧の思想と活動――インド主義を中心として」(『佛教文化研究』五八号、二〇一四年三月)、一七~三〇頁をもとに、改稿したものである。

須弥山と地球説

一　日本人の宇宙論

ヨーロッパの十七世紀に始まった科学革命は、キリスト教と科学の正面衝突から起こっている。ヨーロッパ近代における宗教と科学の関係は、ガリレオ・ガリレイ（一五六四〜一六四二）が、地動説を主張したことによって宗教裁判にかけられキリスト教の異端とされたことに象徴されるだろう。それに対して、十六世紀からの東アジア諸国における西洋科学の受容は、まず鉄砲と暦に始まって、欧米による植民地化の脅威をともないつつ進んでいったものであり、常に政治的な問題でもあった。

歴史的に見れば、宗教と科学の相克は近代化にともなう不可避のものであるが、東アジア地域にヨーロッパのパターンをそのままあてはめることはできない。もとより東アジアの宗教は、空を説く仏教をはじめとして多種多様であり、唯一神の世界創造を掲げるキリスト教とは根本的に異なる。それぞれの宗教と歴史に即して、その展開と意義を考えることが肝要であろう。ここでは、東アジアにおける宗教と科学の問題として、仏教宇宙論である須弥山世界をめぐる日本仏教と西洋科学との論争を取り上げ、仏教思想近代化の一側面について明らかにしたい。

須弥山世界とは仏教の宇宙論の一つであり、星の学としての狭義の天文学とは異なる。その詳細は後に述べる。

日本をはじめとしてタイやスリランカなどアジアの仏教国では、十七世紀以後に仏僧とキリスト教宣教師の間で須弥山世界についての論争が起こっており、それらは仏教思想が近代化していく道程の一つだった[1]。中でも日本の須弥山論争は、地球説の受容によって始まったものであり[2]、期間においても規模においても、最も大きなものだった。それは十七世紀から十九世紀にまで続いて、他国に見られるような専門家による論争の域を超えて、儒者や国学者などの世俗的知識人を巻き込んで展開し、ついには庶民まで須弥山世界を知るに至った。なぜ日本では、須弥山論争がこれほど大きくひろがったのか。日本近世の人々は、地球説を否定する須弥山世界に何を見たのだろうか。

まず日本人にとって、須弥山世界とは何だったのかを確認しておこう。荒川紘は、日本人の宇宙観が古代・近世・近代と、大きく三回変容したことを明らかにした[3]。仏教と儒教が入ってくる以前の日本人の世界観は、この世(葦原中津国《あしはらのなかつくに》)を中心として、神々の高天原《たかまのはら》と死後の黄泉国《よみのくに》からなる素朴なものであったようだ[4]。それに加えて、六世紀末には仏教と儒教の輸入とともに、それぞれの宇宙観が入ってきた。仏教の宇宙観は、須弥山世界をはじめとするインド由来のものであり、斉明朝(五九四~六六一)につくられた須弥山を模した噴水の仕掛け(須弥山像)が現存し、法隆寺の玉虫厨子や東大寺の盧遮那仏の蓮弁にも、須弥山図が刻まれている。儒教の宇宙像は、円形の天と方形の大地からなるもので、七世紀末の高松塚古墳に描かれている[5]。こうして日本・インド・中国をルーツとする三種の世界像が形成されて、その後も永く併存する。中世の知識人の間では、これらについての知識が常識となっていたと思われる。

近世初頭の十六世紀半ばには、イエズス会宣教師が西洋科学を持ち込んで、地球説などの西洋天文学と、伝統的な三種世界像との競合が始まった。十八世紀以後には、西洋地球説は知識人の間で広く知られるようになり、仏僧との間で須弥山論争が本格化する。平田篤胤(一七七六~一八四三)などの国学者は、自説に西洋天文学を援用した。近代に入ってからは、ニュートン(一六四二～一七二七)の力学とアインシュタイン(一八七九～一九五五)の相対性理論が、二十世紀初頭に輸入されて普及し、古代以来の三種世界像は、完全に神話となって現代に至る。

古代に輸入された須弥山世界は、同時期の儒教や日本の世界像に比べると、仏教思想を前提として体系的に完成された、形而上的な宇宙論であった。「宇宙」の語は、もともと『淮南子《えなんじ》』(前二世紀)に見えており、「宇」は空間を意味し、「宙」は時間を意味する。[6] 宇宙論とは、目に見えて手で触れうる生活次元の自然を超える領域、すなわち空間と時間という抽象概念とその秩序についての考察である。平たく言えば、「無限の空間と永遠の時間はどのような形でありうるか」という問いと答えでもあり、その時代と文明の知的な創造力の結晶であると言えよう。その意味で、須弥山世界は日本人が持ち得た最初の宇宙論であった。古代インド宇宙論としての須弥山世界の完結度の高さが、西洋天文学に対して独自の価値観と世界像を提示することを可能にし、人々を惹きつけることに成功した思想的な理由と思われる。中国においても、須弥山世界は西洋地球説に拮抗しうる東洋唯一の宇宙観であった。[7] その須弥山世界とは、どのようなものか。

二　須弥山世界

定方晟《さだかたあきら》は、インド宇宙論を論じる中で、仏教の宇宙論を発展史によって三種にわけている。[8] まずは小乗仏教が説く須弥山世界[9](**図1**)、次に大乗仏教の蓮華蔵《れんげぞう》世界(瞑想の中で宇宙大に拡大・変容された蓮華)[10]など、最後は密教のマンダラ世界である。時代を下るにつれて、俗なる現実世界から聖なる仏の世界の性格を強めていき、世俗性を失っていった。いずれにせよ、仏教の宇宙論は自己との関わりで存在する宗教的世界像であって、[11] 人に関わりなく

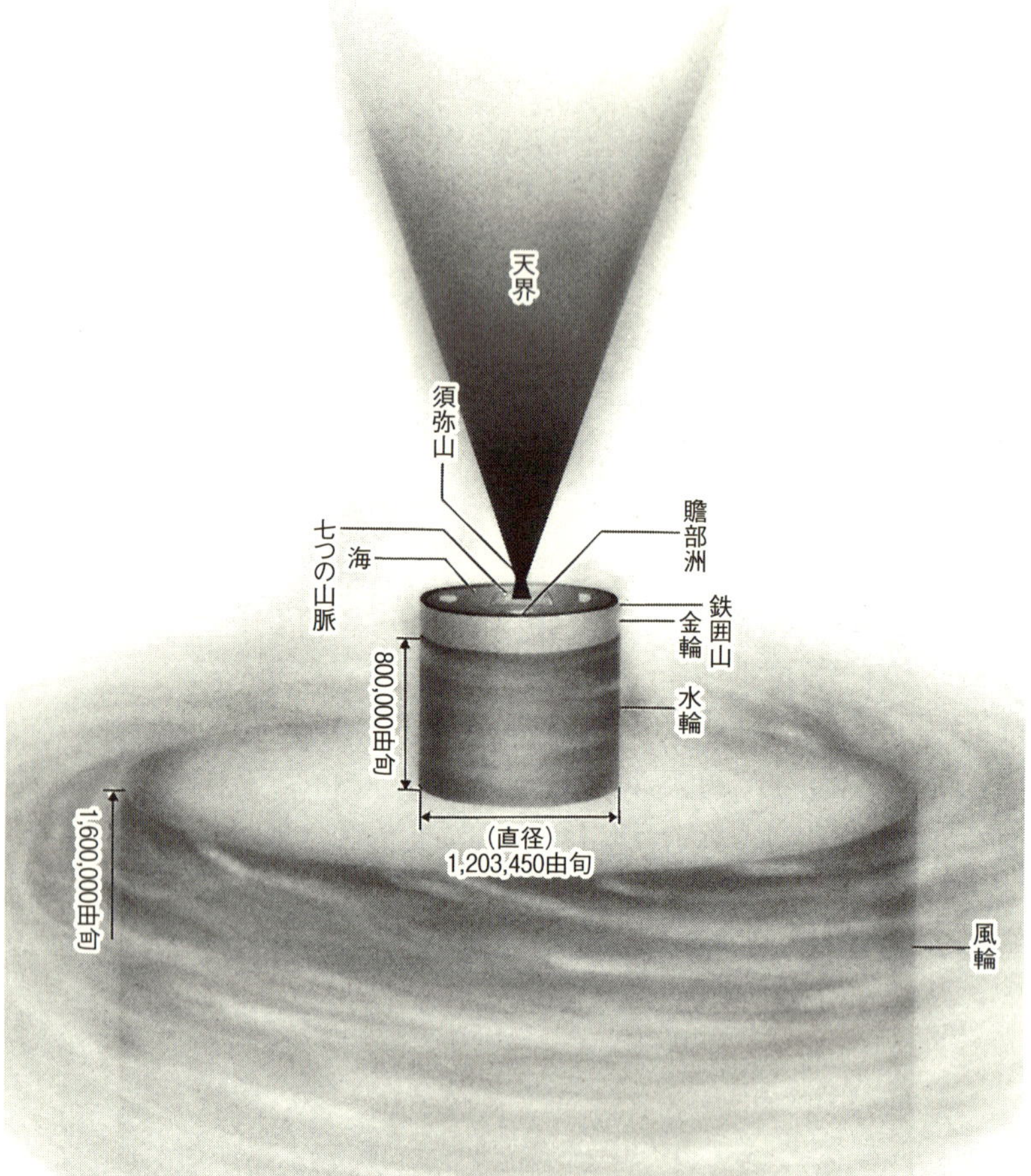

図1　須弥山世界（定方晟「須弥山世界と蓮華蔵世界」、岩田慶治・杉浦康平編『アジアの宇宙観』講談社、1989年、131頁）

存在しうる現代の科学的宇宙論とは本質的に異なっている。

須弥山世界は、この世の現実である俗世であり、衆生の業とともに生滅する円還的な時間と空間からなる。日本人の知る須弥山世界は、主として『倶舎論《くしゃろん》』（世親著、五世紀頃成立）に拠っている。(12)『倶舎論』から、須弥山世界を紹介しておこう。

まず虚空の中に、生物の業の力によって巨大な風輪が生まれる。ダイヤモンドよりも堅く、緊密に渦巻く風の輪である。風輪の上には車軸のような雨が雪のように降り積もり、巨大な水輪となる。さらなる風が水輪に吹きつけてきて、熱い牛乳の表面にできる薄皮のように、水が凝結して金の輪となる。

金輪の上には海と大地があり、その中心には、上部がより大きな四角い砂時計に似た異様な形をした須弥山がそびえ立つ。巨大な須弥山の中腹には、山を廻る浮き輪のように風の輪が回っており、太陽と月と星はこの風の輪に乗って巡っている。太陽の下部は火珠であるからよく熱し、月の下部は水珠であるからよく冷やす。

四角い須弥山の周りには、正方形状に七つの山脈と七つの海が交互に取り囲む。七山七海の外には外海がひろがり、外海の東西南北には四つの大陸がある。私たちは四大陸の一つ、南にある三角状の贍部洲《せんぶしゅう》に住んでいる。東の大陸（勝身州《しょうしん》）は半月形、西（牛貨州《ごけ》）は円形、北（倶盧州《くる》）は方形である。(13)四大陸のそれぞれの空は、須弥山四方の山壁――北の金、東の銀、南のラピスラズリ、西の水晶――に依っており、私たちの南贍部洲の空は、ラピスラズリの青を映している。

月日の廻る風の道より上は、神々の住処であって、須弥山の中腹には四方を守る四天王がおり、山頂には帝釈天ら三十三神が天宮の楽園に住む。神々の一日は、人間界の一〇〇年にあたる。これらはまだ欲望に囚われている神々（六欲天）であるが、その上には瞑想の深まりによって欲望から解放されていく十七天(14)があり、欲望は超えているものの、いまだ肉体は残る瞑想の段階（色界）である。これより上には、さらなる瞑想の進展によって肉体も超越し、色も形もない四つの段階（無色界）がある。

須弥山の麓、我々人間と畜生が住む南贍部洲の地下には餓鬼がおり、さらにその下には、無間地獄に至るまで八層の炎熱地獄が重なっている。地獄には炎熱のほかにも八寒地獄もあって複雑な構造をしているが、深くなればなるほど、その苦しみは大きくなっていく。ここでは、地獄の苦しみの一つをあげておこう。

邪淫の罪を犯した男は、地獄では剃刀の葉の林に置かれる。林の樹上に着飾った美しい女を見るや、かつての自分の女と思いこんで、剃刀の葉に肉筋骨髄を切り裂かれながら、樹に登り始める。ようやく樹上に着くと、いつのまにか女は地面に降りており、そこから「欲の媚びたる眼」で樹上の男を見つめ、美しい声で「あなたを想うから降りてきたのに、どうして近くに来てくれないのか」、「なぜ抱いてくれないの」と男を呼ぶ。男は樹を降り始めて、体はまた切り裂かれ、炎の嘴を持った鷲に目玉を啄《ついば》まれ、耳や舌や鼻も八つ裂きになる。地面に降りると、女は再び樹上にいて、男を呼ぶ。この登り降りを、ほぼ永遠に繰り返す。[15] このような地獄の下は、先に述べた金輪である。生物は悟らない限り、自らの行いに応じて六道（天・人・阿修羅・畜生・餓鬼・地獄）[16]を生まれ変わり死に変わって、地下の地獄から山上の天界までを永遠に輪廻している。

宇宙には、このような須弥山世界が無数にある。まず須弥山世界一つを小世界と呼び、小世界が一〇〇〇個集まると小千世界となる。小千世界が一〇〇〇個集まって中千世界となり、中千世界が一〇〇〇個集まって大千世界となる。大千世界は十億個の須弥山世界であり、これを三千大千世界と呼ぶ。普遍の虚空の中で、風を土台とする須弥山世界は、時が来ると火・水・風による六十四回の大災によって崩壊し、長い時を経て微風から再生する、という生滅のサイクル（生成・持続・生滅・空の四段階）[17]を永遠に繰り返す。今、宇宙における星々が誕生し死滅しているように、暗闇の中で信号が複雑に点滅するように、無数の須弥山世界はそれぞれのリズムに従って生滅し、果てしなく輪廻している。

須弥山世界が持続している間（住劫）には、人の寿命は十歳から八万歳まで増減することが二十回繰り返される。(18)仏教における人の始まり、いわば創世記を紹介しておこう。この部分は、明治時代に進化論などと関わって論じられた。

最初の人々は、神々の住処である上界から、自らの意志で生まれてくる。人々は美しい肢体から光明を放って自在に空を飛行し、喜と楽を食として無量の寿命を保ち、もとより男女や尊卑の別はない。ある時、地面によい香りのする蜂蜜のような甘い「地味《じみ》」というものが生じる。ある者がその香りに誘われて地味を食べ、他の者も食べることを知った。物を食べるようになった体は、堅く重くなった。人は空を飛べなくなり、体から光が失われて暗闇が生まれ、太陽と月と星があらわれた。その後、地面から生まれる食物が「香稲《こうとう》」に変わった。これは粗雑な食物であるために体内からは排泄物が生じ、肉体に排出器官がつくられて男女の別となり、性欲が生まれて性交するに至った。さらに怠け者が香稲を蓄えることを考え出して、人々が食物を貯蓄するようになると、もはや地面から自然に食物が生じることはなくなり、農耕と労働が生まれた。これを治める王が必要となって、盗みと戦いが生まれ、罪人と刑罰が生まれたという。

須弥山世界は、ヒマラヤ山脈を北に持つ三角状のインド亜大陸からイメージされたものであるが、インドの伝統である瞑想の世界と一体化しており、山上の神々と聖者の世界は瞑想の深まりに対応している。近代を経た今から見れば、須弥山世界は人の内界と外界がいまだ分離していなかった神話の時代、人類がいまだまどろみの中にあった古代の精神的遺産の一つであると言えよう。精密で不可思議な須弥山世界は、人がいまだ空を飛んでいたはるかな太古から、夢のように響いてくる魔術的な力の残滓であり、異世界の美しい奇妙な三次元の細密画として私たちを魅了する。古代の神話的宇宙論である須弥山世界は、無限の時間と空間を表象する精神のオブジェである。須弥山論争は、この力ある古代神話から魔力を奪い、脱神秘化していった。

三　須弥山のインド主義

日本の須弥山論争[19]は、キリスト教の布教とともに持ち込まれた地球説からの批判によって始まった。この論争を近世全体で見ると、ほぼ一〇〇年単位で全三期にわけられる。第一期（十七世紀）には、須弥山世界と西洋地理・地球説との融合が試みられた。徳川吉宗（一六八四〜一七五一）による洋書禁書令緩和以後の第二期（十八世紀）は、知識人の間で須弥山世界の否定による排仏論が目立つようになる。第三期（十九世紀）は、後述する梵暦運動によって須弥山世界が庶民に知られるようになった。明治時代に入ってからは、太陽暦が施行されて、須弥山論争は終わりを告げる。

十六世紀半ばにやってきたフランシスコ・ザビエル（一五〇六〜一五五二）は、日本人が日蝕などの天体論に強い興味を示したことを述べている。文禄二年（一五九三）にはイエズス会の教科書として、アリストテレス哲学による『天球論』が著された[20]。当時、イエズス会士だった不干斎ハビアン（一五六五〜一六二一）は、その著書『妙貞問答』〈慶長十年〈一六〇五〉成立〉において、須弥山説批判の一節[21]を設けている。

ハビアンは、天球論によって月の満ち欠けと日蝕・月蝕を説明した後に、「〔日・月・星が〕風に乗じて廻るなどと申す事は、沙汰の限りの事」として、「〔須弥山世界は〕何《いず》れも皆、〔此の〕類《たぐ》いばかりなり」と結論する。ハビアンにとって、須弥山世界の非合理な神秘性は仏教全体の特質を示すものであり、須弥山批判は排仏のための格好の手段となった。その後のキリシタン禁止と鎖国にともなって、寛永七年（一六三〇）に漢訳されたキリシタン書籍は輸入が禁止され、西洋天文学の流入はいったん中断する。

この間の十七世紀には、仏教の本末制度と寺檀制度が全国的にほぼ行き渡った。これらを経済的・社会的基盤として、仏教各宗は僧侶育成のために学問所（檀林・学林などという）をつくり、十七世紀半ば頃から職業的な学僧が生まれた。延宝六年（一六七八）には、黄檗宗の僧侶鉄眼道光（一六三〇〜一六八二）によって、仏教書の全集である大蔵経（全六七七一巻、版木六万枚）が完成し、近世を通じて全国の寺院などに配布された。民間からの寄付によってなされた鉄眼の明版大蔵経は、泰平の御代に華ひらいた文化の質の高さと、それを支えた経済的な豊かさを示している。基礎文献となる大蔵経を得たことにより、仏教研究は飛躍的に進んで、元禄年間（一六八八〜一七〇四）には隆盛を迎えた。

こうした時代の勢いに乗って、学僧は須弥山世界と西洋地球説との融合を試みる。[22] その口火を切った宗覚《そうかく》（一六三九〜一七二〇）は、真言律僧であった。須弥山論において、律僧は思想的に重要な役割を担っているため、ここで紹介しておきたい。

近世を通じて、本末制度と学林によって統制される仏教各宗派の教団体制から、自らの意志で離脱した捨世僧が常に存在する。彼らは教団離脱後に諸国を遍歴して、山林やさまざまな宗派の寺院で修行や学問を行うのが通例だった。中には時代思潮に敏感で、新しい思想を積極的に取り入れようとする学僧も多かった。律僧とは、捨世僧の中でも特にインドの釈迦仏直伝とされる小乗戒（具足戒）を受けて守る僧を指す。[23] 律僧の思想はさまざまであるが、全般的な傾向としては、仏教全体の基礎として戒律を重視するために、宗派的な傾向が比較的に薄い。さらに

図2　宗覚の地球儀（久修園院蔵、海野一隆『日本人の大地像——西洋地球説の受容をめぐって』大修館書店、2006年、157頁、図43）

十八世紀初め頃からは、釈迦仏を行動の原理とするインド主義が次第に強くなっていき、その一部は近代仏教学へと受け継がれていった。その端的な例が、釈尊復古を掲げる普寂（一七〇七～一七八一）や慈雲飲光（一七一八～一八〇四）である。

宗覚は、槙尾の律僧が清雅に歩行する様を見て「ああ、真の僧宝なるかな」(24)と感じ、自ら律僧となった。真言僧として加持祈禱にすぐれ、怨霊退治なども行っている。空海将来の両界曼荼羅を模写して東寺に納め（元禄六年〈一六九三〉）、自ら再興した久修園院（現在の大阪府枚方市、伝行基創建）のために愛染明王像を彫る（延宝七年〈一六七九〉）など、多彩な活動を行った。天文地理にも造詣が深かった彼は、渋川春海の作品を模した天球儀（直径一メートル・銅製）に加えて、地球儀（直径二〇センチメートル、元禄十五年〈一七〇二〉）を作成した（**図2**）。須弥山世界を基準として、アジアを南瞻部洲とみなしてインドを中心に変形し、ヨーロッパ・アフリカ・アメリカなども形を変えて、これらを地球面に配置している。北極の部分には、須弥山を模した水晶の柱がはめこまれた。さらに宗覚は、この地球儀と東寺所蔵の「五天竺図」などをもとに、新しくヨーロッパやアメリカを入れて、西洋世界地図と須弥界の南瞻部洲を一体化した大型の平面地図「南瞻部洲図」

をつくった。

これをもとに、学僧の鳳潭《ほうたん》（一六五九〜一七三八）が、インドを中心とする世界地図「南瞻部洲万国掌菓之図《しょうか》」を出版して、世の人気を博した。十八世紀半ばには、この通俗版も出されて、世界地図として幕末まで版を重ねている。若年時にインドへの渡航を企てた鳳潭は、中国から伝来して当時最新の流行となっていた黄檗宗に入って鉄眼の弟子となり、後に華厳宗を興した。鳳潭は律僧ではないが、既存の教団体制とは一線を画しており、各宗の学僧と激しい論争を行った。宗覚と鳳潭において、すでに須弥山宇宙像は地理上のインド中心主義に形を変えて、現実世界との整合性が主要な関心事となっている。

享保五年（一七二〇）の洋書禁書令緩和を受けて、享保十五年（一七三〇）に清の游藝による天文書『天経或問』の訓点本が、幕府天文方の西川正休《まさやす》（一六九三〜一七五六）によって出版された。多くの図版によって西洋天文学がわかりやすく紹介され、地球説は知識人に広く知られるようになった[25]。当時の革新的な世俗的知識人にとって、須弥山説は時代遅れの世界像というだけではなく、仏教の反時代性・反社会性の好例として受け止められた。近世後半に高まっていく排仏と国学勃興の潮流の中で、須弥山批判は誰にでもわかる有効な排仏論となった。そうした批判者の一人が、大坂の懐徳堂で学んだ富永仲基（一七一五〜一七四六）である。

仲基は延享二年（一七四五）に出版した『出定後語』において、「須弥山説は古来梵志〔古代インドのバラモン〕の説であって、釈迦は民に合わせて須弥山を仮に説いたものの、渾天説を是としていた。釈迦の本意は民の救済にあり、須弥山説は民を導く仮の手だてである」と言う。さらに「須弥山世界から大乗仏教の蓮華蔵世界まで、すべて幻を好むインドの梵志〔バラモン〕の心理にすぎない」として、「〔須弥山説は〕所謂る方便なり[26]」と、須弥山方便説を提示した。

仏教側で、最初に須弥山護法論を唱えたのは、浄土宗学僧であった無相文雄（一七〇〇～一七六三）である。宝暦四年（一七五四）に『非天経或問』と『九山八海解嘲論』を著して、地球説に反論した。文雄は、「須弥山世界は釈尊が見た真理であって、凡人には見ることができない」としながら、日常の経験知によって須弥山説を実証しようとした。

続いて、浄土律僧の普寂は、仏僧の立場から須弥山方便説を言う。普寂は、律僧として生涯にわたって釈迦仏復古を実行し、近代仏教学へつながるインド主義の潮流を生み出した一人である。彼は、安永六年（一七七七）に、初学者のための護法書『天文弁惑』を書いた。まず、西洋天文学はインドの天文学に中国の天学を加えて工夫したものと言い、それが精密な技術を持つ有用な学問であることを評価する。次に、「現実の事象はいわば原子の集合離散であり、本質的に空である」として、現世を解体する仏教の基本的立場を示す。そのうえで「須弥山世界や蓮華蔵世界は、インド聖者の瞑想中の影像である」と述べて、「天文学は極めて精巧な学問であるけれども、悟りを開くという仏教の目標から見れば、地球説も須弥山説も無意味である」と結論した。

仲基と普寂は、須弥山の有無というレベルを超えて、須弥山世界は仏の真意とは無縁の方便と位置づける。瞑想中の影像として須弥山説の精神化を果たし、いわゆる近代的な意味での宗教と科学を区別することにより、時代からぬきんでた。近世中期、普寂と仲基という聖界と俗界の知識人において、仏教の内なる近代化は誕生しつつあった。[27] 次世代の普門円通（一七五四～一八三四）に至って、彼らの須弥山論は奇妙にねじれて、「須弥山はインドの行者が瞑想中に見た影像」という言が、後述するインド天眼説と結びつけられて通俗化し、キリスト教におびえる幕末仏教の危機意識と一体化して流布していった。その主意であった方便説は、むしろ世俗的知識人のとるところとなった。

その後、本居宣長（一七三〇～一八〇一）をはじめとして、国学者からの須弥山批判による排仏論が続いた。さらに、司馬江漢《こうかん》（一七四七～一八一八）の『和蘭天説』（寛政八年〈一七九六〉）によって、コペルニクスの地動説が本格的に紹介された。地球説は伝統的な世界像と併存するに至り、近世後半には民衆の間でも常識となっていた(28)。

四　梵暦運動

十九世紀には、天台宗の安楽律僧であった普門円通による梵暦運動がひろまった。梵暦とは、円通が『立世阿毘曇論』や『倶舎論』などを根拠に、須弥山世界と一体化したインドの暦として提唱したものである。梵暦運動は、須弥山世界の実在を証明するための実験や天文学的な計算、地球儀に対抗する須弥山儀の作成など、疑似科学的な方法を特徴としており、これによって須弥山世界の知識が一般社会にもひろまった。井上智勝は、近世後期から維新期にかけての国学や後期水戸学と同じく、梵暦運動は伝統社会の危機意識のあらわれであったと位置づける。梵暦運動は、西洋宇宙論と一体と考えられたキリスト教に対抗する排耶論ともなった。また攘夷論とも結びついて、明治時代の佐田介石（一八一八～一八八二）による舶来品排斥運動につながったとも言う(29)。

まず円通について、紹介しておこう(30)。円通は、因幡の鳥取藩医の息子に生まれ、七歳の時に日蓮宗で出家した。十五歳で『天経或問』を読んで仏教に疑問を抱き、捨世僧となり諸国を遍歴して、比叡山や五山禅林などで修学する。真言律僧の慈雲飲光にも会い、京都では天文暦学やオランダ語を学んだ。二十八歳で浄土観法を修している時に悟り、「〔禅〕定に入って終《つい》に真を見た(31)」という。光格天皇と親しかった天台宗安楽律の豪潮律師（一七四九～一八三五）に師事して、小乗戒を受けて律僧となった。

仏典から漢訳・和訳の西洋科学書までを広く渉猟して、寛政年間（一七八八〜一八〇一）に、梵暦をひろめる結社（梵暦社）をつくる。五十七歳（文化七年〈一八一〇〉）、独自の梵暦総説書『仏国暦象編』五巻五冊を出版し、広く反響を呼んだ。十数点の著作を著し、諸国を講説して梵暦をひろめ、文政元年（一八一八）には、梵暦を門人らへ授与することを認める官許を幕府から得た。[32] 運動にかかる多額の費用は、大坂と堺の米問屋二軒に毎年の稲の作柄の予測を知らせて、当たれば三〇〇両、外れても一〇〇両を得ていたという。[33] 文政六年（一八二三）、七十歳で浄土宗増上寺の恵照律院に入った。「梵暦開祖」と仰がれて八十一歳で亡くなった時には、門人が一〇〇〇人を超えていたという。円通が宗派の枠を超えて自由に活動できた理由の一つは、彼が律僧だったことにあろう。

その主著である『仏国暦象編』は、彼の提唱する梵暦の起源から、天文に関する数値や図解、その根拠となる天眼を説いた梵暦概論である。[34] その基本的立場は、「梵暦は釈迦以前からインドにあったものであり、回回《ふいふい》〔イスラーム〕天文学や西洋天文学、中国暦などのすべての天文学と暦の起源である」（巻一）という、インド主義である。円通は、仏教を包含するインド自体を原理としており、仏教以外のインド思想に対して、賤称である「外道」という言葉を使わず、常に「印度聖賢」などの尊称を使う。

円通が須弥山世界の絶対性を言う根拠を見てみよう。曰く「〔須弥山世界の形状は〕数に任せて測るべきものに非ず、理を推して似て闚《うかが》うべきものにも非ず」として、須弥山は数理を超えていると言う。須弥山世界こそ、「支那の聖人、欠いて言わざる所にして、印度の聖賢よくこれを言う」ものである。なぜインドの聖賢だけが言えるかといえば、「彼の土の聖者は、禅定力に依ってよく天眼通〔眼の神通力〕を起こす」からである。「太古の聖人、仏出世の前、已《すで》に教を垂るるに以て五通〔五感の神通力〕を取る法を以てす。天眼は即ちの一なり」（以上、巻二）と。須弥山世界は、釈迦仏以前の太古からインドに連綿と伝わった禅定によって得た神通力、つまり天眼によって見られた世界であるから、「須弥器界〔須弥山世界〕に於いては毫も疑わず」（巻二）と断言する。禅定で獲得できる天眼とは、「壁や山にも妨げられず、遠い対象を徹視する力であり、低レベルの天眼でも千里万里を見ることができる。高レベルの天眼だと、無限の遠くまで見ることができる」（巻二）と言う。

さらに、「天眼は肉眼とは別のものではない」（巻二・巻五）と強調する。「人は皆、天眼等の六神通の性を固より有する」（巻五）ものであり、「今のような末世であっても、禅定を修習すること至誠ならば、禅定を修めることによって、だんだんと深い禅定に達する」（巻五）と。しかし、最終的に悟った時にも「十方森羅の万象は、自己の心中に現れて浮光の如く幻影に斉しく明らかになり、釈迦一代の教えは一心にある」（巻五）と言うだけであって、禅定を修行することによって須弥山世界を見られるとは言わない[35]。円通の結論は、「凡人に須弥山世界は見えない」というものであった。「凡人の肉眼で見える現実世界は、聖者の天眼だけに見える須弥山世界の一部にすぎない」とする。

その天眼と肉眼の二重構造となる世界像を示した模型が、彼の考案した須弥山儀である。須弥山儀は、天眼で見える須弥山世界の全体像（展象儀。**図3**）と、その一部である肉眼に見える世界（縮象儀。**図4**）の二つから成り立つ。現存する展象儀は五基、縮象儀は一基が確認されている[36]。当時「からくり儀右衛門」と言われた田中儀右衛門久重（一七九九〜一八八一。東芝の創業者）は、円通の弟子である臨済宗僧侶の環中（一七九〇〜一八五九）の依頼により、展象・縮象の二儀からなる須弥山儀を、嘉永三年（一八五〇）前後に完成させた（現在は龍谷大学大宮図書館所蔵[37]）。展象儀は、螺鈿の猫足を持つ黒火鉢状の円い台上に、四色に塗りわけられた須弥山と海がある。須弥山の中腹には、針金が円く二列にめぐっており、風で廻る日月の運行を示している。縮象儀は、同じく三角状の台に金属の円盤が置かれ、その上を半円の金属環が何本も回っている。須弥山儀は、田中久重の商品「須弥山時計」とし

図3　須弥山儀（展象儀）

図4　須弥山儀（縮象儀）

（ともに、画像提供：龍谷大学大宮図書館）

て売り出された。[38]

『仏国暦象編』は、一般書として読まれてひろがったために、出版直後から多くの批判を浴びた。伊能忠敬（一七四五～一八一八）は、『仏国暦象編斥妄』（文化十四年〈一八一七〉か）を出版した。懐徳堂知識人であった山片蟠桃（一七四八～一八二一）は、その主著『夢の代』で、「仏説に陥りて覚らざる人々」である「無益の仏を信ぜし」庶民の間に、須弥山世界がひろがっていくことを批判した。蟠桃は、「〔須弥山世界は〕みな出次第の方便なれば、真顔を以て弁ずるに足ざれども」、「唯その憎むべきは、天眼通・神通力にあり[39]」と怒っている。

円通没後に梵暦社中は分裂するが[40]、梵暦運動は広範囲にひろがって、門人には俗人も多かった。浄土真宗の僧侶が多かったようで、天保年間（一八三〇〜一八四四）には、東西本願寺の学林に梵暦の講座が置かれている[41]。梵暦社中の僧侶は、その地域で講義や関連書の会読を繰り返して、近隣寺院の僧侶や庄屋クラスの有力農民に支持をひろげていった[42]。社会に受け入れられた梵暦運動の僧たちは、インド医学にもとづいて梵医方の売薬や処方も行った[43]。

浄土真宗西本願寺派の僧侶であった佐田介石は、幕末から熱心に須弥山世界を鼓吹し、明治時代に入って一八七二年に太陽暦が施行された後も、活動を続けている[44]。介石は「等象斎」と号して、須弥山儀と縮象儀を合成した「視実等象儀」（**図5**）という天文模型を田中久重につくらせて、東京上野の第一回内国勧業博覧会（明治十年〈一八七七〉）に出品している。視実等象儀では、須弥山はもはや一本の金属棒と化しており、単なる天動地平説になっている[45]。ここにおいて、須弥山世界の脱魔術化は完了したと言えるだろう。

近世後期から幕末にかけて、欧米列強の植民地化などに対する危機意識が醸成されていく中で、人々は西洋から独立した原理と独自の価値観を必死に模索した。たとえばその一つが、国学における日本主義であるだろう。そのような中で、律僧であった円通は、近世半ばから仏教内部で顕著になってきたインド主義の潮流に乗って、須弥山の宇宙論に託してインド（梵）という原理を提示した。その源は、彼の言葉で言えば「天眼通・神通力」というインド古代の魔術であり、言い換えれば、それは須弥山世界を生み出した古代インドの抽象性と創造力を近代化する試みであった。すなわち、梵暦運動は近世仏教におけるインド主義が世俗化した一形態である。須弥山の宇宙はインドという原理から生まれたものであり、その原理は人々の魂と生活を支えてきた仏教を包含するものでもあった。それが、人々を須弥山世界に惹きつけ、幕末の梵暦運動が流行した思想的理由と思われる。

五　おわりに

古代に仏教にともなって輸入された須弥山世界は、日本人の持ち得た最初の宇宙論であった。近代以前のアジア仏教国における須弥山論争は、キリスト教の布教とともに持ち込まれた地球説からの批判によって始まる。その中

図5　視実等象儀（海野一隆「日本において須弥山はいかに消滅したか」、岩田慶治・杉浦康平編『アジアの宇宙観』講談社、1989年、368頁）

で日本の須弥山論争の特徴は、十七世紀という早い時期に始まったことと、十九世紀には庶民にまでひろがったことである。形而上的な宇宙論である須弥山世界が、三〇〇年にわたって知識人から庶民の間に至るまで議論された事実は、日本近世の豊かさを示すとともに、近代以前において仏教が担っていた形而上学的な役割の一端を示すものであるだろう。

近世前期には、鎖国と泰平の御代がもたらした安寧と繁栄の中で、学僧らは須弥山世界と西洋地理・地球説の融合を試みた。インドを中心とする地球儀と南瞻部洲図をつくった宗覚は、釈迦仏直伝の小乗戒を守る真言律僧であった。須弥山世界を説く宗覚や鳳潭などの仏者らはインドを世界の中心としており、十八世紀初頭にはインド主義の萌芽が見られる。

近世中期には、洋書禁書令が緩和されて西洋科学の知識が流入し、須弥山世界と地球説の間で、互いに論難が応酬されることになった。その中で、世俗的知識人の富永仲基と浄土律僧の普寂は、須弥山世界はインドの行者が瞑想中に見た影像であるとして須弥山方便論を提示し、悟りと救いを目的とする仏教と切り離して理解する。彼らは近代的な意味で宗教と科学を区別した点で、近代の先駆けと言えよう。

近世後期の十九世紀には、天台安楽律僧の円通が始めた梵暦運動によって、一部の知識人のものであった須弥山世界は社会にひろまった。円通は、「この現実世界は須弥山世界のごく一部にすぎない」として、須弥山世界をひろめることに成功した。社会に受け入れられた梵暦運動は、仏教におけるインド主義が世俗化した一形態である。円通の門弟らによって須弥山儀が作成されて、浄土真宗の両本願寺で梵暦の講座が設けられるに至り、梵暦運動は浄土真宗の信者を中心にひろがったことが推測される。近世仏教におけるインド主義は、仏教思想の近代化において重要な思想的役割を果たしたと言えよう。

最後に、宇宙論として須弥山論争を見た場合に重要となる、時間の問題について触れておきたい。ハビアンや宗覚が問題とするのは天文学的な日・月蝕や地理上の矛盾などであり、すでに最初から須弥山世界は空間的な問題としてのみ論じられる。その後も佐田介石に至るまで、須弥山世界の持つ円還的な時間については、ほとんど問題にならない。円通は、その注釈書『羽翼原人論』では、先述した『俱舎論』における人間の起源について「これはあくまでも小乗仏教の話であって、大乗仏教では無始無終である[46]」と述べている。日本の近世から近代において、はたして時間という形式はどのように認識されていたのだろうか。それは、日本人が空間と時間を認識する枠組みの近代的変容の問題ともなろう。

註

（1）Donald S. Lopez Jr., 2008, *Buddhism and Science*, The University of Chicago Press, London, Chapter 1. によって、日本以外のアジア仏教国の須弥山論争の大略を紹介しておく。十七世紀末のタイでは、仏僧とイエズス会士が、地球説について議論している。十九世紀末のスリランカでは、仏僧グナーナンダ（一八二三～一八九〇）とキリスト教宣教師が、須弥山世界についての議論を含む論争を行った。この論争については、中村元監修、釈悟震訳注『改訂　キリスト教か仏教か——歴史の証言』（山喜房佛書林、二〇〇九年）に詳しい。二十世紀には、中国近代仏教の改革者である太虚（一八八九～一九四七）が、須弥山世界と太陽系を比べて、両者の調和を図っている。チベットでは、仏教近代化に尽力した学僧のゲンドゥン・チョペル（一九〇三～一九五一）が、須弥山説を否定して地球説を紹介した。

（2）近世全体にわたる地球説の受容については、海野一隆『日本人の大地像——西洋地球説の受容をめぐって』（大修館書店、二〇〇六年）を参照されたい。

（3）荒川紘『日本人の宇宙観——飛鳥から現代まで』（紀伊國屋書店、二〇〇一年）。

（4）本居宣長『古事記伝』三之巻・神代一之巻、六之巻・神代四之巻など。

（5）主流であった蓋天説は、円盤状の天と方形の大地からなる。蓋天説では説明のつかない天体の運行を説明するために、渾天説が考え出された。渾天説では、球面の天が水上に浮かぶ方形の大地の周りを回転するとされる。両説は、近世においても論じられた。
（6）「往古来今謂之宙、四方上下謂之宇」（『淮南子』巻十一、斉俗篇）。
（7）同時期の朝鮮では、地球説への反論はなかったという。註（2）海野、前掲書、二六五頁。
（8）定方晟『インド宇宙論大全』（春秋社、二〇一一年）など。
（9）近世仏者も、あくまでも小乗仏教の宇宙論として須弥山を論じる。
（10）大乗仏教の宇宙観については、註（8）定方、前掲書に拠る。日本での例をあげると、東大寺の大仏像は『梵網経』にもとづいており、『華厳経』の蓮華蔵世界が発展したものである。また他力本願の阿弥陀仏信仰は、自業自得の自力を旨とするインド仏教から大きく逸脱する。そのために、極楽浄土は須弥山世界や蓮華蔵世界などの伝統的な仏教宇宙像の中に存在せず、独立している。極楽浄土の起源については、インドやギリシア、エジプトなどの諸説がある。
（11）「世界」はもともと仏教語であり、「世」は時間、「界」は空間である。中国で重視された中国選述経典の『楞厳経』でも、「云何名為衆生世界。世為遷流、界為方位。汝今当知東・西・南・北・東南・西南・東北・西北・上・下為界。過去・未来・現在為世。方位有十、流数有三」（大正蔵一九巻、一二二頁下）と言う。必ずしも人の存在を含まない「宇宙」に対して、「世界」は人をはじめとする生物の業によって生滅するものであり、人間を不可分の存在として含む。詳しくは、定方晟「須弥山世界と蓮華蔵世界」（岩田慶治・杉浦康平編『アジアの宇宙観』講談社、一九八九年）。
（12）『阿毘達磨倶舎論』巻一一・一二、分別世品第三之四—五（大正蔵二九巻、五七頁上〜六七頁上）。
（13）明代から清代にかけて完成した『西遊記』の舞台は、四大陸でもある。たとえば『西遊記』（一）第八回（岩波文庫、一九七七年）には、四大陸の気性の違いが述べられる。
（14）十七天は、欲望から離れる段階から苦楽の超越までの四段階（初禅・二禅・三禅・四禅）にわけられる。
（15）『正法念処経』巻六、地獄品之二（大正蔵一七巻、三三頁上〜中）。
（16）六道のうち、闘争を好む阿修羅は後に加わったものであり、地下や海底に住むとされる。

(17) この四段階は、成・住・壊・空と呼ばれる。それぞれ二十劫の長さであり、一サイクル全体で八十劫となる。劫とはインドの時間の単位で、たとえば四十里四方の大岩を、一〇〇年に一度だけ柔らかい衣で触れることにより岩が摩滅して無くなっても、一劫はまだ続いている、というきわめて長い時間である。

(18) 一〇〇年に一年の割合で、寿命が増減する。住劫の初劫には、無量の寿命から十歳まで減じた後に八万歳まで増える。その後は十歳と八万歳の間を十九回減増する。今の我々は第九劫前半の減少過程にあって、寿命は一〇〇歳ほどという。

(19) 須弥山論争の大概は、先学によって明らかにされている。おおむね近代主義史観から論じられて、須弥山護法論の意義は否定されてきた。主なもののみあげると、伊東多三郎「近世に於ける科学的宇宙観の発達に対する反動に就いて」(『宗教研究』新一一—二、一九三四年)、板沢武雄「江戸時代に於ける地動説の展開と其の反動」(『史学雑誌』五二—一、一九四一年)、柏原祐泉「近世の排仏思想」、「護法思想と庶民教化」(ともに柏原祐泉・藤井学校注『日本思想大系57　近世仏教の思想』岩波書店、一九七三年)など。科学史からは、吉田忠「近世における仏教と西洋自然観との出会い」(安丸良夫編『近代化と伝統——近世仏教の変質と転換』春秋社、一九八六年)、同「明治の須弥山説論争」(『東洋文化』七五号、一九九五年)などがある。二〇〇〇年代に入ってから近代主義の見直しの進展にともない、須弥山護法論に意義を見出す研究が出てきた。井上智勝「幕末維新期の仏教天文学と社会・地域」(明治維新史学会編『明治維新と文化』吉川弘文館、二〇〇五年)、西村玲「現世の解体」(『近世仏教思想の独創——僧侶普寂の思想と実践』トランスビュー、二〇〇八年)、Lopez. op. cit. 岡田正彦『忘れられた仏教天文学——十九世紀の日本における仏教世界像』(ブイツーソリューション、二〇一〇年)など。

(20) イエズス会の布教戦略における宇宙論の有効性は、平岡隆二「イエズス会の日本布教戦略と宇宙論——好奇と理性、デウスの存在証明、パライソの場所」(『長崎歴史文化博物館研究紀要』三号、二〇〇八年)。

(21) 『妙貞問答』「仏説三界建立ノ沙汰之事」(海老沢有道・井手勝美・岸野久編著『キリシタン教理書』教文館、一九九三年)。ハビアンと林羅山(一五八三～一六五七)は、地球説をめぐって論争している。

(22) この時期には、水戸藩儒者の森尚謙(一六五三～一七二一)も仏教・儒教・道教・神道の宇宙観を融合して、大陸を球面に配置している。『護法資治論』巻二一「天地正体円形図」(宝永四年〈一七〇七〉に完成。『日本思想闘諍史料』第二巻、名著刊行会、一九七〇年)。

(23) 日本の仏教教団では、一般に大乗戒を受けて正式の僧侶となるが、律僧は精神的な大乗戒に加えて具体的な細則である小乗戒を自ら受けて、いわゆる良心的な僧侶とみなされた。このような律僧モデルは日本特有であり、中世南都の叡尊（一二〇一～一二九〇）らを嚆矢とする（西村玲「釈迦信仰の思想史的展開——大乗非仏説論をめぐる近代化とは何か」〈『東方』二六号、二〇一一年〉）。近世には真言律から天台安楽律と浄土律が生まれて、他宗にも影響を及ぼした。詳細は、西村玲「教学の進展と仏教改革運動」（末木文美士ほか編『新アジア仏教史13　日本Ⅲ　民衆仏教の定着』佼成出版社、二〇一〇年〈本書所収〉、註(19)西村、前掲書。

(24) 木南卓一「宗覚律師伝」（『帝塚山大学紀要』一九号、一九八二年）、五頁。

(25) 吉田忠「『天経或問』の受容」（『科学史研究』一五六号、一九八五年）。

(26) 『出定後語』上「須弥諸天世界」（水田紀久・有坂隆道校注『日本思想大系43　富永仲基・山片蟠桃』岩波書店、一九七三年）など。仲基の須弥山説については、西村玲「聖俗の反転」（註(19)西村、前掲書）、清水光明「須弥山をめぐる冒険——富永仲基の場合」（『年報地域文化研究』〈東京大学大学院総合文化研究科地域文化研究専攻〉第一五号、二〇一一年）を参照されたい。

(27) 註(19)西村、前掲書、Lopezも仲基を同様に評価する。Lopez, op. cit., pp.46-47.

(28) 註(2)海野、前掲書、二〇二頁。中世と程度の差はあれども、近世を通じてさまざまな世界像はある程度併存していたと思われる。日本人の世界像が西洋科学説に完全に一本化するのは、近代に入ってからであり、時間と空間の一元化は近代の特徴の一つではないだろうか。

(29) 註(19)井上、前掲論文、三～七頁。

(30) 円通の伝記については、小出長十郎『普門律師之伝』（写本）、「江戸三縁山沙門円通伝」（『浄土宗全書』一八巻）がある。また工藤康海撰「普門円通律師略伝」（「普門律師の梵暦運動と師の略伝」末尾所収〈『財団法人明治聖徳記念学会紀要』五六巻、一九四一年〉）。工藤康海については、岡田正彦「工藤康海と梵暦運動」（松本郁代編集『横浜市立大学貴重資料集成Ⅰ　仏教天文学』横浜市立大学、二〇一二年）。

(31) 註(30)前掲の工藤康海撰「普門円通律師略伝」、三九頁。

(32) 暦を司る土御門家と梵暦僧との軋轢については、註(19)井上、前掲論文。

(33) 註(2)海野、前掲書、二〇六頁。円通の資金調達については、『普門律師之伝』に詳しい。

(34) 詳細は、註(19)岡田、前掲書。

(35) 円通が、実際にはどの程度に禅定を修行していたのかは不分明だが、注釈書では禅定の重要性を述べている。唐代の宗密（七八〇～八四一）による『原人論《げんにんろん》』は、三教一致の性格を持つために、近世で仏教入門書として好まれた。円通は、『羽翼《うよく》原人論』（文政七年〈一八二四〉）という注釈書を書いており、序に「排仏論を唱える富永仲基らへの反論でもある」と言う。大正時代まで『原人論』の入門書として広く読まれ、円通の数ある著書の中で最も普及した。この末尾に、中世南都の法相学僧であり、遁世して律僧となった良遍（一一九四～一二五二）作とされていた禅定の入門書『自行思惟』（実際には貞慶作）を校訂して付した。良遍の生涯を紹介する形で、良遍が白毫《びゃくごう》念仏を修して禅の著作を書いたことを賞賛する。円通は「『自行思惟』を付けたのは、予が微志なり」（序）と言っており、インド由来の正統的な禅定の方法を模索していたのかもしれない。

(36) 註(2)海野、前掲書、二一五頁。

(37) 龍谷大学大宮図書館・二〇〇九年度特別展観『仏教の宇宙観』（龍谷大学大宮図書館、二〇〇九年）、一五～一六頁。

(38) 註(2)海野、前掲書、二一五～二一七頁。

(39) 『夢の代』（註(26)水田・有坂校注、前掲書）、一九六頁。

(40) 須弥山世界の四大陸の季節と昼夜が同じか（円通とその弟子である浄土真宗仏光寺派僧侶の信暁による「異四時説」）、四大陸で異なるか（環中による「同四時説」）という相違などによる。詳細は、註(19)岡田、前掲書、一八二～一八八頁。

(41) 東本願寺学寮での梵暦講義の様子については、木場明志「幕末～明治初期の梵暦研究について」（『真宗研究』第二七輯、一九八三年）、三～四頁。

(42) 近世後期の庶民へのひろがりについては、註(19)井上、前掲論文、一七～二一頁。

(43) 註(19)岡田、前掲書、二三頁。

(44) 佐田介石の天文説は、梅林誠爾「佐田介石仏教天文地理説の葛藤」（『熊本県立大学文学部紀要』第一三巻、二〇〇七年）。

(45) 註(2)海野、前掲書、二二一頁。同「日本において須弥山はいかに消滅したか」（註(11)岩田・杉浦編、前掲書）、三六八～三七一頁。

（46） 時間について、たとえば十七世紀初頭中国の仏教とキリスト教の論争では、イエズス会宣教師が「神の世界創造は有始有終」と主張するのに対し、禅僧は「無始無終の大道」と反論する（西村玲「虚空と天主――中国・明末仏教のキリスト教批判」〈『宗教研究』三六六号、二〇一〇年〉〔本書所収〕。ハビアンと羅山も同様に論じる。

【付記】 小出長十郎『普門律師之伝』（写本）は、所蔵する日本学士院から複写をいただいた。『横浜市立大学貴重資料集成Ⅰ　仏教天文学』は、松本郁代氏からご恵贈いただいた。記して、心より感謝申し上げる。

第Ⅵ部

方法と実践

「近世的世俗化」の陥穽
——比較思想から見た日本仏教・近世——

一　江戸人の宗教心

内村鑑三（一八六一～一九三〇）は、日本近代にキリスト教の思想的意義を知らしめた人であるが、幼い頃から信心深かった。主著の一つ『余は如何にして基督信徒となりし乎』（一八九五年出版）は、もともとアメリカ人に向けて、英語で書かれたものである。その客観的で情熱的な文章は、文化を異にする人々に微妙で繊細な心の変容過程を伝えるために委細を尽くしており、現在の私たちにも十二分な説得力を持つ。第一章「異教」は、キリスト教を知る以前の自分を精密に描いて、幕末の日本人の信心を如実に伝えている。

余は信じた、しかも真面目に信じた、無数の神社にはそれぞれ神がいまし、その支配権に心を配り、その不興をこうむったいかなる破戒者にもすぐ罰をもって臨む用意をしていると。

（『余は如何にして基督信徒となりし乎』「異教」、一七頁）

無数の神々を信じるとは、現実にはどのような生活を送ることなのか。歯痛に苦しんだ少年時代の内村は、歯痛を癒す神が嫌う梨を「喜んで」断ったと言い、断ち物について次のように言う。

……甲の神は卵の、乙の神は豆の、使用禁止をいつも我らに命ずるのであって、ついに誓いの全てを果たした後には、余の少年時代の好物の多くは断ち物の目録に記入された。神々が多種多様なことはしばしば甲の神の要求と乙の神の要求との矛盾をもたらした。そして悲愴なのは甲の神をも乙の神をも満足させなければならないときの良心的な者の苦境であった。かように多数の満足させ宥《なだ》むべき神々があって、余はしぜんに気むずかしい物怖じする子供であった。……拝すべき神の数は日に日に増加して、ついには余の小さな霊魂はそれら全ての神々の意を満たすことの全然不可能なことが分かった。

（同書、一八〜一九頁）

日に日に増え続ける神々の意を満たそうとして、どんどん好物を断ってゆく少年の切実さは、近世的信仰の典型としてよくあげられる真宗篤信者（妙好人）に通じるものがある。近世後期の三河（現在の愛知県豊田市）の七三郎（一七一二〜一七九四）という妙好人は、台風が来た秋に「今日の風は、御本山（京都の西本願寺）の御堂へ定めてつよく当たるべし。せめての御手伝に」（『妙好人伝』「第二編」、二〇八頁）と言い、女房と筵《むしろ》を持って近所の小高い丘に行き「御本山の風除《かぜよけ》」にしたという。(1)『妙好人伝』の編者である僧純は「これ愚なる業なれども、其の性質《うまれつき》だけの志しの切なる」（同）と讃えるが、この讃歎は内村少年にもあてはまるものだろう。

彼らは、神や仏と地続きの生活を送る素朴で純粋なアルカディアに住んでいるように見える。梨を断ち筵をかざす姿は、すでに失ったものへの哀切さと憧憬を私たちにもたらす。彼らの心情はどこかで普遍性に通じているように思われ、我々の憧憬を単なるロマンチシズムとして切って捨てることは難しい。しかしこうした心情が、内村を

「気むずかしい物怖じする子供」にしたのであり、僧純の讃歎はそのまま「御本山」への奉仕を強力に勧める文章に続いている。近代の科学的合理主義が、これを封建的な呪縛として否定し、往々にして軽蔑までしたことは、現実の生活を合理的にするために強力に必要であり有効だった。

二　近世仏教をめぐる思想史的状況

どの時代と場所を考えるにせよ、現在の立場からの憧憬と否定が入り交じって投げかけられる事情は同じだろう。とはいえ、近代に最も近い時代である日本近世は、近代以後の日本を思想的にも社会的にも直接に支えている面を持つ。そのために、近代的な学問における近世評価も、近親憎悪と自画自賛の間を大きく振れ動き、近世の否定も肯定もその時々の必要に応じてことさらに厳しかったように思われる。たとえば歴史家の安丸良夫は、近世以来の勤勉や孝行などのいわゆる通俗道徳の徳目が、近代的な価値観から「通俗的で前近代的」「非合理な、遅れた、封建的なもの」[2]と否定されてきたが、歴史的には「厳しい自己形成・自己鍛錬の努力」による「精神の覚醒」であったことを論証した。この論証自体が、現代から直近の時代である近世・近代を捉えることがいかに難しいかを、逆説的に示していよう。

さらに仏教の場合は、寺檀制度がとにもかくにも目に見える形として国民的規模で続いており、近世がそのまま現代に続いているかのように見える。目の前の日本仏教のありようを近世のせいにするのは、現状への批判から目をそらす意味も含んで、明治維新以後はもとより敗戦後はなおさら、誰にとっても都合の良いことだった。その結果として近世仏教研究は進まず、一九七〇年代以後の顕密体制論による中世仏教研究の隆盛の中で、日本仏教史における近世仏教の思想研究はブラックボックス化した感は否めない。今に至るも近世仏教の一般的なイメージは、「寺檀制度が全国にひろがっていわゆる葬式仏教の原型がつくられた時代である」というものだろう。歴史学を中心とする従来の研究における近世仏教堕落論と近世仏教民衆論は、この時代に仏教がひろがって根づいたことをどのように捉えるか、という視点の違いから生まれており、その意味ではコインの表裏をなしている。(3)

近世仏教の思想史的位置づけを知るために、まずは近代仏教の研究から見てみよう。二十世紀末頃から近代の見直しが世界的に進む中で、二〇〇〇年代以降には宗教学的な研究を中心として日本の近代仏教研究は大きく進んだ。そうして日本仏教が近代以後も大きく変わってきたこと、私たちが持つ日本仏教像は西洋近代の価値観を投影した面を持つことなどが、だんだんと明らかになってきた。デヴィッド・マクマハンは、十九世紀以後の近代仏教を総合的に論じている。欧米知識人にとっての仏教は、近代の啓蒙主義・ロマン主義・超越主義などの複合であり、思想史的には「近代西洋の救助（the rescue of the modern West）」(4)の役割を果たしたという。日本の場合は、そこで語られた哲学的な仏教像を西洋の学問として輸入し、それを近代仏教の理想とすることによって、現実生活での葬式仏教と学問理念としての哲学仏教が分裂して、二元化していくことになった。

こうした研究の進展によって、たとえば近世に確立した寺檀制度が近代以後も強固に続いた理由は、仏教による葬祭が近代の家制度を支える精神的支柱になったからであることが改めてわかってきた。(5)しかし今のところ、近代仏教の研究は概して歴史学における近代、つまり明治時代以後にとどまっており、それ以前の近世は視野に入っていないか、近代の前段階の意義――せいぜい近代の前哨戦という意味――しか与えられていないように思われる。言うまでもなく、現代を直接につくった近代をことわけて論じる必要は常にあるにせよ、その土台でありその一部でもある近世独自の意義を視野に入れることは、近代を理解するために必要なことではないだろうか。

ではさかのぼって中世、なかんずく南北朝から室町時代以後という中世後期から近世を見るとどうだろうか。近年の歴史学における戦国期、いわゆる中近世移行期の研究は活況を呈しており、仏教などの思想史研究とのリンクが可能になりつつあるように思われる。日本仏教史の現在の通説では、古代から中世前期の鎌倉時代を日本仏教の思想的なピークとして、十五世紀からの室町時代である中世後期には、いわゆる新仏教と旧仏教の勢力が社会的に交替したとされている。具体的には、鎌倉時代に始まった宋代禅と専修念仏が力を得て、室町時代に禅は幕府と密接に結びつきながら全国にひろがり、室町後期の念仏では蓮如（一四一五～一四九九、浄土真宗）を開始点とする一向一揆が始まった。

今の私たちが知る「家」システム——父系の嫡男相続によって家名と家産を伝えていく構造——は、十五世紀以後には庶民にまでひろがって、戦国時代に確立したとされる。神田千里は、この時期が家システムの確立期であることに着目して、蓮如は親鸞の教義を永く伝えるために、本願寺を親鸞の「家」化したと言う[6]。神田の言うように[7]、戦に明け暮れたこの時期に、家族は信心と救済を三世（過去世・現在世・未来世）にわたって共有しうる集団であるという考えが、家システムを支える形で社会一般にひろがったとすれば、寺檀制度が人々の求めるものとして、十七世紀の江戸時代に驚くほどの早さで全国に普及したことに納得がいく。その射程は、近代まで続くものだった。

中世後期から近世初頭には、中世前期までの神仏の枠組みとは異なる天道思想やキリシタンといった宗教思想が社会にひろがった。沢庵宗彭（一五七三～一六四五）や鈴木正三（一五七九～一六五五）らの仏教者も含めて、この時期の思想は、神仏に対する信仰を説きながら、世俗生活における通俗道徳の実行、儒教の五常（仁・義・礼・智・信）に代表される日常倫理の重要性を説く[8]。中世後期から始まる近世的な思想が、中世前期までに比べればはるかに世俗化していたことは、日本学全般の前提となっている。この「世俗化」という言葉は、あまりに多義的になってしまって使いにくいが、ひとまず宗教学の一般的な定義である「その社会の中で宗教がもつ影響力が次第に減少していく(9)」こととしておく。その意味での世俗化は、十六世紀から現代の日本まで続いており(10)、premodernを含むいわゆるmodernとしての近代化の過程であると見ることができる。

そういうわけで、近代から見ても中世から見ても、仏教を含む近世思想の特徴は世俗化であるという認識を、今のところ私たちのスタート地点にしたい。大急ぎで気をつけなければならないのは、まずこの「近世的世俗化」という概念には、「近世的な合理的・批判的精神」を高く評価する、近代の合理主義が色濃く入っていることだ。次に現実の経験から言えば、つい最近まで私たちは幕末や明治時代の話を実際に生きた人から聞くことができたし、さらに寺檀制度のように近世由来の事柄を生活の中で体験もしている。しかし民俗学の古老の聞き書きと同じく、経験的知識は直接的にはせいぜい近世後期からの姿を示すものであって、それより前にはさかのぼり難い。つまり私たちが持っている「近世・江戸時代」イメージは、近世後期から明治時代を無意識の手がかりとしてつくられており——たとえば内村鑑三や妙好人、時代劇など——、それが近世全体への私たちの想像力を阻んでいる面があることを自覚しておきたい。

具体的に仏教について言えば、全般に研究が進んでいるとは言い難いこともあって、近世全体をひとしなみに扱う傾向がないとは言えない。たとえば近世初頭の鈴木正三も中期の白隠慧鶴（一六八五～一七六八）も後期の妙好人も、すべて近世仏教の世俗化のあらわれであるとしたり、戦国末期の不干斎ハビアン（一五六五～一六二一）も近世中期の富永仲基（一七一五～一七四六）も同じく近世的合理性と批判性を持つとするのは、それらの近代的価値観に疑義が呈される今となっては、もはや無理がある。近世に新たな思想と価値観を発見していくためにも、世俗性や合理性の意義をより深く知るためにも、十六世紀から二十世紀までの思想の変容を意識しつつ、その内実に踏み込むさまざまなアプローチが必要だろう。そのささやかな試みの一つとして、これまで同じ「近世的合理性・批判性」カテゴリーにあったハビアンと仲基の時代性をまず考えてみたい。

三　ハビアンと仲基

戦国末期に、おそらく大徳寺で禅を学んだ不干斎ハビアンは、十九歳で吉利支丹となり、イエズス会イルマンとしてキリシタン宣教や出版に活躍した後に、四十三歳で修道女とともにイエズス会を脱会し棄教した。晩年にはキリシタン迫害に協力し、五十六歳で排耶書『破提宇子』を書いて翌年に亡くなった[11]。海老沢有道は、ハビアンの軌跡を伝統宗教の否定をともなう近世的な合理的・批判的精神と評している[12]。また山本七平らの戦後知識人を中心として、ハビアンは権威を否定する自由人であるという近代的なイメージも一般に根強くある[13]。しかし彼は戦国期の知識人であるから、ここでは現在の研究状況を踏まえつつ、時代状況からハビアンについて考えよう。

戦国期の武士はもとより村の百姓も、自分と村や一族の生き残りを懸けて仕える主人を厳しく選び続けており、自分の働きが報われないとわかれば、即座に主人を捨てるという自力のルールで生きていた。そうでなければ、個人としても集団としても生き残れなかっただろう。仕える主人を選ぶ自由は、神仏を選ぶ自由でもあった。戦国期の日本社会は、近代とは異質の「信仰の自由」を上から下まで広く共有している[14]。それは諸宗派　集団の共存を理想の前提として、信仰の強要は許されないという社会倫理であり、近代ヨーロッパ的な人間の権利を原理とするものではない。寺檀制による葬祭が日本仏教のスタンダードとなって久しい私たちの想像をはるかに超えて、戦国期の宗教状況は激しく流動的なものだった。天下泰平の寺檀制度と本末制度が、いわば国教となる前の時代には、仏教や神道の各宗派・集団はキリシタンも参戦する中で生き残りを懸けて活動している。この時期の日本人が新来のキリスト教をすぐに受け入れたこと、さらにはわずか半世紀ほどでキリスト教が全国にひろまった（三十七万人、当時の総人口ほぼ一〇〇〇万人の四パーセントほど）大きな理由の一つは、自力で生きざるを得ない厳しい社会であったからと思われる。[15][16]

イルマンとして盛んに活動していたハビアンが、突然にキリスト教を捨てた理由ははっきりしないけれども、イエズス会が日本人にはある程度以上の昇進を許さなかったことが、その理由の一つとされる。それが本当ならば、キリスト教布教がすでに翳りを見せつつあったことや、恋人の存在も併せて、働きに報いてくれない落ち目の主人であるイエズス会とデウスをハビアンが見限ったのは、自力で生きる戦国期の知識人として当然あり得ることではなかったか。ハビアンの言葉と生き方は、その前代の一休宗純（一三九四～一四八一）の風狂が形姿を変えて時代を下ったようにも見えて、禅の鋭く執拗な否定性と孤絶する強い主体のありかたの一つを示すもののように思える。亡くなる前年の排耶書でハビアンが自ら称した「江湖の野子（俗界の野人）」（『破提宇子』、四二四頁）という言葉には、主人持ちではない戦国人の自意識、頼りうるのは自分のみであるという現実があらわれていよう。

近世中期の大坂町人学者であった富永仲基は、近世の本居宣長（一七三〇～一八〇一）が発見し、平田篤胤（一七七六～一八四三）が称揚した。近代には内藤湖南（一八六六～一九三四）をはじめとする東洋学者が高く評価し、戦後には中村元（一九一二～一九九九）が「近代の先駆け」とはっきり定義して、日本思想史において人文主義的な批判性と合理性を持った知識人であると位置づけた。[17]たしかに近世中期の仲基には「近代の先駆け」と言える性格があって、諸先学はそこに近世の正の側面を見出したわけであるが、当時の知識人として見るとどうであるのか。

仲基の思想が高く評価された主な理由は、膨大な仏教経典群は歴史的に付加されていったものであること（加上説）を発見して、「すべての経は釈迦一人の説法である」とする仏教の説（教相判釈）を否定したことにある[18]。仲基は、この真実を明らかにするのは「出定如来に非ざればあたわざるなり」（『出定後語』、一六頁）と誇り、自分は釈迦以来の誤謬から目覚めた人として「出定如来[19]」であると自称した。ハビアンの「江湖の野子」が持つ現実の厳しさに比べれば、自ら如来と名のる「出定如来」には、長く続く天下泰平がもたらした楽天性――既成の社会と倫理と自分に対する無自覚の確たる信頼――があらわれる。

彼が遺著『翁の文』で主張した「誠の道」は、その方法論（加上説）が帰着する相対主義の性質をよく示している[20]。そこで経験的知識の権威としての「翁」が言う「今の世の日本に行われるべき誠の道」とは、「唯物ごとそのあたりまえをつとめ、今日の業を本とし」て、「今のならわしに従い、今の掟を守り、今の人に交わって、悪事をなさず、善事を行う」ことである。これは自ら原理を立てずとも、「物事のあたりまえ」が確立されて自明の理となった時代、今のならわしと掟と人によって「今日の業」が他律的に決まり、また決まらざるを得なかった江戸中期のリアリティであり、世間との一体化こそ正しいとするものである。これが当時の儒学界で隆盛だった徂徠学派らの復古主義を批判したものであり、原理を立てること自体――たとえば儒者であれば中国古代を理想とすること――への原理主義批判であるならば、世間との一体化を掲げるその相対主義はなおさらのことである。

これはハビアンと仲基の時代性を考える試みの一つにすぎないが、それでも各時代の研究が進んだ今となっては、両者を同じ「近世的合理性・批判性」という言葉と概念で思想的に一括りにできないことがわかる。

四 「近世的世俗化」の地平

見てきたように研究史における「合理性・批判性」のカテゴリーは、すぐれた知識人それぞれの考えが明確な言葉で思想化されており、庶民に比べれば時代性や特質をまだしも捉えやすい。しかし「近世的世俗化」となると、日本に限っても中世後期からの五倫五常から近代明治までの通俗道徳を含んで、知識人から庶民までを対象とすることが通例だ。その巨大な世俗化カテゴリーの内実を明らかにすることは、もとより近世思想研究の大きな課題の一つである。

仏教に関して言えば、末木文美士は鈴木正三を論じて[21]、「俗人の生活そのままが仏法たりうる」(世法即仏法)という特徴を明らかにした。これは仏教における「近世的世俗化」の思想的特徴の一つと言えるだろう[22]。ここでは、おそらくは近世に広く普及して社会的に確立したのではないかと推測される、「俗人の生活が仏道修行である」という考え方について[23]、諸先学の研究を手がかりとしながら近世前期の禅僧の言葉を紹介したい。

鈴木正三のいわゆる職分仏行説は、「修行は一切世間のそれぞれの家職の上」(『石平道人四相』、二一〇頁[24])にあって、士農工商がそれぞれ職分を尽くすことが仏行であるというものである。たとえば、武士に対しては「武勇を助けるものは仏法である(武勇ヲ助ル物、妙法ナリ)」(『石平道人四相』、二一一頁)と言い、農民に対しては「農人と生を受くる事は、天より授け給わる世界養育の役人なり。……一鍬一鍬に南無阿弥陀仏、なみあみだ仏と唱え、一鎌一鎌に念仏信心有って、念々怠らず、勇猛堅固の心に住して、他念なく農業を」(『万民徳用』、四八～四九頁)行うことを勧める。また同時期の沢庵宗彭は、徳川家光(一六〇四～一六五一)の兵法師範であった柳生宗矩(一五七一

〜一六四六）に対して、「貴殿之兵法にて申し候はば」、心を「唯一所に止ぬ工夫是皆修行なり」（『沢庵和尚柳生但州江兵法問答』九一頁、一一五頁）と、剣の工夫が禅修行であることを説いた。これらのことから船岡誠は、沢庵の特徴を「日常性の禅」[25]とする。

両者より少し後れる盤珪永琢（一六二二〜一六九三）は、明末禅僧の道者超元（?〜一六六〇）に悟りを認められ、皆が「人人生れ備りたる不生の仏心」（『仏智弘済禅師法語』、九八頁）であることに気づく不生禅を説いた。それは「只百姓の所作を余念無く勤るを、不生の心行と云う」（同書）ものであり、説法では「侍や商人の方が僧侶よりも修行しやすく、侍が不生の仏心を知れば、主君への忠義にも万民が喜ぶ結果になる」（『盤珪仏智弘済禅師御示聞書』、八〇〜八一頁、一部大意）と言う。[26]

近年、白隠慧鶴の研究が進んでいる。禅学の芳澤勝弘は、その思想の核心が『法華経』にもとづく大乗菩薩の志（四弘誓願、上求菩提下化衆生）であり、現実の人々を救おうとすることだったことを明らかにした。[27]歴史学の高橋敏は、白隠が藩主や一揆とも関わって庶民の側に立って活動したことを示した。[28]白隠は、肥前蓮池藩主への著作で「正念工夫の不断坐禅」（『遠羅天釜《おらてがま》』、二六四頁）を説く。「万民を吾が赤子の如く」（同書）思って、「袴・肩絹は直にこれ七条九条の大法衣、両口（大小二刀）の打ち物は禅板机案（坐禅時の机など）、馬鞍は一枚の座蒲団、山河大地は一箇の大禅牀（坐禅の席）」（同書、二六六頁）と思って、日常を不断の坐禅にせよ、と言う。

近世前半の禅僧である彼らは、生活の目的そのものとして修行や坐禅を言うのだが、時代が進めば、これは儒教などと合体し、特定の宗派色が後方に退いて通俗道徳につながっていったものであるだろう。こうした趣旨の言葉は近世を通じて広く見られるが、その時代的な変遷過程については、近世前半の禅僧に限っても分明ではない。しかしたとえば、直接的にはそれぞれ勤勉と施しを説くのだが、正三の「世界養育の役人」（『万民徳用』、四八頁）という言葉と、白隠の「此世は前生の種次第、未来は此世のたね次第」（『施行歌』、二一一頁）という言葉だけでも、個別の状況の違いだけには還元できない異質性がある。仮に「庶民に対して説いたものだから世俗的である」とひとまずカテゴライズするにせよ、その思想的内容と変遷過程を明らかにしていく必要があるだろう。

五　中国と日本

その方法の一つとして、仏教をはじめとする近世思想史における明末思想との関わりを考えたい。なぜなら中国との関わりから近世仏教思想を見ることによって、これまで知識人と庶民、あるいは地域や各宗派それぞれのイメージで分断されてきた近世仏教像を通時的かつ全体的に捉えうる可能性があるからだ。

近世仏教における明末思想の重要性については、すでに一九八〇年代に大桑斉が、中国や朝鮮を視野に入れた東アジア仏教を考える意義を先駆的に述べている。[29]具体的には、荒木見悟の中国明末思想研究を手がかりとして、日本近世初頭から中期にかけての仏教復興に関わる禅僧と律僧の系譜を明らかにした。[30]また個別研究では鈴木正三の研究をはじめとして、[31]明末思想との関わりが指摘されている。中国学から日中両方の仏教に関わる研究としては、中国仏教とキリスト教の関係や、[32]中国善書（宋代から流行する中国民間の勧善書。江戸初期から輸入されて社会に流通した）の研究[33]などがある。しかし、こと日本仏教の視点から中国明末思想との関わりを見る研究は、いまだ数少ない。

近世には、明代中期の沈滞から復興した明末仏教が輸入され、黄檗禅として大きな影響を与えた。中野三敏は、江戸文化における黄檗をはじめとする中国文化の意義について縷々論じている。[34]学僧の間では、近世を通じて明末の中国仏教を手がかりとして自分の思想を形成している形跡が見られる。

たとえば、長崎で排耶説法を行った雪窓宗崔（一五八九〜一六四九）は、ほぼ同時期の中国禅僧によるキリスト教批判書を、自身の排耶書の理論的基礎として引用している。[35]開国を迎えた幕末には、同じく明末のキリスト教批判書が多く出版されて、当時の排耶論の基礎として利用された。鈴木正三は、儒教や道教と和合しながら仏教の優位を説く根拠として、三教一致を説く伝統的な書である唐末の『宗鏡録』や北宋の『輔教篇』を言い、次に明末の雲棲袾宏（一五三五〜一六一五）や永覚元賢《えいかくげんけん》（一五七八〜一六五七）の名前をあげる。[36]三浦雅彦は、鈴木正三とその弟子が雲棲袾宏の著作（『竹窓随筆』）を大きく使ったことを明らかにした。[37]時代が下った白隠は、逆に雲棲袾宏を「参玄力ら足らず、見道眼暗くして、進むに寂滅の楽みなく、退くに生死の恐れ」があったから、禅を全うせずして念仏に走ったのであり、永覚元賢はそれを助けた、と批判する（『遠羅天釜・続集』、四九六頁）。正三と白隠の間には、来日した隠元隆琦（一五九二〜一六七三）による黄檗禅の開宗（一六六一年萬福寺開堂）があり、政治的・社会的影響とともに、何らかの思想的な展開があっただろうことは推測がつく。

近世中期の鳳潭（一六五九〜一七三八）や徳門普寂（一七〇七〜一七八一、七十二歳で道光普寂と改名）は、近代につながっていく近世仏教のインド主義[38]における最初期の学僧であり、南都の華厳宗とは異なる華厳理解を唱えた。鳳潭は黄檗禅僧の鉄眼道光（一六三〇〜一六八二）の弟子であり、[39]鉄眼が出版した大蔵経の不備を補うために南都の古経を調査している。普寂は、若年時に明末高僧の一人である藕益智旭（一五九九〜一六五五）の『霊峰藕益智旭大師宗論』を読んで奮起した（普寂自伝の『摘空華』、二八四頁）。近世後期の曹洞禅僧の良寛（一七五八〜一八三一）は、当時の流行であった国学を学んで五十音を考案したと伝え（『良寛禅師奇話』、六〇一頁）、『万葉集』を手本に長歌をうたう歌人であり、『法華経』の賛歌（法華讃）を書き、『倶舎論』を講義する学僧であった。良寛は「随身の具、笠などには、「おれがの、ほんにおれがの」と書して」（同書、五九八頁）いたが、明末高僧の憨山徳清《かんざんとくせい》（一五四六～一六二三）の著作や伝記をまとめた『夢遊集』を大切にしており、「ほんにおれがの」（同書、五九八頁）と書いてあったという。

また中国善書は、近世初頭から近代までさまざまな形で出版され続けて、広く庶民に普及した。善書の輸入と普及は、近世後期からの通俗道徳を形成する一つとなって、世俗化過程に大きな役割を果たしたと考えられる。肖琨の論文「善書をめぐる近世仏教の交流」[40]（国際日本文化研究センター二〇一五年国際研究集会「比較思想から見た日本仏教」・近世部会発表）は、中国道教を由来とする善書の発端から日本への輸入、流布の過程までを明らかにした。さらに、論文「「陰隲」と「感応」――近世善書の世界」[41]では、応報信仰を説く善書を朝鮮を含めた東アジア規模の思想的資源とみなして、中国・日本・朝鮮における幅広い受容形態とその意義を論じている。

田中実マルコスは、近世の黄檗禅と浄土教についての基礎的研究を進めている。[42]田中論文「黄檗宗萬福寺第四祖獨湛と善書」[43]（前掲国際研究集会・近世部会発表）は、黄檗禅僧を通じて善書がもたらされたことを示し、善行と悪行のポイント制が念仏に応用されて庶民にひろがったことを論じる。

日本近世のカウンターパートとなる明末思想界の意義については、中島隆博（前掲国際研究集会・近世部会コメント）が現代の生命倫理を視野に入れて、動物を殺すことをめぐる明末仏教とキリスト教の論争を論じている。[44]この論争を担ったのは、雲棲袾宏とマテオ・リッチ（一五五二～一六一〇）である。リッチは、「神の似姿である人間は、自然を最大限に利用することを神から許されているから動物を殺してよい」と主張する。これは、まず神を価値の源泉としながら、だんだんと人間を価値の中心としていったヨーロッパ近代の思想にまっすぐにつながる主張だろう。リッチに対して袾宏は、輪廻と孝による中国仏教の三世六道の生命観によって、不殺生の正当性を論じた。[45]これは『梵網経』にもとづくものであり、江戸時代の日本に輸入されていった(46)。この仏教的生命観は、善書に見られるような近世思想と倫理の源泉の一つとなって、近現代までの思想的な射程を持ったと推測している。

袾宏や白隠が生きていた世界、肖が言う東アジアの思想的遺産を、今の私たちに理解できる明確な論理と価値観で新しく認識していくことが必要だ。そうしていく中で、今はノスタルジーと見まがうほどにか細い輪郭になっている内村少年も妙好人もはっきりした形と言葉を新たに得て、私たちをより深く支えてくれるように思われる。

参考文献

1 原典

内村鑑三『余は如何にして基督信徒となりし乎』(岩波書店、一九三八年)

解良栄重『良寛禅師奇話』(内山和也・谷川敏朗・松本市壽編『定本良寛全集』三、中央公論新社、二〇〇七年)

僧　純『妙好人伝』「第二編」(柏原祐泉・藤井学校注『日本思想大系57　近世仏教の思想』岩波書店、一九七三年)

鈴木正三『万民徳用』(神谷満雄・寺沢光世編『鈴木正三全集』上巻、鈴木正三研究会、二〇〇六年)

鈴木正三聞書、信覚恵中『石平道人四相』(神谷満雄・寺沢光世編『鈴木正三全集』上巻、鈴木正三研究会、二〇〇六年)

沢庵宗彭『柳生但州江兵法問答』は『不動智神妙録』写本の一種。佐藤錬太郎「沢庵宗彭『不動智神妙録』古写本三種・『太阿記』古写本一種」(『北海道大学文学研究科紀要』一〇三号、二〇〇一年)によって、底本四種の画像と翻刻が公開されている。本文は内閣文庫本の佐藤翻刻によった。

徳門普寂『摘空華』(『浄土宗全書』一八、浄土宗典刊行会、一九一三年)

富永仲基『出定後語』(水田紀久・有坂隆道校注『日本思想大系43　富永仲基・山片蟠桃』岩波書店、一九七三年)

富永仲基『翁の文』(家永三郎ほか校注『日本古典文学大系97　近世思想家文集』岩波書店、一九六六年)

白隠慧鶴『遠羅天釜』(芳澤勝弘訳注『白隠禅師法語全集第九冊　遠羅天釜』禅文化研究所、二〇一一年第二版)

――『遠羅天釜・続集』(芳澤勝弘訳注『白隠禅師法語全集第九冊　遠羅天釜』禅文化研究所、二〇一一年第二版)

――『施行歌』（芳澤勝弘訳注『白隠禅師法語全集第一三冊　粉引歌・坐禅和讃・ちょぼくれ他』禅文化研究所、二〇〇二年）
盤珪永琢『仏智弘済禅師法語』（鈴木大拙編校『盤珪禅師語録』岩波文庫、一九四一年）
――『盤珪仏智弘済禅師御示聞書』（同前）
不干斎ハビアン『破提宇子』（海老沢有道・H・チースリクほか校注『日本思想大系25　キリシタン書・排耶書』岩波書店、一九七〇年）

2　先行研究

海老沢有道［一九七〇］「仏法之次第略抜書・妙貞問答」解題（海老沢有道・H・チースリクほか校注『日本思想大系25　キリシタン書・排耶書』岩波書店）
大桑　斉［一九八九］『日本近世の思想と仏教』法藏館
横超慧日［一九七九］「明末仏教と基督教との相互批判」（『中国仏教の研究　第三』法藏館）
王　芳［二〇一二］「鳳潭の生没年及び出身地に対する一考察」（『インド哲学仏教学研究』一九号）
神田千里［二〇〇二］『日本の中世11　戦国乱世を生きる力』中央公論新社
――［二〇〇八］『信長と石山合戦――中世の信仰と一揆』吉川弘文館
――［二〇一〇］『宗教で読む戦国時代』講談社
――［二〇一二］『蓮如――乱世の民衆とともに歩んだ宗教者』山川出版社
――［二〇一四a］『織田信長』ちくま新書
――［二〇一四b］「「天道」思想と「神国」観」（島薗進・高埜利彦・林淳・若尾政希編『シリーズ日本人と宗教2　神・儒・仏の時代』春秋社）
鬼頭　宏［二〇〇〇］『人口から読む日本の歴史』講談社学術文庫
五野井隆史［二〇〇二］『日本キリシタン史の研究』吉川弘文館
酒井忠夫［二〇〇〇］「江戸時代の日本文化に及ぼせる中国善書の影響並びに流通」（『酒井忠夫著作集2　増補中国善書の研究　下』国書刊行会）

島薗　進［二〇一四］『現代宗教とスピリチュアリティ』弘文堂
釈　徹宗［二〇〇九］『不干斎ハビアン――神も仏も棄てた宗教者』新潮社
肖　琨［二〇一五ａ］「善書をめぐる近世仏教の交流」（末木文美士編『比較思想から見た日本仏教』山喜房佛書林）
――――［二〇一五ｂ］「「陰隲」と「感応」――近世善書の世界」（『日本思想史研究会会報』三一号）
末木文美士［一九九三］「鈴木正三――人と思想」（『日本仏教思想史論考』大蔵出版）
――――［二〇一〇］「近代日本の国家と仏教」（『他者・死者たちの近代　近代日本の思想・再考Ⅲ』トランスビュー）
高橋　敏［二〇一四］『白隠――江戸の社会変革者』岩波現代全書
竹田聴洲［一九七五］「近世社会と仏教」（『岩波講座　日本歴史9　近世1』、岩波書店）
田中実マルコス［二〇一四］『黄檗禅と浄土教――萬福寺第四祖獨湛の思想と行動』法藏館
――――［二〇一五］「黄檗宗萬福寺第四祖獨湛と善書」（末木文美士編『比較思想から見た日本仏教』山喜房佛書林）
中島隆博［二〇一一］『共生のプラクシス――国家と宗教』東京大学出版会
中野三敏［二〇〇七］『写楽――江戸人としての実像』中公新書
――――［二〇一二］『江戸文化再考――これからの近代を創るために』笠間書院
中村　元［一九九八］『中村元選集［決定版］別巻七　近世日本の批判的精神　日本の思想Ⅲ』。初版は三省堂より一九四九年に『近世日本の批判的精神の一考察』として刊行された。
西村　玲［二〇〇八］『近世仏教思想の独創――僧侶普寂の思想と実践』トランスビュー
――――［二〇一〇］「虚空と天主――中国・明末仏教のキリスト教批判」（『宗教研究』三六六号）〔本書所収〕
――――［二〇一一］「近世仏教におけるキリシタン批判――雪窓宗崔を中心に」（『日本思想史学』四三号）〔本書所収〕
――――［二〇一二ａ］「東アジア仏教のキリスト教批判――明末仏教から江戸仏教へ」（中野三敏・楠元六男編『江戸の漢文脈文化』竹林舎）〔本書所収〕
――――［二〇一二ｂ］「慧命の回路――明末・雲棲袾宏の不殺生思想」（『宗教研究』三七四号）〔本書所収〕
――――［二〇一三］「中村元の日本思想史研究――東方人文主義」（『比較思想研究』四〇号）
――――［二〇一四ａ］「近世律僧の思想と活動――インド主義を中心として」（『佛教文化研究』五八号）
――――［二〇一四ｂ］「近世思想史上の『妙貞問答』」（末木文美士編『妙貞問答を読む――ハビアンの仏教批判』法

藏館）〔本書所収〕
――［二〇一四c］「仏教排耶論の思想史的展開――近世から近代へ」（末木文美士・林淳・吉永進一・大谷栄一編『ブッダの変貌――交錯する近代仏教』法藏館）〔本書所収〕
――［二〇一四d］「明末の不殺放生思想の日本受容――雲棲袾宏と江戸仏教」（奥田聖應先生頌寿記念論集刊行会編『奥田聖應先生頌寿記念インド学仏教学論集』佼成出版社）〔本書所収〕
ネルケ無方［二〇一四］『日本人に「宗教」は要らない』ベスト新書、ＫＫベストセラーズ
船岡　誠［一九八八］『沢庵――徳川家光に慕われた名僧』中公新書
三浦雅彦［二〇〇六］「鈴木正三の仁王禅と信覚恵中の立禅――近世日本における中国念仏禅の受容をめぐって」（『日本仏教綜合研究』四号）
安丸良夫［一九九九］『日本の近代化と民衆思想』平凡社ライブラリー。初版は青木書店より一九七四年に刊行された。
芳澤勝弘［二〇〇五］『白隠――禅画の世界』中公新書
David L.McMahan ［2008］ *The Making of Buddhist Modernism*, Oxford University Press, New York

註

（1）風除けでふんばる七三郎の足跡が残ったという岩が、今も残されている。足助観光協会（愛知県豊田市足助町）ホームページに岩の写真がある。二〇一五年四月十四日アクセス http://asuke.info/view/rekishi/entry-35.html
（2）安丸良夫［一九九九］、二〇頁。
（3）研究史の詳細は、西村玲［二〇一四a］、一七～一八頁。
（4）McMahan [2008], p. 5.
（5）歴史学の竹田聴洲は、寺檀関係の真の基盤は、祖先信仰を葬祭と供養によって仏教化することにより、先祖を持ち永続する「家」を欲する民衆の希求に応えたことにあるとする。近代以後にも寺檀関係が続いている最大の理由は、それが「家」を葬祭と先祖供養によって陰から支える機能を果たしたからであるという（竹田聴洲［一九七五］）。二〇〇〇年代以後の近代仏教研究においては、末木文美士が日本思想史の立場から、近代の「家」を支える寺檀制度の性格を明らかにしている（末木文美士［二〇一〇］）。

(6) 神田千里［二〇一二］、六八頁。同［二〇〇二］、一七八〜一八三頁。
(7) 神田千里［二〇〇八］、二三〇〜二三一頁。
(8) 神田千里［二〇一四］、三四頁。
(9) 島薗進［二〇一二］、一〇頁。
(10) 島薗進は日本の世俗化過程の研究を、1幕藩体制の開始、2明治維新後、3敗戦後、という三段階に整理しており、大変わかりやすい。島薗進［二〇一二］、二一〜一六頁。
(11) ハビアンをはじめとする、この時期の東アジアのキリスト教をめぐる研究状況については、西村玲［二〇一四b］。
(12) 海老沢有道［一九七〇］、六一三〜六一五頁、六三七〜六三八頁。
(13) 詳しくは、釈徹宗［二〇〇九］、一四〜四二頁。
(14) この詳細については、神田千里［二〇一〇］、二〇九〜二一〇頁。
(15) 幕府によるキリシタン禁教令の翌年、大坂冬の陣が起こった慶長十九年（一六一四）のキリシタンの概数、五野井隆史［二〇〇二］、九九頁。
(16) 鬼頭宏［二〇〇〇］八二頁。現代日本のキリスト教徒は人口の一パーセント弱である。
(17) 中村元［一九九八］、二一七〜三一七頁。この初出が戦後間もない一九四九年であることが、日本思想の現代史として大きな意義を持つと思う。富永仲基や鈴木正三を高く評価する中村元の世界思想史は、十九世紀からヨーロッパで始まったインド学の東方人文主義にもとづく。詳しくは、西村玲［二〇一三］。
(18) 仲基の世俗性については、西村玲［二〇〇八］、八九〜一一三頁。
(19) 訓読は「ああたれかこれを蔽する者ぞ、出定如来にあらざればあたはざるなり」（『出定後語』上「教起前後」一六頁）。仲基の自称である「出定如来」と「出定」については、西村玲［二〇〇八］、一〇四〜一〇七頁。
(20) 以下の引用原文は「誠の道の、今の世の日本に行はるべき道はいかにとならば、唯物ごとそのあたりまへをつとめ、今日の業を本とし、……今のならはしに従ひ、今の掟を守、今の人に交り、もろ〳〵のあしきことをなさず、もろ〳〵のよき事を行ふを、誠の道ともいひ、又今の世の日本に行はるべき道ともいふなり」（『翁の文』五五一〜五五三頁）。
(21) 末木文美士［一九九三］。研究史における近代と近世の問題を含む正三の「世法即仏法」については、四六七〜

四七三頁。

(22) もちろん日本仏教における「世法即仏法」の傾向は、今の通説として聖徳太子(五七四~六二二)や最澄(七六七~八二二)からありうるわけで、平安時代における天台本覚論の普遍化、鎌倉時代以後の宋代禅と専修念仏の庶民層へのひろがり、近世の寺檀仏教、近代の俗人主体の仏教運動など、通時的で大きな問題である。本論では近世に限って考える。

(23) たとえば近世以前、戦国期の蓮如は門徒における王法と仏法の別を説いて、王法を守る重要さを説くけれども、一体化はしていない。また現代のドイツ出身の日本曹洞宗禅僧であるネルケ無方は、ドイツと比較しつつ、現代日本人の宗教観は生活行為を宗教とするものだと言う(ネルケ無方[二〇一四]、二二一~三三一頁)。これは狭義の禅にとどまらず、広く身体観を含みうる「生活即修行」という意識の歴史や、南アジアや東南アジアとの比較なども考えることができる興味深い指摘と思う。

(24) 正三の弟子の信覚恵中が延宝四年(一六七六)に書いた正三の聞書には、「修行ハ、一切世間ノ、ソレ〳〵家職ノ上アリ、正三ハ此意ヲ施シテ普ク世間ヲ利セン事ヲ要トス、如是、仏法世法、融通シテ無碍ナルヲ、大乗ノ仏意トス、……殊ニ本朝ニ於テハ、武勇ヲ助ル物、妙法ナリ、……正三一世此義ヲ談セリ、其趣、武士日用ニ具也」(『石平道人四相』、二一〇~二一一頁)とある。

(25) 船岡誠[一九八八]、一四二~一五〇頁。正三の職分仏行説との類似については、一九二頁。

(26) 元禄三年(一六九〇)、讃洲丸亀での説法。原文は「殊さら侍は、出家などよりつとめよい事がござる。……まづ不生の気になりては、主君への忠にもなりまする。仏心が万事に移る事でござる。……かようにつとめたる時は、直なる心が胸にござるゆへに、あまねく万民が悦びます。……又一荷あきなひ致す者が……世わたりになんぎをいたせども、是等は出家の修行にくらべては、中々苦労が、似た事でもござらぬ」(『盤珪仏智弘済禅師御示聞書』、八〇~八一頁)。

(27) 芳澤勝弘[二〇〇五]、一一七頁、二六三~二六六頁など。

(28) 高橋敏[二〇一四]。

(29) 大桑斉[一九八九]、六~七頁など。

(30) 大桑斉「諸教一致論の形成と展開」、大桑斉[一九八九]、三八〇~四〇九頁。

(31) 三浦雅彦［二〇〇六］など。
(32) 横超慧日［一九七九］は、中国仏教とキリスト教の関わりを総合的に論じる。両国の関わりについては、西村玲［二〇一〇］、［二〇一二a］、［二〇一四c］。
(33) 酒井忠夫［二〇〇〇］。
(34) 中野三敏［二〇一二］、一三八〜一四一頁など。
(35) 詳細は、西村玲［二〇一一］。
(36) 鈴木正三聞書、信覚恵中『石平道人四相』、二一五頁。
(37) 三浦雅彦［二〇〇六］、七三〜七五頁。
(38) 日本近世の仏教思想においては、釈尊復古を掲げるインド原理主義が近代化へつながった。具体的には、インド伝来と信じられた戒律を実行する律僧を主たる思想的担い手として、幕末の梵暦運動につながる須弥山論争や大乗非仏説として展開した。近世中期頃からの学僧に見られるインドの釈尊復古は、儒学における古代中国の先王の道や、国学における古代日本の大和心と同じ役割を持つ。詳細は、西村玲［二〇一四a］。
(39) 王芳［二〇一二］、一一七頁。
(40) 肖琨［二〇一五a］。
(41) 肖琨［二〇一五b］。
(42) 田中実マルコス［二〇一四］。
(43) 田中実マルコス［二〇一五］。
(44) 中島隆博［二〇一一］。第Ⅱ部第三章「魂を異にするものへの態度――明末の仏教とキリスト教」、七二〜一〇〇頁。
(45) 詳細は、西村玲［二〇一二b］。
(46) 西村玲［二〇一四d］、一〇三七〜一〇四〇頁。

中村元
――東方人文主義の日本思想史――

一　はじめに

中村元は、戦後日本のインド思想・仏教学を代表する一人である。まずは、その生涯と業績を簡単に紹介しておこう。中村は、一九一二年に島根県松江市に生まれ、東京高等師範学校附属中学校に進むが、腎臓を病んで一年休学する。病中に宗教や哲学に親しみ、その道を志して旧制第一高等学校に進学した。一九三六年に、東京帝国大学文学部印度哲学梵文学科を卒業して大学院に進学し、仏教学の宇井伯壽（一八八二～一九六三）や倫理学の和辻哲郎（一八八九～一九六〇）などに学んで、一九四一年に博士課程を修了した。一九四三年には東京帝国大学助教授に就任し、博士論文『初期ヴェーダーンタ哲学史』（岩波書店）により文学博士となる。この著作によって一九五七年には、日本学士院賞恩賜賞を受賞した。

戦後には、主要業績の一つである『東洋人の思惟方法』シリーズ（初版、みすず書房、一九四八～一九四九年）が、比較思想論としてアメリカで高く評価され、一九五一年にスタンフォード大学に客員教授として一年間招聘された。この招聘が、後の比較思想研究への梃子となった。一九七〇年に、東洋思想の研究と普及を目的とする財団法人東方研究会（現、公益財団法人中村元東方研究所）を、私財をなげうって設立した。一九七三年に東京大学を定年退官して、東方研究会の理事長となった。同じ時に、東方研究会の活動の一環として、広く一般に東洋思想を講義する東方学院を開いて、学院長に就任する。一九七四年には比較思想学会を創立し、翌年には『仏教語大辞典』（東京書籍）を刊行した。一九七七年に文化勲章を受章し、一九九九年（平成十一）に八十六歳で亡くなった。生前に建てた墓碑（東京都多磨霊園）には「ブッダのことば・慈しみ」[1]と、自らつけた法名「自誓院向学創元居士」が刻まれている。

生涯の論文著作数はほぼ一五〇〇本にのぼり[2]、その内容も多岐にわたるが、おおむね以下の四つにわけられる[3]。（一）文献学を土台としつつ、歴史や文化を踏まえたインド思想史とゴータマ・ブッダの研究、（二）『仏教語大辞典』に代表される仏典の平易な邦訳、（三）日本における比較思想研究の開拓、（四）論理学・倫理学の研究、である。これらは『中村元選集』全二十三巻[4]（四十九歳から六十五歳までに刊行。以下『選集』）と、『選集』を増補改訂して亡くなる直前に完成した『中村元選集［決定版］』全四十巻[5]（七十五歳から八十六歳までに刊行。以下『決定版』）にまとめられた。二回の出版が示すように、中村の思想は生涯にわたって拡大発展しているが、中村についての研究はほとんど未着手に近い状態であり、思想の形成過程を詳細に論じる段階に至っているとは言い難い。本稿では中村の日本思想史に着目し、まずは最終段階の思想を対象として『決定版』を用いる。

『決定版』は本巻三十二巻と別巻八巻からなり、その構成は中村の仕事の概要を示している。最初の四巻を占める『東洋人の思惟方法』は、東洋の五民族（インド・シナ・日本・チベット・韓国）の思惟方法を論じるものであり、中村の比較思想的な方法論を示す。第五巻以降は、思想を中心とするインド学である。すなわち、第五巻から第七巻までがインド史であり、第八巻から第三十二巻までが古代から現代までのインド思想史（ヴェーダ、ウパニシャッド、ジャイナ教、ゴータマ・ブッダ、原始仏教、大乗仏教、インド六派哲学、『全哲学綱要』、ヒンドゥー教、近代インド思想、現代インド思想）である。別巻八巻は、『世界思想史』四巻と『日本の思想』四巻からなる。

日本思想史は、『決定版』全体の十分の一である。その特徴は、末木文美士が述べるように[6]、当時の普遍主義の立場から世界思想史の一環として日本思想史を位置づけ、論じることにある。中村本人が言うように、彼の日本思想史研究は「〔インド研究の合間に〕許されるほんのわずかな時間だけ[7]」に行ったものであり、日本の思想や仏教の歴史を網羅的にたどるものではない。しかし、その中核となった近世仏教思想の研究は、その後の研究史に大きな影響を及ぼした。狭義の日本思想史分野では、中村の『近世日本における批判的精神の一考察』（三省堂、一九四九年）の発表直後から、家永三郎（一九一三〜二〇〇二）などによりマックス・ウェーバー（一八六四〜一九二〇）にもとづく近代化論であると評価されて[8]、大塚久雄（一九〇七〜一九九六）らによる近代化論の潮流の中で、広く支持された[9]。一九四九年当時には、まだ中村の比較思想史は形成されていなかったから、この時点での家永の近代化論という評価は妥当である。しかし、その後の近世仏教の研究史においては、比較思想の方法論による中村の日本思想史学と、実証主義的な歴史学は、実質的な連携のないまま乖離を深めて今日に至っている[10]。そのために中村をスタート地点とする近世仏教思想研究はいまだ近代化論の段階に留まっており、閉塞的状況にあることは否定し難い。まずは歴史学とは異なる中村の方法論と目的を明らかにして、研究史上に位置づけることが求められよう。

たしかに、中村におけるウェーバーの影響は大きいが、その日本思想史はあくまでも世界思想史・比較思想史の一環として論じられており、当時の近代化論としてのみ受け取るのは危険である。ことは日本近世に限らず、仏教思想を組み入れた日本思想史研究全体を進めるために、インド思想を専門とした中村の、世界思想史の意図と視野を知ることは重要だろう。本論では、中村の日本思想史の内容と近代化論としての側面を確認したうえで、次に彼が示した世界思想史の視野と特徴を考えたい。

二　日本思想史と近代化論

末木文美士は、一九八五年に中村元の日本思想研究を概観しているが[11]、それをもとに、その後の発表も含めて大体を紹介しておこう。

中村の日本思想史学は、全体論と各論にわけられる。全体論としては、まずは東洋人の思惟方法シリーズの内に、一九四八年から四九年にかけて出版された『日本人の思惟方法』がある。この仕事は、戦争末期の一九四四年から四六年にかけて、東京大学の伊藤吉之助（一八八五〜一九六二）教授が、文部省の委託によって行った「諸民族の思惟方法の比較研究」という研究チームに、中村が参加したことによって始まっている。『日本人の思惟方法』では、日本人はシナ文化（中村は一貫して、「シナ」を用いている）の受容を基本とすると述べたうえで、日本人の思惟は「現実の容認、人間結合組織の重視、非合理主義的傾向、シャーマニズム[12]」を特徴とすると言う。

中村による通史には、一九六七年に *A History of the Development of Japanese Thought: A.D.592–1868* として英文で出版され、一九八八年に日本語に訳された『日本思想史[13]』がある。これは「比較思想論の立場[14]」から、仏教思想を主たる対象として、各時代の特徴と思われる思想をあげてゆく形をとる。たとえば中世であれば、「日本の中世社会」「宗教の優越」「慈悲と純粋信仰の諸派」「瞑想の道」「時と移ろいの概念」「歴史の哲学」「結論」という七節から構成される。特徴的なことは、中村の言う「近代」とはヨーロッパを中心とするいわゆる世界史の時代区分、具体的には十五世紀以後のことであって、日本で言えば江戸時代の「近世」となることである。さらに、日本史で言う「近代」であるところの「明治以後は、大まかに言って、西洋思想の移入史である。……それ以前の、いわば純日本的なものの意義の再発見、価値評価をしたかった[15]」という理由で、明治維新以後は論じられない。思想を直接に論じること、十九世紀以後は主たる対象としないこと、これらの方法は最晩年の世界思想史まで一貫している。

また各論としては、古代における『聖徳太子』（初出は一九七〇年）[16]や、源信の『往生要集』（初出は一九八三年）[17]、十六世紀の仏教とキリスト教の論争[18]、庶民を対象とした「カナガキ仏教書」[19]の研究などがある。中村の日本思想史の中心は、江戸時代の仏教思想を論じた『近世日本における批判的精神の一考察』（初出は一九四九年）[20]であり、いわゆる世界史的なレベルにおける近代思想として、日本の近世仏教思想を論じることによって、戦後の近世仏教思想研究の礎石となった。

具体的には江戸時代初期の禅者である鈴木正三（一五七九〜一六五五）と、中期の世俗的知識人であった富永仲基（一七一五〜一七四六）の思想に、批判性や合理性などのいわゆる近代性の萌芽を見出して、高く評価するものである。正三については「鈴木正三の宗教改革者的精神」という章題で、権威の呪縛から解放された批判精神と、宗教にもとづくウェーバー的な世俗倫理を見る。正三の中に、ルター的な宗教改革者像を見るものと言えるだろう。この思想的原型を与えられたことにより、主に日本史分野を中心として、近世仏教者の中で正三の研究は例外的に進むことになった。

一方の富永仲基には、「富永仲基の人文主義的精神」という章題が付けられる。この人物は、「ちょうど近代人文主義に対応する態度をもって、宗教をも歴史的に考察しようとした」、「倫理の成立する根源を、神的権威から人間のうちに〔傍点中村〕引き下ろしたことである[21]」と中村は言う。彼は、仲基を宗教の優位から世俗の重視へと転換する、近代の価値観を体現した思想家、「近代の先駆け」と位置づける。本居宣長以来の仲基研究においては、仲基の文献学的な方法論が高く評価されてきた。単なる方法論の評価を超えて「近代の先駆け」とはっきり明言し、思想史的に仲基を位置づけた功績は大きい。

これら中村の功績は、次節に述べる世界思想史の枠組みに日本思想史をあてはめることで、歴史的な事実から抽象的な思想類型を創出したことにある。現実に理想を見出そうとする意志と力は、戦後の学問研究を進める機動力となった。このことは、中村一人に限ったことではない。戦中から戦後の思想的混乱が続いた一九四〇年代に、中村の日本思想史研究の土台が著されたことは重要と思われる。

近世から近代にかけての宗教の流れを大きく見れば、廃仏毀釈と神仏分離に続く国家神道の形成は、一八〇〇年代初頭頃から顕著になってくる仏教衰退と表裏一体のものである。政治史的に見れば、近世における幕藩権力の保護を失った仏教勢力は、生き残りをかけて、日本帝国イデオロギーである国家神道を補完する、いわゆる近代的な宗教となっていったと言えるだろう[22]。その結果として、一九四五年の敗戦以後の日本社会では、仏教は戦後の民主主義とは相容れないものであり、主体性と批判精神を欠く思想とみなされて、時代の大勢は唯物論とマルクス主義へ傾斜していった。

そうした中で、中村は江戸時代の仏教系知識人を取り上げて、彼らをヨーロッパの宗教改革や人文主義にあてはめた。そのことによって、人間を中心とする思想にもとづく合理性・批判性・民衆性という、いわゆる近代的な価値観を江戸仏教の中に創出した。それらは敗戦によって自信を喪失していた人々が自らの歴史に切実に求めるものであったから、中村の仕事は広く受け入れられた。こういった近代化論は、同時代の日本思想史では丸山眞男（一九一四～一九九六）や、アメリカの宗教学者であるロバート・ベラー（一九二七～二〇一三）などとも共通するものであり、その後の日本学を長く牽引した。当時の「近代」という概念は、敗戦に至った過去を払拭するための欧米からの明るい希望であることが社会で共有されており、知識人それぞれの理想を託すことができる言葉であったと思われる。学問における彼らの世代の役割は、分野は異なるが、日本のポップカルチャーを創出した手塚治虫（一九二八〜一九八九）のそれに等しい。その魅力は、たとえば鉄腕アトムに象徴されるような、彼らが持っていた近代的人間像への希望と信頼から生まれたものであったろう。中村の「近代的人間像」とは、どのようなものだったか。

三　世界思想史と東方人文主義

中村が世界思想史を著した目的は、現代において世界が一つになるにつれて「同じ人間であるという理解を起こ」すために、人類の思想史が必要となってきたからである、という。(23) 中村によれば、「多くの哲学的問題は人類に普遍的なもの」であるにもかかわらず、これまでの哲学は「西洋の哲学思潮のみ」を対象としている、という。

一八世紀までは西洋に於いては「哲学」といえば、西洋の哲学思潮のみを意味していた。……インドやシナの、独自の意義ある思想家たちに「哲学者」という名を与えるのを拒む態度は、近年に至るまで存続してきたし、今なお行われている。……東洋でも西洋でも、すべての哲学者は、宇宙および人間に関する同じ問題を論じ、同じことがらを説明しようと努めてきた。もしもかりに二千数百年にわたる哲学の発展の過程を通じて西洋思想とインド思想あるいは他の国における思想とのあいだに類似性を見いだすことができるならば、また、若干の哲学説は両者に共通であるという事実を認めることができるであろう。すなわち、多くの哲学的問題は人類に普遍的なものであり、単に歴史的に扱うべきであるのみならず、純粋に哲学的見地からも論じなければならない。そうして真理は、あらゆる民族のうちに、あらゆる宗教のうちに、見出されるべきであるという事実が知られる……。[24]

この宣言にもとづいて、「こういう手順をふむことによってこそ、われわれは、アメリカやヨーロッパの「思想的奴隷」であるみじめな状態から脱出することができるのである。哲学はギリシアから始まり、ドイツ哲学だの、英米哲学で絶頂に達したという呪縛から逃れようではないか」と呼びかける。[25]

『決定版』別巻四冊にあたる世界思想史は、『Ⅰ古代思想』『Ⅱ普遍思想』『Ⅲ中世思想』『Ⅳ近代思想』からなる。その内容は、インド・ヨーロッパ・シナ（日本を含む）の各文化圏において、思想テーマが共通すると思われる哲学思想文献を引用する形式となっている。各巻の章題と構成は、以下のとおりである。

第一巻　古代思想　「古代農耕共同体の思想」「哲学的思索の出現」

第二巻　普遍思想（普遍思想とは、仏教やキリスト教などのいわゆる世界宗教を指す）
「限定された普遍思想――異端説」「優位を獲得した普遍思想――その発端」
「宗教性の昂揚――中世への転換」「普遍的国家の理想」

第三巻　中世思想　中世は「普遍思想の興起と近代思想の興起との中間の時代」と定義されており、第二巻の普遍思想の内容が歴史的に述べられる。

第四巻　近代思想　「近代的思惟の成立」「人間の評価における転換」

この哲学史観は、古代における哲学出現、中世の宗教優位、近代における人間発見のヒューマニズムという、ヨーロッパの人文主義の歴史観に沿っている。つまり中村は、ヨーロッパの哲学思想史を人類全体に拡大しようとしているのだが、この先蹤はヨーロッパのインド学者に求められよう。近代インド学を立ち上げた一人であるフランスの東洋学者シルヴァン・レヴィ（一八六三〜一九三五）は、『仏教人文主義』という著書で、次のように述べている。

もし人類が、全体として共存すべきものであるならば、人類のいかなる団体でも、一つの文明史を形づくる限り、人間の共存関係からとくに外されるわけはない。人文主義（l'humanisme）は人びとが幼稚な感情にあまえている夢だ、などと見ては絶対にいけない。この精神から事実と経験の示す教則（doctrine）を重んじ、よく社会の種々相を身を以て見とどけなければならぬ。……人文主義というもそれはヨーロッパの専売でもなく、その全土にリューマニスムの精神がゆきわたるにはなお前途ほど遠い。この精神は、三千年をおおう過去に学んで、人類がその過去から如何に意義ある宝を身につけることができたかを示す遺産といってよい。(26)

レヴィは、一九二二年にインドのダッカ大学で行った講演で、新しい概念として「東方人文主義」を提唱している。

いま、私は東方と人文主義とを一つの熟語としたが、それはおそらくこれがはじめてだと思う。人文主義（Humanism）とは、この名称を以って全人類を指すものではあるが、その内容は西洋の人類を意味する。……

人文主義はローマ教会の伝説を継承しているものであるが、それは政治および宗教によって帝国と教会がそれまでに獲得したものを、知力の世界に実現することを目的とする。したがって、私は知識的カトリック主義と称するのである。……〔ルネッサンス期において〕人びとは新しい真理がにわかに生じたことを意識した。その真理は古典に対する宗教的信仰より生まれたもので、換言すれば、人間性の深い統一から発生したものである。彼らはこれによって、異なった信条をいだき、異なった地方に住むすべての人類を統一すべき環を発見した。……現代のインドが、自らの進路について十分に覚醒し、また、東西の世界から呼びかけてくる声に対して然るべく応答せんとするならば、インドの各大学は新たな人文主義の出生地となるであろう。しかも、西洋の旧人文〔主〕義よりもさらに一段と豊富にして、さらにいっそう光彩ある新人文主義の中心となるであろう。(27)

レヴィは、ギリシア・ローマの古典に人間性を見出したルネッサンス期からのヨーロッパ人文主義にのっとって、人類の定義をヨーロッパのみならずインドにも拡大する。サンスクリット語によるインド古典も含めて、東西あいまっての普遍的な知恵を生み出そうという主張である。これは、ヨーロッパで近代インド学を形成した思惟形態の一つであろう。レヴィの弟子には、東京帝国大学教授の高楠順次郎（一八六六～一九四五）(28)がおり、その弟子である宇井伯壽は中村の師となった。レヴィの東方人文主義を、ひとまず中村の先蹤として考えてよいと思われる。

中村は、西洋を中心とする従来の哲学や思想史を包括して、東洋思想を含む人類の思想史を打ち出そうとする。もとより本人が明言するように、それはヨーロッパ中心主義への異議申し立てという性格を強く持っている。その具体的な枠組みと方法は、人類が一つであるというヨーロッパ的普遍主義を前提として、知恵の拡大と統一を目指すルネッサンス以来の人文主義、レヴィの言う「知識的カトリック主義」に連なるものである。このことは日本思想史においても、たとえば富永仲基を人文主義者と定義することに、はっきりとあらわれているだろう。

中村の近代的人間観は、ヨーロッパの伝統的な人文主義を包括しようとする東方人文主義の特徴をよく示す一例と思われるので、触れておきたい。中村は「人間」という言葉に大きな価値を置いて、多義的かつ積極的な意味で使う。たとえば、ゴータマ・ブッダを形容して、「歴史的人間としてのゴータマ・ブッダが、やはり生まれて、生きて、そして死んだ人間でありながら、「人間」を超えていたところに、われわれはその偉大さとありがたみを覚えるのではなかろうか[29]」と述べる。これは近代的なヒューマニズム（人間主義）を背景としていると思われるが、キリスト教を源流とするヨーロッパのヒューマニズムだけでは捉えきれない幅と奥行きを持っている。

中村は、神が人間に優先する古代や中世に比して、「近代においては人間に対する愛の方が中心的意義を有するものと考えられるようになった[30]」として、近代の特徴の一つにルネッサンス・ヒューマニズムをあげる。一般に、ルネッサンス期の人間の尊厳は「神の像にかたどって創造された」ことに由来すると言われ、人間は神の被造物であるから貴いということが、ヨーロッパ近代の人間観の源流とされる[31]。こうした前提に立って、「〔近代において〕人間が至上のものであるとすると、人間が神にとって代わることになりはしないか？[32]」という問いを立て、次のように答える。

神は人間にほかならないという見解が出てくるはずである。……インドの哲人ラーマクリシュナ（一八三六～一八八六、近代インドのヒンドゥー教の聖人）によると、神は人間のうちに現われる。「……人間は神の最大の表われです。」……西洋近代思想の一つの特徴的な主張は人間の平等ということである。しかし西洋におけるその主張が、人間はすべて神の前に平等であるというのに対して、インドのそれは人間はその究極の本性においては神そのもの〔傍点中村〕であるという見解にもとづいている。そこにわれわれは東と西とにおける相違を見出すのである。[33]

「人間の尊厳は神に根拠を持つ」というヨーロッパのヒューマニズムは、「人は神である」というインドの人間観に包括されるというのが、中村の近代的人間像の一端であると思われる。その根底の一つには、インドの一元論が考えられよう。中村の『ウパニシャッドの思想』によれば、「アートマンの形而上学説は深い倫理的な意味をもっている。すなわち、自己と他人とが究極の根底においては同一のものであり、両者の対立はかりの対象形態にすぎない。ウパニシャッドにおいては「汝はこの全世界である」と教え、「われは汝なり」というのが、自他不二の倫理の基礎にある確信となっている。……わたくしの身辺のいかなる人でも時間的空間的に異なった点にあり、存在する程度を異にしている〈わたくし自身〉にほかならない[34]」とある。

四　おわりに

中村元の日本思想史学は、戦中から戦後にかけての一九四〇年代に、その中心が形成された。中核となった対象は日本近世の仏教思想であり、ウェーバーに学びながら、いわゆるヒューマニズムにもとづく合理性・批判性・民衆性などの近代的な価値観への隘路が提出された。それは、自信を失っていた敗戦後の日本社会が、近世という直近の歴史に求める思想だった。中村は、人文主義的な世界思想史の枠組みに日本思想史をあてはめることによって、歴史的な事実から抽象的な思想類型を創出することに成功した。

たしかに中村におけるウェーバーの影響は大きいが、その日本思想史学はあくまでも世界思想史の一部として構想されている。彼の世界思想史の全容が明らかになった今となっては、狭義の日本思想史に適合する一面だけを切り取って、ウェーバー流の近代化論として単純化することは危険だろう。中村が最晩年にまとめた世界思想史は、ヨーロッパ中心主義の哲学思想史への異議申し立てという性格を強く持つ。その具体的な枠組みと方法は、十九世紀ヨーロッパで始まったインド学を通じて、一つの知恵の拡大と統一を目指すヨーロッパ人文主義の伝統に連なっている。具体的には、シルヴァン・レヴィの言う東方人文主義は近代インド学を形成した思惟形態の一つであり、それが中村の方法論である世界思想史のルーツと思われる。

第二次大戦後の冷戦と共産圏の崩壊を経て、資本のグローバリズムで一つになりつつある世界にあって、ヨーロッパ的普遍主義にもとづく人文主義の理想を人類全体で共有することは、もはや不可能のように見える。近代化とマルクス主義にその多くを依存していた理想と建前が日本社会からも蒸発した今、歴史的財産の一つとしての日本仏教の思想的意義を再び、三たび発見することを、中村は迫っていよう。

註

（1）墓碑文面は「ブッダのことば　慈しみ　／一切の生きとし生けるものは／幸福であれ　安穏であれ　安楽であれ／一切の生きとし生けるものは幸であれ／何ぴとも他人を欺いてはならない／たといどこにあっても／他人を軽んじてはならない／互いに他人に苦痛を与える／ことを望んではならない／この慈しみの心づかいを／しっかりとたもて／東方学院院長　中村　元 譯／中村洛子 書」とある。

（2）「中村元　著作論文目録」（『東方』一五号、二〇〇〇年、一二一～一〇〇頁）によれば一四九七本であるが、これ以後に発表されたものもある。

（3）以下の四項目は、二〇一二年に発行された中村元記念館リーフレットの「中村元の業績」（特定非営利活動法人中村元記念館東洋思想文化研究所発行、島根県松江市）と、公益財団法人中村元東方研究所のウェブサイト「中村元　業績」（http://www.toho.or.jp/archive.php　二〇一三年七月二十一日アクセス）によった。
（4）『中村元選集』全二十三巻（春秋社、一九六一～一九七七年）。
（5）『中村元選集［決定版］』全四十巻（春秋社、一九八八～一九九九年）。
（6）末木文美士「中村元と日本思想」（峰島旭雄ほか編『中村元の世界』青土社、一九八五年）、二三八～二七四頁。
（7）中村元『日本思想史――中村元英文論集』（春日谷伸昌編訳、東方出版、一九八八年）原著書序文、iii頁。
（8）家永三郎「批評と紹介・中村元著『近世日本における批判的精神の一考察』」（『日本歴史』第一七号、一九四九年）、六三頁。またその後の業績も含めたウェーバーとの関わりは、註（6）末木、前掲論文、二六六～二七〇頁。
（9）三浦雅彦「中村元と鈴木正三」（『比較思想研究』第三二号、二〇〇五年）、四六～四八頁。鈴木正三をめぐる家永と中村の相違について、詳細が述べられている。
（10）註（9）三浦、前掲論文、四五～四六頁。
（11）註（6）末木、前掲論文、二三八～二四一頁。
（12）中村元『日本人の思惟方法』（決定版・第三巻、春秋社、一九八九年）、目次の章名による。
（13）原著 *A History of the Development of Japanese Thought: A.D.592–1868*（国際文化振興会、一九六七年）。日本語訳は、註（7）前掲の春日谷編訳『日本思想史』が刊行されている。
（14）註（7）春日谷編訳、前掲書、序ii頁。
（15）同前。
（16）中村元責任編集『日本の名著2　聖徳太子』（中央公論社、一九七〇年）、「解説」。
（17）中村元『古典を読む5　往生要集』（岩波書店、一九八三年）。
（18）中村元「浄土教とキリシタンとの対決」（『東西文化の交流』決定版・別巻五巻）、二四九～二六七頁。
（19）中村元「カナガキ仏教書」（『日本宗教の近代性』決定版・別巻八巻、春秋社、一九九八年）、二五七～三三三頁。
（20）『近世日本における批判的精神の一考察』（三省堂、一九四九年）。後に『近世日本の批判的精神』として選集・第七巻（一九六五年）に収められ、さらに決定版・別巻七巻（一九九八年）として出版された。

(21) 註(20)前掲『近世日本の批判的精神』〈選集・第七巻〉二七〇頁、二四三頁。

(22) 近代日本の宗教政策は、「国家神道の強制と宗教の徹底的な統制支配」とされる(村上重良『天皇制国家と宗教』〈講談社、二〇〇七年、初出は一九八六年〉、四頁)。仏教と国家神道との思想的関係については、末木文美士「第一章　神仏習合から神仏補完へ――島地黙雷」(『明治思想家論　近代日本の思想・再考I』〈トランスビュー、二〇〇四年〉、一九～四二頁)を参照されたい。島地黙雷(一八三八～一九一一)は「儀礼習俗である神道に対して、個人の内面を担う近代宗教は仏教である」として、仏教復権を目指した。

(23) 「人類一般の平和と幸福という目的を達成するためには、世界諸民族間の相互の理解を促進しなければならない。そうして同じ人間であるという理解を起こさねばならない……。東と西における諸哲学の発展の比較研究ということが、次第に重要視されるようになった」(『古代思想　世界思想史I』〈決定版・別巻一巻、春秋社、一九九八年〉、五頁、序i頁)。

(24) 『古代思想　世界思想史I』(決定版・別巻一巻)、五～一一頁。

(25) 同書、二七頁。

(26) シルヴァン・レヴィ『仏教人文主義』(山田龍城訳、人間の科学社、一九七三年)、一一四頁、一一六頁。

(27) 同書、一三〇頁、一三二頁、一三四頁、一四六頁。

(28) オリオン・クラウタウによる高楠順次郎の研究によれば、高楠は一九二九年に『人文の基調としての仏教』を刊行した。同年には、『大正新脩大蔵経』の刊行によりフランス学士院からスタニスラ・ジュリアン賞を受賞し、日本の仏教学が「世界レベル」として認められる契機となったという。クラウタウ『近代日本思想としての仏教史学』(法藏館、二〇一二年)、一二一～一二四頁。

(29) 中村元『学問の開拓』(佼成出版社、一九八六年)、一三七頁。

(30) 『近代思想　世界思想史IV』(決定版・別巻四巻、春秋社、一九九九年)、二四四頁。「古代的・中世的宗教から近代的ヒューマニズムへの転換」(三七四頁)。

(31) チャールズ・トリンカウス「ルネサンスにおける人間の尊厳」(『ルネサンスと人文主義』平凡社、一九八七年)、一〇四～一〇五頁。

(32) 『近代思想　世界思想史IV』(決定版・別巻四巻)、二四四頁。

(33) 同書、二四四頁、二五一頁、二七九~二八〇頁。
(34) 『ウパニシャッドの思想』(決定版・第九巻、春秋社、一九九〇年)、七〇八~七〇九頁。

アボカドの種・仏の種子

――仏教思想は環境倫理に何ができるか――

一　はじめに

環境倫理としての仏教を考えるにあたって、研究が進んでいる北米を中心とする欧米の研究状況を手がかりとして考えたい。すでに提出されている問題を踏まえたうえで、東アジア仏教の視点から、新たに考えてみたいと思う。北米で仏教と環境についての研究が進んでいることについては、西欧に仏教がどのように受容されたかという歴史的経緯と密接に関わってくる。まずは、現在の北米社会での仏教イメージを紹介しておきたい。

北米の伝統的多数派の宗教は、言うまでもなく、プロテスタント・キリスト教である。彼の地で、仏教徒は常に絶対的な少数派である。その社会的位置は、近代日本社会において、キリスト教徒がほぼ常に全体の一パーセントという少数派であること、かつ啓蒙的なイメージがあることとの、それはまさに相似形である。したがって、北米における仏教思想は、多数派から欠落したものや不備なところを埋める代替的な思想、社会的少数派の拠り所の一つとして、これまで機能してきたと言えるだろう。

その一つが、多数派である消費社会に対して、仏教思想を基礎とした環境倫理を提唱することである。環境倫理の立場から見ると、プロテスタント・キリスト教の思想的な特徴は、「自然世界は堕落した存在であり、自然からの人間の屹立を重視する」[1]ものであるとも言われる。それに対して仏教は、「自然の宗教」と思われており、そのイメージは一般に広く浸透している。たとえば、Zen soap（翻訳すれば「禅石鹸」である）は、手づくりの自然石鹸のブランドである。その会社のホームページには、「Zen はあなたの魂を守り、後々の後悔を軽減する。Zen soap はあなたの皮膚を守り、後々のお手入れを軽減する」と、書いてある。[2] 北米の仏教は、こうしたイメージを獲得するまで、環境保護の実践活動と密接に関わって、環境保護運動をつくり出してきた。環境倫理としての北米仏教の歴史については、ウィリアム・ボディフォードが簡潔にまとめている。[3]

欧米圏における環境倫理と仏教に関する研究は、インド古代の初期仏教を主たる対象としている。そのために、仏教の生命観については、僧侶を中心とするアヒンサー（非暴力）の思想が、主として論じられてきた。その結果として、仏教思想においては、歴史的に自己の悟りと他者への関わりは両立し得ない、という批判が生まれてきている。

一方、東アジアで発達した大乗仏教について、現実の歴史に即して論じる研究は手薄である。東南アジアに比較すると、東アジアにおける僧侶と俗人の距離は相対的に近く、現在に至るまで、仏法は社会と俗人の中で生きてきた。現実の課題を引き受けることが求められる環境倫理において、世俗とともに生きてきた東アジア仏教の歴史を捨象して論じることは、今後の仏教思想の可能性を大きく削ぐことになる。環境倫理における東アジア仏教の思想的意義を提出することが求められている、と言えるだろう。

本論は、以上の認識にもとづいて、欧米における先行研究を踏まえたうえで、東アジア仏教の歴史から、現代の環境倫理に対して新たに何が提言できるかを考える。まずボディフォードの論を基礎として、具体的な歴史と人物を紹介しつつ、北米における環境倫理としての仏教思想の歴史とその特徴を明らかにする。次に、東アジア仏教の思想から、十七世紀初頭の中国で行われた僧侶とイエズス会宣教師の論争を示す。この論争は、動物を殺して食べること（殺生肉食）をめぐって展開されたものである。同時期の日本においては、蚕の殺生を意味する絹衣着用をめぐって、二〇〇年にわたる論争と実践が行われていた[4]。インド仏教におけるアヒンサー、あらゆるものの不殺生と非暴力という理想は、前近代の東アジアにおいて、どのように考えられ、いかに実現されてきたか。私たちは、そこから何を学ぶことができるのか。

本論は、現在の環境思想の主流にあるディープ・エコロジー（一九七二年、スウェーデンの哲学者アルネ・ネスが始めた環境思想運動）の枠組み[5]において考えれば、究極的前提（第一レベル）である哲学・宗教レベルにおける試みである。ネスの言うように、ディープ・エコロジー運動[6]を支える根本原理が多様であるとすれば[7]、東アジアの根本原理の一つである大乗仏教の思想からは、どのようなアプローチが可能なのか。

二　生命の網――北米の環境倫理と仏教

近年の近代仏教研究の進展につれて、仏教がどのように西欧に受容され、理解されてきたかという、歴史的過程が明らかになってきた。それはヨーロッパが、まったく未知の思想である仏教に対して、宗教に対する自己の理想像を読み込み、都合のいいイメージを投げかけていく歴史でもあった。

その端的なあらわれの一つは、十九世紀ヨーロッパで一世を風靡した神智《しんち》学である。ロシアの巫女とも言うべき神がかったブラヴァツキ夫人と、「白人の仏教徒」と呼ばれた勤勉で潔癖なアメリカ人、オルコットによって誕生し、インド・スリランカ・日本にまで、その足跡を残した。彼らの神智学は、キリスト教への反発を基調として、見知らぬ東洋の宗教である仏教に対してのロマンティックな幻想と、オカルト的な期待にあふれている。アカデミックな分野では、十九世紀イギリスのヴィクトリア朝において、仏教は哲人釈迦を中心とする哲学倫理として受け止められ、その延長線上に仏教学が成立していった。近代化を目指す日本は、こうして確立されたヨーロッパ仏教学を輸入しながら、哲学倫理としての仏教イメージを内面化していくことになる。

北米においては、『森の生活』で知られるソロー（一八一七〜一八六二）が東洋思想に興味を持った。三輪久恵によれば、ソローの編集とされる仏教についての記事、"The Preaching of Buddha"（仏陀の説法）がある。[8] ソローがどの程度関わったかは確定できないが、一八四四年に掲載されたこの記事が、北米で仏教に言及する最も早いものの一つであることは間違いないようだ。三輪の翻訳によれば、「彼〔ブッダ〕は、人々に自分自身を彼らの救世主として宣言したのである」[9] と言う。また「ブッダ自身は、超自然的な力にいかなる資格をも与えていない」[10] とも言う。反キリスト教の姿勢と、奇跡を否定する哲学倫理としての仏教像が伝わってこよう。環境倫理を生み出した北米の仏教は、このイメージの延長線上に生まれてくることになる。

ソローから約五十年後、一八九七年（明治三十）に、鈴木大拙（一八七〇〜一九六六）が渡米する。臨済宗の釈宗演（鎌倉・円覚寺）に師事した大拙は、日本の禅仏教を純然たる独自の思想として、北米に紹介した。禅仏教を知った北米知識人は、Zen を独自の新たな形で発展させてゆく。その一人が、一九六〇年代からのカウンターカルチャーの自然詩人、ゲイリー・スナイダーである。

スナイダーは、一九三〇年にサンフランシスコで生まれ、大学で人類学と文学を専攻し、二十歳頃から大拙の著作を読んだ。インディアナ大学大学院へ進むが、一学期で退学する。山林監視人などのさまざまな仕事をしながら、カリフォルニア大学バークレー校で中国語・日本語を学んで、二十六歳で日本に渡る。その後、三十八歳まで日米を往復しながら、京都・臨済宗の相国寺や大徳寺で禅を修行した。入矢義高らとともに、禅文献の英訳も行っている。その間に何冊もの詩集を出版し、現代詩人として認められていく。北米に帰ってから現在まで、シエラ・ネバダの山麓に住む。一九七四年に、四十四歳で詩集『亀の島』を出版し、ピュリッツァー賞を受賞した。亀の島とは、北米先住民の創世神話における北米大陸のことである。五十二歳で禅堂「骨輪禅堂」を建立して、現在に至るまで、世界中で詩の朗読や講演を行っている。カリフォルニア大学で教えており、アメリカ芸術院会員でもある。

スナイダーは、北米の環境思想を牽引してきた一人である。『亀の島』から、その思想を示す散文詩「THE WILDERNESS」(野生とは)を見ておこう。長い詩なので適宜省略した(［ ］内の英語は、対訳原文からの筆者による引用である)。

野生とは

私は詩人。私の師は、他の詩人たち、アメリカ・インディアン、それに日本の仏教の僧侶たち。私の本来の選挙区である野生からの声を伝えようと、ここにやってきた。［The reason I am here is because I wish to bring a voice from the wilderness, my constituency.］……

西洋文化を私は好きになれない。なぜか? この文化には、何か持ちまえの悪が潜んでいて、それが環境危機の根源にあると思われるから。……その文化は、存在の基盤すなわち外なる野生［the wilderness outside］〔ありのままの自然すなわち野生、自己充足し自律的な生態系〕と、いまひとつ内なる野生［that other wildness, the wilderness within］とから、己れを疎外してきたのだ。このような文化は、きわめて破壊的にふるまいがちであり、ついには自滅への道を辿りかねないだろう。……

ここで私たちは、人間以外の生けるすべてのものが国政に参加する方法を、探さねばならない。――スー・インディアンは、昔から彼らのことを這う人間、立つ人間、飛ぶ人間、泳ぐ人間と呼んできた。……

またプエブロ族などの祭りのとき、あるものはいわば鹿の霊にとりつかれ、鹿そのものとなり、鹿として踊り、ある者はトウモロコシの精となって踊り、またはカボチャの花の精を体現して踊る。この場合彼らは、人間性を代弁するのではなく、他の生きものたちのありようを人間の生身で引き受け通訳するのだ。[they were taking it on themselves to interpret, through their humanity, what these other life-forms were.] 私たちの民主主義社会に、人間以外の生命集団からの代表をどのように組み入れるか、今のところこれだけが知られている。……[11]

文化人類学を専攻したスナイダーは、もともと先住民族のシャーマニズムに惹かれていた。シャーマンへの入門が許されなかったから臨済禅へ入門したという経緯があり、日本での修験道の経験もある。彼の思想は、原始シャーマニズムを媒介として、先住民族と仏教に依っている。[12]

ここで、スナイダーがうたう先住民族の思想は、――スナイダー自身の力も与って――北米の環境思想の思想的母胎の一つになった。環境倫理の立場から見た先住民族の思想は、たとえばイロコイ族の創世神話である「宇宙は三次元のクモの巣のようなもので、……〈大いなる生命《いのち》の織物〉のどの部分を触っても、かならずほかのあらゆる部分に影響を及ぼすだろう。……ありとあらゆる存在がつながっていて、他のあらゆる存在と関係し合っているということだ。ほんの小さな一部に影響を与えれば、全体のあらゆる部分に影響を与えることになる。だとしたら、私たちは宇宙の中で兄弟姉妹だとは言えまいか(13)」というものである。「生命の網」という世界観は、北米の環境思想のキーワードであり、仏教の因陀羅網と同一視されることが多い。先住民族の詩を一つだけ紹介しておく。

空のはた織り機　（テワ・プエブロ族）

ああ　わたしたちの大地の母　ああ　わたしたちの大空の父よ
わたしたちはあなたがたの子供　／　疲れた背中に　あなたがたへの贈り物を背負ってやってきました　／
だからどうかわたしたちの母　わたしたちの父よ
わたしたちに光の衣服《ふく》を織ってください

朝の白い光を縦糸にして　／　夕方の赤い光を横糸にして
降る雨を縁《ふち》ぶさにして　／　空にかかる虹を縁どりにして
わたしたちに光の衣服《ふく》を織ってください　／　それを着てわたしたちは
鳥の歌う森　みどりの草原を　行くでしょう(14)

人と世界が一体である古代的な神話世界をそのままあらわして、魔術的に美しい。先住民族の詩には、太古の世界を開示する圧倒的な力があり、スナイダーならずとも惹かれる世界であるだろう。

スナイダーが、一九九六年に出版した詩集『終わりなき山河』にある詩「瑠璃色の空」は、アジアの仏教と先住民族の思想が渾然一体となった、彼の世界をよくあらわしている。(15) 大乗仏教では、薬師如来の仏国土は薬師瑠璃光浄土と言われ、ラピスラズリの青に光り輝く浄土として、西方浄土とは逆の方角、日の昇るはるか東方にあるという。「瑠璃色の空」は、その「偉大なる薬師の瑠璃色の国」である「コヨーテ老人の土地／銀色に輝く、青い石の国」について、青と癒しをうたう。「紺碧の空は／大医王如来の／国／そこでは　いま視界から飛び去る鷲が／飛ぶ」と終わるこの詩は、私たちが先住民族によるトルコ石の工芸品に接した時のような感覚――懐かしさと乾いた違和感――を呼び起こす。

スナイダーは、仏教の言葉と教えを用いた多くの詩をつくっているが、『亀の島』に収められた詩「アボカド」は、禅の公案にも似て、臨済宗禅堂で修行した彼の仏教観をあらわしている。

アボカド［Avocado］

なんとまあ　よく似たものよ／　仏　法　と　ア　ボ　カ　ド

［The Dharma is like an Avocado!］……

その皮うすくとも／真中に　でっかく丸い種子ひとつ／

これぞまさしく　汝本来の面目――［Is your own Original Nature――］／

穢れなく　滑らか／だが　割ってみようとするものも／

芽生えを試すものだって／まず　いない

この種子　固く　つるつる／植えよといわんばかりなれど／
いざ　手に取らんとすれば／たちまち　指の間をすべり抜け／逃れ去るよ　彼方へ(16)

このとぼけた人を食った諧謔は、禅語録などでよくお目にかかるものだろう。スナイダーは、仏教僧団を意味するサンガ（僧伽）を生態系と地球に拡大して、「聖なる／地球の／集いかな」［great earth sangha］(17)とうたう。ボディフォードは、アメリカの禅センターでは、伝統的な帰依三宝（仏・法・僧への帰依）に加えて、帰依地球［Taking Refuge in the Earth］と唱えることを紹介している(18)。

スナイダーとほぼ同年齢のジョアンナ・メイシー（一九二九〜）は、彼と同じく仏教を基盤とする環境思想家である(19)。彼女は、スナイダーよりアカデミックな性格を持ち、広く社会的な運動を行っている。聖書学で学士号を得た後に、平和部隊に参加して、夫と三人の子とともに南アジアやアフリカで過ごした。その後に比較宗教学を学んで、仏教と一般システム理論によって博士号を取得した。現在は、カリフォルニア統合学研究所で教えながら、環境や核問題についてのワークショップの運動を世界各地で精力的に行っている。そのワークショップは、仏教やインディアンに学んださまざまな瞑想、参加者同士の対話や内省などを行うものである(20)。

社会運動家であるメイシーの面目は、「私たちは世界と共に苦しむことができる」という揺るぎない信念にある(21)。彼女は、仏教の縁起——彼女の言葉では、dependent co-arising、日本語では「相互依存的連携生起」と訳される(22)——を思想的な基盤としている。メイシーは、縁起の教えについて、「身近な生活の中に相互依存的な力を認め、私たちが生まれながらにして具えた相互存立性を取り戻すうえで、仏陀の教えの中核をなす〈相互依存的連携生起〉〈縁起〉ほど洗練されたものはほかにない」[23]と言う。

彼女は、インドのチベット難民とともに過ごす中で仏教に惹かれていった。メイシーのお茶に落ちたハエをすくいあげて外に逃がすチベット僧侶や、チベットにおける中国軍の残虐行為を語った後に、涙をためて「かわいそうな中国人たち」「こんなにひどいカルマ（業）をつくってしまって」と言う僧侶に出会ったことで、人生が変わったと述懐している。[24] 彼女にとって、仏教の倫理は「ある種の透明さと軽みをそなえ」たものとして感じられ、他の信仰で説く同じような倫理よりも、「特別親しみやすく開放的に感じられ」た。[25] アメリカ人として育ち、大学で聖書学を学んだメイシーにとって、キリスト教の神のように超自然的な存在原因を立てない仏教は、宗教として非常に新鮮だったと思われる。縁起の理論は、彼女に何をもたらしたか。

それ〔相互依存的連携生起〕は、私がずっと直感的に抱いていた「すべてのものは互いにつながりあっている」という感覚を裏づけてくれたうえ、ある存在を他のあらゆる存在と結びつけている精緻な連携生起の織物を理解し、思考と行動、自己と世界のあいだの循環関係を把握する手がかりを与えてくれた。世界に対して感じる自分の痛みでさえ、この相互帰属関係の一つのはたらきであることが理解できるようになった。それはちょうど、一つの細胞が体全体を経験するのと同じことなのだ、と。

この教えは、あらゆるいのちがつながりあっており、それらが互いに対して責任を負うという、確かな感覚を呼び起こしてくれる。そこから、生命が本質的にピラミッド型の階層構造をもたず、自己組織化するものであることを学び取って以来、この教えは私のあらゆる活動の哲学的基盤となっている。[26]

メイシーは、このように縁起論を理論的な手がかりとして、自分を切り倒される森の木々や銛に狙われる鯨[27]に同化すること、自己意識を世界へ、地球全体へとひろげ、拡張していくことを提唱する。そのことを「ego-self から eco-self へ」と言い、「自己を緑化すること The Greening of the Self」であると言う。彼女は、自己意識の拡張を提唱する点で、ネスのディープ・エコロジーに深く賛同している。

メイシーは、大乗仏教の『華厳経』に説かれる因陀羅網を、ディープ・エコロジーの世界観をあらわすものとしてあげる。「帝釈天宮の珠玉の宝網という美しいイメージ」は、「ホログラフィ的宇宙像に通ずるもので、私たちはそれぞれ、宇宙大に広がる帝釈天の網の結び目に置かれた珠玉として、他のすべての珠玉を映し出しながら、そこに移った自分自身をも無限に映し返している」。彼女は、続けて言う。

自分の中に地球の泣き声を聞きつけるとき、私たちが経験するのはまさにこれ〔因陀羅網〕だ。そこであふれる涙は自分だけの涙ではない。それは、瓦礫の中に子どもを探すイラクの母親の涙であり、肺ガンによる死を宣告されたナバホ族のウラン採鉱夫の涙でもある。私たちは、自分が生命のみごとなつづれ織りを織りなす糸の一本であることを知る[28]。

神々の王である帝釈天の宮殿に架かる珠玉の宝網である因陀羅網、「生命の織物 Web of Life」が、メイシーのディープ・エコロジー原理である[29]。

スナイダーやメイシーは、アジアの仏教や北米先住民族のシャーマニズムから、今の世界に必要な実践行を支える価値観を見出し、太古の水源から清新で新たな流れを汲み出した。北米社会にとって、その思想と運動は、たしかにこれまでとは異なる新たな普遍性を指し示すものだったから、ある程度の共感を持って受け入れられた。仏教はキリスト教とは異なる宗教、「自然の宗教」として認められた。

しかし、アジアの仏教に慣れ親しんだ眼から見ると、彼らの思想は空を説く仏教というよりも、むしろ天地万物一体の理を説く道の思想、宇宙に普《あまね》く行き渡る本質的な有を説く中国思想により近く見える。元来、彼らが西欧文化に生まれ育ったこと、先住民族の思想に深く影響を受けたことを考えれば、その仏教理解が有の側面を強めていったことに不思議はないが、それは一方では空の側面を落とすことであり、宗教としての否定の論理を失うことでもあった。欧米での仏教の専門的な研究が進むにつれ、現世の価値を否定する仏教思想を、そのまま現代の環境倫理、すなわち自然世界を価値あるものとみなす有の思想と見ることは困難であることが、専門家から指摘され始める。

仏教における環境倫理の専門家であるサーニは「仏教は環境倫理である」とみなす楽観論から、「仏教思想に環境倫理は存在しない」とする否定論まで、四種類に分類して研究史を分析している。サーニが、否定派の中で「慎重な楽観論者」と分類するシュミットハウゼンの一九九七年の研究は、その厳密な実証性によって基礎研究となった(30)。

仏教学の泰斗であるシュミットハウゼンは、初期パーリ文献を主たる対象として、仏教では個人の解脱こそが至上目的であって、自然や社会といった世間的な事柄は問題ではないことを示した(31)。縁起の教えを延長していけば、消費者の責任や倫理にたどり着くことが可能ではあろうが、厳密な意味で考える限り、仏教は環境倫理たり得ないとする。さらに、批判派の急先鋒として筆頭にあげられるのは、イアン・ハリスである。ハリスは、アジアにおける伝統的な仏教の自然観は多様であり、現代社会の西欧文化から生まれた自然観とは一致しないことを論じる。[32] 彼は、仏教の無執着は、自然世界に対する愛情と相反するものと考えている。

シュミットハウゼンやハリスの指摘と批判は、空の思想をそのまま実践倫理とすることの困難さを明らかにした。自然環境を含む他者への関心は、仏教思想では慈悲の価値観に帰着するはずのものである。自己の解脱と他者の救済の矛盾は、現代のエンゲージドブディズムに対しても指摘されることであり、大乗仏教が展開された東アジアにおいて、普遍的なアポリアとして常に問われてきた。空と慈悲は、両立しうるのか。両立するとすれば、どのような形でありうるか。

三　不殺生の論理——東アジア仏教の生命観

従来の研究において、動物を殺すことは、主としてアヒンサーの問題として論じられてきた。シュミットハウゼンによれば、絶対的な不殺生は現実には不可能であることから、初期仏教の無条件の禁止から、インド大乗仏教（『涅槃経』）における菩薩の慈悲による殺生許可に至るまで、徐々にその禁止の度合いは弱まってきたという。結論としては、初期仏教におけるアヒンサーは、あくまでも修行者の解脱のためであり、動物の種や環境保全のためではないという点で、人間中心の視点である（anthropocentric perspective）とされる。

では東アジアの大乗仏教において、不殺生はどのように考えられたのか。ここでは、十六世紀の中国における動物の殺生と肉食をめぐる、仏教とキリスト教の議論を見たい。十六世紀から十七世紀にかけての東アジアは、イエズス会によるカトリック・キリスト教の布教を迎えた。当時の中国において、仏教の輪廻説は、「動物は、父母の生まれ変わりかもしれないから、殺してはならない[33]」という不殺生の教えとなり、魚や鳥を逃す放生会が流行していた[34]。

僧侶による、こうした不殺生の勧めに対して、マテオ・リッチ（一五五二〜一六一〇）らイエズス会宣教師は、「仏教の不殺生は、輪廻という迷信にもとづく愚かしい無意味な行為である」と真っ向から否定する。リッチは、「神は人間が用いるために天地万物を創造したのであるから、人間は神の恩に感謝して、天地万物を謹んで利用すべきである」と主張して、人間が動物を殺すことは、神から与えられた恩恵であるとした[35]。これは、自然が人間にとってどれだけ有用であるか、ということに価値を見出す使用価値にもとづいていよう。

この人間中心の言に激しく反発したのは、明末の高僧として著名な雲棲袾宏（一五三五〜一六一五）であった。袾宏は杭州に生まれ、三十一歳で出家した。三十七歳の時に杭州の雲棲山に入り、亡くなるまでそこに住した。雲棲山には常に数百人が住し、袾宏の没後も一〇〇〇人を超えていたという。その思想は、王学左派や狂禅など当時の過激な思想潮流に抗して、浄土念仏を中心に据える穏和なものであった。また戒律を厳守して、それまで禁止されていた僧侶への具足戒授与を行っている。俗人に対する熱心な教化も大きな特徴であり、道教に学んで善悪の行為を点数で表わす『自知録』や、不殺生と放生を勧める『戒殺放生文』などを出版している。清朝に入って、その穏和な思想がさらに高く評価され、袾宏の名声は後世に至るまで不動のものとなった。

袾宏は、いまだ俗人であった若年時から動物を祭祀の犠牲とすることを止めている。不殺生は、彼の畢生の信念であり、僧侶のみならず俗人に対しても「殺事は天に逆い理に悖《もと》れば、則ち是れ不孝不順なり[36]」と、肉食を誡めている。また「放生は即ち常住不易の法なり[37]」として、二つの寺に放生池をつくっている[38]。袾宏にとって、リッチの殺生の言は、耐え難いものだったろうことは想像に難くない。晩年の随筆である『竹窓随筆』は、中国仏教からなされた最初のキリスト教批判でもあり、そこでは不殺生がはっきりと主張される。
ある人が「人の為す最大の悪とは何か」と尋ねた。袾宏が、「殺生より大きな悪はない」と答えたところ、その人は「殺した動物の肉が台所に一杯になっているのは、日常茶飯のことである。どうして殺生を悪と言えようか、まして最大の悪であり得ようか」と言った。これに対して袾宏は、仏教経典に「生物は、過去無限の生における父母でありうる」と書いてあり、生物を殺すことは、過去世の父母を殺すことを意味する、と言う。一般に親殺しの極悪人とされる阿闍世や楊広（隋の煬帝）でさえ、今生の父母を殺しただけにすぎない。しかし人が若い時から老年までに大量の動物を殺すことは、過去世の無数の父母を殺すことになり、その罪は阿闍世らをはるかに越えて計り知れない、と言う(39)。

これは、永遠の過去世を前提として、まさにリッチが批判した輪廻説にもとづく不殺生の思想である。人間と動物を平等に見る袾宏の立場は、次の言葉にあらわれる。

それ殺生して以て口腹を慈《やしな》うは、誠に不可と為す。物命を損いて人命を全うするは、宜《ほとん》ど罪無きが若し。人を貴んで畜を賤しむを知らざるなり。常情は則ち然り。而れども諸仏菩薩の平等の心に非ざるなり。一命を殺して一命を活かすは、仁者すら為さず。而るを況や死生の分は定まるも、未だ其の能く活くるを必せざるをや。則ち徒らに寃報を増すのみ。病を抱く者は熟《つらつ》ら之を思え。医を業とする者は熟ら之を思え(40)。

殺生肉食は、誠に許されないことである。とはいえ、たとえば、医者が人の命を救う薬を得るために動物を殺すことは、世間では罪がないように思われている。しかしそれは、仏菩薩の平等の心ではない。仁者は、一つの命のために他の命を犠牲にしない。ましてや人の生死は定まっているのであり、生物を犠牲にしても、必ず生き延びると決まっているわけではない。来世での報いを考えれば、今生のわずかな延命のために動物を殺すことは、次の生における無益な悪報を増すことになる。病者と医者は、このことをよくよく考えよ、という。死よりも恐るべきは、延命のために行う殺生によって、魂が背負う負債である。

袾宏は、孔子と孟子に拠って、「人にして仁ならざれば、是れ尚お人為るを得んや」[41]と人を定義する。仁心を持つ人である限り、殺生肉食は許されない。[42]菜食で十分であるにもかかわらず肉を食べることは、「天下の凶心、惨心、毒心、悪心」である。[43]また、絹をつくることは、蚕の殺生であると批判する。[44]袾宏にとって、殺生とは何であったのか。そのキリスト教批判では、次のように結論している。

客又た「殺生は止だ色身を断ずるのみなるも、婬を行うは直ちに慧命を断たん」と難ず。意は、殺生は猶お軽きを謂うなり。知らず、殺す所の者は彼の色身にして、殺を行うは一念の惨毒の心なるも、自己の慧命断たるるを。悲しまざる可けんや。[45]

客が「殺生はただ肉体を断つだけであるが、淫行は直接に慧命を断ずる」と、袾宏を非難する。淫行に比べて、殺生は罪が軽いと言いたいのだろう。しかし、彼は知らないのだ。殺されるのは相手の肉体であり、殺す主体は自分の一瞬の惨毒の心にすぎないように見えるが、本当はそのことで自分自身の慧命、つまり魂を殺しているということを。[46]『梵網経』では、「それ食肉は、大慈悲の仏性種子を断つ」[47]と言う。生物を殺すことは、無我によって他者との同体を目指す慈悲心を断つことであり、すなわち自己内心の仏の種子を殺すことである。袾宏にとって生物を殺すことは、自身の魂を殺すことであった。

四　おわりに

西欧社会における仏教は、近代以後に輸入されたものである。仏教は、それまでのキリスト教的な基盤を持つ価値観とは異なる、もう一つの価値観を示す宗教であり、西欧にとって新たな普遍性を示唆する思想としての役割を果たしてきた。

前世紀も半ばになって、人間による自然破壊の危機的状況が自覚され、新たな思想としての環境倫理が切実に必要とされるに至って、北米における仏教は「自然の宗教」として浮上した。北米知識人における仏教は、先住民族の思想とあいまって、スナイダーやメイシーらの環境と平和についての思想を形成した。

こうして自然世界の維持保全を目的とする環境倫理の一部として理解された仏教では、現世を否定する空の側面が欠落した。その結果、主として初期仏教の研究者らによって、環境倫理としての仏教思想は、解脱を目指す否定の宗教としての仏教とは異なる、という批判がなされるに至った。たとえばシュミットハウゼンは、空によって個人の解脱を目指すことと、有である世界への関心とは両立しないと言い、ハリスは、仏教で教える無執着は、自然への愛情と相反するものである、とする。

しかし、仮に初期仏教を環境倫理の原理として見ることが困難であるにせよ、そのことは、大乗仏教を含む仏教思想全体が環境倫理の根本原理たり得ない、ということを意味しているわけではない。前近代の中国僧侶であった袾宏が言うように、未来世における解脱につながるのは、今生における不殺生である。世界と他者への慈悲は、自己を空にする一歩として、未来の成仏への一助となる、と考えられている。

仏教で説く解脱、無我による自己の解消は、他者を消失させる。自己と他者の区別がなくなる仏の境地、すなわち同体の大悲を目指す道程において、空と慈悲は一体のものであり、空が進展することによって慈悲が実現されていく。自己と世界を空ずることは、ネスの提唱するディープ・エコロジーの八綱領を支える原理と実践を必然的に含むものと考える。

【参考資料】ディープ・エコロジーの八綱領（プラットフォーム）

第一原則（固有の価値）　地球上の人間それ以外の生命が幸福にまた健全に生きることは、それ自体の価値（本質的な価値）を持っている。これらの価値は、人間以外のものが人間にとってどれだけ有用かという価値（使用価値）とは関係のないものである。

第二原則（相互依存）　生命形態の豊かさと多様性は、それら自身において価値があり、地球上の人間と他の生命の繁栄に寄与する。

第三原則（豊かさ・多様性の維持）　人間は自らの生存に関わる必要（vital needs、不可欠の必要性）を満たす場合を除き、この豊かさと多様性を損なう権利を持たない。

第四原則（人口）　人間が豊かにまた健全に生き、文化が発展することは、人口の大幅な減少と矛盾するものではない。一方、人間以外の生物の繁栄のためには、人口の大幅な減少が必要である。

第五原則（人為）　自然界への人間の現在の介入は度を越しており、その状況は急速に悪化している。

第六原則（政治）　それゆえ、生活状況の意味ある改善には、経済・技術・思想の基本構造に影響を及ぼすような政治の変革が不可欠である。変革の結果、生まれる状況は、今日とは深いレベルで異なるものになる必要がある。

第七原則（価値観）思想の変革とは、物質的生活水準の不断の向上への執着を捨て、生活の質の真の意味を理解する（内在的な固有の価値のなかで生きる）ことが、おもな内容になる。大きい（big）ことと偉大である（great）こととの違いが深く自覚される必要がある。

第八原則（ディープ・エコロジー運動の展開）以上の七項目に賛同する人は、必要な変革を実現するために、直接、間接に努力する義務を負う。

以上は、筆者が、井上有一監訳『ディープ・エコロジー――生き方から考える環境の思想』（昭和堂、二〇〇一年）七六頁、および http://www.symlab.sys.i.kyoto-u.ac.jp/research/deep-eco/deepecology.htm からまとめたものである。

註

（1）David Landis Barnhill, "Great Earth Sanga: Gary Snyder's view of Nature as Community", in *Buddhism and Ecology*（Edited by Mary Evelyn Tucker and Duncan Ryuken Williams. Harvard University, Center for the Study of World Religions Publications）p.199.

（2）http://www.zensoaps.com

（3）William M. Bodiford, "Buddhist Ecological Thought and Action in North America"（『「エコ・フィロソフィ」研究』二、東洋大学「エコ・フィロソフィ」学際研究イニシアティブ、二〇〇八年）、一一～一二頁。

（4）西村玲『近世仏教思想の独創――僧侶普寂の思想と実践』（トランスビュー、二〇〇八年）、一七七～二二三頁。

（5）ネスが考えたディープ・エコロジーの枠組みであるエプロン・ダイアグラムは、以下の四つのレベルで構成される。①究極的（哲学的・宗教的）前提　②綱領、プラットフォーム　③一般的姿勢、方針　④具体的行動、実際的判断。詳細は、アラン・ドレングソン、井上有一共編、井上有一監訳『ディープ・エコロジー――生き方から考える環境の思想』（昭和堂、二〇〇一年）、四二～四四頁。

（6）一九八四年、アルネ・ネスとセッションズは、本論の参考資料として掲げたディープ・エコロジー運動の八綱領（プラットフォーム、基本合意事項）をまとめた。ネスの始めたディープ・エコロジー運動の基本を示している。

（7）註（5）ドレングソン前掲書、四三頁。

（8）三輪久恵「"The Preaching of Buddha" について――*The Dial* 掲載と Thoreau」（『紀要』三、国際短期大学、一九八八年）、五一頁。ソローは、エマーソンとともに編集した雑誌 *The Dial* で、東洋の宗教聖典をシリーズで紹介している。「ブッダの説法」は、仏教を紹介する短い記事である。

（9）三輪久恵による翻訳、註（8）三輪、前掲論文、五九頁。

（10）同前。

（11）ゲーリー・スナイダー『亀の島』（ナナ・オサカキ訳、山口書店、一九九一年）、二一三～二一九頁。翻訳者であるナナオ・サカキは、スナイダーの友人であり日本の詩人である。

（12）Bodiford, op. cit., pp.14～15.

（13）ポーラ・アンダーウッド『一万年の旅路――ネイティヴ・アメリカンの口承史』（星川淳訳、翔泳社、一九九八年）、四八九～四九〇頁。

（14）金関寿夫『アメリカ・インディアンの口承詩――魔法としての言葉』（平凡社ライブラリー、二〇〇〇年）、九六～九七頁。金関はスナイダーの友人であり、インディアンの詩の価値をスナイダーから教えられたという。

（15）「瑠璃色の空」（ゲーリー・スナイダー『終わりなき山河』〈山里勝己・原成吉訳、思潮社、二〇〇二年、北米出版は一九九六年〉）、七四～八二頁。

（16）註（11）スナイダー、前掲書、一二四～一二五頁。

（17）同書、一四四～一四五頁。

（18）Bodiford, op. cit., pp.15～16.

（19）メイシーのホームページには、「環境哲学者、ジョアンナ・メイシー博士。仏教、一般システム理論、ディープ・エコロジー研究者」[Eco-philosopher Joanna Macy, Ph.D., is a scholar of Buddhism, general systems theory, and deep ecology.]と紹介される。http://www.joannamacy.net/aboutjoannamacy.html

(20) メイシーのワークショップへの参加者である中野民夫が、詳細を書いている。中野民夫『ワークショップ——新しい学びと創造の場』(岩波新書、二〇〇一年)、七三〜九四頁。ボディフォードは、先住民族に学んだメイシーのワークショップ、仮面を着けて人間以外の動物などから見た世界を話すという衆生会議 The Council of All Beings を紹介する。BODIFORD, op. cit., pp.16〜17.

(21) Pragati Sahni, *Environmental Ethics in Buddhism* Routledge, New York, 2008, p. 20.

(22) ジョアンナ・メイシー『世界は恋人、世界はわたし』(星川淳訳、筑摩書房、一九九三年)、二三頁、注2。監訳者あとがきに、「「縁起」そのままでは、まったくニュアンスが伝わらないので、新しい訳語を考えようという決心だけはついていた」(二九一頁)とある。

(23) 註(22)メイシー、前掲書、序、一九頁。

(24) 同書、一四〇〜一四八頁。

(25) 同書、八一頁。

(26) 同書、九七頁、二七八頁。

(27) メイシーおよびスナイダーにおいても、鯨は環境問題のシンボルの一つになっている。註(22)メイシー、前掲書、二一六頁。スナイダー「母なる地球の鯨たち」[Mother Earth: Her Whales](註(11)スナイダー、前掲書)、九六〜一〇一頁。この詩は、「息づく惑星の群れか　流れ続ける鯨たち/きらめく渦の中　生ける命の光」[Flowing like breathing planets/ In the sparkling whorls/ Of living light.]という美しい言葉で終わる。

(28) 註(22)メイシー、前掲書、五〇頁。

(29) 同書、「日本語版に寄せて」一三頁。

(30) Lambert Schmithausen, "The Early Buddhist Tradition and Ecological Ethics" *Journal of Buddhist Ethics* 4, 1997.

(31) ibid., p. 33–34.

(32) Ian Harris, "Buddhism and the Discourse of Environmental Concern: Some Methodological Problems Consid-

ered", in *Buddhism and Ecology*, ed. Mary Evelyn Tucker and Duncan Ryuken Williams, pp. 379–381, pp. 395–396.

(33) 直接の典拠としては、『梵網経』（大正蔵二四巻）、一〇〇六頁中。

(34) 明末清初の戒殺生思想については、荒木見悟「戒殺放生思想の発展」（『陽明学の展開と仏教』研文出版、一九八四年）、二二五～二四三頁。

(35) 『天主実義』下巻（李之藻編『天学初函』理編、台湾学生書局、一九六五年）、「弁排輪廻六道戒殺生之謬説而掲斎素正志」章、六一―八丁。

(36) 『梵網経心地戒品菩薩戒義疏発隠』（以下『義疏発隠』）。『新纂大日本続蔵経』六〇巻）、五〇〇頁上。

(37) 『義疏発隠』（『新纂大日本続蔵経』六〇巻）、五一八頁上。

(38) 荒木見悟『雲棲袾宏の研究』（大蔵出版、一九八五年）、六七頁。

(39) 荒木見悟監修、宋明哲学研討会訳注『竹窓随筆』（中国書店、二〇〇七年）、「殺生人世大悪」、三四一～三四二頁。

(40) 註(39)前掲書、「医戒殺生」、二八五頁。

(41) 同書、「殺生非人所為」、三四五～三四六頁。

(42) 同書、「人不宜食衆生肉」、四六三～四六四頁。

(43) 同書、七一頁。

(44) 同書、「蚕糸一」「蚕糸二」二三四～二三六頁。肉食禁止の注釈で「煮繭断命、十重殺中摂」とする（『義疏発隠』〈『新纂大日本続蔵経』六〇巻〉、五一〇下～五一一頁上）。

(45) 註(39)前掲書、「天説余」、五〇四～五〇六頁。

(46) 肉体を維持するのが食であるのに対して、衆生に具わる法性は智慧によって持続するとされ、法身の寿命を慧命と言う。袾宏も、「如殺一人而救多人、断色身而全慧命。乃大士之宏規、非声聞力量所及」（『義疏発隠』〈『新纂大日本続蔵経』六〇巻〉、四九九頁中）と、肉体である色身の対義語として慧命を使う。

(47) 『梵網経』（大正蔵二四巻）、一〇〇五頁中。脚注17・18により字句を加える。

【付記】 本論を書くにあたっては、北米・ミネソタ州カールトン大学（Carleton College）の Sango Asuka（三後明日香）准教授のもとへ出張し、基礎文献から現今の研究状況に至るまで、懇切なご教示と貴重な示唆を賜った。記して、心より感謝申し上げる。

西村玲略歴

一九七二年六月七日　東京に生まれる
一九九六年三月　東北大学文学部史学科卒業
一九九八年三月　東北大学大学院文学研究科修士課程修了（文化科学専攻）
二〇〇四年三月　同博士課程修了。博士（文学）
二〇〇四年四月　財団法人東方研究会専任研究員（〜二〇〇五年三月）
二〇〇五年四月　日本学術振興会特別研究員（ＳＰＤ）（〜二〇〇八年三月）
二〇〇六年四月　プリンストン大学客員研究員（〜二〇〇七年三月）
二〇〇八年四月　財団法人東方研究会（二〇一二年四月より公益財団法人中村元東方研究所）専任研究員
二〇一〇年三月　「普寂を中心とする日本近世仏教思想の研究」により日本学術振興会賞ならびに日本学士院奨励賞受賞
二〇一六年二月二日　逝去

この間、東洋大学非常勤講師、東方学院講師、国際日本文化研究センター共同研究員などを歴任

西村玲業績目録

【単著】
『近世仏教思想の独創――僧侶普寂の思想と実践』トランスビュー、二〇〇八年
【共著】
『日本をつくった名僧一〇〇人』（末木文美士編）平凡社、二〇一二年（『別冊太陽　日本のこころ』一八二「名僧でたどる日本の仏教」平凡社、二〇一一年にもとづく）

【論文（単著）】（◎は上記単著『近世仏教思想の独創』収録。＊は本書収録）

「中世における法相の禅受容――貞慶から良遍へ、日本唯識の跳躍」『日本思想史研究』三一号、一九九九年＊

「合理の限界とその彼方――近世学僧・普寂の苦闘」『宗教研究』三三〇号、二〇〇一年◎

「可知と不可知の隘路――近世・普寂の法相批判」『南都仏教』八二号、二〇〇二年＊

「日本近世における絹衣論の展開――禁絹批判を中心に」『仏教史学研究』四六巻二号、二〇〇三年◎

「蚕の声――近世律僧における絹衣禁止について」『日本仏教綜合研究』一号、二〇〇三年◎

「普寂の実践観」『印度学仏教学研究』五三巻一号、二〇〇四年

「聖俗の反転――富永仲基『出定後語』の真相」『宗教研究』三四二号、二〇〇四年◎

「須弥山説論争――近世護法論の合理性とはなにか」『ナオ・デ・ラ・チーナ』九号、二〇〇五年

「不退の浄土――普寂の実践観」『東アジア仏教研究』三号、二〇〇五年◎

「普寂の華厳理解」『印度学仏教学研究』五四巻一号、二〇〇五年

「徳門普寂――その生涯（1707―1781年）」『インド哲学仏教学研究』一四号、二〇〇七年◎

「教判を生きる――普寂の大乗仏説論」『宗教研究』三五二号、二〇〇七年◎

「近世浄土教団における戒律観の変遷――普寂批判を通して」『仏教学』四九号、二〇〇七年◎

「アボカドの種・仏の種子――仏教思想は環境倫理に何ができるか」『「エコ・フィロソフィ」研究』四号、二〇一〇年＊

「虚空と天主――中国・明末仏教のキリスト教批判」『宗教研究』三六六号、二〇一〇年＊

「教学の進展と仏教改革運動」末木文美士ほか編『新アジア仏教史　日本Ⅲ　民衆仏教の定着』第四章、佼成出版社、二〇一〇年＊

「釈迦信仰の思想史的展開――大乗非仏説論をめぐる近代化とは何か」『東方』二六号、二〇一一年

「近世仏教におけるキリシタン批判――雪窓宗崔を中心に」『日本思想史学』四三号、二〇一一年＊

The Intellectual Development of the Cult of Śākyamuni, *The Eastern Buddhist* 42(1)、二〇一一年

「不殺生と放生会」『「エコ・フィロソフィ」研究』六号、二〇一二年
「東アジア仏教のキリスト教批判――明末仏教から江戸仏教へ」中野三敏・楠元六男編『江戸の漢文脈文化』竹林舎、二〇一二年＊
「近世仏教論」『日本思想史講座　三　近世』ぺりかん社、二〇一二年＊
「慧命の回路――明末・雲棲袾宏の不殺生思想」『宗教研究』三七四号、二〇一二年＊
「日本における須弥山論争の展開」『印度学仏教学研究』六一巻二号、二〇一三年
「中村元の日本思想史研究――東方人文主義」『比較思想研究』四〇号、二〇一三年
「須弥山と地球説」『岩波講座日本の思想　四　自然と人為』岩波書店、二〇一三年＊
「日本近世における不殺生思想――雲棲袾宏の受容と影響」『印度学仏教学研究』六二巻二号、二〇一四年
「近世思想史上の『妙貞問答』」末木文美士編『妙貞問答を読む――ハビアンの仏教批判』法藏館、二〇一四年＊
「仏教排耶論の思想史的展開――近世から近代へ」末木文美士・林淳・吉永進一・大谷栄一編『ブッダの変貌――交錯する近代仏教』法藏館、二〇一四年＊
「明末の不殺放生思想の日本受容」『奥田聖應先生頌寿記念インド学仏教学論集』佼成出版社、二〇一四年＊
「近世律僧の思想と活動――インド主義を中心として」『仏教文化研究』五八号、二〇一四年
「『金光明経』にみられる自然観」『「エコ・フィロソフィ」研究』九号、二〇一五年
「アジアの中の江戸仏教――学僧たちの中国・インド、そして近代へ」『仏教史学研究』五七巻二号、二〇一五年
「社会と個を支え得るのは何か――日本仏教の倫理をめぐって」『近代仏教』二二号、二〇一五年
「「近世的世俗化」の陥穽――比較思想から見た日本仏教・近世」末木文美士編『比較思想から見た日本仏教』山喜房佛書林、二〇一五年＊
「釈迦信仰の思想史的展開――『悲華経』から大乗非仏説論へ」吉田公平・岩井昌悟・小坂国継編『近代化と伝統の間――明治期の人間観と世界観』教育評論社、二〇一六年＊

「中村元——東方人文主義の日本思想史」オリオン・クラウタウ編『戦後歴史学と日本仏教』法藏館、二〇一六年＊

【翻訳】

浄慧著『中国仏教と生活禅』（井上浩一・何燕生・齋藤智寛・佐々木聡・土屋太祐との共訳）山喜房佛書林、二〇一七年

【共同研究成果】

「『法勝寺御八講問答記』天承元年条本文」『南都仏教』七七号、一九九九年

「『成唯識論同学鈔』の研究（3）」『仏教文化研究所紀要』三九号、二〇〇〇年

『妙貞問答を読む』本文篇（末木文美士編）法藏館、二〇一四年

【書評】

「末木文美士『仏教vs.倫理』『思想としての仏教入門』『日本宗教史』」『東方』二二号、二〇〇七年

「岡田正彦『忘れられた仏教天文学』」『年報日本思想史』一一号、二〇一二年

「末木文美士『哲学の現場——日本で考えるということ』」『東方』二七号、二〇一二年

「仏教の実践を支える「正法」理念——島薗進『日本仏教の社会倫理』をめぐって」『在家仏教』四月号、二〇一四年

「大桑斉『民衆仏教思想史論』」『宗教研究』三八一号、二〇一四年

【レジュメ】

「近世における三乗批判の論理」『宗教研究』三二三号、二〇〇〇年

「近世後期の護法論」『宗教研究』三二七号、二〇〇一年

「合理の限界とその彼方」『宗教研究』三三〇号、二〇〇一年

「普寂の修道論」『宗教研究』三三五号、二〇〇三年

「普寂の大乗仏説論」『宗教研究』三五一号、二〇〇七年

「大乗非仏説の歴史的展開——近世思想から近代仏教学へ」『宗教研究』三六三号、二〇一〇年

「パネルの主旨とまとめ　近世から近代へ——日本仏教の再編成」『宗教研究』三六三号、二〇一〇年

「雲棲袾宏の不殺生思想」『宗教研究』三七一号、二〇一二年

【辞典等執筆】

『事典　日本の仏教』（蓑輪顕量編）吉川弘文館、二〇一四年

『新纂浄土宗大辞典』浄土宗出版、二〇一六年

『仏教史研究ハンドブック』（佛教史学会編）法藏館、二〇一七年（分担執筆、「キリスト教と仏教」〈三一〇〜三一一頁〉）

【その他】

「プリンストン留学記」『東方』二二号、二〇〇七年

「日本仏教史」（ダイジェスト版）『仏教文化』（東京国際仏教塾）一三五・一四一号、二〇〇八年

〈インタビュー〉「『近世日本仏教思想の独創』著者西村玲氏に聞く」『中外日報』四月八日号、二〇一〇年

「日本における釈迦信仰の系譜」『中外日報』五月十二日号、二〇一一年

「赤い旗」『在家仏教』六月号、二〇一一年

「中村元　人と思想㉚　日本仏教に見る近代思想の萌芽」『山陰中央新聞』十月二十七日号、二〇一二年

「六道を巡る魂・過去世から未来世まで――袾宏の不殺生思想」『中外日報』四月十三日号、二〇一三年

「炎天下の義理」『日本古書通信』九月号、二〇一三年

あとがき

西村玲氏は、二〇一六年二月二日に四十三歳で逝去された。思いもよらない突然の訃報は、研究者仲間に衝撃をもって伝えられた。氏は、名著『近世仏教思想の独創』（トランスビュー、二〇〇八年）によって鮮烈なデビューを飾った。それは、ほとんど研究者のいない近世仏教思想史という未開の荒野を切り拓くものとして注目を浴び、日本学術振興会賞・日本学士院奨励賞を受賞して評価を確立した。その後も毎年数本の論文を執筆して、次々と新しい、中身の濃い充実した成果を上げてきた。そろそろ次の著作が期待される折の急逝であった。他に代わる人のいない分野であり、その損失は学界にとってもあまりに大きすぎた。

遺された友人たちに課せられた課題は、氏の切り拓いた研究の方法と成果を少しでも継承し、次の世代につないでいくことである。そのために、まず二〇一六年十二月二十三日に、東京大学を会場として研究集会「近世日本仏教思想研究の過去と現在」を開催し、約七十名の関係者が集まり討論が行われた。その準備・実行に携わったのは、西村玲氏追悼研究集会実行委員会（クラウタウ・オリオン、佐藤弘夫、東海林良昌、末木文美士、曽根原理、冨樫進、蓑輪顕量）であった。

研究集会後、次の課題は遺された論文を著作としてまとめ、上梓することであった。それに関しては、生前ご縁の深かった法藏館が出版を引き受けてくださり、編集・校正を末木文美士・曽根原理・前川健一が担当することになった。編集に当たっては、学術論文に限って選び出し、近いテーマを扱った論文が複数ある場合は、そのうちでもっとも詳しく論じているものを選んだ。それらの論文を内容に従って六部にわけて配列した。

Ⅰは、近世仏教全体を扱った概説的な論文を収めた。『日本思想史講座』（ぺりかん社）、『新アジア仏教史』（佼成出版社）という大きなシリーズの中に収められた論文で、きわめて的確に要領よく近世仏教の全体像を捉えている。二つの論文は重複するところも多いが、第一論文「近世仏教論」のほうが全体に亙り、第二論文「教学の進展と仏教改革運動」はやや対象を絞って、詳しく論じている。

Ⅱは、明末仏教と日本の近世仏教との関係を論じたもので、著者が最も力を入れて研究を進めていた分野である。近世仏教の進展にはキリスト教との論争が大きな役割を果たしたが、それを解明するのに、同じ問題が生じていた明末の仏教と比較することで、一国内に留まらない東アジア的視点を確保することができた。これは、著者の炯眼である。第一論文「慧命の回路」は不殺生をめぐって、マテオ・リッチと雲棲袾宏の論争を取り上げ、仏教の不殺生思想の特徴を明らかにする。第二論文「虚空と天主」は、リッチの『天主実義』の「天主」の説に対する明末仏教者の批判の展開を明らかにして、そこに次第に「偏在する虚空の大道」という思想が成熟していくことを論じている。第三、四論文「東アジア仏教のキリスト教批判」、「明末の不殺放生思想の日本受容」は、このような明末仏教の動向がどのように日本に影響したか、また日本との相違はどこにあったかという問題を探求している。

Ⅲは、このキリスト教との論争の問題を、とりわけ日本に内在して検討している。第一論文「近世思想史上の『妙貞問答』」は、キリスト教側からの仏教批判を『妙貞問答』において見、続いて、第二論文「近世仏教におけるキリシタン批判」では、仏教からのキリスト教批判を、代表的な雪窓宗崔について詳しく検討する。そのうえで、第三論文「仏教排耶論の思想史的展開」では、近世からさらに近代に至る流れを論じている。

Ⅳは、やや趣を変えて、教学的な問題に立ち入る。ここに収めた二論文は、西村氏の論文の中では比較的初期に属する。第一論文「中世における法相の禅受容」は、近世ではなく、中世の法相宗の問題を論じている。氏はもともと中世の法相宗の研究から出発しており、本稿はその修士論文に基づいて最初に発表された学術論文であるが、今日でも十分に通用する高い水準の論文である。第二論文「可知と不可知の隘路」は、博士課程で近世研究に移って、普寂を中心に研究を始めた初期の論文であるが、第一論文とは逆に法相に対する批判を扱っている。普寂は『近世仏教思想の独創』の中心テーマであったが、この論文はその中に収録されなかった。著者自身が不満を持っていたとも言われるが、今日読み直してみても価値高いものであり、著者の普寂研究の一端として、本書に収録した。

Ⅴは、大きなスパンで近代につながっていく問題を扱った論文を二篇収めた。第一論文「釈迦信仰の思想史的展開」は、中世から続く釈迦信仰が近代の大乗非仏説批判を受けながら、ゴータマ・ブッダ論へと展開する流れを捉え直す。第二論文「須弥山と地球説」は、仏教的世界観の中心となる須弥山説が、近代の科学的地球観に対抗するに至る経緯を取り上げる。ともに長い伝統を持つ仏教思想が近代の批判にどう対応するかという、伝統と近代の相克の問題を扱っている。

Ⅵは、方法論的な問題を扱った論文を収めた。第一論文「「近世的世俗化」の陥穽」は、著者の最後に近い論文の一つで、当然のことのように前提にされる近世世俗化論を反省し、問い直すものであり、近世研究全体に亙る重要な問題提起をしている。第二論文「中村元」は、著者が所属した中村元東方研究所の創始者である中村元の日本研究を新しい視点から再評価している。最後の論文「アボカドの種・仏の種子」はやや趣を異にし、著者の研究が環境倫理という現代の実践的な問題にどのようにつながるかを論じた力作であり、著者の関心が決して研究のための研究ではなく、積極的に現代の問題と関わっていることを示している。

以上のように、本書に収められた論文は多岐に亙るが、東アジアという広い視野を持ち、しかも仏教の枠の中に閉ざされずに、キリスト教や近代思想との関係から仏教を照射するという、大きな展望を持つ研究であることが知られる。これらの論文は、別々の場に発表されたものであったが、本書編集のために読み直してみると、ごく自然に体系的に並べられ、著者の研究がしっかりした展望のもとに進められていたことがわかる。おそらく著者自身が編集しても、本書と大きくは違わない形になったであろう。本書は専門的な本ではあるが、著者の論述は明快で、思想史・宗教史に関心を持つ人に広く読んでいただけるものとなっている。

ただ、もともと別々に発表された論文であるから、必ずしも形式的に統一されていなかった。それに関しては、法藏館の丸山貴久氏が細かくチェックし、用語や送り仮名の統一をはかり、註の形式などを整理してくださった。それでも、同じ資料を論文によって異なる底本から引用していたり、註の形式をそろえることが難しい章があったりするなど、やむを得ない不統一は残った。とりわけ論文間に重複した論述があり、読んでやや煩わしいところがあるのが気になるが、第三者である私たちが勝手に手直しできないので、そのまま残っている。引用については、校正の段階で曽根原理氏と前川健一氏が丁寧に確認したが、未だ多少の疑問点は残っている。不十分な点は、読者のお許しをいただきたい。なお、引用文中の〔 〕は著者による註記である。また、『妙貞問答』の引用に当たっては、濁点を付すなど、読みやすく表記を改めたところがある。

本書の出版がスムーズにいくようにと、追悼集会実行委員会を衣替えした西村玲氏論文集刊行委員会を母体に、関係者に寄付を募ったところ、多数の方からご賛同いただき、予定を大きく超える額のご寄付をいただいて、刊行費用の一部に充てることができた。それによって、定価を抑え、多くの読者、とりわけ若い方々の手に取りやすいものとすることができた。本書はこのような多くの方々の協力によって出来上がったものである。

著者のご両親の西村茂樹氏、久仁子氏には、これ以上ない悲しみの中にありながらも、元原稿のデータを提供していただき、また、種々の適切なアドヴァイスをいただいた。氏の三回忌を前に、本書を著者の霊前に捧げたい。

最後に、少しだけ個人的な思い出を記すことをお許しいただきたい。著者は、東北大学大学院で博士号を取得した後、東方研究会（現、中村元東方研究所）の研究員に応募したいので推薦してほしいということで連絡してきたのが、私が個人的に関わるようになった最初であった。二〇〇四年のはじめ頃だったと思う。その後、日本学術振興会特別研究員として東京大学で受け入れ、さらに私が国際日本文化研究センターに移ってからは、共同研究の牽引役として、『妙貞問答』の解読などの作業に当たった。それが著者の研究を新しい方向に進めるのに、いくらかの刺激になったのではないだろうか。国際研究集会の開催や共同研究報告書の出版の際にも、率先して裏方的な仕事をこなしてくれた。自説は頑として譲らない強さを持ちながらも、行き届いた気配りで友人たちから深く信頼されていた。充実した活動で、今後の学界の先頭に立って、新しい研究を推進してくれるものと期待していただけに、その喪失はあまりに大きい。今はただ、本書によって著者の成果が広く共有され、次世代の研究の出発点となることを願うばかりである。

二〇一七年十月

編者を代表して

末木文美士

人名索引

本文中に現われる主要な人名（研究者名も含む）のみを五十音順に配列した。
外国人名は原則としてファミリーネームで立項した。

あ行

か行

さ行

た行

な行

は行

ま行

や行

ら行

わ行

近世仏教論

二〇一八年一月三一日　初版第一刷発行
二〇二一年四月一五日　初版第二刷発行

著　者　西村　玲

発行者　西村明高
発行所　株式会社　法藏館
京都市下京区正面通烏丸東入
郵便番号　六〇〇-八一五三
電話　〇七五-三四三-〇〇三〇（編集）
〇七五-三四三-五六五六（営業）

装幀者　高麗隆彦
印刷・製本　亜細亜印刷株式会社

ISBN 978-4-8318-6247-1　C3021